中国高技术产业统计年鉴

CHINA STATISTICS YEARBOOK ON HIGH TECHNOLOGY INDUSTRY

2010

国　家　统　计　局
国家发展和改革委员会　编
科　学　技　术　部

Compiled By
National Bureau of Statistics
National Development and Reform Commission
Ministry of Science and Technology

中国统计出版社
China Statistics Press

（京）新登字 041 号

图书在版编目（CIP）数据

中国高技术产业统计年鉴.2010：汉英对照/国家统计局，国家发展与改革委员会，科学技术部编.—北京：中国统计出版社，2010.12
ISBN 978-7-5037-6181-2

Ⅰ.中… Ⅱ.①国… ②国… Ⅲ. ①高技术产业-统计资料-中国-2010-年鉴-汉、英 Ⅳ.①F279.244.4-54

中国版本图书馆 CIP 数据核字(2010)第 253320 号

中国高技术产业统计年鉴—2010

作　者/国家统计局，国家发展和改革委员会，科学技术部编
责任编辑/徐　涛
装帧设计/李雪燕
出版发行/中国统计出版社
通信地址/北京市西城区月坛南街 57 号　邮政编码/100826
办公地址/北京市丰台区西三环南路甲 6 号
电　话/邮购（010）63376907 书店（010）68783172
印　刷/河北天普润印刷厂
经　销/新华书店
开　本/880×1230mm　1/16
印　张/19
字　数/608 千字
版　别/2010 年 12 月第 1 版
版　次/2010 年 12 月第 1 次印刷
书　号/ISBN 978-7-5037-6181-2/F・2993
定　价/280.00 元

本书附同版本 CD-ROM 一张，光盘内容以书面文字为准。
中国统计版图书，如有印装错误，本社发行部负责调换。

《中国高技术产业统计年鉴—2010》

指导委员会、编辑委员会、编辑部

CHINA TATISTICS YEARBOOK ON HIGH TECHNOLOGY INDUSTRY-2010

Consultant Board, Editorial Board and Staff

编辑说明

为反映我国高技术产业发展状况和国际竞争能力，满足国家宏观管理部门制订调整产业政策和产业发展规划的需要，我们根据国家统计局2002年颁布的《高技术产业统计分类目录》，加工整理了这本高技术产业发展状况的统计资料书。

本书收集了1995-2009年我国高技术产业生产经营、研发及相关活动、固定资产投资等资料以及相关的国际比较数据，较为全面地描述了"九五"以来我国高技术产业发展的基本状况，是有关管理部门和社会各界了解我国高技术产业发展情况的主要资料工具书。

本书共分五个部分。第一部分主要反映高技术产业企业的生产经营情况。1995年的数据口径为全部独立核算工业企业，其中国有及国有控股企业的数据口径为国有企业；2000-2008年的数据口径为全部国有及年销售收入在500万元及以上的非国有工业企业；2009年的数据口径为年销售收入在500万元及以上的工业企业。第二部分主要反映高技术产业企业的研发活动、新产品开发和生产、专利、技术获取和改造、企业办研发机构等情况。除特别标注外，2009年的数据口径为年销售收入在500万元及以上的工业企业，其他年份的数据口径为大中型工业企业。第三部分主要反映高技术产业企业的固定资产投资情况。1996年、2000年数据口径为投资额在50万元以上的基本建设项目和更新改造项目的基本情况合计，其他年份数据口径为投资额在50万元以上的全部项目的基本情况。第四部分为国际比较资料，根据经济合作与发展组织（OECD）等国际组织公布的高技术产业统计资料整理。第五部分为附录，包括高技术产业统计分类目录、高技术产业统计资料整理公布格式和主要指标解释。

需要说明的是，与以往年份高术产业统计年鉴相比，本书在内容编辑上进行了较大改动，一是各章节均增加了主要指标当年分组数据，以方便读者使用；二是对第二章有关资料的编辑进行了较大的改动，在内容上着重突出能够反映自主创新能力的R&D指标及其相关结构指标，不再列示不能进行国际比较的科技活动人员、经费及相关指标。

本书中的"空格"表示该项统计指标数据不足本表最小单位数、数据不详或无该项数据；书中因小数取舍而产生的误差均未做配平处理。按地区分组东部地区包括：北京、天津、河北、辽宁、上海、江苏、浙江、福建、山东、广东、广西和海南；中部地区包括：山西、内蒙古、吉林、黑龙江、安徽、江西、河南、湖北和湖南；西部地区包括：重庆、四川、贵州、云南、西藏、陕西、甘肃、青海、宁夏和新疆。

PREFACE

This Yearbook of High Technology Industry is based on the Statistics Catalogue of High Technology Industry Classification, which has been published by the National Bureau of Statistics in 2002. The purposes of the Yearbook are to summarize the development and international competitive position of China's hi-tech industry and to facilitate the goals of the state macro administration in formulating policy and programming in support of China's hi-tech industry.

The Yearbook describes the development of China's hi-tech industry during the period from 1995 to 2009. Statistical series for the years 1995 to 2009 include production, R&D and related activities, investment on fixed assets, and relative international comparative measures of this fast-growing industry. The Yearbook should serve as a useful source for the public planning and administration sector as well as the broader business and research communities for understanding recent developments in China's hi-tech industry.

The Yearbook contains five parts. The first part focuses on the production and management of hi-tech industry. The data spanning 1995 cover all independent accounting enterprises, among which statistics on state-owned and state-controlled enterprises cover only state-owned enterprises, and for 2000-2008 reporting covers all state-owned enterprises and non-state-owned enterprises with annual sales over 5 million Yuan. The second part of the Yearbook focuses on R&D activities, new products development, patents, technology acquisition and technology reconstruction, and R&D institutions in hi-tech enterprises. Only when specially noted, statistics in 2009 cover industrial enterprises with annual sales over 5 million Yuan and the data for other years cover large and medium-sized industrial enterprises. The third part focuses on investment on fixed assets in hi-tech industry. Data for 1996 and 2000 cover capital construction projects and renovation projects with investment over 500000 Yuan, and data for other years cover all projects with investment over 500000 Yuan. The fourth part of the Yearbook focuses on international comparisons among China and the OECD countries. The fifth part is appendix information, including catalogue of Hi-technology Industry Classifications, Published Format for Sorting-out the Statistical Data of High-technology Industry and main Indicators.

That should be noted is the yearbook of 2009 has been changed a lot compared with the yearbook of the past year. The first, we add packet data of main indicators in each section to facilitate the readers to use. The second, there are more editorial changes in chapter 2 that highlighting the R&D indicator and relative indicators that reflecting the ability of independent innovation and delete S&T personnel, expenditure and relative indicators that cannot be used in international comparisons.

Notations used in this book:"(blank space)"indicates that the figure is not large enough to be measured with the smallest unit in the table or data are unknown or are not available. Statistical discrepancies due to rounding are not adjusted in the yearbook. Eastern region include Beijing, Tianjin, Hebei, Liaoning, Shanghai, Jiangsu, Zhejiang, Fujian, Shandong, Guangdong, Guangxi and Hainan. Middle region include Shanxi, Inner Mongolia, Jilin, Heilongjiang, Anhui, Jiangxi, Henan, Hubei and Hunan. Western region include Chongqing, Sichuan, Guizhou, Yunnan, Xizang, Shaanxi, Gansu, Qinghai, Ningxia and Xinjiang.

目　录

Contents

第二部分 R&D 及相关活动情况
Statistics on R&D and Related Activities

第三部分 固定资产投资情况

Statistics on Investment in Fixed Assets

第四部分　国际比较情况
International Comparison

附　　录
Appendix

[illegible]

International Comparison

[illegible]

Appendix

1

生产经营情况

Statistics on Production and Management

1-1-1 高技术产业生产经营情况

Statistics on Production and Management in High-tech Industry

指　标 Indicator	1995	2000	2005	2006	2007	2008	2009
企业数（个） Number of Enterprises (unit)	18834	9758	17527	19161	21517	25817	27218
从业人员年平均人数（万人） Annual Average Number of Employed Personnel (person)	448	390	663	744	843	945	958
当年价总产值（亿元） Gross Industrial Output Value at Current Prices (100million yuan)	4098	10411	34367	41996	50461	57087	60430
主营业务收入（亿元） Revenue from Principal Business (100 million yuan)	3917	10034	33922	41585	49714	55729	59567
利润（亿元） Profits (100million yuan)	178	673	1423	1777	2396	2725	3279
利税（亿元） Taxes and Profits (100million yuan)	326	1033	2090	2611	3353	4024	4660

1-1-2 制造业生产经营情况

Statistics on Production and Management in Manufacturing Industry

指　标 Indicator	1995	2000	2005	2006	2007	2008	2009
企业数（个） Number of Enterprises (unit)	461203	148279	251499	279282	313046	396950	405183
从业人员年平均人数（万人） Annual Average Number of Employed Personnel (person)	7077	4606	5935	6347	6856	7732	7720
当年价总产值（亿元） Gross Industrial Output Value at Current Prices (100million yuan)	48700	75108	217836	274572	353631	441358	479200
主营业务收入（亿元） Revenue from Principal Business (100 million yuan)	46207	71698	213844	270478	347890	432760	471870
利润（亿元） Profits (100million yuan)	1225	2733	9704	12811	19622	21674	27972
利税（亿元） Taxes and Profits (100million yuan)	4002	6700	18441	23665	33855	40051	49736

1-1-3 按行业分高技术产业生产经营情况

Statistics on Production and Management in High-tech Industry by Industrial Sector

行 业 Industry	企 业 数（个） Number of Enterprises (unit)						
	1995.	2000	2005	2006	2007	2008	2009
合 计 Total	**18834**	**9758**	**17527**	**19161**	**21517**	**25817**	**27218**
医药制造业 Manufacture of Medicines	**5388**	**3301**	**4971**	**5368**	**5748**	**6524**	**6807**
#化学药品制造 Manufacture of Chemical Medicine	2348	1619	2037	2138	2218	2459	2494
中成药制造 Manufacture of Finished Traditional Chinese Herbal Medicine	1974	1180	1288	1348	1386	1479	1510
生物、生化制品的制造 Manufacture of Biological and Biochemical Chemical Products	398	271	478	527	622	746	815
航空航天器制造业 Manufacture of Aircrafts and Spacecrafts	**219**	**176**	**167**	**173**	**181**	**217**	**220**
1.飞机制造及修理 Manufacture and Repairing of Airplanes	152	130	143	144	155	183	186
2.航天器制造 Manufacture of Spacecrafts	67	46	24	29	26	34	23
电子及通信设备制造业 Manufacture of Electronic Equipment and Communication Equipment	**7202**	**3977**	**7781**	**8606**	**9963**	**12871**	**12831**
1.通信设备制造 Manufacture of Communication Equipment	1414	806	1195	1224	1333	1578	1605
#通信传输设备制造 Manufacture of Communication Transmitting Equipment	271	145	263	255	285	385	401
通信交换设备制造 Manufacture of Communication Exchanging Equipment	335	178	163	154	161	173	158
通信终端设备制造 Manufacture of Communication Terminal Equipment	227	129	223	220	243	251	244
2.雷达及配套设备制造 Manufacture of Radar and Its Fittings	50	47	47	52	47	60	51
3.广播电视设备制造 Manufacture of Broadcasting and TV Equipment	262	96	361	359	379	461	477
4.电子器件制造 Manufacture of Electronic Appliances	824	513	1285	1433	1671	2289	2355
#电子真空器件制造 Manufacture of Electronic Vacuum Appliances	156	105	134	141	162	166	167
半导体分立器件制造 Manufacture of Semiconductor Discreting Appliances	444	236	258	286	313	422	408
集成电路制造 Manufacture of Integrate Circuit	224	172	362	404	434	500	482
5.电子元件制造 Manufacture of Electronic Components	2890	1598	3558	4033	4746	6226	6145
6.家用视听设备制造 Manufacture of Domestic TV Set and Radio Receiver	930	453	855	898	990	1182	1088
7.其他电子设备制造 Manufacture of Other Electronic Equipment	832	464	480	607	797	1075	1110
电子计算机及办公设备制造业 Manufacture of Computers and Office Equipments	**715**	**494**	**1267**	**1293**	**1450**	**1695**	**1676**
1.电子计算机整机制造 Manufacture of Entired Computer	225	139	201	166	180	175	162
2.电子计算机外部设备制造 Manufacture of Computer Peripheral Equipment	379	272	886	937	1077	1301	1121
3.办公设备制造 Manufacture of Office Equipment	111	83	180	190	193	219	223
医疗设备及仪器仪表制造业 Manufacture of Medical Equipments and Measuring Instrument	**5310**	**1810**	**3341**	**3721**	**4175**	**4510**	**5684**
1.医疗设备及器械制造 Manufacture of Medical Equipment and Appliances	1494	565	704	780	881	1200	1262
2.仪器仪表制造 Manufacture of Measuring Instrument	3816	1245	2637	2941	3294	3310	4422

1-1-3 续表 1 continued

行 业 Industry	从业人员年平均人数（人） Annual Average Number of Employed Personnel (person)						
	1995	2000	2005	2006	2007	2008	2009
合 计 Total	**4484239**	**3899785**	**6633422**	**7444894**	**8429582**	**9447700**	**9575428**
医药制造业 Manufacture of Medicines	**1157429**	**995641**	**1234389**	**1302750**	**1373407**	**1507512**	**1604792**
#化学药品制造 Manufacture of Chemical Medicine	737936	612191	641919	660821	691642	734497	767596
中成药制造 Manufacture of Finished Traditional Chinese Herbal Medicine	318400	300633	350233	363805	366185	396798	428684
生物、生化制品的制造 Manufacture of Biological and Biochemical Chemical Products	45169	53451	77122	83739	100363	119509	129036
航空航天器制造业 Manufacture of Aircrafts and Spacecrafts	**590713**	**456531**	**304691**	**297826**	**301418**	**314070**	**325270**
1.飞机制造及修理 Manufacture and Repairing of Airplanes	478596	394176	283082	275596	279217	289494	302792
2.航天器制造 Manufacture of Spacecrafts	112117	62355	21609	22230	22201	24576	21013
电子及通信设备制造业 Manufacture of Electronic Equipment and Communication Equipment	**1815230**	**1737523**	**3466681**	**3933366**	**4554095**	**5232248**	**5100040**
1.通信设备制造 Manufacture of Communication Equipment	310185	324066	555028	629884	759041	864463	893945
#通信传输设备制造 Manufacture of Communication Transmitting Equipment		67149	62438	64680	75046	103538	114735
通信交换设备制造 Manufacture of Communication Exchanging Equipment		84578	98932	105347	131119	172796	203465
通信终端设备制造 Manufacture of Communication Terminal Equipment		56902	115108	113241	109855	116914	103270
2.雷达及配套设备制造 Manufacture of Radar and Its Fittings	86164	54161	39307	41597	40622	42660	35565
3.广播电视设备制造 Manufacture of Broadcasting and TV Equipment	37707	21404	75849	83860	94182	102348	100141
4.电子器件制造 Manufacture of Electronic Appliances	297400	268611	616231	709202	854958	1055998	1035697
#电子真空器件制造 Manufacture of Electronic Vacuum Appliances		112600	104010	96568	98178	88417	77407
半导体分立器件制造 Manufacture of Semiconductor Discreting Appliances		82007	73727	88271	97337	111790	101839
集成电路制造 Manufacture of Integrate Circuit		74004	188080	231072	273677	313441	275637
5.电子元件制造 Manufacture of Electronic Components	633311	645061	1495255	1741688	2014426	2306669	2213312
6.家用视听设备制造 Manufacture of Domestic TV Set and Radio Receiver	374354	317255	553288	568309	586040	579221	541130
7.其他电子设备制造 Manufacture of Other Electronic Equipment	76109	106965	131723	158826	204826	280889	280250
电子计算机及办公设备制造业 Manufacture of Computers and Office Equipments	**141771**	**238793**	**1011417**	**1215585**	**1429836**	**1650041**	**1632703**
1.电子计算机整机制造 Manufacture of Entired Computer	53002	62331	322380	391867	479097	583118	513380
2.电子计算机外部设备制造 Manufacture of Computer Peripheral Equipment	63491	125570	607302	725472	845987	957760	964076
3.办公设备制造 Manufacture of Office Equipment	25278	50892	81735	98246	104752	109163	96340
医疗设备及仪器仪表制造业 Manufacture of Medical Equipments and Measuring Instrument	**779096**	**471297**	**616244**	**695367**	**770826**	**743829**	**912623**
1.医疗设备及器械制造 Manufacture of Medical Equipment and Appliances	164722	117130	129701	150114	172717	223142	233022
2.仪器仪表制造 Manufacture of Measuring Instrument	614374	354167	486543	545253	598109	520687	679601

1-1-3 续表 2 continued

行 业 Industry	当年价总产值（亿元） Gross Industrial Output Value at Current Prices (100 million yuan)						
	1995	2000	2005	2006	2007	2008	2009
合 计 **Total**	**4097.8**	**10411.5**	**34367.1**	**41996.0**	**50461.2**	**57087.4**	**60430.5**
医药制造业 **Manufacture of Medicines**	**961.3**	**1781.4**	**4250.4**	**5018.9**	**6361.9**	**7875.0**	**9443.3**
#化学药品制造 Manufacture of Chemical Medicine	641.7	1077.5	2405.9	2720.5	3427.0	4198.2	4890.6
中成药制造 Manufacture of Finished Traditional Chinese Herbal Medicine	232.1	533.0	1048.2	1234.6	1472.1	1715.3	2057.3
生物、生化制品的制造 Manufacture of Biological and Biochemical Chemical Products	46.7	135.7	353.7	438.8	601.0	776.9	980.7
航空航天器制造业 **Manufacture of Aircrafts and Spacecrafts**	**269.0**	**387.6**	**797.2**	**828.0**	**1024.4**	**1199.1**	**1353.0**
1.飞机制造及修理 Manufacture and Repairing of Airplanes	231.1	340.8	750.8	771.3	959.9	1123.9	1273.2
2.航天器制造 Manufacture of Spacecrafts	37.9	46.8	46.4	56.8	64.6	75.2	73.8
电子及通信设备制造业 **Manufacture of Electronic Equipment and Communication Equipment**	**2181.7**	**5981.4**	**16867.1**	**21217.6**	**25088.0**	**28151.4**	**28947.1**
1.通信设备制造 Manufacture of Communication Equipment	605.6	2178.7	5804.8	7284.1	7792.8	8382.7	8531.3
#通信传输设备制造 Manufacture of Communication Transmitting Equipment	125.6	251.7	277.4	272.6	368.9	546.4	661.3
通信交换设备制造 Manufacture of Communication Exchanging Equipment	161.2	676.0	990.6	1252.2	1574.5	2174.7	2570.8
通信终端设备制造 Manufacture of Communication Terminal Equipment	116.1	284.8	493.3	576.3	580.1	573.6	523.8
2.雷达及配套设备制造 Manufacture of Radar and Its Fittings	109.1	37.6	102.7	129.2	133.6	153.8	122.9
3.广播电视设备制造 Manufacture of Broadcasting and TV Equipment	18.1	34.8	200.3	251.8	317.0	396.3	424.7
4.电子器件制造 Manufacture of Electronic Appliances	350.0	950.4	3039.3	3894.5	5043.3	6350.8	6447.1
#电子真空器件制造 Manufacture of Electronic Vacuum Appliances	207.8	541.6	582.8	564.3	591.3	545.1	395.7
半导体分立器件制造 Manufacture of Semiconductor Discreting Appliances	56.9	136.4	254.7	361.5	441.3	551.2	532.3
集成电路制造 Manufacture of Integrate Circuit	85.3	272.3	1155.5	1636.3	2030.1	2342.7	1926.5
5.电子元件制造 Manufacture of Electronic Components	407.6	1050.5	4303.2	5809.1	7419.3	8234.4	8259.1
6.家用视听设备制造 Manufacture of Domestic TV Set and Radio Receiver	616.0	1458.8	3062.1	3303.9	3592.5	3589.5	3918.4
7.其他电子设备制造 Manufacture of Other Electronic Equipment	75.3	270.6	354.6	545.0	789.7	1044.0	1243.7
电子计算机及办公设备制造业 **Manufacture of Computers and Office Equipments**	**354.5**	**1677.0**	**10667.0**	**12510.7**	**14858.6**	**16493.4**	**16292.7**
1.电子计算机整机制造 Manufacture of Entired Computer	142.2	685.3	5570.2	6381.1	7932.5	9155.8	8960.3
2.电子计算机外部设备制造 Manufacture of Computer Peripheral Equipment	181.2	807.4	4557.1	5478.8	6203.3	6595.7	6235.8
3.办公设备制造 Manufacture of Office Equipment	31.1	184.3	539.7	650.8	722.8	742.0	677.2
医疗设备及仪器仪表制造业 **Manufacture of Medical Equipments and Measuring Instrument**	**331.4**	**584.2**	**1785.3**	**2420.7**	**3128.2**	**3368.5**	**4394.3**
1.医疗设备及器械制造 Manufacture of Medical Equipment and Appliances	94.3	163.2	352.5	473.8	610.4	832.4	973.5
2.仪器仪表制造 Manufacture of Measuring Instrument	237.1	421.0	1432.8	1946.8	2517.8	2536.1	3420.8

1-1-3 续表 3 continued

行 业 Industry	主营业务收入（亿元） Revenue from Principal Business (100 million yuan)						
	1995	2000	2005	2006	2007	2008	2009
合 计 Total	**3917.1**	**10033.7**	**33921.8**	**41584.6**	**49714.1**	**55728.9**	**59566.7**
医药制造业 Manufacture of Medicines	**902.7**	**1627.5**	**4019.8**	**4718.8**	**5967.1**	**7402.3**	**9087.0**
#化学药品制造 Manufacture of Chemical Medicine	596.1	1000.7	2325.6	2586.5	3251.9	3984.7	4780.3
中成药制造 Manufacture of Finished Traditional Chinese Herbal Medicine	224.6	482.5	970.8	1147.6	1350.5	1577.3	1942.9
生物、生化制品的制造 Manufacture of Biological and Biochemical Chemical Products	42.9	112.3	318.2	408.5	557.6	710.3	919.3
航空航天器制造业 Manufacture of Aircrafts and Spacecrafts	**262.5**	**377.8**	**781.4**	**798.9**	**1006.4**	**1162.0**	**1322.8**
1.飞机制造及修理 Manufacture and Repairing of Airplanes	232.1	335.1	735.3	746.7	943.5	1088.7	1245.8
2.航天器制造 Manufacture of Spacecrafts	30.4	42.8	46.0	52.1	62.9	73.4	71.1
电子及通信设备制造业 Manufacture of Electronic Equipment and Communication Equipment	**2052.8**	**5871.2**	**16646.3**	**21068.9**	**24823.6**	**27409.9**	**28465.5**
1.通信设备制造 Manufacture of Communication Equipment	560.2	2162.2	5834.0	7328.4	7799.0	8190.4	8540.5
#通信传输设备制造 Manufacture of Communication Transmitting Equipment	123.1	275.5	316.7	302.1	382.7	528.8	663.3
通信交换设备制造 Manufacture of Communication Exchanging Equipment	158.7	637.7	1086.8	1309.3	1759.0	2087.2	2676.4
通信终端设备制造 Manufacture of Communication Terminal Equipment	108.7	283.1	490.4	576.3	567.8	543.2	503.9
2.雷达及配套设备制造 Manufacture of Radar and Its Fittings	100.2	34.1	92.5	121.7	130.0	162.6	132.1
3.广播电视设备制造 Manufacture of Broadcasting and TV Equipment	16.7	33.1	196.0	247.6	310.5	382.5	408.9
4.电子器件制造 Manufacture of Electronic Appliances	332.9	920.1	2958.6	3861.1	4908.0	6045.3	6163.0
#电子真空器件制造 Manufacture of Electronic Vacuum Appliances	202.7	533.0	563.0	557.6	564.0	525.4	384.4
半导体分立器件制造 Manufacture of Semiconductor Discreting Appliances	49.8	126.8	249.0	355.8	433.5	540.6	522.4
集成电路制造 Manufacture of Integrate Circuit	80.4	260.3	1118.8	1639.5	1937.3	2184.0	1781.8
5.电子元件制造 Manufacture of Electronic Components	379.2	993.8	4167.0	5700.6	7253.5	8044.2	8101.5
6.家用视听设备制造 Manufacture of Domestic TV Set and Radio Receiver	592.9	1467.8	3049.0	3285.8	3642.8	3587.8	3914.3
7.其他电子设备制造 Manufacture of Other Electronic Equipment	70.7	260.0	349.1	523.7	779.9	997.2	1205.2
电子计算机及办公设备制造业 Manufacture of Computers and Office Equipments	**378.5**	**1599.1**	**10722.2**	**12634.2**	**14887.3**	**16499.0**	**16432.0**
1.电子计算机整机制造 Manufacture of Entired Computer	156.9	657.3	5689.0	6600.2	8128.7	9371.9	9276.9
2.电子计算机外部设备制造 Manufacture of Computer Peripheral Equipment	189.7	763.0	4508.8	5385.4	6061.9	6396.1	6074.4
3.办公设备制造 Manufacture of Office Equipment	32.0	178.8	524.4	648.6	696.7	731.0	681.5
医疗设备及仪器仪表制造业 Manufacture of Medical Equipments and Measuring Instrument	**320.7**	**558.1**	**1752.2**	**2363.8**	**3029.8**	**3255.6**	**4259.4**
1.医疗设备及器械制造 Manufacture of Medical Equipment and Appliances	90.5	150.2	341.6	454.0	588.1	795.4	939.3
2.仪器仪表制造 Manufacture of Measuring Instrument	230.2	408.0	1410.6	1909.8	2441.6	2460.2	3320.0

1-1-3 续表 4 continued

行 业 Industry	利 润(亿元) Profits (100 million yuan)						
	1995	2000	2005	2006	2007	2008	2009
合 计 Total	**178.0**	**673.5**	**1423.2**	**1777.3**	**2395.8**	**2725.1**	**3278.5**
医药制造业 Manufacture of Medicines	**51.5**	**136.6**	**338.2**	**372.6**	**581.3**	**792.9**	**994.0**
#化学药品制造 Manufacture of Chemical Medicine	25.7	67.2	174.5	186.3	289.9	427.1	508.8
中成药制造 Manufacture of Finished Traditional Chinese Herbal Medicine	17.8	53.7	97.4	103.3	157.1	170.7	220.3
生物、生化制品的制造 Manufacture of Biological and Biochemical Chemical Products	6.8	14.1	38.0	44.1	71.2	97.1	135.3
航空航天器制造业 Manufacture of Aircrafts and Spacecrafts	**2.1**	**3.8**	**32.4**	**45.9**	**64.2**	**75.8**	**89.7**
1.飞机制造及修理 Manufacture and Repairing of Airplanes	3.7	3.8	27.5	40.8	58.0	69.4	81.9
2.航天器制造 Manufacture of Spacecrafts	-1.6	0.0	4.9	5.1	6.2	6.4	6.6
电子及通信设备制造业 Manufacture of Electronic Equipment and Communication Equipment	**109.7**	**425.8**	**650.8**	**886.3**	**1036.3**	**1059.1**	**1309.6**
1.通信设备制造 Manufacture of Communication Equipment	49.2	211.1	277.9	348.3	292.5	309.3	550.8
#通信传输设备制造 Manufacture of Communication Transmitting Equipment	7.8	25.7	5.6	19.4	19.2	40.9	51.7
通信交换设备制造 Manufacture of Communication Exchanging Equipment	17.4	74.5	71.5	67.5	85.3	84.3	283.2
通信终端设备制造 Manufacture of Communication Terminal Equipment	2.5	11.7	8.2	20.4	28.0	17.0	20.5
2.雷达及配套设备制造 Manufacture of Radar and Its Fittings	11.9	-0.1	6.5	8.6	11.5	13.0	11.4
3.广播电视设备制造 Manufacture of Broadcasting and TV Equipment	0.5	1.6	9.2	10.1	18.2	19.4	25.8
4.电子器件制造 Manufacture of Electronic Appliances	35.9	82.7	65.4	119.3	201.9	192.2	153.6
#电子真空器件制造 Manufacture of Electronic Vacuum Appliances	26.4	57.1	-13.3	-23.2	-18.2	-1.7	-31.9
半导体分立器件制造 Manufacture of Semiconductor Discreting Appliances	0.0	7.9	7.1	15.5	28.7	45.3	42.4
集成电路制造 Manufacture of Integrate Circuit	9.5	17.7	32.6	75.1	89.8	49.6	9.0
5.电子元件制造 Manufacture of Electronic Components	12.4	65.5	209.8	299.2	363.9	359.1	353.0
6.家用视听设备制造 Manufacture of Domestic TV Set and Radio Receiver	-0.4	40.8	64.2	69.9	103.4	105.5	144.9
7.其他电子设备制造 Manufacture of Other Electronic Equipment	0.3	24.2	17.9	30.8	45.0	60.7	70.1
电子计算机及办公设备制造业 Manufacture of Computers and Office Equipments	**6.7**	**75.8**	**262.7**	**276.3**	**443.9**	**521.4**	**487.2**
1.电子计算机整机制造 Manufacture of Entired Computer	2.9	36.3	103.6	94.1	144.3	193.5	148.9
2.电子计算机外部设备制造 Manufacture of Computer Peripheral Equipment	3.2	33.6	137.3	157.2	265.2	290.0	254.2
3.办公设备制造 Manufacture of Office Equipment	0.6	5.9	21.8	25.0	34.3	37.9	40.6
医疗设备及仪器仪表制造业 Manufacture of Medical Equipments and Measuring Instrument	**8.1**	**31.6**	**139.1**	**196.1**	**270.1**	**275.9**	**398.0**
1.医疗设备及器械制造 Manufacture of Medical Equipment and Appliances	3.8	8.5	30.5	42.9	62.1	81.9	112.1
2.仪器仪表制造 Manufacture of Measuring Instrument	4.3	23.1	108.7	153.2	208.0	194.0	285.9

1-1-3 续表 5 continued

行 业 Industry	利 税(亿元) Taxes and Profits (100 million yuan)						
	1995	2000	2005	2006	2007	2008	2009
合 计 **Total**	**326.2**	**1033.4**	**2089.6**	**2611.2**	**3353.4**	**4023.9**	**4660.3**
医药制造业 **Manufacture of Medicines**	**101.7**	**262.6**	**584.4**	**643.1**	**927.6**	**1242.3**	**1517.6**
#化学药品制造 Manufacture of Chemical Medicine	55.5	139.4	306.4	327.7	476.7	666.1	792.0
中成药制造 Manufacture of Finished Traditional Chinese Herbal Medicine	33.1	97.4	177.2	188.6	256.1	288.8	356.9
生物、生化制品的制造 Manufacture of Biological and Biochemical Chemical Products	10.3	22.9	56.1	64.3	99.0	136.1	178.2
航空航天器制造业 **Manufacture of Aircrafts and Spacecrafts**	**14.0**	**17.2**	**44.5**	**60.8**	**76.2**	**91.9**	**113.3**
1.飞机制造及修理 Manufacture and Repairing of Airplanes	15.2	16.5	39.3	55.4	69.5	84.9	104.9
2.航天器制造 Manufacture of Spacecrafts	-1.2	0.7	5.2	5.4	6.7	7.1	7.1
电子及通信设备制造业 **Manufacture of Electronic Equipment and Communication Equipment**	**173.5**	**592.1**	**927.3**	**1269.6**	**1453.7**	**1615.5**	**1858.2**
1.通信设备制造 Manufacture of Communication Equipment	71.0	280.9	392.3	490.2	455.4	496.4	746.5
#通信传输设备制造 Manufacture of Communication Transmitting Equipment	10.5	34.7	11.7	25.2	25.6	53.6	65.7
通信交换设备制造 Manufacture of Communication Exchanging Equipment	27.2	103.9	137.6	153.6	196.5	197.2	412.7
通信终端设备制造 Manufacture of Communication Terminal Equipment	4.7	17.8	12.5	29.7	34.8	26.5	27.4
2.雷达及配套设备制造 Manufacture of Radar and Its Fittings	14.9	0.3	7.8	10.6	13.1	16.8	13.6
3.广播电视设备制造 Manufacture of Broadcasting and TV Equipment	1.3	3.1	15.0	16.8	24.5	28.6	35.5
4.电子器件制造 Manufacture of Electronic Appliances	53.1	114.7	108.8	177.4	253.2	295.1	248.7
#电子真空器件制造 Manufacture of Electronic Vacuum Appliances	39.0	79.7	-0.1	-8.3	-9.1	9.5	-25.3
半导体分立器件制造 Manufacture of Semiconductor Discreting Appliances	1.9	11.5	10.8	21.9	34.8	61.1	58.2
集成电路制造 Manufacture of Integrate Circuit	12.2	23.6	46.2	88.5	104.8	80.9	30.8
5.电子元件制造 Manufacture of Electronic Components	22.9	96.1	272.7	399.4	472.9	515.1	503.5
6.家用视听设备制造 Manufacture of Domestic TV Set and Radio Receiver	8.8	64.4	105.5	132.5	172.1	177.9	210.8
7.其他电子设备制造 Manufacture of Other Electronic Equipment	1.6	32.5	25.3	42.7	62.6	85.7	99.6
电子计算机及办公设备制造业 **Manufacture of Computers and Office Equipments**	**11.6**	**103.7**	**331.0**	**358.8**	**521.7**	**675.7**	**607.8**
1.电子计算机整机制造 Manufacture of Entired Computer	4.8	52.4	125.5	120.3	164.5	255.5	187.4
2.电子计算机外部设备制造 Manufacture of Computer Peripheral Equipment	5.2	42.5	177.5	199.3	313.7	372.6	313.0
3.办公设备制造 Manufacture of Office Equipment	1.6	8.8	28.0	39.1	43.6	47.6	50.6
医疗设备及仪器仪表制造业 **Manufacture of Medical Equipments and Measuring Instrument**	**25.4**	**57.8**	**202.3**	**278.9**	**374.3**	**398.5**	**563.4**
1.医疗设备及器械制造 Manufacture of Medical Equipment and Appliances	8.2	15.9	42.2	60.1	85.8	115.8	147.4
2.仪器仪表制造 Manufacture of Measuring Instrument	17.2	42.0	160.1	218.8	288.5	282.7	416.0

1-1-4 大中型企业分行业高技术产业生产经营情况

Statistics on Production and Management in High-tech Industry of Large and Medium-sized Enterprises by Industrial Sector

行 业 Industry	企 业 数（个） Number of Enterprises (unit)						
	1995	2000	2005	2006	2007	2008	2009
合 计 **Total**	**1968**	**2012**	**3454**	**3896**	**4387**	**4815**	**4936**
医药制造业 **Manufacture of Medicines**	**635**	**712**	**795**	**840**	**887**	**1003**	**1020**
#化学药品制造 Manufacture of Chemical Medicine	449	444	441	462	494	548	557
中成药制造 Manufacture of Finished Traditional Chinese Herbal Medicine	157	202	240	242	229	257	256
生物、生化制品的制造 Manufacture of Biological and Biochemical Chemical Products	17	52	45	51	67	77	91
航空航天器制造业 **Manufacture of Aircrafts and Spacecrafts**	**183**	**156**	**109**	**116**	**128**	**130**	**125**
1.飞机制造及修理 Manufacture and Repairing of Airplanes	127	116	94	100	111	112	109
2.航天器制造 Manufacture of Spacecrafts	56	40	15	16	17	18	14
电子及通信设备制造业 **Manufacture of Electronic Equipment and Communication Equipment**	**792**	**781**	**1791**	**2078**	**2386**	**2723**	**2727**
1.通信设备制造 Manufacture of Communication Equipment	132	167	270	281	305	365	380
#通信传输设备制造 Manufacture of Communication Transmitting Equipment	29	41	40	48	56	72	80
通信交换设备制造 Manufacture of Communication Exchanging Equipment	38	44	35	29	28	34	32
通信终端设备制造 Manufacture of Communication Terminal Equipment	32	34	59	57	57	61	62
2.雷达及配套设备制造 Manufacture of Radar and Its Fittings	29	35	21	24	26	28	25
3.广播电视设备制造 Manufacture of Broadcasting and TV Equipment	13	13	42	52	53	55	56
4.电子器件制造 Manufacture of Electronic Appliances	144	142	370	424	503	584	609
#电子真空器件制造 Manufacture of Electronic Vacuum Appliances	41	45	47	46	54	50	50
半导体分立器件制造 Manufacture of Semiconductor Discreting Appliances	77	63	59	69	73	70	67
集成电路制造 Manufacture of Integrate Circuit	26	34	126	141	153	163	165
5.电子元件制造 Manufacture of Electronic Components	287	282	790	939	1106	1257	1227
6.家用视听设备制造 Manufacture of Domestic TV Set and Radio Receiver	162	108	247	285	294	292	285
7.其他电子设备制造 Manufacture of Other Electronic Equipment	25	34	51	73	99	142	145
电子计算机及办公设备制造业 **Manufacture of Computers and Office Equipments**	**69**	**85**	**436**	**479**	**527**	**540**	**536**
1.电子计算机整机制造 Manufacture of Entired Computer	33	27	85	85	87	74	74
2.电子计算机外部设备制造 Manufacture of Computer Peripheral Equipment	27	40	308	345	384	410	375
3.办公设备制造 Manufacture of Office Equipment	9	18	43	49	56	56	51
医疗设备及仪器仪表制造业 **Manufacture of Medical Equipments and Measuring Instrument**	**289**	**278**	**323**	**383**	**459**	**419**	**528**
1.医疗设备及器械制造 Manufacture of Medical Equipment and Appliances	59	63	65	81	100	121	139
2.仪器仪表制造 Manufacture of Measuring Instrument	230	215	258	302	359	298	389

1-1-4 续表 1 continued

行 业 Industry	从业人员年平均人数（人） Annual Average Number of Employed Personnel (person)						
	1995	2000	2005	2006	2007	2008	2009
合 计 **Total**	**2577969**	**2239800**	**4717460**	**5465242**	**6216511**	**6894059**	**6995399**
医药制造业 **Manufacture of Medicines**	**601364**	**579920**	**735910**	**777851**	**819877**	**893764**	**971539**
#化学药品制造 Manufacture of Chemical Medicine	466304	404721	439872	452923	482140	508529	542284
中成药制造 Manufacture of Finished Traditional Chinese Herbal Medicine	113404	142381	208741	219658	217283	244293	273962
生物、生化制品的制造 Manufacture of Biological and Biochemical Chemical Products	14816	26209	34208	37638	47484	55176	60772
航空航天器制造业 **Manufacture of Aircrafts and Spacecrafts**	**581986**	**441174**	**295608**	**290040**	**296965**	**301703**	**315965**
1.飞机制造及修理 Manufacture and Repairing of Airplanes	471627	380543	275002	270145	275811	278558	295402
2.航天器制造 Manufacture of Spacecrafts	110359	60631	20606	19895	21154	23145	19806
电子及通信设备制造业 **Manufacture of Electronic Equipment and Communication Equipment**	**975199**	**896940**	**2513846**	**2958173**	**3416196**	**3859903**	**3783841**
1.通信设备制造 Manufacture of Communication Equipment	174101	189054	439610	513890	634996	718797	757963
#通信传输设备制造 Manufacture of Communication Transmitting Equipment	51853	48120	39421	44675	51524	70348	82537
通信交换设备制造 Manufacture of Communication Exchanging Equipment	35902	57809	86917	94123	118638	160763	192170
通信终端设备制造 Manufacture of Communication Terminal Equipment	47667	34660	89351	86942	83739	89426	80173
2.雷达及配套设备制造 Manufacture of Radar and Its Fittings	82495	50285	31809	34896	36410	39224	32147
3.广播电视设备制造 Manufacture of Broadcasting and TV Equipment	18710	9775	37306	48405	53719	55270	53844
4.电子器件制造 Manufacture of Electronic Appliances	199529	166699	483607	563133	681226	840470	814286
#电子真空器件制造 Manufacture of Electronic Vacuum Appliances	109489	95194	92150	84610	85019	77284	66552
半导体分立器件制造 Manufacture of Semiconductor Discreting Appliances	66428	41955	46488	56726	64298	73088	66240
集成电路制造 Manufacture of Integrate Circuit	23612	29550	156367	195530	230032	267640	234927
5.电子元件制造 Manufacture of Electronic Components	281166	278364	1018103	1244800	1448807	1610749	1552706
6.家用视听设备制造 Manufacture of Domestic TV Set and Radio Receiver	200962	179337	427187	455577	447117	439142	412590
7.其他电子设备制造 Manufacture of Other Electronic Equipment	18236	23426	76224	97472	113921	156251	160305
电子计算机及办公设备制造业 **Manufacture of Computers and Office Equipments**	**79888**	**86376**	**874723**	**1085327**	**1275602**	**1461251**	**1468061**
1.电子计算机整机制造 Manufacture of Entired Computer	40492	26408	308291	381635	465353	568602	501290
2.电子计算机外部设备制造 Manufacture of Computer Peripheral Equipment	28902	48855	509343	628100	726367	808299	846326
3.办公设备制造 Manufacture of Office Equipment	10494	11113	57089	75592	83882	84350	75190
医疗设备及仪器仪表制造业 **Manufacture of Medical Equipments and Measuring Instrument**	**339532**	**235390**	**297373**	**353851**	**407871**	**377438**	**455993**
1.医疗设备及器械制造 Manufacture of Medical Equipment and Appliances	40059	38934	54682	69061	82498	102839	111804
2.仪器仪表制造 Manufacture of Measuring Instrument	299473	196456	242691	284790	325373	274599	344189

1-1-4 续表 2 continued

行 业 Industry	当年价总产值（亿元） Gross Industrial Output Value at Current Prices (100 million yuan)						
	1995	2000	2005	2006	2007	2008	2009
合 计 **Total**	**2552.3**	**6172.6**	**28950.6**	**34991.5**	**42426.0**	**46850.9**	**48666.6**
医药制造业 **Manufacture of Medicines**	**582.8**	**1097.0**	**2704.4**	**3089.6**	**3873.9**	**4756.0**	**5590.6**
#化学药品制造 Manufacture of Chemical Medicine	454.0	737.9	1703.3	1881.8	2403.2	2984.5	3459.8
中成药制造 Manufacture of Finished Traditional Chinese Herbal Medicine	107.6	278.5	703.5	806.9	921.4	1049.2	1246.0
生物、生化制品的制造 Manufacture of Biological and Biochemical Chemical Products	13.8	74.8	157.8	191.8	274.0	369.9	454.4
航空航天器制造业 **Manufacture of Aircrafts and Spacecrafts**	**260.5**	**363.8**	**769.1**	**787.7**	**976.0**	**1127.8**	**1281.5**
1.飞机制造及修理 Manufacture and Repairing of Airplanes	223.1	318.1	728.3	743.6	925.9	1057.7	1210.0
2.航天器制造 Manufacture of Spacecrafts	37.4	45.8	40.8	44.1	50.1	70.1	68.6
电子及通信设备制造业 **Manufacture of Electronic Equipment and Communication Equipment**	**1400.1**	**3790.7**	**14568.0**	**18118.5**	**21579.0**	**23615.8**	**24082.6**
1.通信设备制造 Manufacture of Communication Equipment	384.8	1435.7	5240.0	6389.5	7156.9	7653.2	7792.3
#通信传输设备制造 Manufacture of Communication Transmitting Equipment	72.5	162.2	182.9	172.4	249.3	373.5	480.3
通信交换设备制造 Manufacture of Communication Exchanging Equipment	116.0	532.5	936.0	1193.7	1504.1	2109.2	2500.4
通信终端设备制造 Manufacture of Communication Terminal Equipment	52.5	232.0	423.2	496.1	469.1	479.1	420.8
2.雷达及配套设备制造 Manufacture of Radar and Its Fittings	107.7	35.2	94.0	119.2	123.5	144.6	111.0
3.广播电视设备制造 Manufacture of Broadcasting and TV Equipment	4.2	7.1	102.7	151.2	197.3	260.3	249.8
4.电子器件制造 Manufacture of Electronic Appliances	271.7	645.7	2653.7	3429.0	4434.6	5506.9	5520.0
#电子真空器件制造 Manufacture of Electronic Vacuum Appliances	199.2	485.1	546.6	523.9	542.0	498.9	344.2
半导体分立器件制造 Manufacture of Semiconductor Discreting Appliances	24.8	49.2	186.5	269.7	323.0	390.1	371.7
集成电路制造 Manufacture of Integrate Circuit	47.7	111.4	1056.8	1513.9	1879.5	2144.2	1743.8
5.电子元件制造 Manufacture of Electronic Components	186.8	492.7	3441.4	4638.8	5925.0	6277.0	6150.5
6.家用视听设备制造 Manufacture of Domestic TV Set and Radio Receiver	428.4	1120.7	2817.1	3036.9	3263.4	3148.3	3525.9
7.其他电子设备制造 Manufacture of Other Electronic Equipment	16.6	53.6	219.0	353.9	478.4	625.6	733.2
电子计算机及办公设备制造业 **Manufacture of Computers and Office Equipments**	**159.3**	**651.6**	**9984.8**	**11712.4**	**14279.4**	**15568.0**	**15487.5**
1.电子计算机整机制造 Manufacture of Entired Computer	92.2	170.2	5459.5	6292.9	7848.0	8809.7	8840.1
2.电子计算机外部设备制造 Manufacture of Computer Peripheral Equipment	54.7	428.0	4058.2	4829.0	5759.7	6077.7	5698.7
3.办公设备制造 Manufacture of Office Equipment	12.5	53.4	467.0	590.5	671.8	680.6	608.4
医疗设备及仪器仪表制造业 **Manufacture of Medical Equipments and Measuring Instrument**	**149.5**	**269.5**	**924.3**	**1283.2**	**1717.7**	**1783.3**	**2224.4**
1.医疗设备及器械制造 Manufacture of Medical Equipment and Appliances	30.2	73.8	175.0	253.7	326.3	419.2	483.1
2.仪器仪表制造 Manufacture of Measuring Instrument	119.3	195.8	749.4	1029.5	1391.4	1364.1	1741.3

1-1-4 续表 3 continued

行 业 Industry	主营业务收入（亿元） Revenue from Principal Business (100 million yuan)						
	1995	2000	2005	2006	2007	2008	2009
合 计 Total	**2459.3**	**6079.2**	**28788.8**	**34959.5**	**42116.0**	**45953.7**	**48277.5**
医药制造业 Manufacture of Medicines	**572.9**	**1069.0**	**2674.7**	**3013.3**	**3721.9**	**4518.3**	**5487.8**
#化学药品制造 Manufacture of Chemical Medicine	431.6	711.2	1703.8	1828.0	2321.3	2862.6	3439.0
中成药制造 Manufacture of Finished Traditional Chinese Herbal Medicine	121.4	288.7	694.9	807.5	882.6	988.8	1216.0
生物、生化制品的制造 Manufacture of Biological and Biochemical Chemical Products	12.6	63.7	148.0	182.2	259.9	331.3	425.1
航空航天器制造业 Manufacture of Aircrafts and Spacecrafts	**253.7**	**352.3**	**753.9**	**765.0**	**964.7**	**1107.4**	**1254.0**
1.飞机制造及修理 Manufacture and Repairing of Airplanes	224.0	310.6	714.1	723.1	914.3	1038.9	1185.2
2.航天器制造 Manufacture of Spacecrafts	29.6	41.6	39.8	41.9	50.3	68.5	66.3
电子及通信设备制造业 Manufacture of Electronic Equipment and Communication Equipment	**1313.5**	**3740.3**	**14417.0**	**18058.8**	**21461.4**	**23037.4**	**23735.9**
1.通信设备制造 Manufacture of Communication Equipment	348.7	1430.9	5272.1	6423.4	7200.8	7487.5	7820.2
#通信传输设备制造 Manufacture of Communication Transmitting Equipment	75.3	188.2	221.9	203.6	263.6	363.9	483.6
通信交换设备制造 Manufacture of Communication Exchanging Equipment	113.9	505.7	1028.9	1244.5	1688.0	2015.2	2608.0
通信终端设备制造 Manufacture of Communication Terminal Equipment	46.1	232.7	424.1	495.1	468.4	451.4	409.8
2.雷达及配套设备制造 Manufacture of Radar and Its Fittings	98.7	31.6	83.6	112.0	120.2	153.5	120.4
3.广播电视设备制造 Manufacture of Broadcasting and TV Equipment	4.4	6.7	100.3	147.4	190.8	245.4	235.5
4.电子器件制造 Manufacture of Electronic Appliances	263.7	632.0	2593.9	3422.1	4332.9	5246.0	5271.5
#电子真空器件制造 Manufacture of Electronic Vacuum Appliances	194.8	486.2	529.0	520.4	520.0	481.3	335.9
半导体分立器件制造 Manufacture of Semiconductor Discreting Appliances	22.8	43.1	184.5	266.2	319.7	385.6	366.1
集成电路制造 Manufacture of Integrate Circuit	46.1	102.8	1025.2	1523.0	1798.1	1999.9	1608.3
5.电子元件制造 Manufacture of Electronic Components	177.0	464.7	3341.8	4586.6	5822.5	6152.2	6043.6
6.家用视听设备制造 Manufacture of Domestic TV Set and Radio Receiver	404.8	1113.8	2809.0	3026.8	3322.4	3162.1	3538.3
7.其他电子设备制造 Manufacture of Other Electronic Equipment	16.2	60.7	216.2	340.6	471.7	590.6	706.4
电子计算机及办公设备制造业 Manufacture of Computers and Office Equipments	**171.0**	**656.8**	**10034.3**	**11868.8**	**14304.2**	**15579.5**	**15640.7**
1.电子计算机整机制造 Manufacture of Entired Computer	102.8	179.5	5577.2	6510.6	8037.1	9011.6	9158.2
2.电子计算机外部设备制造 Manufacture of Computer Peripheral Equipment	54.1	418.4	4001.7	4767.2	5619.8	5897.3	5543.2
3.办公设备制造 Manufacture of Office Equipment	14.1	59.0	455.3	591.0	647.4	670.7	613.5
医疗设备及仪器仪表制造业 Manufacture of Medical Equipments and Measuring Instrument	**148.3**	**260.8**	**909.0**	**1253.6**	**1663.9**	**1711.1**	**2159.1**
1.医疗设备及器械制造 Manufacture of Medical Equipment and Appliances	31.1	67.8	171.5	241.7	314.2	406.7	475.9
2.仪器仪表制造 Manufacture of Measuring Instrument	117.3	193.0	737.5	1011.9	1349.7	1304.4	1683.2

1-1-4 续表 4 continued

行 业 Industry	利 润（亿元） Profits (100 million yuan)						
	1995	2000	2005	2006	2007	2008	2009
合 计 **Total**	**140.1**	**434.4**	**1153.7**	**1416.1**	**1906.4**	**2132.1**	**2533.6**
医药制造业 **Manufacture of Medicines**	**38.4**	**90.8**	**253.2**	**271.4**	**418.4**	**548.3**	**689.2**
#化学药品制造 Manufacture of Chemical Medicine	23.4	45.3	139.7	147.6	228.1	335.1	401.5
中成药制造 Manufacture of Finished Traditional Chinese Herbal Medicine	13.4	37.7	80.5	82.5	123.0	121.9	161.9
生物、生化制品的制造 Manufacture of Biological and Biochemical Chemical Products	1.6	7.6	21.5	25.1	40.7	56.3	78.4
航空航天器制造业 **Manufacture of Aircrafts and Spacecrafts**	**1.4**	**0.5**	**29.6**	**41.7**	**58.9**	**69.1**	**85.6**
1.飞机制造及修理 Manufacture and Repairing of Airplanes	3.0	0.5	25.3	37.7	54.2	63.3	78.4
2.航天器制造 Manufacture of Spacecrafts	-1.6	-0.1	4.3	4.0	4.7	5.8	6.2
电子及通信设备制造业 **Manufacture of Electronic Equipment and Communication Equipment**	**93.5**	**295.8**	**572.9**	**758.8**	**872.5**	**867.6**	**1081.9**
1.通信设备制造 Manufacture of Communication Equipment	41.7	155.0	267.4	317.7	262.7	268.8	500.9
#通信传输设备制造 Manufacture of Communication Transmitting Equipment	3.7	16.1	0.6	13.2	9.4	26.9	33.7
通信交换设备制造 Manufacture of Communication Exchanging Equipment	16.3	67.4	73.1	64.7	83.8	83.2	278.5
通信终端设备制造 Manufacture of Communication Terminal Equipment	1.2	8.7	8.3	13.5	20.0	12.6	13.1
2.雷达及配套设备制造 Manufacture of Radar and Its Fittings	11.9	-0.5	5.8	8.4	10.2	12.4	10.1
3.广播电视设备制造 Manufacture of Broadcasting and TV Equipment	-0.2	-0.4	5.8	6.0	12.0	12.3	15.7
4.电子器件制造 Manufacture of Electronic Appliances	32.8	63.3	55.3	101.4	172.8	153.0	103.2
#电子真空器件制造 Manufacture of Electronic Vacuum Appliances	26.2	51.3	-13.9	-24.5	-18.0	-4.2	-34.7
半导体分立器件制造 Manufacture of Semiconductor Discreting Appliances	-0.2	1.5	4.8	11.3	21.7	41.6	36.2
集成电路制造 Manufacture of Integrate Circuit	6.8	10.5	28.6	70.8	82.2	36.3	-5.0
5.电子元件制造 Manufacture of Electronic Components	7.9	34.6	167.8	243.4	292.2	285.0	272.9
6.家用视听设备制造 Manufacture of Domestic TV Set and Radio Receiver	-0.4	35.1	59.5	64.6	98.0	101.0	133.3
7.其他电子设备制造 Manufacture of Other Electronic Equipment	0.0	8.6	11.3	17.3	24.5	35.1	45.8
电子计算机及办公设备制造业 **Manufacture of Computers and Office Equipments**	**4.1**	**33.3**	**231.9**	**250.1**	**414.9**	**493.9**	**455.6**
1.电子计算机整机制造 Manufacture of Entired Computer	2.2	8.6	104.2	93.6	140.4	188.6	146.1
2.电子计算机外部设备制造 Manufacture of Computer Peripheral Equipment	1.7	22.8	109.9	133.8	242.0	270.0	236.0
3.办公设备制造 Manufacture of Office Equipment	0.2	2.0	17.8	22.7	32.6	35.3	37.5
医疗设备及仪器仪表制造业 **Manufacture of Medical Equipments and Measuring Instrument**	**2.7**	**13.9**	**66.0**	**94.1**	**141.7**	**153.3**	**221.4**
1.医疗设备及器械制造 Manufacture of Medical Equipment and Appliances	1.3	4.5	15.9	23.1	38.1	52.3	69.9
2.仪器仪表制造 Manufacture of Measuring Instrument	1.3	9.4	50.1	71.0	103.6	101.0	151.4

1-1-4 续表 5 continued

行 业 Industry	利 税（亿元） Taxes and Profits (100 million yuan)						
	1995	2000	2005	2006	2007	2008	2009
合 计 Total	**239.4**	**666.0**	**1638.5**	**2035.4**	**2589.3**	**3051.6**	**3494.9**
医药制造业 Manufacture of Medicines	**69.1**	**176.8**	**428.4**	**461.5**	**657.5**	**844.8**	**1040.4**
#化学药品制造 Manufacture of Chemical Medicine	44.7	97.3	239.9	255.1	370.7	516.4	622.2
中成药制造 Manufacture of Finished Traditional Chinese Herbal Medicine	21.5	65.9	141.3	146.9	195.1	204.0	255.1
生物、生化制品的制造 Manufacture of Biological and Biochemical Chemical Products	2.5	13.0	30.3	34.9	53.7	74.7	97.5
航空航天器制造业 Manufacture of Aircrafts and Spacecrafts	**12.8**	**13.2**	**40.6**	**55.9**	**69.9**	**82.5**	**106.4**
1.飞机制造及修理 Manufacture and Repairing of Airplanes	14.0	12.5	36.1	51.7	64.8	76.4	98.7
2.航天器制造 Manufacture of Spacecrafts	-1.3	0.7	4.5	4.3	5.1	6.1	6.6
电子及通信设备制造业 Manufacture of Electronic Equipment and Communication Equipment	**140.2**	**408.4**	**789.3**	**1065.2**	**1192.5**	**1285.3**	**1490.5**
1.通信设备制造 Manufacture of Communication Equipment	58.2	203.6	368.3	442.6	405.7	433.2	671.6
#通信传输设备制造 Manufacture of Communication Transmitting Equipment	4.8	21.9	3.7	15.5	12.3	33.2	41.2
通信交换设备制造 Manufacture of Communication Exchanging Equipment	24.6	93.5	137.2	148.5	191.2	193.0	405.8
通信终端设备制造 Manufacture of Communication Terminal Equipment	2.7	12.0	10.8	20.1	23.8	19.8	16.8
2.雷达及配套设备制造 Manufacture of Radar and Its Fittings	14.8	-0.2	6.6	10.0	11.5	15.6	11.9
3.广播电视设备制造 Manufacture of Broadcasting and TV Equipment	0.0	-0.2	8.3	9.6	14.7	16.1	19.6
4.电子器件制造 Manufacture of Electronic Appliances	48.5	87.1	89.3	147.7	208.5	229.4	173.3
#电子真空器件制造 Manufacture of Electronic Vacuum Appliances	38.5	71.5	-1.8	-10.9	-10.2	5.4	-29.6
半导体分立器件制造 Manufacture of Semiconductor Discreting Appliances	1.0	2.9	7.1	15.7	24.6	52.9	48.3
集成电路制造 Manufacture of Integrate Circuit	9.1	12.7	39.9	81.0	93.0	61.1	10.7
5.电子元件制造 Manufacture of Electronic Components	13.2	51.2	207.1	312.5	360.2	381.2	363.2
6.家用视听设备制造 Manufacture of Domestic TV Set and Radio Receiver	5.3	55.9	95.7	119.8	159.0	162.8	190.2
7.其他电子设备制造 Manufacture of Other Electronic Equipment	0.2	11.0	13.9	23.0	32.9	47.0	60.7
电子计算机及办公设备制造业 Manufacture of Computers and Office Equipments	**6.5**	**40.6**	**286.8**	**321.1**	**480.4**	**628.3**	**558.7**
1.电子计算机整机制造 Manufacture of Entired Computer	3.3	11.6	124.6	118.0	158.6	247.7	182.0
2.电子计算机外部设备制造 Manufacture of Computer Peripheral Equipment	2.2	26.2	140.4	167.9	281.6	337.4	285.8
3.办公设备制造 Manufacture of Office Equipment	0.9	2.8	21.9	35.2	40.3	43.2	45.1
医疗设备及仪器仪表制造业 Manufacture of Medical Equipments and Measuring Instrument	**10.8**	**27.0**	**93.3**	**131.7**	**188.9**	**210.7**	**298.9**
1.医疗设备及器械制造 Manufacture of Medical Equipment and Appliances	2.7	7.7	20.4	30.6	49.6	69.5	86.9
2.仪器仪表制造 Manufacture of Measuring Instrument	8.1	19.2	73.0	101.0	139.3	141.2	212.1

1-1-5 国有及国有控股企业分行业高技术产业生产经营情况

Statistics on Production and Management in High-tech Industry of State-owned and State-controlled Enterprises by Industrial Sector

行 业 Industry	企 业 数 (个) Number of Enterprises (unit)						
	1995	2000	2005	2006	2007	2008	2009
合 计 **Total**	**5002**	**3711**	**2179**	**1960**	**1817**	**1743**	**1770**
医药制造业 **Manufacture of Medicines**	**2099**	**1496**	**676**	**590**	**559**	**527**	**508**
#化学药品制造 Manufacture of Chemical Medicine	1012	723	320	274	253	256	246
中成药制造 Manufacture of Finished Traditional Chinese Herbal Medicine	100	565	207	182	165	155	151
生物、生化制品的制造 Manufacture of Biological and Biochemical Chemical Products	123	104	54	50	66	49	48
航空航天器制造业 **Manufacture of Aircrafts and Spacecrafts**	**193**	**167**	**125**	**119**	**124**	**130**	**127**
1.飞机制造及修理 Manufacture and Repairing of Airplanes	132	123	107	100	106	110	108
2.航天器制造 Manufacture of Spacecrafts	61	44	18	19	18	20	19
电子及通信设备制造业 **Manufacture of Electronic Equipment and Communication Equipment**	**1455**	**1204**	**753**	**695**	**666**	**699**	**662**
1.通信设备制造 Manufacture of Communication Equipment	306	308	199	190	182	186	175
#通信传输设备制造 Manufacture of Communication Transmitting Equipment	24	73	58	56	54	64	58
通信交换设备制造 Manufacture of Communication Exchanging Equipment	24	66	35	31	34	26	23
通信终端设备制造 Manufacture of Communication Terminal Equipment	18	60	34	34	29	28	26
2.雷达及配套设备制造 Manufacture of Radar and Its Fittings	40	41	37	37	32	35	30
3.广播电视设备制造 Manufacture of Broadcasting and TV Equipment	54	38	24	24	23	28	30
4.电子器件制造 Manufacture of Electronic Appliances	220	190	161	142	142	166	161
#电子真空器件制造 Manufacture of Electronic Vacuum Appliances	20	52	29	26	28	25	26
半导体分立器件制造 Manufacture of Semiconductor Discreting Appliances	61	113	46	41	33	35	30
集成电路制造 Manufacture of Integrate Circuit	15	25	28	26	26	40	35
5.电子元件制造 Manufacture of Electronic Components	483	381	234	214	190	188	185
6.家用视听设备制造 Manufacture of Domestic TV Set and Radio Receiver	206	133	59	52	49	45	40
7.其他电子设备制造 Manufacture of Other Electronic Equipment	146	113	39	36	48	51	41
电子计算机及办公设备制造业 **Manufacture of Computers and Office Equipments**	**139**	**125**	**83**	**78**	**72**	**81**	**76**
1.电子计算机整机制造 Manufacture of Entired Computer	63	65	24	23	25	20	19
2.电子计算机外部设备制造 Manufacture of Computer Peripheral Equipment	61	47	53	44	35	51	38
3.办公设备制造 Manufacture of Office Equipment	15	13	6	11	12	10	11
医疗设备及仪器仪表制造业 **Manufacture of Medical Equipments and Measuring Instrument**	**1116**	**719**	**542**	**478**	**396**	**306**	**397**
1.医疗设备及器械制造 Manufacture of Medical Equipment and Appliances	268	195	109	90	69	66	57
2.仪器仪表制造 Manufacture of Measuring Instrument	848	524	433	388	327	240	340

1-1-5 续表 1 continued

行 业 Industry	从业人员年平均人数（人） Annual Average Number of Employed Personnel (person)						
	1995	2000	2005	2006	2007	2008	2009
合 计 Total	**2591764**	**2063069**	**1369536**	**1183550**	**1197769**	**1246470**	**1297339**
医药制造业 Manufacture of Medicines	**721308**	**608065**	**363415**	**315237**	**319762**	**296977**	**281595**
#化学药品制造 Manufacture of Chemical Medicine	490065	405300	239137	202667	204590	192494	173696
中成药制造 Manufacture of Finished Traditional Chinese Herbal Medicine	75500	163333	92390	81625	79719	74166	76041
生物、生化制品的制造 Manufacture of Biological and Biochemical Chemical Products	25614	27507	16156	14258	19803	16654	19248
航空航天器制造业 Manufacture of Aircrafts and Spacecrafts	**582276**	**452968**	**295644**	**278679**	**278971**	**287625**	**298588**
1.飞机制造及修理 Manufacture and Repairing of Airplanes	470286	391328	274519	258673	259468	264575	277963
2.航天器制造 Manufacture of Spacecrafts	111990	61640	21125	20006	19503	23050	20625
电子及通信设备制造业 Manufacture of Electronic Equipment and Communication Equipment	**819397**	**695338**	**507389**	**410564**	**418821**	**506743**	**513130**
1.通信设备制造 Manufacture of Communication Equipment	170473	166021	120006	85456	87478	145064	168286
#通信传输设备制造 Manufacture of Communication Transmitting Equipment	48836	51167	24380	24679	22320	25868	33471
通信交换设备制造 Manufacture of Communication Exchanging Equipment	27302	44911	42801	17174	21358	74832	95898
通信终端设备制造 Manufacture of Communication Terminal Equipment	32733	29872	16771	15928	16081	9710	10630
2.雷达及配套设备制造 Manufacture of Radar and Its Fittings	85684	49261	36056	37204	35404	38576	31468
3.广播电视设备制造 Manufacture of Broadcasting and TV Equipment	24086	9353	4981	5771	6063	7705	5631
4.电子器件制造 Manufacture of Electronic Appliances	154121	146365	119209	87642	94532	100217	110233
#电子真空器件制造 Manufacture of Electronic Vacuum Appliances	57954	87622	50984	40179	43292	35366	34420
半导体分立器件制造 Manufacture of Semiconductor Discreting Appliances	55103	44639	14837	10811	11531	11707	10093
集成电路制造 Manufacture of Integrate Circuit	15186	14104	9264	8824	8046	10925	11289
5.电子元件制造 Manufacture of Electronic Components	225032	158044	126186	109966	111102	127165	100146
6.家用视听设备制造 Manufacture of Domestic TV Set and Radio Receiver	132777	139927	94773	77976	69272	70379	83170
7.其他电子设备制造 Manufacture of Other Electronic Equipment	27224	26367	6178	6549	14970	17637	14196
电子计算机及办公设备制造业 Manufacture of Computers and Office Equipments	**61978**	**57090**	**53501**	**41277**	**38837**	**52861**	**58862**
1.电子计算机整机制造 Manufacture of Entired Computer	32727	31408	25754	19712	20504	17371	16616
2.电子计算机外部设备制造 Manufacture of Computer Peripheral Equipment	22665	21381	26022	18322	14874	31305	37587
3.办公设备制造 Manufacture of Office Equipment	6586	4301	1725	3243	3459	4185	3054
医疗设备及仪器仪表制造业 Manufacture of Medical Equipments and Measuring Instrument	**406805**	**249608**	**149587**	**137793**	**141378**	**102264**	**145164**
1.医疗设备及器械制造 Manufacture of Medical Equipment and Appliances	58548	38809	17542	16377	19005	15161	14052
2.仪器仪表制造 Manufacture of Measuring Instrument	348257	210799	132045	121416	122373	87103	131112

1-1-5 续表 2 continued

行业 Industry	当年价总产值（亿元） Gross Industrial Output Value at Current Prices (100 million yuan)						
	1995	2000	2005	2006	2007	2008	2009
合计 Total	**1508.6**	**4304.5**	**5629.8**	**4612.5**	**5010.9**	**6486.8**	**6751.9**
医药制造业 Manufacture of Medicines	**492.6**	**883.9**	**1017.8**	**996.4**	**1143.2**	**1215.8**	**1198.2**
#化学药品制造 Manufacture of Chemical Medicine	364.5	590.8	670.7	641.6	713.4	772.3	700.6
中成药制造 Manufacture of Finished Traditional Chinese Herbal Medicine	49.0	228.4	257.9	245.0	298.3	304.7	332.0
生物、生化制品的制造 Manufacture of Biological and Biochemical Chemical Products	17.5	56.1	48.4	48.9	78.1	78.0	98.1
航空航天器制造业 Manufacture of Aircrafts and Spacecrafts	**257.2**	**379.8**	**743.1**	**732.6**	**885.4**	**991.1**	**1139.5**
1.飞机制造及修理 Manufacture and Repairing of Airplanes	219.3	333.5	698.2	683.4	831.8	922.7	1067.2
2.航天器制造 Manufacture of Spacecrafts	37.9	46.3	44.8	49.2	53.6	68.4	72.3
电子及通信设备制造业 Manufacture of Electronic Equipment and Communication Equipment	**591.0**	**2445.3**	**2729.6**	**2155.5**	**2193.0**	**3262.4**	**3199.4**
1.通信设备制造 Manufacture of Communication Equipment	170.3	876.4	858.7	386.6	554.8	1041.2	1361.7
#通信传输设备制造 Manufacture of Communication Transmitting Equipment	63.1	149.5	76.0	82.7	83.6	118.6	180.2
通信交换设备制造 Manufacture of Communication Exchanging Equipment	34.5	336.7	402.8	68.7	235.8	633.2	873.9
通信终端设备制造 Manufacture of Communication Terminal Equipment	14.3	75.1	61.2	47.8	56.9	38.7	66.1
2.雷达及配套设备制造 Manufacture of Radar and Its Fittings	108.9	34.9	98.5	122.4	120.6	140.9	106.9
3.广播电视设备制造 Manufacture of Broadcasting and TV Equipment	5.4	6.8	13.1	16.7	16.3	34.0	27.5
4.电子器件制造 Manufacture of Electronic Appliances	108.4	459.2	471.9	422.1	557.1	583.8	504.7
#电子真空器件制造 Manufacture of Electronic Vacuum Appliances	80.3	354.0	229.7	203.4	218.1	193.6	130.8
半导体分立器件制造 Manufacture of Semiconductor Discreting Appliances	19.7	46.3	31.7	27.0	35.1	38.4	33.1
集成电路制造 Manufacture of Integrate Circuit	3.4	58.9	43.4	39.9	36.4	55.4	51.8
5.电子元件制造 Manufacture of Electronic Components	80.1	187.4	460.3	414.2	274.4	675.6	272.7
6.家用视听设备制造 Manufacture of Domestic TV Set and Radio Receiver	106.0	810.2	806.6	768.1	619.7	721.2	862.2
7.其他电子设备制造 Manufacture of Other Electronic Equipment	11.9	70.3	20.6	25.2	50.1	65.7	63.8
电子计算机及办公设备制造业 Manufacture of Computers and Office Equipments	**48.2**	**406.6**	**846.9**	**397.3**	**373.8**	**618.8**	**680.9**
1.电子计算机整机制造 Manufacture of Entired Computer	30.4	277.4	609.8	218.8	275.7	427.5	393.0
2.电子计算机外部设备制造 Manufacture of Computer Peripheral Equipment	13.0	123.9	229.5	165.8	81.3	170.2	258.1
3.办公设备制造 Manufacture of Office Equipment	4.8	5.2	7.6	12.7	16.9	21.1	20.7
医疗设备及仪器仪表制造业 Manufacture of Medical Equipments and Measuring Instrument	**119.6**	**189.0**	**292.6**	**330.8**	**415.4**	**398.6**	**534.1**
1.医疗设备及器械制造 Manufacture of Medical Equipment and Appliances	18.6	31.3	31.6	29.5	59.1	40.8	42.4
2.仪器仪表制造 Manufacture of Measuring Instrument	101.0	157.7	260.9	301.3	356.4	357.8	491.7

1-1-5 续表 3 continued

行 业 Industry	主营业务收入（亿元） Revenue from Principal Business (100 million yuan)						
	1995	2000	2005	2006	2007	2008	2009
合 计 **Total**	**1471.3**	**4188.1**	**5712.5**	**4664.1**	**5196.2**	**6481.6**	**6906.0**
医药制造业 **Manufacture of Medicines**	**472.4**	**853.8**	**1113.1**	**1034.6**	**1218.6**	**1274.0**	**1300.8**
#化学药品制造 Manufacture of Chemical Medicine	338.2	567.1	741.4	671.1	769.3	818.4	766.0
中成药制造 Manufacture of Finished Traditional Chinese Herbal Medicine	64.1	236.7	290.4	262.6	320.3	321.7	370.6
生物、生化制品的制造 Manufacture of Biological and Biochemical Chemical Products	15.6	42.7	40.1	42.8	73.9	69.7	100.3
航空航天器制造业 **Manufacture of Aircrafts and Spacecrafts**	**250.7**	**369.1**	**727.7**	**704.6**	**876.9**	**976.9**	**1108.0**
1.飞机制造及修理 Manufacture and Repairing of Airplanes	220.4	326.7	683.4	659.4	824.6	909.8	1038.4
2.航天器制造 Manufacture of Spacecrafts	30.4	42.4	44.3	45.1	52.4	67.2	69.7
电子及通信设备制造业 **Manufacture of Electronic Equipment and Communication Equipment**	**555.6**	**2386.9**	**2735.3**	**2188.6**	**2317.3**	**3233.1**	**3286.8**
1.通信设备制造 Manufacture of Communication Equipment	161.5	832.2	859.9	400.4	560.2	892.5	1317.3
#通信传输设备制造 Manufacture of Communication Transmitting Equipment	58.5	168.2	82.0	87.8	97.0	128.3	197.8
通信交换设备制造 Manufacture of Communication Exchanging Equipment	32.2	300.4	391.4	68.5	232.9	475.5	812.6
通信终端设备制造 Manufacture of Communication Terminal Equipment	13.8	60.9	59.7	54.5	58.2	39.5	66.1
2.雷达及配套设备制造 Manufacture of Radar and Its Fittings	100.0	31.5	88.0	114.9	117.4	150.2	116.3
3.广播电视设备制造 Manufacture of Broadcasting and TV Equipment	5.6	6.3	11.6	14.6	14.4	34.3	30.9
4.电子器件制造 Manufacture of Electronic Appliances	102.7	450.6	447.1	425.8	549.6	555.6	496.1
#电子真空器件制造 Manufacture of Electronic Vacuum Appliances	77.3	358.0	219.1	202.3	202.3	180.5	129.1
半导体分立器件制造 Manufacture of Semiconductor Discreting Appliances	18.1	38.6	29.5	29.0	35.8	40.2	36.0
集成电路制造 Manufacture of Integrate Circuit	3.0	54.1	38.4	37.9	34.9	70.6	52.6
5.电子元件制造 Manufacture of Electronic Components	74.6	178.4	445.7	401.0	269.0	668.1	276.2
6.家用视听设备制造 Manufacture of Domestic TV Set and Radio Receiver	99.4	823.1	861.1	804.9	758.0	863.3	978.1
7.其他电子设备制造 Manufacture of Other Electronic Equipment	11.8	64.8	22.0	27.0	48.9	69.0	71.8
电子计算机及办公设备制造业 **Manufacture of Computers and Office Equipments**	**73.7**	**393.5**	**841.3**	**408.7**	**380.9**	**597.5**	**677.5**
1.电子计算机整机制造 Manufacture of Entired Computer	44.8	263.5	629.4	221.5	274.2	422.2	393.0
2.电子计算机外部设备制造 Manufacture of Computer Peripheral Equipment	23.4	123.8	204.6	174.4	90.3	154.7	255.8
3.办公设备制造 Manufacture of Office Equipment	5.5	6.3	7.3	12.7	16.4	20.6	21.2
医疗设备及仪器仪表制造业 **Manufacture of Medical Equipments and Measuring Instrument**	**118.9**	**184.8**	**295.1**	**327.6**	**402.4**	**400.1**	**532.9**
1.医疗设备及器械制造 Manufacture of Medical Equipment and Appliances	18.7	29.0	30.8	29.3	58.6	40.3	43.1
2.仪器仪表制造 Manufacture of Measuring Instrument	100.2	155.8	264.3	298.3	343.8	359.9	489.8

1-1-5 续表 4 continued

行 业 Industry	利 润(亿元) Profits (100 million yuan)						
	1995	2000	2005	2006	2007	2008	2009
合 计 Total	**32.8**	**248.4**	**182.1**	**168.9**	**305.2**	**350.8**	**431.3**
医药制造业 Manufacture of Medicines	**14.0**	**67.8**	**94.6**	**79.2**	**115.1**	**144.3**	**158.1**
#化学药品制造 Manufacture of Chemical Medicine	6.8	36.5	51.4	38.1	57.3	82.6	81.9
中成药制造 Manufacture of Finished Traditional Chinese Herbal Medicine	4.5	25.5	33.8	28.6	36.6	37.8	42.2
生物、生化制品的制造 Manufacture of Biological and Biochemical Chemical Products	2.1	5.7	6.1	8.3	16.6	18.1	26.3
航空航天器制造业 Manufacture of Aircrafts and Spacecrafts	**1.1**	**2.3**	**27.3**	**32.1**	**47.1**	**59.1**	**66.0**
1.飞机制造及修理 Manufacture and Repairing of Airplanes	2.7	2.1	22.5	28.8	43.4	53.2	59.4
2.航天器制造 Manufacture of Spacecrafts	-1.6	0.2	4.8	3.3	3.7	5.9	6.6
电子及通信设备制造业 Manufacture of Electronic Equipment and Communication Equipment	**18.1**	**150.9**	**20.1**	**14.4**	**86.0**	**86.8**	**121.6**
1.通信设备制造 Manufacture of Communication Equipment	4.4	69.1	10.9	11.2	22.6	38.4	78.5
#通信传输设备制造 Manufacture of Communication Transmitting Equipment	1.1	15.2	5.3	7.5	10.7	14.7	19.5
通信交换设备制造 Manufacture of Communication Exchanging Equipment	1.7	30.8	13.4	-3.0	8.5	15.6	40.6
通信终端设备制造 Manufacture of Communication Terminal Equipment	-0.8	1.8	-2.5	2.3	4.0	2.3	3.1
2.雷达及配套设备制造 Manufacture of Radar and Its Fittings	11.9	-0.4	5.9	8.4	10.7	12.2	10.2
3.广播电视设备制造 Manufacture of Broadcasting and TV Equipment	-0.3	-0.2	0.0	1.2	0.3	1.5	2.1
4.电子器件制造 Manufacture of Electronic Appliances	8.5	38.2	-24.1	-29.9	18.7	-9.3	-23.4
#电子真空器件制造 Manufacture of Electronic Vacuum Appliances	9.3	32.7	-32.4	-25.9	-9.4	-5.9	-17.7
半导体分立器件制造 Manufacture of Semiconductor Discreting Appliances	-0.4	1.3	1.9	1.2	3.9	5.0	2.5
集成电路制造 Manufacture of Integrate Circuit	-0.3	4.2	2.1	2.9	11.1	9.7	4.6
5.电子元件制造 Manufacture of Electronic Components	0.1	11.6	16.3	18.3	13.1	20.3	18.4
6.家用视听设备制造 Manufacture of Domestic TV Set and Radio Receiver	-6.5	20.2	10.9	4.2	18.6	16.6	29.2
7.其他电子设备制造 Manufacture of Other Electronic Equipment	0.0	12.5	0.2	1.0	1.9	7.2	6.4
电子计算机及办公设备制造业 Manufacture of Computers and Office Equipments	**1.1**	**22.5**	**18.4**	**13.5**	**14.0**	**27.6**	**32.0**
1.电子计算机整机制造 Manufacture of Entired Computer	0.5	18.2	19.4	3.7	2.7	9.6	4.9
2.电子计算机外部设备制造 Manufacture of Computer Peripheral Equipment	0.8	4.2	-1.5	8.7	8.6	14.1	22.4
3.办公设备制造 Manufacture of Office Equipment	-0.2	0.1	0.5	1.1	2.7	3.9	4.0
医疗设备及仪器仪表制造业 Manufacture of Medical Equipments and Measuring Instrument	**-1.4**	**4.9**	**21.8**	**29.8**	**43.0**	**33.1**	**53.6**
1.医疗设备及器械制造 Manufacture of Medical Equipment and Appliances	-0.1	1.0	2.6	1.8	11.3	3.2	5.7
2.仪器仪表制造 Manufacture of Measuring Instrument	-1.3	3.9	19.2	28.1	31.7	29.9	47.9

1-1-5 续表 5 continued

行 业 Industry	利 税（亿元） Taxes and Profits (100 million yuan)						
	1995	2000	2005	2006	2007	2008	2009
合 计 **Total**	**97.3**	**414.5**	**357.1**	**321.6**	**462.9**	**575.4**	**642.0**
医药制造业 **Manufacture of Medicines**	**37.8**	**134.1**	**166.8**	**146.8**	**191.5**	**228.4**	**243.5**
#化学药品制造 Manufacture of Chemical Medicine	21.8	77.0	92.5	75.7	98.1	129.2	126.2
中成药制造 Manufacture of Finished Traditional Chinese Herbal Medicine	8.3	47.7	59.8	51.2	64.4	66.3	73.3
生物、生化制品的制造 Manufacture of Biological and Biochemical Chemical Products	3.3	8.9	9.2	11.5	21.5	23.5	32.9
航空航天器制造业 **Manufacture of Aircrafts and Spacecrafts**	**12.6**	**15.6**	**37.7**	**44.8**	**56.7**	**70.9**	**86.3**
1.飞机制造及修理 Manufacture and Repairing of Airplanes	13.7	14.7	32.7	41.2	52.7	64.6	79.3
2.航天器制造 Manufacture of Spacecrafts	-1.2	1.0	5.0	3.5	4.1	6.3	7.0
电子及通信设备制造业 **Manufacture of Electronic Equipment and Communication Equipment**	**38.2**	**218.4**	**93.8**	**65.0**	**133.0**	**189.5**	**190.8**
1.通信设备制造 Manufacture of Communication Equipment	9.3	90.3	45.0	20.3	32.0	77.6	96.2
#通信传输设备制造 Manufacture of Communication Transmitting Equipment	1.6	20.9	6.7	8.9	12.1	18.1	22.5
通信交换设备制造 Manufacture of Communication Exchanging Equipment	3.8	40.0	42.1	-0.3	10.8	44.2	48.4
通信终端设备制造 Manufacture of Communication Terminal Equipment	-0.2	3.1	-1.6	3.1	5.1	3.2	4.0
2.雷达及配套设备制造 Manufacture of Radar and Its Fittings	14.9	0.0	6.9	10.1	12.0	15.3	11.9
3.广播电视设备制造 Manufacture of Broadcasting and TV Equipment	0.1	0.1	0.3	1.8	0.9	2.5	3.0
4.电子器件制造 Manufacture of Electronic Appliances	14.6	57.2	-11.9	-18.5	31.6	3.5	-9.2
#电子真空器件制造 Manufacture of Electronic Vacuum Appliances	14.0	48.2	-26.4	-20.8	-4.0	-1.0	-15.2
半导体分立器件制造 Manufacture of Semiconductor Discreting Appliances	0.7	2.9	2.9	2.2	5.1	6.5	3.6
集成电路制造 Manufacture of Integrate Circuit	-0.1	6.1	3.3	3.7	13.0	12.6	6.9
5.电子元件制造 Manufacture of Electronic Components	3.6	19.3	25.7	28.6	20.5	35.0	26.5
6.家用视听设备制造 Manufacture of Domestic TV Set and Radio Receiver	-4.7	35.9	26.7	20.9	32.8	45.3	52.6
7.其他电子设备制造 Manufacture of Other Electronic Equipment	0.4	15.6	1.0	1.9	3.2	10.3	9.7
电子计算机及办公设备制造业 **Manufacture of Computers and Office Equipments**	**2.8**	**31.2**	**24.4**	**21.0**	**21.0**	**37.2**	**44.3**
1.电子计算机整机制造 Manufacture of Entired Computer	1.3	24.5	22.8	8.3	6.5	13.9	11.1
2.电子计算机外部设备制造 Manufacture of Computer Peripheral Equipment	1.4	6.3	0.7	10.8	11.0	18.4	27.1
3.办公设备制造 Manufacture of Office Equipment	0.1	0.4	0.9	2.0	3.5	4.9	5.0
医疗设备及仪器仪表制造业 **Manufacture of Medical Equipments and Measuring Instrument**	**6.0**	**15.2**	**34.4**	**44.1**	**60.7**	**49.5**	**77.2**
1.医疗设备及器械制造 Manufacture of Medical Equipment and Appliances	1.2	3.0	4.0	3.5	15.3	5.7	8.6
2.仪器仪表制造 Manufacture of Measuring Instrument	4.8	12.2	30.4	40.6	45.4	43.7	68.6

1-1-6 三资企业分行业高技术产业生产经营情况

Statistics on Production and Management in High-tech Industry of Joint Ventures Enterprises by Industrial Sector

行业 Industry	企业数（个） Number of Enterprises (unit)						
	1995	2000	2005	2006	2007	2008	2009
合计 **Total**	**4581**	**3046**	**6491**	**6999**	**8028**	**9296**	**9296**
医药制造业 **Manufacture of Medicines**	**868**	**542**	**890**	**955**	**1035**	**1144**	**1144**
#化学药品制造 Manufacture of Chemical Medicine	390	277	387	407	436	495	485
中成药制造 Manufacture of Finished Traditional Chinese Herbal Medicine	15	179	192	201	212	214	208
生物、生化制品的制造 Manufacture of Biological and Biochemical Chemical Products	106	70	128	131	149	176	191
航空航天器制造业 **Manufacture of Aircrafts and Spacecrafts**	**13**	**8**	**30**	**29**	**32**	**53**	**59**
1.飞机制造及修理 Manufacture and Repairing of Airplanes	11	7	29	27	31	51	56
2.航天器制造 Manufacture of Spacecrafts	2	1	1	2	1	2	
电子及通信设备制造业 **Manufacture of Electronic Equipment and Communication Equipment**	**2509**	**1829**	**3947**	**4268**	**4966**	**6018**	**5879**
1.通信设备制造 Manufacture of Communication Equipment	541	300	461	476	531	605	598
#通信传输设备制造 Manufacture of Communication Transmitting Equipment	4	54	84	80	89	108	107
通信交换设备制造 Manufacture of Communication Exchanging Equipment	8	55	51	44	52	51	45
通信终端设备制造 Manufacture of Communication Terminal Equipment	7	56	98	94	103	105	97
2.雷达及配套设备制造 Manufacture of Radar and Its Fittings	3		3	4	2	4	4
3.广播电视设备制造 Manufacture of Broadcasting and TV Equipment	44	21	121	111	121	139	150
4.电子器件制造 Manufacture of Electronic Appliances	301	260	728	791	929	1149	1140
#电子真空器件制造 Manufacture of Electronic Vacuum Appliances	6	42	52	53	66	55	56
半导体分立器件制造 Manufacture of Semiconductor Discreting Appliances		112	136	153	167	199	197
集成电路制造 Manufacture of Integrate Circuit	4	106	237	250	269	291	271
5.电子元件制造 Manufacture of Electronic Components	1024	796	1946	2158	2487	3079	2995
6.家用视听设备制造 Manufacture of Domestic TV Set and Radio Receiver	333	228	486	497	568	603	542
7.其他电子设备制造 Manufacture of Other Electronic Equipment	263	224	202	231	328	439	450
电子计算机及办公设备制造业 **Manufacture of Computers and Office Equipments**	**390**	**301**	**800**	**812**	**925**	**995**	**942**
1.电子计算机整机制造 Manufacture of Entired Computer	114	54	111	87	98	83	78
2.电子计算机外部设备制造 Manufacture of Computer Peripheral Equipment	216	186	579	610	718	804	689
3.办公设备制造 Manufacture of Office Equipment	60	61	110	115	109	108	107
医疗设备及仪器仪表制造业 **Manufacture of Medical Equipments and Measuring Instrument**	**801**	**366**	**824**	**935**	**1070**	**1086**	**1272**
1.医疗设备及器械制造 Manufacture of Medical Equipment and Appliances	327	116	201	231	272	369	379
2.仪器仪表制造 Manufacture of Measuring Instrument	474	250	623	704	798	717	893

1-1-6 续表 1 continued

行业 Industry	从业人员年平均人数（人） Annual Average Number of Employed Personnel (person)						
	1995	2000	2005	2006	2007	2008	2009
合 计 Total	**707493**	**1202474**	**3694250**	**4350571**	**5099413**	**5687734**	**5508056**
医药制造业 Manufacture of Medicines	**108577**	**116040**	**226236**	**252940**	**274025**	**317650**	**347745**
#化学药品制造 Manufacture of Chemical Medicine	62168	63972	125301	135110	147291	172145	195223
中成药制造 Manufacture of Finished Traditional Chinese Herbal Medicine	10586	41094	50956	53816	55380	55754	52769
生物、生化制品的制造 Manufacture of Biological and Biochemical Chemical Products	6051	8900	17663	19201	23728	31211	33682
航空航天器制造业 Manufacture of Aircrafts and Spacecrafts	**7913**	**8216**	**14070**	**16201**	**19108**	**25354**	**25961**
1.飞机制造及修理 Manufacture and Repairing of Airplanes	7894	8001	13819	15772	18756	24943	25338
2.航天器制造 Manufacture of Spacecrafts	19	215	251	429	352	411	
电子及通信设备制造业 Manufacture of Electronic Equipment and Communication Equipment	**473803**	**832879**	**2367784**	**2738843**	**3218216**	**3624306**	**3431864**
1.通信设备制造 Manufacture of Communication Equipment	85213	119054	345796	398980	496210	535679	510310
#通信传输设备制造 Manufacture of Communication Transmitting Equipment	1195	13838	26719	28733	38618	49694	45260
通信交换设备制造 Manufacture of Communication Exchanging Equipment	4315	22205	19751	15751	20517	30193	29285
通信终端设备制造 Manufacture of Communication Terminal Equipment	3843	25675	81404	75604	69911	70402	61406
2.雷达及配套设备制造 Manufacture of Radar and Its Fittings	34		1722	1265	219	194	225
3.广播电视设备制造 Manufacture of Broadcasting and TV Equipment	3455	4104	32809	45030	45972	49094	47804
4.电子器件制造 Manufacture of Electronic Appliances	63198	131747	439942	521001	645232	784494	733988
#电子真空器件制造 Manufacture of Electronic Vacuum Appliances	5642	38917	49503	48154	47660	37384	25905
半导体分立器件制造 Manufacture of Semiconductor Discreting Appliances		39005	41426	55664	64107	75234	64802
集成电路制造 Manufacture of Integrate Circuit	4029	53825	162848	195273	230324	258197	223231
5.电子元件制造 Manufacture of Electronic Components	167111	332338	1077264	1278425	1485217	1695772	1620172
6.家用视听设备制造 Manufacture of Domestic TV Set and Radio Receiver	127196	181630	383454	391369	410594	376883	342426
7.其他电子设备制造 Manufacture of Other Electronic Equipment	27596	64006	86797	102773	134772	182190	176939
电子计算机及办公设备制造业 Manufacture of Computers and Office Equipments	**56215**	**167975**	**880424**	**1088218**	**1296832**	**1458889**	**1415737**
1.电子计算机整机制造 Manufacture of Entired Computer	11490	30573	290227	353529	444100	532367	464007
2.电子计算机外部设备制造 Manufacture of Computer Peripheral Equipment	32112	96266	526878	654836	764855	841237	838081
3.办公设备制造 Manufacture of Office Equipment	12613	41136	63319	79853	87877	85285	75459
医疗设备及仪器仪表制造业 Manufacture of Medical Equipments and Measuring Instrument	**60985**	**77364**	**205736**	**254369**	**291232**	**261535**	**286749**
1.医疗设备及器械制造 Manufacture of Medical Equipment and Appliances	23968	22401	45964	57076	67987	81919	86450
2.仪器仪表制造 Manufacture of Measuring Instrument	37017	54963	159772	197293	223245	179616	200299

1-1-6 续表 2 continued

行 业 Industry	当年价总产值（亿元） Gross Industrial Output Value at Current Prices (100 million yuan)						
	1995	2000	2005	2006	2007	2008	2009
合 计 **Total**	**1818.2**	**6136.3**	**25178.5**	**30257.0**	**36813.2**	**40106.2**	**39713.3**
医药制造业 **Manufacture of Medicines**	**188.3**	**403.7**	**1047.9**	**1271.0**	**1628.1**	**2133.5**	**2638.3**
#化学药品制造 Manufacture of Chemical Medicine	113.5	252.3	680.5	815.7	1061.1	1360.4	1754.5
中成药制造 Manufacture of Finished Traditional Chinese Herbal Medicine	24.9	110.8	163.1	180.5	226.0	287.7	307.7
生物、生化制品的制造 Manufacture of Biological and Biochemical Chemical Products	9.6	33.7	111.7	147.1	177.8	247.5	306.5
航空航天器制造业 **Manufacture of Aircrafts and Spacecrafts**	**14.8**	**23.6**	**76.2**	**87.9**	**124.4**	**187.0**	**193.7**
1.飞机制造及修理 Manufacture and Repairing of Airplanes	14.8	23.2	75.4	86.6	123.1	184.9	191.1
2.航天器制造 Manufacture of Spacecrafts		0.4	0.8	1.3	1.3	2.0	
电子及通信设备制造业 **Manufacture of Electronic Equipment and Communication Equipment**	**1268.3**	**4124.5**	**13232.5**	**16605.2**	**19590.9**	**21181.6**	**20578.4**
1.通信设备制造 Manufacture of Communication Equipment	380.6	1508.9	4520.9	5729.3	5940.2	5906.7	5348.9
#通信传输设备制造 Manufacture of Communication Transmitting Equipment	8.6	111.5	144.9	154.0	211.6	307.7	264.2
通信交换设备制造 Manufacture of Communication Exchanging Equipment	66.3	359.9	273.7	287.9	387.8	503.8	484.2
通信终端设备制造 Manufacture of Communication Terminal Equipment	14.0	232.9	385.3	461.1	437.2	442.6	346.1
2.雷达及配套设备制造 Manufacture of Radar and Its Fittings	0.1		1.3	1.1	1.2	1.2	1.8
3.广播电视设备制造 Manufacture of Broadcasting and TV Equipment	4.8	16.4	93.8	126.3	144.2	190.6	200.4
4.电子器件制造 Manufacture of Electronic Appliances	195.7	653.0	2538.4	3247.3	4285.3	5220.5	5187.0
#电子真空器件制造 Manufacture of Electronic Vacuum Appliances	32.3	328.1	420.4	383.7	374.0	302.8	203.9
半导体分立器件制造 Manufacture of Semiconductor Discreting Appliances		100.3	178.6	284.2	348.1	429.4	394.0
集成电路制造 Manufacture of Integrate Circuit	35.5	224.5	1073.7	1480.0	1855.9	2073.7	1699.1
5.电子元件制造 Manufacture of Electronic Components	225.0	763.8	3570.6	4824.5	6142.8	6724.8	6507.5
6.家用视听设备制造 Manufacture of Domestic TV Set and Radio Receiver	408.6	1002.4	2261.2	2292.1	2543.7	2473.0	2577.2
7.其他电子设备制造 Manufacture of Other Electronic Equipment	53.6	180.0	246.2	384.5	533.6	664.8	755.5
电子计算机及办公设备制造业 **Manufacture of Computers and Office Equipments**	**255.2**	**1386.2**	**9989.4**	**11173.7**	**14039.8**	**15164.5**	**14721.4**
1.电子计算机整机制造 Manufacture of Entired Computer	78.7	533.1	5249.1	5638.8	7496.0	8445.5	8244.3
2.电子计算机外部设备制造 Manufacture of Computer Peripheral Equipment	153.9	681.5	4230.7	4928.2	5879.8	6057.3	5630.6
3.办公设备制造 Manufacture of Office Equipment	22.6	171.7	509.6	606.7	664.0	661.6	586.5
医疗设备及仪器仪表制造业 **Manufacture of Medical Equipments and Measuring Instrument**	**91.6**	**198.3**	**832.4**	**1119.2**	**1430.0**	**1439.7**	**1581.6**
1.医疗设备及器械制造 Manufacture of Medical Equipment and Appliances	29.5	64.1	191.8	245.2	303.4	396.4	430.3
2.仪器仪表制造 Manufacture of Measuring Instrument	62.1	134.2	640.6	874.0	1126.6	1043.3	1151.3

1-1-6 续表 3 continued

行 业 Industry	主营业务收入（亿元） Revenue from Principal Business (100 million yuan)						
	1995	2000	2005	2006	2007	2008	2009
合 计 Total	**1728.1**	**6006.8**	**24789.7**	**30115.8**	**36281.0**	**39255.0**	**39141.3**
医药制造业 Manufacture of Medicines	**179.6**	**365.8**	**967.0**	**1186.6**	**1508.6**	**1996.0**	**2545.9**
#化学药品制造 Manufacture of Chemical Medicine	110.1	240.1	646.0	777.1	997.3	1288.9	1725.4
中成药制造 Manufacture of Finished Traditional Chinese Herbal Medicine	26.6	89.1	136.2	156.8	193.6	254.5	278.7
生物、生化制品的制造 Manufacture of Biological and Biochemical Chemical Products	8.5	29.6	99.1	136.7	165.0	231.0	291.9
航空航天器制造业 Manufacture of Aircrafts and Spacecrafts	**15.8**	**25.1**	**76.5**	**87.3**	**117.4**	**170.0**	**199.9**
1.飞机制造及修理 Manufacture and Repairing of Airplanes	15.8	24.8	75.7	86.1	116.1	168.0	197.3
2.航天器制造 Manufacture of Spacecrafts		0.3	0.8	1.2	1.3	2.0	
电子及通信设备制造业 Manufacture of Electronic Equipment and Communication Equipment	**1193.6**	**4116.7**	**12914.0**	**16416.7**	**19157.2**	**20517.6**	**19990.2**
1.通信设备制造 Manufacture of Communication Equipment	345.9	1538.5	4454.6	5725.4	5789.5	5822.7	5287.0
#通信传输设备制造 Manufacture of Communication Transmitting Equipment	15.5	117.6	181.9	177.3	219.8	288.0	260.5
通信交换设备制造 Manufacture of Communication Exchanging Equipment	67.0	364.9	280.9	300.4	396.2	499.8	486.2
通信终端设备制造 Manufacture of Communication Terminal Equipment	13.3	242.6	382.1	454.6	437.5	420.2	335.6
2.雷达及配套设备制造 Manufacture of Radar and Its Fittings	0.1		1.4	1.2	1.2	1.3	1.8
3.广播电视设备制造 Manufacture of Broadcasting and TV Equipment	4.4	16.7	91.8	124.7	141.4	180.1	188.8
4.电子器件制造 Manufacture of Electronic Appliances	187.4	621.7	2477.9	3218.3	4197.2	4966.3	4947.0
#电子真空器件制造 Manufacture of Electronic Vacuum Appliances	32.2	307.0	407.4	380.8	365.4	299.5	197.7
半导体分立器件制造 Manufacture of Semiconductor Discreting Appliances		97.9	177.9	278.8	342.3	421.0	383.1
集成电路制造 Manufacture of Integrate Circuit	34.6	216.8	1040.0	1482.5	1790.4	1909.4	1565.5
5.电子元件制造 Manufacture of Electronic Components	214.6	729.0	3469.9	4747.5	6025.0	6584.3	6394.2
6.家用视听设备制造 Manufacture of Domestic TV Set and Radio Receiver	392.5	1038.0	2177.9	2231.9	2471.6	2321.8	2440.1
7.其他电子设备制造 Manufacture of Other Electronic Equipment	48.9	172.8	240.6	367.7	531.3	641.1	731.2
电子计算机及办公设备制造业 Manufacture of Computers and Office Equipments	**251.6**	**1306.0**	**10004.1**	**11315.4**	**14096.3**	**15182.5**	**14847.8**
1.电子计算机整机制造 Manufacture of Entired Computer	78.1	504.2	5348.7	5856.9	7721.7	8648.8	8539.2
2.电子计算机外部设备制造 Manufacture of Computer Peripheral Equipment	151.1	636.2	4160.5	4852.5	5730.8	5878.0	5467.9
3.办公设备制造 Manufacture of Office Equipment	22.4	165.6	494.9	606.0	643.8	655.6	593.6
医疗设备及仪器仪表制造业 Manufacture of Medical Equipments and Measuring Instrument	**87.4**	**193.2**	**828.1**	**1109.8**	**1401.5**	**1389.0**	**1557.6**
1.医疗设备及器械制造 Manufacture of Medical Equipment and Appliances	30.6	60.6	188.2	239.9	296.9	380.2	420.1
2.仪器仪表制造 Manufacture of Measuring Instrument	56.8	132.6	639.8	870.0	1104.7	1008.8	1137.5

1-1-6 续表 4 continued

行 业 Industry	利 润（亿元） Profits (100 million yuan)						
	1995	2000	2005	2006	2007	2008	2009
合 计 **Total**	**107.8**	**406.4**	**928.0**	**1156.0**	**1485.5**	**1557.8**	**1593.1**
医药制造业 **Manufacture of Medicines**	**20.8**	**32.9**	**103.2**	**117.8**	**188.7**	**260.1**	**330.0**
#化学药品制造 Manufacture of Chemical Medicine	12.5	19.8	61.2	70.9	114.9	165.5	214.8
中成药制造 Manufacture of Finished Traditional Chinese Herbal Medicine	4.4	9.5	19.6	19.8	33.3	39.5	41.7
生物、生化制品的制造 Manufacture of Biological and Biochemical Chemical Products	0.7	2.9	15.3	18.9	28.1	38.2	47.9
航空航天器制造业 **Manufacture of Aircrafts and Spacecrafts**	**1.4**	**3.5**	**7.9**	**11.4**	**13.5**	**13.3**	**21.2**
1.飞机制造及修理 Manufacture and Repairing of Airplanes	1.4	3.7	7.8	11.2	13.3	13.1	20.4
2.航天器制造 Manufacture of Spacecrafts		-0.2	0.1	0.2	0.2	0.2	
电子及通信设备制造业 **Manufacture of Electronic Equipment and Communication Equipment**	**76.2**	**292.4**	**504.6**	**694.1**	**731.3**	**696.4**	**690.1**
1.通信设备制造 Manufacture of Communication Equipment	39.3	137.6	199.7	262.1	186.5	182.5	204.9
#通信传输设备制造 Manufacture of Communication Transmitting Equipment	2.1	12.0	-4.1	8.2	3.0	16.2	16.9
通信交换设备制造 Manufacture of Communication Exchanging Equipment	12.6	31.9	10.7	13.0	12.4	16.5	18.9
通信终端设备制造 Manufacture of Communication Terminal Equipment	0.9	10.0	8.3	12.9	19.0	7.5	9.6
2.雷达及配套设备制造 Manufacture of Radar and Its Fittings			0.0	0.0	0.1	0.2	0.2
3.广播电视设备制造 Manufacture of Broadcasting and TV Equipment	0.6	1.0	3.4	3.8	6.1	5.5	6.9
4.电子器件制造 Manufacture of Electronic Appliances	23.3	65.6	69.2	100.1	146.1	123.2	89.6
#电子真空器件制造 Manufacture of Electronic Vacuum Appliances	3.2	42.1	10.3	-8.4	-20.7	1.3	-11.0
半导体分立器件制造 Manufacture of Semiconductor Discreting Appliances		7.4	2.6	11.3	20.9	35.7	33.5
集成电路制造 Manufacture of Integrate Circuit	6.3	16.1	26.7	63.2	67.5	25.8	-8.8
5.电子元件制造 Manufacture of Electronic Components	8.6	48.6	173.5	249.7	293.6	275.0	257.1
6.家用视听设备制造 Manufacture of Domestic TV Set and Radio Receiver	4.3	29.8	48.3	58.3	71.0	74.3	93.3
7.其他电子设备制造 Manufacture of Other Electronic Equipment	0.1	9.7	10.6	20.1	28.0	35.8	37.9
电子计算机及办公设备制造业 **Manufacture of Computers and Office Equipments**	**3.5**	**62.5**	**241.1**	**232.6**	**411.2**	**470.0**	**395.2**
1.电子计算机整机制造 Manufacture of Entired Computer	1.3	29.0	94.1	76.2	134.5	174.6	128.9
2.电子计算机外部设备制造 Manufacture of Computer Peripheral Equipment	1.7	27.6	126.9	134.5	248.7	265.5	220.3
3.办公设备制造 Manufacture of Office Equipment	0.5	6.0	20.1	21.9	28.0	29.9	30.1
医疗设备及仪器仪表制造业 **Manufacture of Medical Equipments and Measuring Instrument**	**6.0**	**15.2**	**71.1**	**100.1**	**140.9**	**118.0**	**156.7**
1.医疗设备及器械制造 Manufacture of Medical Equipment and Appliances	1.3	4.0	19.0	28.6	41.1	40.6	54.9
2.仪器仪表制造 Manufacture of Measuring Instrument	4.7	11.2	52.0	71.6	99.8	77.5	101.8

1-1-6 续表 5 continued

行　业 Industry	利　税（亿元） Taxes and Profits (100 million yuan)						
	1995	2000	2005	2006	2007	2008	2009
合　计 **Total**	**154.8**	**555.7**	**1214.5**	**1524.4**	**1875.9**	**2130.2**	**2122.1**
医药制造业 **Manufacture of Medicines**	**31.3**	**64.5**	**174.6**	**195.7**	**290.7**	**394.9**	**488.3**
#化学药品制造 Manufacture of Chemical Medicine	18.9	40.5	109.3	123.4	183.2	254.0	330.7
中成药制造 Manufacture of Finished Traditional Chinese Herbal Medicine	5.5	17.5	33.8	34.4	51.4	60.7	60.9
生物、生化制品的制造 Manufacture of Biological and Biochemical Chemical Products	1.4	5.6	21.0	25.6	36.4	52.1	60.3
航空航天器制造业 **Manufacture of Aircrafts and Spacecrafts**	**2.4**	**4.6**	**10.8**	**13.9**	**16.0**	**16.9**	**24.2**
1.飞机制造及修理 Manufacture and Repairing of Airplanes	2.4	4.8	10.7	13.7	15.8	16.8	23.5
2.航天器制造 Manufacture of Spacecrafts		-0.2	0.1	0.2	0.2	0.2	
电子及通信设备制造业 **Manufacture of Electronic Equipment and Communication Equipment**	**106.4**	**378.8**	**642.2**	**887.7**	**920.1**	**968.8**	**921.7**
1.通信设备制造 Manufacture of Communication Equipment	53.2	175.5	247.2	309.2	226.7	243.2	247.1
#通信传输设备制造 Manufacture of Communication Transmitting Equipment	2.6	16.3	-1.1	10.9	5.4	20.8	20.9
通信交换设备制造 Manufacture of Communication Exchanging Equipment	17.3	43.1	22.8	20.4	18.6	30.2	27.2
通信终端设备制造 Manufacture of Communication Terminal Equipment	1.1	14.2	10.0	19.0	22.3	13.6	12.0
2.雷达及配套设备制造 Manufacture of Radar and Its Fittings			0.1	0.0	0.1	0.2	0.2
3.广播电视设备制造 Manufacture of Broadcasting and TV Equipment	0.8	1.7	4.8	6.0	7.4	7.9	9.3
4.电子器件制造 Manufacture of Electronic Appliances	31.0	82.7	96.7	138.3	175.4	191.4	144.1
#电子真空器件制造 Manufacture of Electronic Vacuum Appliances	4.1	53.5	19.4	1.4	-16.4	5.7	-9.0
半导体分立器件制造 Manufacture of Semiconductor Discreting Appliances		9.4	4.0	15.0	24.1	47.6	44.9
集成电路制造 Manufacture of Integrate Circuit	8.1	19.8	37.3	72.8	76.9	48.3	3.6
5.电子元件制造 Manufacture of Electronic Components	11.5	66.2	209.7	313.1	360.9	372.4	347.4
6.家用视听设备制造 Manufacture of Domestic TV Set and Radio Receiver	9.4	40.2	70.2	95.2	113.1	108.6	123.1
7.其他电子设备制造 Manufacture of Other Electronic Equipment	0.5	12.5	13.6	25.8	36.4	45.2	50.4
电子计算机及办公设备制造业 **Manufacture of Computers and Office Equipments**	**5.4**	**85.7**	**296.1**	**298.1**	**471.7**	**595.8**	**483.2**
1.电子计算机整机制造 Manufacture of Entired Computer	1.8	43.3	111.0	95.2	148.6	225.2	156.7
2.电子计算机外部设备制造 Manufacture of Computer Peripheral Equipment	2.6	33.8	160.0	169.1	288.7	334.3	267.8
3.办公设备制造 Manufacture of Office Equipment	1.1	8.7	25.1	33.8	34.3	36.3	36.7
医疗设备及仪器仪表制造业 **Manufacture of Medical Equipments and Measuring Instrument**	**9.3**	**22.2**	**90.8**	**129.0**	**177.5**	**153.8**	**204.7**
1.医疗设备及器械制造 Manufacture of Medical Equipment and Appliances	2.4	6.2	23.2	35.5	51.2	52.9	68.8
2.仪器仪表制造 Manufacture of Measuring Instrument	6.9	16.0	67.6	93.5	126.2	100.9	135.8

1-2-1 按行业分高技术产业生产经营情况(2009年)
Statistics on Production and Management in High-tech Industry by Industrial Sector(2009)

单位:亿元 (100 million yuan)

行业 Industry	企业单位数(个) Number of Enterprises (unit)	从业人员平均人数(人) Annual Average Number of Employed Personnel (person)	当年价总产值 Gross Industrial Output Value at Current Prices	资产总计 Total Assets	主营业务收入 Revenue from Principal Business	利润总额 Profits	利税 Taxes and Profits
合计 Total	**27218**	**9575428**	**60430.48**	**29499.73**	**59566.69**	**3278.53**	**4660.30**
医药制造业 Manufacture of Medicines	**6807**	**1604792**	**9443.30**	**747.17**	**9087.00**	**993.96**	**1517.64**
#化学药品制造 Manufacture of Chemical Medicine	2494	767596	4890.58	494.55	4780.33	508.77	792.04
中成药制造 Manufacture of Finished Traditional Chinese Herbal Medicine	1510	428684	2057.27	48.37	1942.89	220.31	356.94
生物、生化制品的制造 Manufacture of Biological and Biochemical Chemical Products	815	129036	980.66	100.24	919.32	135.32	178.16
航空航天器制造业 Manufacture of Aircrafts and Spacecrafts	**220**	**325270**	**1353.01**	**208.20**	**1322.85**	**89.71**	**113.34**
1.飞机制造及修理 Manufacture and Repairing of Airplanes	186	302792	1273.16	206.51	1245.83	81.90	104.88
2.航天器制造 Manufacture of Spacecrafts	23	21013	73.85	0.08	71.14	6.63	7.12
电子及通信设备制造业 Manufacture of Electronic Equipment and Communication Equipment	**12831**	**5100040**	**28947.12**	**15542.01**	**28465.47**	**1309.60**	**1858.19**
1.通信设备制造 Manufacture of Communication Equipment	1605	893945	8531.25	4481.09	8540.53	550.81	746.50
#通信传输设备制造 Manufacture of Communication Transmitting Equipment	401	114735	661.32	162.82	663.25	51.71	65.68
通信交换设备制造 Manufacture of Communication Exchanging Equipment	158	203465	2570.84	1293.82	2676.44	283.19	412.67
通信终端设备制造 Manufacture of Communication Terminal Equipment	244	103270	523.80	285.02	503.90	20.46	27.37
2.雷达及配套设备制造 Manufacture of Radar and Its Fittings	51	35565	122.87	2.69	132.07	11.40	13.62
3.广播电视设备制造 Manufacture of Broadcasting and TV Equipment	477	100141	424.66	159.84	408.92	25.83	35.50
4.电子器件制造 Manufacture of Electronic Appliances	2355	1035697	6447.10	4090.45	6162.97	153.61	248.68
#电子真空器件制造 Manufacture of Electronic Vacuum Appliances	167	77407	395.71	160.11	384.38	-31.91	-25.32
半导体分立器件制造 Manufacture of Semiconductor Discreting Appliances	408	101839	532.35	247.01	522.35	42.35	58.24
集成电路制造 Manufacture of Integrate Circuit	482	275637	1926.54	1382.53	1781.79	9.02	30.82
5.电子元件制造 Manufacture of Electronic Components	6145	2213312	8259.14	4397.76	8101.52	352.98	503.52
6.家用视听设备制造 Manufacture of Domestic TV Set and Radio Receiver	1088	541130	3918.45	1885.75	3914.29	144.89	210.81
7.其他电子设备制造 Manufacture of Other Electronic Equipment	1110	280250	1243.65	524.43	1205.18	70.09	99.55
电子计算机及办公设备制造业 Manufacture of Computers and Office Equipments	**1676**	**1632703**	**16292.74**	**12143.03**	**16431.99**	**487.25**	**607.77**
1.电子计算机整机制造 Manufacture of Entired Computer	162	513380	8960.29	6799.99	9276.93	148.95	187.37
2.电子计算机外部设备制造 Manufacture of Computer Peripheral Equipment	1121	964076	6235.80	4703.72	6074.36	254.21	313.00
3.办公设备制造 Manufacture of Office Equipment	223	96340	677.23	461.04	681.52	40.62	50.59
医疗设备及仪器仪表制造业 Manufacture of Medical Equipments and Measuring Instrument	**5684**	**912623**	**4394.31**	**859.32**	**4259.37**	**398.01**	**563.35**
1.医疗设备及器械制造 Manufacture of Medical Equipment and Appliances	1262	233022	973.48	280.57	939.33	112.10	147.40
2.仪器仪表制造 Manufacture of Measuring Instrument	4422	679601	3420.83	578.76	3320.04	285.91	415.96

1-2-2 各地区高技术产业生产经营情况(2009年)

Statistics on Production and Management in High-tech Industry by Region (2009)

单位:亿元 (100 million yuan)

地区 Region		企业单位数(个) Number of Enterprises (unit)	从业人员平均人数(人) Annual Average Number of Employed Personnel (person)	当年价总产值 Gross Industrial Output Value at Current Prices	资产总计 Total Assets	主营业务收入 Revenue from Principal Business	利润总额 Profits	利税 Taxes and Profits
全国	**Total**	**27218**	**9575428**	**60430.48**	**29499.73**	**59566.69**	**3278.53**	**4660.30**
东部地区	Eastern Region	20918	7680448	51590.52	28621.86	51296.08	2616.35	3648.33
中部地区	Middle Region	3949	1098554	4902.99	502.50	4717.09	393.93	585.08
西部地区	Western Region	2351	796426	3936.96	375.34	3553.55	268.24	426.90
北京	Beijing	1150	238984	2757.14	1170.76	3019.18	156.50	220.26
天津	Tianjin	868	200280	1901.07	879.19	1918.31	106.15	139.81
河北	Hebei	424	144490	629.17	108.40	622.33	72.46	95.75
山西	Shanxi	154	93724	196.47	53.53	172.26	8.08	14.52
内蒙古	Inner Mongolia	109	23293	236.61	5.56	231.01	12.81	23.58
辽宁	Liaoning	999	215211	1313.84	344.31	1294.09	67.75	106.16
吉林	Jilin	447	107673	537.66	6.50	474.35	50.93	72.37
黑龙江	Heilongjiang	209	75737	311.40	19.27	356.52	38.50	57.16
上海	Shanghai	1536	475240	5557.45	3901.93	5785.70	75.91	124.13
江苏	Jiangsu	4542	1923840	13015.35	7762.85	12781.80	676.10	949.52
浙江	Zhejiang	3094	553078	2672.09	1026.91	2569.39	198.33	288.66
安徽	Anhui	617	114639	460.31	32.25	431.42	40.92	58.59
福建	Fujian	743	270506	1972.01	1133.59	1948.06	114.23	147.89
江西	Jiangxi	502	185719	755.65	104.36	743.43	41.54	72.58
山东	Shandong	1907	523435	4555.71	1334.54	4548.80	279.08	407.69
河南	Henan	678	196213	953.23	37.24	897.16	83.19	115.76
湖北	Hubei	739	195742	1039.52	225.56	1025.86	80.42	110.13
湖南	Hunan	603	129107	648.75	23.79	616.09	50.35	83.97
广东	Guangdong	5603	3124661	17161.94	10956.45	16758.05	859.86	1154.84
广西	Guangxi	303	80973	273.67	34.18	234.43	19.22	30.26
海南	Hainan	52	10723	54.75	2.93	50.37	9.98	13.62
重庆	Chongqing	287	79949	352.84	30.20	339.11	23.35	42.67
四川	Sichuan	830	278478	1766.76	227.23	1583.27	116.05	177.52
贵州	Guizhou	151	67722	293.64	11.24	245.01	21.19	31.92
云南	Yunnan	143	25576	147.17	6.28	131.28	19.46	30.18
西藏	Tibet	10	1282	5.99	0.06	4.58	1.79	2.48
陕西	Shaanxi	359	195119	717.04	49.18	665.76	38.40	66.11
甘肃	Gansu	80	25740	67.39	1.37	56.54	9.68	12.31
青海	Qinghai	28	5197	19.22	0.05	14.95	0.66	1.56
宁夏	Ningxia	20	6634	32.89	8.32	28.53	2.70	3.92
新疆	Xinjiang	31	6463	23.74	1.67	19.08	2.93	4.39

1-2-3 按行业和企业规模分高技术产业生产经营情况(2009年)

Statistics on Production and Management in High-tech Industry by Industrial Sector and Scale of Enterprises(2009)

单位:亿元 (100 million yuan)

行 业 Industry	大型企业 Large-sized Enterprises 企 业单位数(个) Number of Enterprises (unit)	从业人员平均人数(人) Annual Average Number of Employed Personnel (person)	当年价总产值 Gross Industrial Output Value at Current Prices	资产总计 Total Assets	主营业务收 入 Revenue from Principal Business	利润总额 Profits	利税 Taxes and Profits
合 计 Total	**595**	**3508731**	**30492.59**	**19964.06**	**30760.38**	**1319.70**	**1801.97**
医药制造业 Manufacture of Medicines	**78**	**339577**	**1969.98**	**180.68**	**2094.75**	**241.14**	**371.01**
#化学药品制造 Manufacture of Chemical Medicine	50	207826	1340.97	172.90	1443.18	153.79	247.19
中成药制造 Manufacture of Finished Traditional Chinese Herbal Medicine	24	111886	477.15	6.66	511.90	69.12	101.59
生物、生化制品的制造 Manufacture of Biological and Biochemical Chemical Products	2	6265	63.36	0.10	49.44	7.32	8.35
航空航天器制造业 Manufacture of Aircrafts and Spacecrafts	**40**	**234354**	**1003.93**	**127.38**	**983.27**	**48.90**	**66.26**
1.飞机制造及修理 Manufacture and Repairing of Airplanes	38	226461	979.87	127.32	961.21	47.07	64.19
2.航天器制造 Manufacture of Spacecrafts	2	7893	24.05	0.06	22.05	1.83	2.08
电子及通信设备制造业 Manufacture of Electronic Equipment and Communication Equipment	**307**	**1713793**	**13823.86**	**9000.11**	**13863.50**	**644.00**	**884.38**
1.通信设备制造 Manufacture of Communication Equipment	57	500312	5990.54	3549.41	6069.15	415.76	556.94
#通信传输设备制造 Manufacture of Communication Transmitting Equipment	7	26592	197.89	56.46	207.65	7.13	9.11
通信交换设备制造 Manufacture of Communication Exchanging Equipment	7	178193	2408.45	1258.11	2521.19	270.60	395.85
通信终端设备制造 Manufacture of Communication Terminal Equipment	6	28555	202.59	145.13	197.06	5.65	6.47
2.雷达及配套设备制造 Manufacture of Radar and Its Fittings	4	14400	67.35	1.31	72.74	4.97	6.09
3.广播电视设备制造 Manufacture of Broadcasting and TV Equipment	6	19726	86.49	55.24	83.14	3.88	4.18
4.电子器件制造 Manufacture of Electronic Appliances	84	368392	3021.26	2387.08	2928.52	42.07	68.92
#电子真空器件制造 Manufacture of Electronic Vacuum Appliances	9	30803	172.46	98.89	172.17	-17.96	-16.37
半导体分立器件制造 Manufacture of Semiconductor Discreting Appliances	8	22475	135.64	91.67	133.96	7.83	11.66
集成电路制造 Manufacture of Integrate Circuit	26	107489	932.43	790.07	899.45	2.94	6.88
5.电子元件制造 Manufacture of Electronic Components	115	605499	2770.40	2103.64	2738.57	93.71	129.64
6.家用视听设备制造 Manufacture of Domestic TV Set and Radio Receiver	31	165104	1644.29	746.83	1730.14	70.07	101.45
7.其他电子设备制造 Manufacture of Other Electronic Equipment	10	40360	243.53	156.60	241.24	13.55	17.16
电子计算机及办公设备制造业 Manufacture of Computers and Office Equipments	**135**	**1084425**	**12973.50**	**10423.16**	**13108.29**	**323.46**	**396.00**
1.电子计算机整机制造 Manufacture of Entired Computer	36	468201	8229.53	6533.05	8484.55	127.78	156.76
2.电子计算机外部设备制造 Manufacture of Computer Peripheral Equipment	81	550637	4153.18	3447.17	4033.48	152.85	185.02
3.办公设备制造 Manufacture of Office Equipment	11	39765	369.03	310.73	376.85	15.35	19.01
医疗设备及仪器仪表制造业 Manufacture of Medical Equipments and Measuring Instrument	**35**	**136582**	**721.33**	**232.74**	**710.57**	**62.20**	**84.32**
1.医疗设备及器械制造 Manufacture of Medical Equipment and Appliances	7	21596	111.11	52.45	114.56	22.93	26.48
2.仪器仪表制造 Manufacture of Measuring Instrument	28	114986	610.22	180.29	596.01	39.27	57.84

1-2-3 续表 1 continued

单位:亿元 (100 million yuan)

行 业 Industry	中型企业 Medium-sized Enterprises 企 业单位数(个) Number of Enterprises (unit)	从业人员平均人数(人) Annual Average Number of Employed Personnel (person)	当年价总产值 Gross Industrial Output Value at Current Prices	资产总计 Total Assets	主营业务收 入 Revenue from Principal Business	利润总额 Profits	利税 Taxes and Profits
合 计 Total	**4341**	**3486668**	**18174.03**	**7655.80**	**17517.10**	**1213.90**	**1692.89**
医药制造业 Manufacture of Medicines	**942**	**631962**	**3620.63**	**347.60**	**3393.06**	**448.03**	**669.43**
#化学药品制造 Manufacture of Chemical Medicine	507	334458	2118.82	219.12	1995.82	247.69	375.03
中成药制造 Manufacture of Finished Traditional Chinese Herbal Medicine	232	162076	768.82	24.92	704.05	92.78	153.47
生物、生化制品的制造 Manufacture of Biological and Biochemical Chemical Products	89	54507	391.07	50.24	375.64	71.03	89.11
航空航天器制造业 Manufacture of Aircrafts and Spacecrafts	**85**	**81611**	**277.57**	**64.50**	**270.71**	**36.70**	**40.10**
1.飞机制造及修理 Manufacture and Repairing of Airplanes	71	68941	230.15	63.31	223.94	31.28	34.46
2.航天器制造 Manufacture of Spacecrafts	12	11913	44.59	0.02	44.21	4.37	4.52
电子及通信设备制造业 Manufacture of Electronic Equipment and Communication Equipment	**2420**	**2070048**	**10258.72**	**5465.01**	**9872.36**	**437.85**	**606.10**
1.通信设备制造 Manufacture of Communication Equipment	323	257651	1801.76	839.79	1751.06	85.16	114.63
#通信传输设备制造 Manufacture of Communication Transmitting Equipment	73	55945	282.42	88.94	275.92	26.59	32.05
通信交换设备制造 Manufacture of Communication Exchanging Equipment	25	13977	91.98	33.58	86.83	7.90	9.95
通信终端设备制造 Manufacture of Communication Terminal Equipment	56	51618	218.23	122.96	212.73	7.49	10.33
2.雷达及配套设备制造 Manufacture of Radar and Its Fittings	21	17747	43.61	0.35	47.65	5.17	5.77
3.广播电视设备制造 Manufacture of Broadcasting and TV Equipment	50	34118	163.35	69.36	152.32	11.78	15.39
4.电子器件制造 Manufacture of Electronic Appliances	525	445894	2498.72	1493.98	2343.01	61.09	104.42
#电子真空器件制造 Manufacture of Electronic Vacuum Appliances	41	35749	171.73	56.47	163.71	-16.73	-13.24
半导体分立器件制造 Manufacture of Semiconductor Discreting Appliances	59	43765	236.08	126.76	232.17	28.35	36.68
集成电路制造 Manufacture of Integrate Circuit	139	127438	811.38	556.81	708.80	-7.94	3.81
5.电子元件制造 Manufacture of Electronic Components	1112	947207	3380.06	1813.31	3305.06	179.17	233.52
6.家用视听设备制造 Manufacture of Domestic TV Set and Radio Receiver	254	247486	1881.56	970.32	1808.11	63.20	88.79
7.其他电子设备制造 Manufacture of Other Electronic Equipment	135	119945	489.67	277.90	465.15	32.27	43.58
电子计算机及办公设备制造业 Manufacture of Computers and Office Equipments	**401**	**383636**	**2514.02**	**1408.80**	**2532.45**	**132.17**	**162.67**
1.电子计算机整机制造 Manufacture of Entired Computer	38	33089	610.55	262.46	673.63	18.27	25.28
2.电子计算机外部设备制造 Manufacture of Computer Peripheral Equipment	294	295689	1545.52	972.74	1509.67	83.13	100.82
3.办公设备制造 Manufacture of Office Equipment	40	35425	239.41	132.43	236.61	22.13	26.11
医疗设备及仪器仪表制造业 Manufacture of Medical Equipments and Measuring Instrument	**493**	**319411**	**1503.10**	**369.89**	**1448.52**	**159.15**	**214.59**
1.医疗设备及器械制造 Manufacture of Medical Equipment and Appliances	132	90208	371.98	147.99	361.38	46.99	60.37
2.仪器仪表制造 Manufacture of Measuring Instrument	361	229203	1131.12	221.91	1087.14	112.16	154.22

1-2-3 续表 2 continued

单位:亿元 (100 million yuan)

行 业 Industry	小型企业 Small-sized Enterprises 企业单位数(个) Number of Enterprises (unit)	从业人员平均人数(人) Annual Average Number of Employed Personnel (person)	当年价总产值 Gross Industrial Output Value at Current Prices	资产总计 Total Assets	主营业务收入 Revenue from Principal Business	利润总额 Profits	利税 Taxes and Profits
合 计 Total	**22282**	**2580029**	**11763.86**	**1879.87**	**11289.21**	**744.93**	**1165.44**
医药制造业 Manufacture of Medicines	**5787**	**633253**	**3852.70**	**218.88**	**3599.19**	**304.80**	**477.20**
#化学药品制造 Manufacture of Chemical Medicine	1937	225312	1430.79	102.53	1341.33	107.29	169.83
中成药制造 Manufacture of Finished Traditional Chinese Herbal Medicine	1254	154722	811.29	16.79	726.93	58.41	101.88
生物、生化制品的制造 Manufacture of Biological and Biochemical Chemical Products	724	68264	526.22	49.90	494.24	56.97	80.70
航空航天器制造业 Manufacture of Aircrafts and Spacecrafts	**95**	**9305**	**71.52**	**16.32**	**68.87**	**4.11**	**6.98**
1.飞机制造及修理 Manufacture and Repairing of Airplanes	77	7390	63.13	15.87	60.67	3.55	6.23
2.航天器制造 Manufacture of Spacecrafts	9	1207	5.20		4.88	0.43	0.52
电子及通信设备制造业 Manufacture of Electronic Equipment and Communication Equipment	**10104**	**1316199**	**4864.54**	**1076.89**	**4729.62**	**227.75**	**367.72**
1.通信设备制造 Manufacture of Communication Equipment	1225	135982	738.95	91.88	720.31	49.89	74.93
#通信传输设备制造 Manufacture of Communication Transmitting Equipment	321	32198	181.01	17.42	179.68	17.99	24.53
通信交换设备制造 Manufacture of Communication Exchanging Equipment	126	11295	70.42	2.13	68.42	4.68	6.87
通信终端设备制造 Manufacture of Communication Terminal Equipment	182	23097	102.97	16.94	94.10	7.32	10.57
2.雷达及配套设备制造 Manufacture of Radar and Its Fittings	26	3418	11.91	1.03	11.68	1.26	1.76
3.广播电视设备制造 Manufacture of Broadcasting and TV Equipment	421	46297	174.82	35.24	173.46	10.18	15.94
4.电子器件制造 Manufacture of Electronic Appliances	1746	221411	927.12	209.39	891.43	50.44	75.34
#电子真空器件制造 Manufacture of Electronic Vacuum Appliances	117	10855	51.52	4.74	48.49	2.78	4.28
半导体分立器件制造 Manufacture of Semiconductor Discreting Appliances	341	35599	160.63	28.59	156.23	6.18	9.90
集成电路制造 Manufacture of Integrate Circuit	317	40710	182.73	35.64	173.54	14.02	20.13
5.电子元件制造 Manufacture of Electronic Components	4918	660606	2108.68	480.81	2057.89	80.10	140.37
6.家用视听设备制造 Manufacture of Domestic TV Set and Radio Receiver	803	128540	392.61	168.60	376.05	11.62	20.57
7.其他电子设备制造 Manufacture of Other Electronic Equipment	965	119945	510.46	89.93	498.80	24.26	38.80
电子计算机及办公设备制造业 Manufacture of Computers and Office Equipments	**1140**	**164642**	**805.22**	**311.08**	**791.25**	**31.61**	**49.10**
1 电子计算机整机制造 Manufacture of Entired Computer	88	12090	120.21	4.18	118.76	2.89	5.33
2.电子计算机外部设备制造 Manufacture of Computer Peripheral Equipment	746	117750	537.10	283.82	531.21	18.23	27.15
3.办公设备制造 Manufacture of Office Equipment	172	21150	68.79	17.88	68.06	3.15	5.47
医疗设备及仪器仪表制造业 Manufacture of Medical Equipments and Measuring Instrument	**5156**	**456630**	**2169.88**	**256.69**	**2100.29**	**176.65**	**264.44**
1.医疗设备及器械制造 Manufacture of Medical Equipment and Appliances	1123	121218	490.39	80.13	463.39	42.17	60.54
2.仪器仪表制造 Manufacture of Measuring Instrument	4033	335412	1679.49	176.56	1636.90	134.48	203.90

1-2-4 按行业分国有及国有控股企业高技术产业生产经营情况(2009年)

Statistics on Production and Management in High-tech Industry of State-owned and State-controlled Enterprises by Industrial Sector (2009)

单位:亿元 (100 million yuan)

行业 Industry	企业单位数(个) Number of Enterprises (unit)	从业人员平均人数(人) Annual Average Number of Employed Personnel (person)	当年价总产值 Gross Industrial Output Value at Current Prices	资产总计 Total Assets	主营业务收入 Revenue from Principal Business	利润总额 Profits	利税 Taxes and Profits
合计 **Total**	**1770**	**1297339**	**6751.94**	**1225.01**	**6905.95**	**431.29**	**642.00**
医药制造业 **Manufacture of Medicines**	**508**	**281595**	**1198.16**	**128.67**	**1300.75**	**158.11**	**243.47**
#化学药品制造 Manufacture of Chemical Medicine	246	173696	700.57	117.33	766.04	81.87	126.15
中成药制造 Manufacture of Finished Traditional Chinese Herbal Medicine	151	76041	331.98	8.96	370.62	42.24	73.25
生物、生化制品的制造 Manufacture of Biological and Biochemical Chemical Products	48	19248	98.14	1.11	100.31	26.29	32.94
航空航天器制造业 **Manufacture of Aircrafts and Spacecrafts**	**127**	**298588**	**1139.50**	**95.54**	**1108.03**	**65.96**	**86.28**
1.飞机制造及修理 Manufacture and Repairing of Airplanes	108	277963	1067.22	95.45	1038.37	59.40	79.27
2.航天器制造 Manufacture of Spacecrafts	19	20625	72.29	0.08	69.66	6.55	7.01
电子及通信设备制造业 **Manufacture of Electronic Equipment and Communication Equipment**	**662**	**513130**	**3199.36**	**797.71**	**3286.78**	**121.58**	**190.76**
1.通信设备制造 Manufacture of Communication Equipment	175	168286	1361.67	394.65	1317.32	78.51	96.21
#通信传输设备制造 Manufacture of Communication Transmitting Equipment	58	33471	180.17	5.00	197.76	19.45	22.51
通信交换设备制造 Manufacture of Communication Exchanging Equipment	23	95898	873.85	310.96	812.55	40.55	48.41
通信终端设备制造 Manufacture of Communication Terminal Equipment	26	10630	66.09	26.48	66.13	3.08	3.98
2.雷达及配套设备制造 Manufacture of Radar and Its Fittings	30	31468	106.85	1.69	116.32	10.23	11.91
3.广播电视设备制造 Manufacture of Broadcasting and TV Equipment	30	5631	27.48	12.18	30.93	2.14	2.96
4.电子器件制造 Manufacture of Electronic Appliances	161	110233	504.69	150.80	496.12	-23.36	-9.17
#电子真空器件制造 Manufacture of Electronic Vacuum Appliances	26	34420	130.82	53.09	129.11	-17.74	-15.19
半导体分立器件制造 Manufacture of Semiconductor Discreting Appliances	30	10093	33.10	5.66	35.97	2.46	3.55
集成电路制造 Manufacture of Integrate Circuit	35	11289	51.82	7.47	52.58	4.57	6.87
5.电子元件制造 Manufacture of Electronic Components	185	100146	272.74	71.37	276.20	18.40	26.48
6.家用视听设备制造 Manufacture of Domestic TV Set and Radio Receiver	40	83170	862.16	165.08	978.08	29.21	52.63
7.其他电子设备制造 Manufacture of Other Electronic Equipment	41	14196	63.77	1.94	71.82	6.44	9.74
电子计算机及办公设备制造业 **Manufacture of Computers and Office Equipments**	**76**	**58862**	**680.86**	**175.03**	**677.48**	**32.02**	**44.25**
1.电子计算机整机制造 Manufacture of Entired Computer	19	16616	393.00	14.61	393.04	4.88	11.07
2.电子计算机外部设备制造 Manufacture of Computer Peripheral Equipment	38	37587	258.11	155.54	255.76	22.38	27.11
3.办公设备制造 Manufacture of Office Equipment	11	3054	20.66	4.89	21.24	4.03	4.99
医疗设备及仪器仪表制造业 **Manufacture of Medical Equipments and Measuring Instrument**	**397**	**145164**	**534.06**	**28.06**	**532.90**	**53.61**	**77.24**
1.医疗设备及器械制造 Manufacture of Medical Equipment and Appliances	57	14052	42.36	2.65	43.08	5.71	8.63
2.仪器仪表制造 Manufacture of Measuring Instrument	340	131112	491.69	25.41	489.82	47.91	68.60

1-2-5 按行业和登记注册类型分高技术产业生产经营情况(2009年)
Statistics on Production and Management in High-tech Industry by Industrial Sector and Registration Status(2009)

单位:亿元 (100 million yuan)

行业 Industry	内资企业 Domestic Funded 企业单位数(个) Number of Enterprises (unit)	从业人员平均人数(人) Annual Average Number of Employed Personnel (person)	当年价总产值 Gross Industrial Output Value at Current Prices	资产总计 Total Assets	主营业务收入 Revenue from Principal Business	利润总额 Profits	利税 Taxes and Profits
合计 **Total**	**17922**	**4067372**	**20717.14**	**3247.32**	**20425.35**	**1685.43**	**2538.18**
医药制造业 **Manufacture of Medicines**	**5663**	**1257047**	**6804.96**	**410.34**	**6541.13**	**663.97**	**1029.29**
#化学药品制造 Manufacture of Chemical Medicine	2009	572373	3136.04	301.29	3054.93	293.92	461.34
中成药制造 Manufacture of Finished Traditional Chinese Herbal Medicine	1302	375915	1749.57	25.28	1664.22	178.59	296.06
生物、生化制品的制造 Manufacture of Biological and Biochemical Chemical Products	624	95354	674.14	41.25	627.38	87.40	117.90
航空航天器制造业 **Manufacture of Aircrafts and Spacecrafts**	**161**	**299309**	**1159.33**	**96.97**	**1122.96**	**68.55**	**89.11**
1.飞机制造及修理 Manufacture and Repairing of Airplanes	130	277454	1082.05	95.27	1048.52	61.50	81.41
2.航天器制造 Manufacture of Spacecrafts	23	21013	73.85	0.08	71.14	6.63	7.12
电子及通信设备制造业 **Manufacture of Electronic Equipment and Communication Equipment**	**6952**	**1668176**	**8368.74**	**2137.85**	**8475.29**	**619.55**	**936.54**
1.通信设备制造 Manufacture of Communication Equipment	1007	383635	3182.35	1171.20	3253.50	345.87	499.41
#通信传输设备制造 Manufacture of Communication Transmitting Equipment	294	69475	397.11	10.67	402.78	34.84	44.81
通信交换设备制造 Manufacture of Communication Exchanging Equipment	113	174180	2086.64	1089.61	2190.28	264.24	385.47
通信终端设备制造 Manufacture of Communication Terminal Equipment	147	41864	177.69	32.26	168.32	10.88	15.42
2.雷达及配套设备制造 Manufacture of Radar and Its Fittings	47	35340	121.05	1.75	130.23	11.18	13.38
3.广播电视设备制造 Manufacture of Broadcasting and TV Equipment	327	52337	224.29	43.72	220.14	18.95	26.22
4.电子器件制造 Manufacture of Electronic Appliances	1215	301709	1260.05	238.64	1215.98	63.97	104.56
#电子真空器件制造 Manufacture of Electronic Vacuum Appliances	111	51502	191.79	57.48	186.68	-20.89	-16.30
半导体分立器件制造 Manufacture of Semiconductor Discreting Appliances	211	37037	138.38	28.34	139.25	8.84	13.32
集成电路制造 Manufacture of Integrate Circuit	211	52406	227.43	41.65	216.26	17.84	27.20
5.电子元件制造 Manufacture of Electronic Components	3150	593140	1751.63	257.39	1707.31	95.87	156.08
6.家用视听设备制造 Manufacture of Domestic TV Set and Radio Receiver	546	198704	1341.21	367.20	1474.18	51.54	87.74
7.其他电子设备制造 Manufacture of Other Electronic Equipment	660	103311	488.16	57.94	473.95	32.16	49.14
电子计算机及办公设备制造业 **Manufacture of Computers and Office Equipments**	**734**	**216966**	**1571.35**	**333.62**	**1584.17**	**92.06**	**124.56**
1.电子计算机整机制造 Manufacture of Entired Computer	84	49373	716.02	81.65	737.69	20.03	30.66
2.电子计算机外部设备制造 Manufacture of Computer Peripheral Equipment	432	125995	605.20	222.58	606.42	33.95	45.21
3.办公设备制造 Manufacture of Office Equipment	116	20881	90.68	10.98	87.96	10.49	13.88
医疗设备及仪器仪表制造业 **Manufacture of Medical Equipments and Measuring Instrument**	**4412**	**625874**	**2812.76**	**268.54**	**2701.80**	**241.30**	**358.69**
1.医疗设备及器械制造 Manufacture of Medical Equipment and Appliances	883	146572	543.21	75.72	519.23	57.18	78.55
2.仪器仪表制造 Manufacture of Measuring Instrument	3529	479302	2269.55	192.82	2182.57	184.12	280.13

1-2-5 续表 1 continued

单位:亿元 (100 million yuan)

行 业
Industry
	#国有企业 State-owned Enterprises
	企业单位数(个)
	Number of Enterprises (unit)
		从业人员平均人数(人)
		Annual Average Number of Employed Personnel (person)
			当年价总产值
			Gross Industrial Output Value at Current Prices
				资产总计
				Total Assets
					主营业务收入
					Revenue from Principal Business
						利润总额
						Profits
							利税
							Taxes and Profits

合 计 Total	**469**	**302394**	**1287.94**	**176.51**	**1409.13**	**96.89**	**142.89**
医药制造业 Manufacture of Medicines	**136**	**72692**	**240.77**	**29.49**	**248.51**	**33.50**	**48.25**
#化学药品制造 Manufacture of Chemical Medicine	59	41530	128.35	23.60	125.01	12.20	18.93
中成药制造 Manufacture of Finished Traditional Chinese Herbal Medicine	46	18653	57.08	4.46	65.57	6.85	11.74
生物、生化制品的制造 Manufacture of Biological and Biochemical Chemical Products	10	8412	33.46	0.74	36.96	12.60	14.68
航空航天器制造业 Manufacture of Aircrafts and Spacecrafts	**52**	**77255**	**216.68**	**7.50**	**201.00**	**14.47**	**16.64**
1.飞机制造及修理 Manufacture and Repairing of Airplanes	39	59447	163.87	7.42	151.34	9.98	11.74
2.航天器制造 Manufacture of Spacecrafts	13	17808	52.81	0.07	49.67	4.50	4.90
电子及通信设备制造业 Manufacture of Electronic Equipment and Communication Equipment	**126**	**88703**	**613.29**	**126.27**	**752.17**	**28.82**	**47.86**
1.通信设备制造 Manufacture of Communication Equipment	33	25269	154.49	19.52	160.13	8.91	10.75
#通信传输设备制造 Manufacture of Communication Transmitting Equipment	13	5623	20.17		21.79	1.08	1.31
通信交换设备制造 Manufacture of Communication Exchanging Equipment	6	14671	98.81		103.87	5.50	6.13
通信终端设备制造 Manufacture of Communication Terminal Equipment	2	1134	20.16	19.47	18.43	0.61	0.75
2.雷达及配套设备制造 Manufacture of Radar and Its Fittings	11	8773	41.55	0.61	44.33	3.84	4.12
3.广播电视设备制造 Manufacture of Broadcasting and TV Equipment	4	607	0.72	0.05	0.77	0.01	0.06
4.电子器件制造 Manufacture of Electronic Appliances	27	11101	49.61	15.41	48.29	-2.97	-1.67
#电子真空器件制造 Manufacture of Electronic Vacuum Appliances	3	2336	5.12	0.09	2.78	-3.70	-3.67
半导体分立器件制造 Manufacture of Semiconductor Discreting Appliances	9	1302	2.22	0.01	2.14	0.13	0.23
集成电路制造 Manufacture of Integrate Circuit	7	2983	19.81	5.48	20.11	1.50	1.99
5.电子元件制造 Manufacture of Electronic Components	32	25236	66.23	25.18	69.40	3.71	5.26
6.家用视听设备制造 Manufacture of Domestic TV Set and Radio Receiver	6	14198	280.82	64.85	404.11	13.89	27.23
7.其他电子设备制造 Manufacture of Other Electronic Equipment	13	3519	19.86	0.64	25.14	1.43	2.10
电子计算机及办公设备制造业 Manufacture of Computers and Office Equipments	**18**	**7476**	**52.01**	**3.48**	**40.53**	**2.72**	**4.40**
1.电子计算机整机制造 Manufacture of Entired Computer	2	383	0.81	0.05	1.80	0.02	0.04
2.电子计算机外部设备制造 Manufacture of Computer Peripheral Equipment	11	6318	46.20	3.43	35.44	2.63	4.16
3.办公设备制造 Manufacture of Office Equipment	3	370	1.62		1.47	-0.01	0.05
医疗设备及仪器仪表制造业 Manufacture of Medical Equipments and Measuring Instrument	**137**	**56268**	**165.19**	**9.77**	**166.92**	**17.37**	**25.75**
1.医疗设备及器械制造 Manufacture of Medical Equipment and Appliances	29	7815	17.67	0.73	18.26	1.07	2.10
2.仪器仪表制造 Manufacture of Measuring Instrument	108	48453	147.52	9.05	148.66	16.29	23.64

1-2-5 续表 2 continued

单位:亿元 (100 million yuan)

行业 Industry	港澳台投资企业 Enterprises with Funds from Hong Kong, Macau and Taiwan						
	企业单位数(个) Number of Enterprises (unit)	从业人员平均人数(人) Annual Average Number of Employed Personnel (person)	当年价总产值 Gross Industrial Output Value at Current Prices	资产总计 Total Assets	主营业务收入 Revenue from Principal Business	利润总额 Profits	利税 Taxes and Profits
合计 Total	**3809**	**2136353**	**11907.44**	**7516.35**	**11822.25**	**497.43**	**682.31**
医药制造业 Manufacture of Medicines	**452**	**131968**	**871.02**	**122.15**	**842.31**	**109.68**	**150.66**
#化学药品制造 Manufacture of Chemical Medicine	188	66666	549.56	84.88	543.46	65.72	90.81
中成药制造 Manufacture of Finished Traditional Chinese Herbal Medicine	111	24671	143.41	2.97	132.03	16.80	25.70
生物、生化制品的制造 Manufacture of Biological and Biochemical Chemical Products	62	12366	95.63	18.73	92.97	18.90	22.66
航空航天器制造业 Manufacture of Aircrafts and Spacecrafts	**9**	**6272**	**43.06**	**35.00**	**42.75**	**2.04**	**2.19**
1.飞机制造及修理 Manufacture and Repairing of Airplanes	9	6272	43.06	35.00	42.75	2.04	2.19
2.航天器制造 Manufacture of Spacecrafts							
电子及通信设备制造业 Manufacture of Electronic Equipment and Communication Equipment	**2553**	**1519854**	**6818.84**	**4329.77**	**6612.77**	**257.09**	**351.30**
1.通信设备制造 Manufacture of Communication Equipment	236	163968	910.74	535.66	895.45	29.11	39.09
#通信传输设备制造 Manufacture of Communication Transmitting Equipment	44	18880	107.93	70.44	103.66	6.07	6.87
通信交换设备制造 Manufacture of Communication Exchanging Equipment	17	13283	108.81	89.83	113.68	3.60	4.22
通信终端设备制造 Manufacture of Communication Terminal Equipment	52	28626	74.22	44.15	70.67	1.13	1.67
2.雷达及配套设备制造 Manufacture of Radar and Its Fittings							
3.广播电视设备制造 Manufacture of Broadcasting and TV Equipment	74	26388	101.10	73.62	99.51	2.56	3.57
4.电子器件制造 Manufacture of Electronic Appliances	420	295227	1631.43	1158.46	1592.33	65.90	88.66
#电子真空器件制造 Manufacture of Electronic Vacuum Appliances	13	3790	31.34	20.61	29.85	0.89	1.24
半导体分立器件制造 Manufacture of Semiconductor Discreting Appliances	66	22838	131.64	50.58	127.58	23.09	29.50
集成电路制造 Manufacture of Integrate Circuit	107	86622	450.97	327.08	446.40	4.13	7.66
5.电子元件制造 Manufacture of Electronic Components	1319	741579	2685.05	1791.57	2647.53	106.40	143.09
6.家用视听设备制造 Manufacture of Domestic TV Set and Radio Receiver	313	204072	1173.22	563.20	1069.20	38.15	55.69
7.其他电子设备制造 Manufacture of Other Electronic Equipment	191	88620	317.30	207.25	308.75	14.98	21.22
电子计算机及办公设备制造业 Manufacture of Computers and Office Equipments	**417**	**391834**	**3810.67**	**2908.74**	**3975.40**	**93.25**	**132.36**
1.电子计算机整机制造 Manufacture of Entired Computer	27	66145	2023.14	1570.51	2215.79	10.62	24.62
2.电子计算机外部设备制造 Manufacture of Computer Peripheral Equipment	311	281310	1519.66	1180.62	1497.38	67.28	89.92
3.办公设备制造 Manufacture of Office Equipment	48	31509	181.17	99.84	180.28	9.59	11.39
医疗设备及仪器仪表制造业 Manufacture of Medical Equipments and Measuring Instrument	**378**	**86425**	**363.84**	**120.70**	**349.01**	**35.38**	**45.80**
1.医疗设备及器械制造 Manufacture of Medical Equipment and Appliances	105	25933	108.00	51.15	107.56	16.96	21.03
2.仪器仪表制造 Manufacture of Measuring Instrument	273	60492	255.85	69.55	241.46	18.42	24.77

1-2-5 续表 3 continued

单位:亿元 (100 million yuan)

行 业 Industry	外商投资企业 Foreign Funded Enterprises 企业单位数(个) Number of Enterp-rises (unit)	从业人员平均人数(人) Annual Average Number of Employed Personnel (person)	当年价总产值 Gross Industrial Output Value at Current Prices	资产总计 Total Assets	主营业务收入 Revenue from Principal Business	利润总额 Profits	利税 Taxes and Profits
合 计 Total	**5487**	**3371703**	**27805.91**	**18736.06**	**27319.10**	**1095.67**	**1439.81**
医药制造业 Manufacture of Medicines	**692**	**215777**	**1767.33**	**214.68**	**1703.56**	**220.31**	**337.69**
#化学药品制造 Manufacture of Chemical Medicine	297	128557	1204.98	108.38	1181.94	149.13	239.90
中成药制造 Manufacture of Finished Traditional Chinese Herbal Medicine	97	28098	164.28	20.12	146.64	24.92	35.18
生物、生化制品的制造 Manufacture of Biological and Biochemical Chemical Products	129	21316	210.89	40.26	198.97	29.02	37.59
航空航天器制造业 Manufacture of Aircrafts and Spacecrafts	**50**	**19689**	**150.62**	**76.23**	**157.13**	**19.13**	**22.04**
1.飞机制造及修理 Manufacture and Repairing of Airplanes	47	19066	148.04	76.23	154.56	18.36	21.28
2.航天器制造 Manufacture of Spacecrafts							
电子及通信设备制造业 Manufacture of Electronic Equipment and Communication Equipment	**3326**	**1912010**	**13759.54**	**9074.39**	**13377.42**	**432.96**	**570.35**
1.通信设备制造 Manufacture of Communication Equipment	362	346342	4438.17	2774.22	4391.58	175.83	208.00
#通信传输设备制造 Manufacture of Communication Transmitting Equipment	63	26380	156.28	81.71	156.81	10.80	14.01
通信交换设备制造 Manufacture of Communication Exchanging Equipment	28	16002	375.39	114.38	372.48	15.34	22.97
通信终端设备制造 Manufacture of Communication Terminal Equipment	45	32780	271.89	208.61	264.91	8.46	10.28
2.雷达及配套设备制造 Manufacture of Radar and Its Fittings	4	225	1.82	0.94	1.84	0.22	0.24
3.广播电视设备制造 Manufacture of Broadcasting and TV Equipment	76	21416	99.27	42.49	89.27	4.32	5.71
4.电子器件制造 Manufacture of Electronic Appliances	720	438761	3555.62	2693.35	3354.65	23.74	55.46
#电子真空器件制造 Manufacture of Electronic Vacuum Appliances	43	22115	172.58	82.01	167.85	-11.91	-10.26
半导体分立器件制造 Manufacture of Semiconductor Discreting Appliances	131	41964	262.33	168.10	255.52	10.42	15.42
集成电路制造 Manufacture of Integrate Circuit	164	136609	1248.14	1013.80	1119.13	-12.96	-4.04
5.电子元件制造 Manufacture of Electronic Components	1676	878593	3822.46	2348.79	3746.68	150.71	204.36
6.家用视听设备制造 Manufacture of Domestic TV Set and Radio Receiver	229	138354	1404.01	955.34	1370.91	55.20	67.38
7.其他电子设备制造 Manufacture of Other Electronic Equipment	259	88319	438.19	259.25	422.49	22.95	29.19
电子计算机及办公设备制造业 Manufacture of Computers and Office Equipments	**525**	**1023903**	**10910.71**	**8900.67**	**10872.42**	**301.94**	**350.86**
1.电子计算机整机制造 Manufacture of Entired Computer	51	397862	6221.14	5147.83	6323.45	118.29	132.09
2.电子计算机外部设备制造 Manufacture of Computer Peripheral Equipment	378	556771	4110.94	3300.52	3970.56	152.98	177.87
3.办公设备制造 Manufacture of Office Equipment	59	43950	405.37	350.22	413.28	20.54	25.33
医疗设备及仪器仪表制造业 Manufacture of Medical Equipments and Measuring Instrument	**894**	**200324**	**1217.71**	**470.08**	**1208.56**	**121.33**	**158.87**
1.医疗设备及器械制造 Manufacture of Medical Equipment and Appliances	274	60517	322.27	153.69	312.54	37.96	47.81
2.仪器仪表制造 Manufacture of Measuring Instrument	620	139807	895.44	316.39	896.02	83.37	111.05

1-2-6 按地区和企业规模分高技术产业生产经营情况(2009年)

Statistics on Production and Management in High-tech Industry by Region and Scale of Enterprises(2009)

单位:亿元 (100 million yuan)

地区	Region	大型企业 Large-sized Enterprises 企业单位数(个) Number of Enterprises (unit)	从业人员平均人数(万人) Annual Average Number of Employed Personnel (person)	当年价总产值 Gross Industrial Output Value at Current Prices	资产总计 Total Assets	主营业务收入 Revenue from Business Principal	利润总额 Profits	利税 Taxes and Profits
全国	**Total**	**595**	**3508731**	**30492.59**	**19964.06**	**30760.38**	**1319.70**	**1801.97**
东部地区	Eastern Region	479	2904219	27875	19627	28115	1150	1553
中部地区	Middle Region	64	349621	1433	222	1447	111	154
西部地区	Western Region	52	254891	1185	116	1198	58	95
北京	Beijing	16	68668	1716.75	948.49	1897.28	44.15	61.66
天津	Tianjin	13	53033	871.05	443.75	876.90	44.93	57.53
河北	Hebei	6	60062	254.88	73.95	262.19	36.13	45.24
山西	Shanxi	5	55862	104.07	49.36	84.35	3.74	4.91
内蒙古	Inner Mongolia							
辽宁	Liaoning	15	88982	479.33	224.18	492.42	16.87	26.03
吉林	Jilin	4	37032	149.92	1.25	144.45	20.14	23.79
黑龙江	Heilongjiang	7	44235	186.17	13.44	234.69	21.52	34.16
上海	Shanghai	35	173458	3606.49	3135.40	3776.08	-9.72	-6.18
江苏	Jiangsu	143	838681	7008.80	5368.65	6866.64	314.10	408.98
浙江	Zhejiang	25	96478	752.72	452.01	733.33	55.49	78.71
安徽	Anhui	5	19034	49.96	3.77	71.60	3.56	5.75
福建	Fujian	19	87100	1084.57	730.30	1070.19	39.72	51.64
江西	Jiangxi	10	45089	169.24	15.06	167.23	9.40	14.52
山东	Shandong	27	177991	1783.65	678.23	1887.47	90.62	139.42
河南	Henan	15	58847	264.92	8.78	228.55	15.77	22.49
湖北	Hubei	13	66488	415.87	122.04	429.41	23.79	29.14
湖南	Hunan	5	23034	92.42	7.86	87.16	12.94	19.19
广东	Guangdong	180	1259766	10316.86	7571.62	10252.31	518.19	690.34
广西	Guangxi	2	9900	13.08	9.96	12.17	1.04	1.05
海南	Hainan							
重庆	Chongqing	3	9849	53.47	4.15	55.05	2.39	6.13
四川	Sichuan	17	95877	624.90	57.41	644.01	32.22	47.67
贵州	Guizhou	6	21191	69.04	6.20	55.23	3.74	4.53
云南	Yunnan							
西藏	Tibet							
陕西	Shaanxi	21	108904	388.53	31.59	402.44	15.24	30.07
甘肃	Gansu	1	4164	10.49	1.13	8.51	1.10	1.48
青海	Qinghai							
宁夏	Ningxia	1	2209	13.55	4.23	11.30	0.81	1.17
新疆	Xinjiang	1	2797	11.86	1.25	9.40	1.81	2.53

1-2-6 续表 1 continued

单位:亿元 (100 million yuan)

地区	Region	中型企业 Medium-sized Enterprises 企业单位数(个) Number of Enterprises (unit)	从业人员平均人数(万人) Annual Average Number of Employed Personnel (person)	当年价总产值 Gross Industrial Output Value at Current Prices	资产总计 Total Assets	主营业务收入 Revenue from Business Principal	利润总额 Profits	利税 Taxes and Profits
全国	**Total**	**4341**	**3486668**	**18174.03**	**7655.80**	**17517.10**	**1213.90**	**1692.89**
东部地区	Eastern Region	3446	2797539	15113.03	7274.43	14779.76	943.02	1285.98
中部地区	Middle Region	478	360696	1480.36	170.63	1401.77	136.85	202.23
西部地区	Western Region	417	328433	1580.67	210.72	1335.56	134.02	204.68
北京	Beijing	118	81515	601.25	182.27	638.69	61.45	83.07
天津	Tianjin	118	85316	795.16	384.55	792.11	55.15	68.24
河北	Hebei	58	42386	143.09	17.76	139.22	15.74	21.37
山西	Shanxi	32	25144	63.75	3.74	61.97	3.69	7.63
内蒙古	Inner Mongolia	24	13872	183.03	4.22	180.22	9.18	17.81
辽宁	Liaoning	78	54115	304.56	99.91	289.71	23.95	35.44
吉林	Jilin	33	25397	99.29	2.01	78.03	8.69	14.20
黑龙江	Heilongjiang	22	13452	53.14	5.01	52.68	7.12	9.28
上海	Shanghai	251	186817	1388.16	614.28	1441.06	42.23	66.81
江苏	Jiangsu	876	690470	3945.10	2009.99	3901.70	251.98	359.44
浙江	Zhejiang	316	212786	1062.15	405.49	1017.77	86.41	123.42
安徽	Anhui	67	46061	224.24	17.56	193.92	23.00	31.39
福建	Fujian	137	109776	617.90	357.83	618.01	54.67	66.84
江西	Jiangxi	57	65687	226.36	51.06	222.71	14.10	28.18
山东	Shandong	218	158061	1316.80	488.97	1265.32	96.46	131.62
河南	Henan	110	69872	313.13	24.35	306.26	30.78	40.90
湖北	Hubei	97	70555	319.32	59.03	315.75	35.75	48.07
湖南	Hunan	60	44528	181.13	7.87	170.45	13.72	22.58
广东	Guangdong	1265	1170346	4908.07	2710.48	4648.71	248.37	321.26
广西	Guangxi	41	38643	97.42	18.20	87.22	12.47	18.25
海南	Hainan	11	5951	30.79	2.90	27.46	6.61	8.47
重庆	Chongqing	52	43662	195.89	17.95	184.43	13.86	24.19
四川	Sichuan	139	107138	619.94	148.07	484.79	46.59	69.80
贵州	Guizhou	40	36045	148.65	1.41	126.63	12.56	19.14
云南	Yunnan	19	12177	81.93	3.16	75.12	12.57	19.10
西藏	Tibet	1	361	1.42		0.48	0.18	0.28
陕西	Shaanxi	74	55345	193.65	14.17	146.65	17.06	23.87
甘肃	Gansu	17	14860	38.16	0.20	31.98	7.63	9.39
青海	Qinghai	4	2635	5.02	0.05	4.15	-0.01	0.32
宁夏	Ningxia	4	2720	12.80	3.29	11.80	1.82	2.22
新疆	Xinjiang	2	975	2.76		2.09	0.11	0.31

1-2-6 续表 2 continued

单位:亿元 (100 million yuan)

地 区	Region	小型企业 Small-sized Enterprises						
		企 业 单位数 (个) Number of Enterprises (unit)	从业人员 平均人数 (万人) Annual Average Number of Employed Personnel (person)	当年价 总产值 Gross Industrial Output Value at Current Prices	资产总计 Total Assets	主营业务 收 入 Revenue from Business Principal	利润总额 Profits	利税 Taxes and Profits
全 国	**Total**	**22282**	**2580029**	**11763.86**	**1879.87**	**11289.21**	**744.93**	**1165.44**
东部地区	Eastern Region	16993	1978690	8602.43	1720.87	8401.47	522.84	808.98
中部地区	Middle Region	3407	388237	1990.08	110.3	1867.87	146.2	228.88
西部地区	Western Region	1882	213102	1171.36	48.7	1019.84	75.88	127.58
北 京	Beijing	1016	88801	439.15	40.00	483.20	50.90	75.53
天 津	Tianjin	737	61931	234.87	50.89	249.30	6.06	14.04
河 北	Hebei	360	42042	231.21	16.69	220.92	20.59	29.14
山 西	Shanxi	117	12718	28.66	0.44	25.93	0.65	1.99
内蒙古	Inner Mongolia	85	9421	53.58	1.34	50.78	3.63	5.77
辽 宁	Liaoning	906	72114	529.95	20.22	511.96	26.92	44.69
吉 林	Jilin	410	45244	288.45	3.24	251.87	22.10	34.37
黑龙江	Heilongjiang	180	18050	72.09	0.81	69.15	9.86	13.72
上 海	Shanghai	1250	114965	562.80	152.25	568.56	43.41	63.50
江 苏	Jiangsu	3523	394689	2061.45	384.22	2013.45	110.02	181.10
浙 江	Zhejiang	2753	243814	857.23	169.40	818.28	56.43	86.53
安 徽	Anhui	545	49544	186.11	10.92	165.90	14.35	21.45
福 建	Fujian	587	73630	269.54	45.46	259.85	19.84	29.41
江 西	Jiangxi	435	74943	360.06	38.23	353.49	18.04	29.88
山 东	Shandong	1662	187383	1455.26	167.35	1396.01	92.00	136.65
河 南	Henan	553	67494	375.18	4.11	362.34	36.64	52.36
湖 北	Hubei	629	58699	304.33	44.49	280.71	20.87	32.91
湖 南	Hunan	538	61545	375.20	8.06	358.48	23.69	42.20
广 东	Guangdong	4158	694549	1937.01	674.35	1857.02	93.30	143.24
广 西	Guangxi	260	32430	163.17	6.01	135.03	5.71	10.96
海 南	Hainan	41	4772	23.96	0.04	22.92	3.37	5.15
重 庆	Chongqing	232	26438	103.48	8.09	99.63	7.10	12.35
四 川	Sichuan	674	75463	521.92	21.75	454.46	37.24	60.05
贵 州	Guizhou	105	10486	75.95	3.64	63.15	4.89	8.25
云 南	Yunnan	124	13399	65.24	3.12	56.16	6.89	11.08
西 藏	Tibet	9	921	4.57	0.06	4.10	1.61	2.20
陕 西	Shaanxi	264	30870	134.86	3.42	116.66	6.10	12.16
甘 肃	Gansu	62	6716	18.74	0.05	16.05	0.96	1.44
青 海	Qinghai	24	2562	14.20		10.80	0.67	1.24
宁 夏	Ningxia	15	1705	6.54	0.80	5.43	0.07	0.52
新 疆	Xinjiang	28	2691	9.11	0.42	7.59	1.01	1.56

1-2-7 按地区分国有及国有控股企业高技术产业生产经营情况(2009年)

Statistics on Production and Management in High-tech Industry of State-owned and State-controlled Enterprises by Region (2009)

单位:亿元 (100 million yuan)

地区	Region	国有及国有控股企业 State-owned and State-controlled Enterprises						
		企业单位数(个) Number of Enterprises (unit)	从业人员平均人数(人) Annual Average Number of Employed Personnel (person)	当年价总产值 Gross Industrial Output Value at Current Prices	资产总计 Total Assets	主营业务收入 Revenue from Business Principal	利润总额 Profits	利税 Taxes and Profits
全国	**Total**	**1770**	**1297339**	**6751.94**	**1225.01**	**6905.95**	**431.29**	**642.00**
东部地区	Eastern Region	1073	648055	4136.78	1043.05	4351.15	278.62	410.21
中部地区	Middle Region	312	271793	991.55	57.47	980.53	63.67	96.60
西部地区	Western Region	385	377491	1623.59	124.48	1574.27	88.98	135.18
北京	Beijing	239	67505	334.09	29.94	375.96	49.56	67.86
天津	Tianjin	140	39482	210.81	11.05	251.23	23.09	33.21
河北	Hebei	33	37878	102.26	23.93	99.61	8.92	12.59
山西	Shanxi	23	13439	20.43	0.08	23.69	0.89	1.86
内蒙古	Inner Mongolia	10	6028	17.05	1.83	16.46	0.37	1.33
辽宁	Liaoning	61	81452	435.85	149.67	444.34	20.13	31.17
吉林	Jilin	29	12424	30.02	1.08	26.14	4.06	5.31
黑龙江	Heilongjiang	28	25881	104.68	5.97	99.92	5.80	8.21
上海	Shanghai	182	69245	416.43	101.95	449.08	2.33	14.24
江苏	Jiangsu	96	75399	384.49	64.44	414.62	26.50	38.12
浙江	Zhejiang	47	24176	147.37	63.64	149.77	33.22	43.14
安徽	Anhui	45	32432	109.22	3.86	116.90	7.90	11.90
福建	Fujian	35	14391	44.02	10.40	41.97	5.72	8.04
江西	Jiangxi	35	50156	173.48	17.68	172.09	8.16	13.68
山东	Shandong	60	49436	563.98	69.58	703.42	30.68	55.18
河南	Henan	41	43029	117.46	4.96	109.24	-6.32	-3.55
湖北	Hubei	69	63331	301.05	13.82	305.73	28.81	38.17
湖南	Hunan	42	31101	135.21	10.02	126.82	14.37	21.02
广东	Guangdong	175	187342	1490.24	518.45	1414.27	77.22	104.99
广西	Guangxi	19	7143	35.92	0.12	33.62	0.41	1.39
海南	Hainan	5	1749	7.24		6.88	1.25	1.67
重庆	Chongqing	56	32047	144.35	6.43	140.92	6.19	14.53
四川	Sichuan	108	122270	724.97	66.42	730.29	40.27	57.92
贵州	Guizhou	40	42426	139.34	10.86	119.87	9.27	11.33
云南	Yunnan	25	7543	54.67	1.56	51.82	8.67	12.90
西藏	Tibet	3	541	1.61		0.61	0.17	0.28
陕西	Shaanxi	94	144025	467.09	36.96	448.40	17.48	27.60
甘肃	Gansu	16	11545	26.04	0.22	21.35	5.51	6.60
青海	Qinghai	4	959	1.87		1.52	0.09	0.19
宁夏	Ningxia	1	1434	5.94		5.71	0.12	0.38
新疆	Xinjiang	9	1530	4.74	0.08	3.70	0.43	0.73

1-2-8 按地区和登记注册类型分高技术产业生产经营情况(2009年)
Statistics on Production and Management in High-tech Industry by Region and Registration Status (2009)

单位:亿元 (100 million yuan)

地区	Region	内资企业 Domestic Funded						
		企业单位数(个) Number of Enterprises (unit)	从业人员平均人数(人) Annual Average Number of Employed Personnel (person)	当年价总产值 Gross Industrial Output Value at Current Prices	资产总计 Total Assets	主营业务收入 Revenue from Business Principal	利润总额 Profits	利税 Taxes and Profits
全国	**Total**	**17922**	**4067372**	**20717.14**	**3247.32**	**20425.35**	**1685.43**	**2538.18**
东部地区	Eastern Region	12419	2514853	13782.92	2858.24	13881.78	1157.13	1730.11
中部地区	Middle Region	3441	865509	3835.10	201.45	3663.23	311.97	465.19
西部地区	Western Region	2062	687010	3099.14	187.63	2880.37	216.31	342.91
北京	Beijing	860	126978	591.04	29.07	675.62	74.63	108.17
天津	Tianjin	407	66847	286.91	16.69	326.67	32.81	49.90
河北	Hebei	350	90953	370.80	35.51	353.83	33.74	49.54
山西	Shanxi	137	36392	82.30	0.97	77.62	3.15	7.45
内蒙古	Inner Mongolia	93	17236	84.22	3.10	78.72	5.97	9.75
辽宁	Liaoning	770	144951	886.11	165.93	874.70	42.20	67.43
吉林	Jilin	390	101862	497.66	5.49	438.98	46.33	66.09
黑龙江	Heilongjiang	185	49373	196.74	7.04	187.98	20.96	28.88
上海	Shanghai	706	105028	415.03	47.09	435.86	30.35	49.30
江苏	Jiangsu	2384	435542	2569.21	274.70	2542.36	176.45	282.26
浙江	Zhejiang	2453	353447	1515.79	373.11	1442.28	140.05	206.15
安徽	Anhui	544	98163	377.04	21.51	367.85	31.71	46.39
福建	Fujian	388	68787	272.75	39.13	259.67	24.46	36.23
江西	Jiangxi	396	133041	585.24	38.97	576.65	32.87	56.65
山东	Shandong	1342	258836	2112.49	119.72	2203.26	156.38	242.55
河南	Henan	623	176059	824.07	12.92	768.70	65.42	94.26
湖北	Hubei	634	165880	722.64	94.81	718.87	67.63	92.50
湖南	Hunan	532	104739	549.41	19.74	526.58	43.90	72.97
广东	Guangdong	2723	856856	4728.68	1757.29	4736.54	441.12	631.54
广西	Guangxi	250	47046	199.31	4.65	170.85	14.28	24.23
海南	Hainan	36	6628	34.11		30.99	4.94	7.04
重庆	Chongqing	257	64596	258.88	22.74	245.02	19.14	34.74
四川	Sichuan	737	250228	1445.52	93.03	1367.46	96.19	150.91
贵州	Guizhou	133	63790	271.08	7.62	227.71	20.04	29.88
云南	Yunnan	121	21718	124.20	4.81	110.47	17.12	26.56
西藏	Tibet	9	1228	5.91	0.06	4.50	1.78	2.46
陕西	Shaanxi	313	178718	572.89	41.09	561.95	26.04	42.82
甘肃	Gansu	77	25293	66.30	1.37	55.58	9.62	12.22
青海	Qinghai	25	4542	17.67	0.05	13.75	0.63	1.49
宁夏	Ningxia	18	6286	30.31	7.52	25.98	2.58	3.52
新疆	Xinjiang	29	6329	22.85	1.59	18.38	2.92	4.33

1-2-8 续表 1 continued

单位:亿元 (100 million yuan)

地区 Region	#国有企业 State-owned Enterprises						
	企业单位数(个) Number of Enterprises (unit)	从业人员平均人数(人) Annual Average Number of Employed Personnel (person)	当年价总产值 Gross Industrial Output Value at Current Prices	资产总计 Total Assets	主营业务收入 Revenue from Business Principal	利润总额 Profits	利税 Taxes and Profits
全国 Total	**469**	**302394**	**1287.94**	**176.51**	**1409.13**	**96.89**	**142.89**
东部地区 Eastern Region	256	129194	698	141	852	62	92
中部地区 Middle Region	89	75777	273	16	278	13	19
西部地区 Western Region	124	97423	317	20	279	22	32
北京 Beijing	52	15528	41.01	0.13	43.48	4.71	6.04
天津 Tianjin	35	4155	14.02	0.17	14.07	2.28	3.37
河北 Hebei	15	27085	78.94	19.92	76.79	8.66	11.47
山西 Shanxi	10	4489	6.60	0.01	9.78	0.24	0.37
内蒙古 Inner Mongolia	1	238	0.29		0.22	0.13	-0.13
辽宁 Liaoning	13	9591	49.55	19.95	49.23	2.11	2.74
吉林 Jilin	9	3684	9.33		8.10	0.79	1.12
黑龙江 Heilongjiang	4	991	2.46	0.26	2.43	0.20	0.34
上海 Shanghai	35	15997	64.11	10.50	64.40	5.87	8.62
江苏 Jiangsu	32	23400	99.85	22.01	117.00	17.33	21.96
浙江 Zhejiang	10	2361	24.58	20.15	21.24	0.64	0.94
安徽 Anhui	9	7204	37.93		36.18	3.38	4.44
福建 Fujian	6	1245	3.14		3.31	0.08	0.31
江西 Jiangxi	10	15351	28.54	7.81	29.74	1.69	2.77
山东 Shandong	19	18478	276.94	44.58	417.89	16.81	31.39
河南 Henan	16	8988	28.08	0.11	23.88	-0.96	-0.56
湖北 Hubei	20	30590	141.81	2.28	150.20	7.86	9.83
湖南 Hunan	11	4480	18.07	5.05	17.24	0.05	0.43
广东 Guangdong	35	9932	41.84	3.98	40.96	2.79	4.53
广西 Guangxi	12	3987	10.31	0.09	8.81	0.16	0.40
海南 Hainan	4	1422	4.13		4.00	0.42	0.60
重庆 Chongqing	7	3352	7.09	0.05	6.44	0.22	0.47
四川 Sichuan	32	21498	119.52	10.68	100.16	8.83	12.42
贵州 Guizhou	11	14007	38.15	4.21	28.77	0.38	0.56
云南 Yunnan	6	1538	6.86		6.60	1.30	1.75
西藏 Tibet	2	435	1.51		0.55	0.19	0.29
陕西 Shaanxi	44	48178	115.55	4.57	113.61	6.29	10.77
甘肃 Gansu	5	3112	15.01		11.88	4.47	5.22
青海 Qinghai	2	351	0.81		0.79	0.06	0.12
宁夏 Ningxia							
新疆 Xinjiang	2	727	1.89		1.39	0.15	0.29

1-2-8 续表 2 continued

单位:亿元 (100 million yuan)

地区	Region	港澳台投资企业 Enterprises with Funds from Hong Kong, Macau and Taiwan						
		企业单位数(个) Number of Enterprises (unit)	从业人员平均人数(人) Annual Average Number of Employed Personnel (person)	当年价总产值 Gross Industrial Output Value at Current Prices	资产总计 Total Assets	主营业务收入 Revenue from Business Principal	利润总额 Profits	利税 Taxes and Profits
全国	**Total**	**3809**	**2136353**	**11907.44**	**7516.35**	**11822.25**	**497.43**	**682.31**
东部地区	Eastern Region	3468	2009680	11103	7304	11088	450	612
中部地区	Middle Region	228	81683	481	173	457	30	43
西部地区	Western Region	113	44990	323	39	278	17	27
北京	Beijing	78	35007	521.65	185.03	687.12	21.94	31.52
天津	Tianjin	48	11325	71.08	34.81	71.14	2.78	3.83
河北	Hebei	24	36784	183.30	59.65	191.78	23.44	27.03
山西	Shanxi	6	1622	5.60		5.18	0.62	1.14
内蒙古	Inner Mongolia	7	3897	139.39	2.39	140.11	6.40	12.83
辽宁	Liaoning	53	12557	75.81	12.56	73.36	5.35	8.43
吉林	Jilin	11	1462	4.77	0.09	4.17	0.52	0.93
黑龙江	Heilongjiang	4	727	1.53	0.08	1.76	-0.14	-0.03
上海	Shanghai	216	119981	2167.17	1818.50	2203.29	14.70	20.14
江苏	Jiangsu	729	482638	2258.71	1407.95	2217.68	145.65	203.30
浙江	Zhejiang	282	78695	319.76	142.73	317.92	16.65	25.12
安徽	Anhui	32	5988	23.59	1.93	16.85	1.20	1.85
福建	Fujian	191	100297	619.89	446.21	610.05	30.33	43.29
江西	Jiangxi	58	30783	98.39	40.95	95.18	4.63	8.64
山东	Shandong	77	17686	138.74	31.77	134.61	12.13	15.65
河南	Henan	27	8887	44.43	2.61	45.91	9.99	11.69
湖北	Hubei	50	18830	251.53	125.87	242.67	8.33	11.85
湖南	Hunan	40	13384	50.82	1.75	44.92	4.87	6.91
广东	Guangdong	1762	1112647	4739.90	3161.97	4573.98	176.13	232.10
广西	Guangxi	28	21011	38.53	19.96	32.93	3.16	3.60
海南	Hainan	8	2063	7.39	2.93	7.07	1.21	1.52
重庆	Chongqing	9	2569	17.52	0.79	17.76	0.90	1.04
四川	Sichuan	27	9765	58.73	10.04	53.14	4.61	6.43
贵州	Guizhou	10	877	9.54	3.25	7.57	0.18	0.33
云南	Yunnan	12	2280	15.97	1.15	14.80	1.55	2.20
西藏	Tibet							
陕西	Shaanxi	15	3766	39.90	0.58	7.98	0.29	0.67
甘肃	Gansu	1	341	0.31		0.29	-0.05	-0.05
青海	Qinghai	1	100	0.33		0.11	-0.05	-0.05
宁夏	Ningxia	2	348	2.58	0.80	2.55	0.12	0.40
新疆	Xinjiang	1	36	0.59		0.36		

1-2-8 续表 3 continued

单位:亿元 (100 million yuan)

地 区	Region	外商投资企业 Foreign Funded Enterprises						
		企业单位数(个) Number of Enterprises (unit)	从业人员平均人数(人) Annual Average Number of Employed Personnel (person)	当年价总产值 Gross Industrial Output Value at Current Prices	资产总计 Total Assets	主营业务收入 Revenue from Business Principal	利润总额 Profits	利税 Taxes and Profits
全 国	**Total**	**5487**	**3371703**	**27805.91**	**18736.06**	**27319.10**	**1095.67**	**1439.81**
东部地区	Eastern Region	5031	3155915	26704.23	18459.52	26326.29	1008.91	1306.32
中部地区	Middle Region	280	151362	587.25	127.77	597.22	51.95	76.90
西部地区	Western Region	176	64426	514.41	148.77	395.59	34.80	56.61
北 京	Beijing	212	76999	1644.45	956.67	1656.44	59.93	80.57
天 津	Tianjin	413	122108	1543.08	827.69	1520.50	70.56	86.07
河 北	Hebei	50	16753	75.07	13.24	76.73	15.28	19.18
山 西	Shanxi	11	55710	108.57	52.56	89.45	4.32	5.93
内蒙古	Inner Mongolia	9	2160	13.00	0.08	12.18	0.44	1.00
辽 宁	Liaoning	176	57703	351.93	165.82	346.03	20.20	30.31
吉 林	Jilin	46	4349	35.23	0.91	31.20	4.08	5.35
黑龙江	Heilongjiang	20	25637	113.13	12.15	166.79	17.69	28.31
上 海	Shanghai	614	250231	2975.26	2036.34	3146.54	30.85	54.70
江 苏	Jiangsu	1429	1005660	8187.44	6080.20	8021.76	354.01	463.96
浙 江	Zhejiang	359	120936	836.54	511.07	809.18	41.63	57.40
安 徽	Anhui	41	10488	59.68	8.82	46.72	8.00	10.34
福 建	Fujian	164	101422	1079.37	648.25	1078.34	59.44	68.37
江 西	Jiangxi	48	21895	72.02	24.43	71.59	4.04	7.29
山 东	Shandong	488	246913	2304.48	1183.05	2210.94	110.58	149.49
河 南	Henan	28	11267	84.74	21.71	82.55	7.78	9.81
湖 北	Hubei	55	11032	65.35	4.89	64.32	4.47	5.78
湖 南	Hunan	31	10984	48.53	2.30	44.60	1.57	4.09
广 东	Guangdong	1118	1155158	7693.36	6037.19	7447.52	242.61	291.20
广 西	Guangxi	25	12916	35.83	9.57	30.64	1.77	2.43
海 南	Hainan	8	2032	13.25		12.31	3.82	5.07
重 庆	Chongqing	21	12784	76.44	6.66	76.33	3.30	6.89
四 川	Sichuan	66	18485	262.51	124.16	162.67	15.25	20.19
贵 州	Guizhou	8	3055	13.01	0.38	9.73	0.97	1.70
云 南	Yunnan	10	1578	7.00	0.33	6.01	0.79	1.43
西 藏	Tibet	1	54	0.08		0.08	0.01	0.03
陕 西	Shaanxi	31	12635	104.25	7.51	95.83	12.07	22.62
甘 肃	Gansu	2	106	0.78		0.67	0.11	0.14
青 海	Qinghai	2	555	1.22		1.10	0.08	0.12
宁 夏	Ningxia							
新 疆	Xinjiang	1	98	0.29	0.08	0.35	0.01	0.06

1-2-9 按地区和行业分高技术产业生产经营情况(2009年)

Statistics on Production and Management in High-tech Industry by Region and Industrial Sector (2009)

单位:亿元 (100 million yuan)

地区	Region	医药制造业 Medical and Pharmaceutical Products Manufacturing 企业单位数(个) Number of Enterprises (unit)	从业人员平均人数(人) Annual Average Number of Employed Personnel (person)	当年价总产值 Gross Industrial Output Value at Current Prices	资产总计 Total Assets	主营业务收入 Revenue from Business Principal	利润总额 Profits	利税 Taxes and Profits
全国	**Total**	**6807**	**1604792**	**9443.30**	**747.17**	**9087.00**	**993.96**	**1517.64**
东部地区	Eastern Region	3585	826960	5530.36	606.54	5445.65	624.21	933.85
中部地区	Middle Region	1969	496736	2412.19	85.12	2312.75	239.84	361.39
西部地区	Western Region	1253	281096	1500.74	55.47	1328.59	129.89	222.38
北京	Beijing	225	49664	313.08	6.71	307.60	48.34	75.10
天津	Tianjin	142	42851	248.27	23.36	278.90	32.05	50.60
河北	Hebei	198	77204	372.17	62.92	379.95	47.43	64.13
山西	Shanxi	104	26752	81.13	3.49	67.23	6.02	11.11
内蒙古	Inner Mongolia	81	19426	132.62	5.47	125.96	7.04	12.92
辽宁	Liaoning	287	46823	308.61	20.89	335.21	25.77	42.90
吉林	Jilin	319	87979	437.69	3.42	375.06	44.64	63.66
黑龙江	Heilongjiang	118	48380	195.95	8.39	240.20	32.55	49.01
上海	Shanghai	247	56085	353.59	28.83	359.68	47.07	69.34
江苏	Jiangsu	672	142071	1106.34	120.84	1105.69	112.80	181.54
浙江	Zhejiang	531	112890	665.43	177.88	629.09	82.40	120.73
安徽	Anhui	246	48504	169.98	10.40	176.40	14.04	21.20
福建	Fujian	119	21647	121.67	15.51	111.59	13.46	19.83
江西	Jiangxi	245	71758	346.73	14.72	343.37	21.93	41.68
山东	Shandong	720	169503	1374.40	101.99	1322.93	133.48	192.09
河南	Henan	377	103586	574.53	10.41	529.23	64.25	85.16
湖北	Hubei	316	66292	314.22	29.04	306.38	33.63	49.88
湖南	Hunan	244	43485	291.96	5.25	274.88	22.78	39.69
广东	Guangdong	396	99434	618.00	47.61	570.48	72.23	104.79
广西	Guangxi	167	32647	132.41	3.70	114.38	11.82	20.18
海南	Hainan	48	8788	48.80		44.53	9.18	12.80
重庆	Chongqing	115	36565	166.24	19.92	157.03	11.17	21.74
四川	Sichuan	381	86912	500.91	11.82	454.16	42.07	70.77
贵州	Guizhou	97	23437	150.87		122.41	12.10	20.67
云南	Yunnan	100	19392	120.14	3.55	105.00	17.04	27.13
西藏	Tibet	10	1282	5.99	0.06	4.58	1.79	2.48
陕西	Shaanxi	182	37600	198.38	2.97	166.86	15.48	31.10
甘肃	Gansu	60	11643	43.45	0.21	37.81	7.39	9.40
青海	Qinghai	26	4471	17.22		13.59	0.56	1.23
宁夏	Ningxia	12	4485	22.80	7.52	19.03	2.49	3.14
新疆	Xinjiang	22	3236	9.71	0.25	7.78	0.94	1.62

1-2-9 续表 1 continued

单位:亿元 (100 million yuan)

地区	Region	航空航天器制造业 Manufacture of Aircrafts and Spacecrafts						
		企业单位数（个） Number of Enterprises (unit)	从业人员平均人数（人） Annual Average Number of Employed Personnel (person)	当年价总产值 Gross Industrial Output Value at Current Prices	资产总计 Total Assets	主营业务收入 Revenue from Business Principal	利润总额 Profits	利税 Taxes and Profits
全国	**Total**	**220**	**325270**	**1353.01**	**208.20**	**1322.85**	**89.71**	**113.34**
东部地区	Eastern Region	111.00	95295.00	522.36	133.45	505.35	40.28	51.90
中部地区	Middle Region	29.00	74186.00	287.60	17.39	286.80	14.18	19.95
西部地区	Western Region	80.00	155789.00	543.03	57.35	530.71	35.26	41.52
北京	Beijing	17	17379	68.47	6.47	66.29	4.67	5.50
天津	Tianjin	8	9422	104.23	35.82	102.54	17.65	19.56
河北	Hebei	3	5354	9.84		9.51	1.47	1.61
山西	Shanxi	1	810	0.60		0.59	0.04	0.04
内蒙古	Inner Mongolia							
辽宁	Liaoning	18	29855	170.83	9.19	151.25	5.04	10.28
吉林	Jilin	2	3524	4.06	0.73	4.10	0.42	0.42
黑龙江	Heilongjiang	6	12212	72.64	4.72	75.66	2.59	2.93
上海	Shanghai	15	8290	22.18	5.00	24.47	0.37	0.81
江苏	Jiangsu	24	11265	54.96	20.49	60.00	3.23	4.63
浙江	Zhejiang	6	700	2.64	1.40	2.33	0.32	0.41
安徽	Anhui	2	2850	16.63	0.07	16.23	1.54	1.74
福建	Fujian	5	5377	37.25	33.39	37.25	2.02	2.06
江西	Jiangxi	5	14626	73.70	4.84	69.99	2.85	4.08
山东	Shandong	8	2833	7.99	1.88	8.18	0.96	1.21
河南	Henan	4	18099	55.40	0.64	53.20	5.11	6.57
湖北	Hubei	5	12557	39.02	4.32	42.63	0.57	1.07
湖南	Hunan	4	9508	25.55	2.07	24.40	1.06	3.10
广东	Guangdong	7	4820	43.97	19.81	43.53	4.55	5.83
广西	Guangxi	1	717	1.40		1.22	0.02	0.02
海南	Hainan							
重庆	Chongqing	1	411	0.81	0.01	0.80	0.11	0.12
四川	Sichuan	25	31596	169.05	24.23	162.55	9.88	12.84
贵州	Guizhou	19	32836	96.40	7.77	79.31	5.40	6.50
云南	Yunnan							
西藏	Tibet							
陕西	Shaanxi	31	86591	269.57	25.33	283.28	18.92	21.09
甘肃	Gansu	3	3638	5.80	0.01	3.55	0.93	0.95
青海	Qinghai							
宁夏	Ningxia							
新疆	Xinjiang							

1-2-9 续表 2 continued

单位:亿元 (100 million yuan)

地区	Region	电子及通信设备制造业 Manufacture of Electronic Equipment and Communication Equipment						
		企业单位数(个) Number of Enterprises (unit)	从业人员平均人数(人) Annual Average Number of Employed Personnel (person)	当年价总产值 Gross Industrial Output Value at Current Prices	资产总计 Total Assets	主营业务收入 Revenue from Business Principal	利润总额 Profits	利税 Taxes and Profits
全国	**Total**	**12831**	**5100040**	**28947.12**	**15542.01**	**28465.47**	**1309.60**	**1858.19**
东部地区	Eastern Region	11235	4519626	26262.45	15129.11	25984.35	1166.32	1637.65
中部地区	Middle Region	1060	329381	1260.09	178.04	1197.64	72.68	109.39
西部地区	Western Region	536	251033	1424.61	234.86	1283.48	70.63	111.15
北京	Beijing	362	110731	1771.28	1087.89	1807.51	56.27	69.41
天津	Tianjin	501	125455	1385.85	729.46	1369.33	48.46	58.89
河北	Hebei	115	44375	171.06	38.22	160.50	14.27	17.88
山西	Shanxi	27	58339	99.24	49.97	88.12	0.66	1.50
内蒙古	Inner Mongolia	17	3334	99.43	0.09	100.70	5.52	10.25
辽宁	Liaoning	285	90784	554.28	240.97	538.23	19.34	27.92
吉林	Jilin	44	7321	53.31	1.74	56.21	3.10	4.42
黑龙江	Heilongjiang	25	5621	13.85	1.29	13.44	1.97	2.65
上海	Shanghai	727	244727	1705.57	1101.45	1720.44	-28.16	-15.18
江苏	Jiangsu	2504	1113274	6039.12	3535.91	5930.05	304.13	428.07
浙江	Zhejiang	1536	264249	1026.97	375.93	993.25	54.38	80.01
安徽	Anhui	229	44559	186.94	13.31	155.17	13.76	19.99
福建	Fujian	430	168057	934.36	545.86	911.18	65.66	79.74
江西	Jiangxi	170	60672	228.34	50.79	223.08	10.30	16.09
山东	Shandong	738	192744	1660.80	630.12	1751.24	77.37	117.11
河南	Henan	114	29936	134.39	21.39	135.69	-2.68	1.05
湖北	Hubei	231	74538	360.11	26.08	351.08	36.75	47.02
湖南	Hunan	220	48395	183.91	13.47	174.85	8.82	16.67
广东	Guangdong	4033	2163295	11007.21	6840.37	10796.77	553.81	772.98
广西	Guangxi	82	32296	80.07	17.69	67.30	5.41	6.80
海南	Hainan	4	1935	5.95	2.93	5.85	0.79	0.82
重庆	Chongqing	48	18579	100.24	3.93	95.30	5.63	10.63
四川	Sichuan	261	127683	899.62	189.10	809.72	47.56	69.19
贵州	Guizhou	24	9308	38.38	3.40	37.96	2.76	3.42
云南	Yunnan	10	1683	6.61	0.45	6.27	0.67	0.77
西藏	Tibet							
陕西	Shaanxi	81	46025	169.63	16.86	141.23	-0.13	5.23
甘肃	Gansu	8	9039	15.28	1.14	12.82	1.25	1.76
青海	Qinghai	1	69	1.09		0.53	0.09	0.27
宁夏	Ningxia	1	62	1.50	0.78	1.50	0.06	0.30
新疆	Xinjiang	3	2955	12.76	1.42	10.15	1.81	2.53

1-2-9 续表 3 continued

单位:亿元 (100 million yuan)

地区	Region	电子计算机及办公设备制造业 Manufacture of Computer and Office Equipments						
		企业单位数(个) Number of Enterprises (unit)	从业人员平均人数(人) Annual Average Number of Employed Personnel (person)	当年价总产值 Gross Industrial Output Value at Current Prices	资产总计 Total Assets	主营业务收入 Revenue from Business Principal	利润总额 Profits	利税 Taxes and Profits
全国	**Total**	**1676**	**1632703**	**16292.74**	**12143.03**	**16431.99**	**487.25**	**607.77**
东部地区	Eastern Region	1521	1560834	15810.70	11942.96	15961.35	467.14	580.47
中部地区	Middle Region	101	50269	356.44	188.75	365.75	12.67	16.57
西部地区	Western Region	54	21600	125.61	11.32	104.89	7.47	10.74
北京	Beijing	86	16281	350.51	39.12	558.35	5.28	13.73
天津	Tianjin	20	6733	100.64	67.76	101.63	4.53	5.20
河北	Hebei	10	2959	13.62	1.79	13.40	1.36	1.68
山西	Shanxi	1	3134	1.70		1.95	-0.26	-0.24
内蒙古	Inner Mongolia	3	338	1.76		1.67	0.21	0.28
辽宁	Liaoning	49	15079	94.35	47.24	93.23	3.53	5.02
吉林	Jilin	6	1248	5.02		6.06	0.24	0.27
黑龙江	Heilongjiang	8	1910	9.63	4.38	9.04	0.47	0.75
上海	Shanghai	92	104036	3182.09	2662.91	3379.29	22.46	25.63
江苏	Jiangsu	321	469202	4580.70	3796.94	4475.22	160.50	195.37
浙江	Zhejiang	137	50790	481.58	369.78	475.98	25.06	32.99
安徽	Anhui	16	3225	8.03	0.46	8.35	1.06	1.42
福建	Fujian	82	58680	816.74	520.04	827.76	26.46	37.38
江西	Jiangxi	18	11394	32.10	18.60	30.84	0.89	2.65
山东	Shandong	43	101977	1123.46	568.65	1091.51	37.32	51.48
河南	Henan	6	2597	19.47		19.01	2.78	3.12
湖北	Hubei	28	21993	263.62	164.09	270.01	3.62	4.08
湖南	Hunan	18	4768	16.87	1.22	20.49	3.87	4.52
广东	Guangdong	681	735097	5067.01	3868.73	4944.98	180.64	211.99
广西	Guangxi	13	9336	36.94	11.19	35.37	1.06	1.74
海南	Hainan							
重庆	Chongqing	3	1602	6.20	0.01	6.02	0.14	0.16
四川	Sichuan	26	8859	71.69		52.56	5.29	7.41
贵州	Guizhou	1	10	0.06		0.06		0.02
云南	Yunnan	6	1048	7.80	0.12	8.20	0.69	0.97
西藏	Tibet							
陕西	Shaanxi	2	407	1.16		1.01	0.08	0.16
甘肃	Gansu							
青海	Qinghai							
宁夏	Ningxia							
新疆	Xinjiang							

1-2-9 续表 4 continued

单位:亿元 (100 million yuan)

地区	Region	医疗设备及仪器仪表制造业 Manufacture of Medical Equipments and Measuring Instrument						
		企业单位数(个) Number of Enterprises (unit)	从业人员平均人数(人) Annual Average Number of Employed Personnel (person)	当年价总产值 Gross Industrial Output Value at Current Prices	资产总计 Total Assets	主营业务收入 Revenue from Business Principal	利润总额 Profits	利税 Taxes and Profits
全国	**Total**	**5684**	**912623**	**4394.31**	**859.32**	**4259.37**	**398.01**	**563.35**
东部地区	Eastern Region	4466	677733	3464.65	809.79	3399.35	318.45	444.49
中部地区	Middle Region	790	147982	586.67	33.21	554.15	54.56	77.76
西部地区	Western Region	428	86908	342.98	16.34	305.87	25.02	41.10
北京	Beijing	460	44929	253.80	30.57	279.43	41.95	56.52
天津	Tianjin	197	15819	62.09	22.79	65.91	3.46	5.56
河北	Hebei	98	14598	62.48	5.47	58.97	7.94	10.45
山西	Shanxi	21	4689	13.80	0.07	14.37	1.62	2.10
内蒙古	Inner Mongolia	8	195	2.80		2.67	0.05	0.13
辽宁	Liaoning	360	32670	185.78	26.00	176.16	14.07	20.05
吉林	Jilin	76	7601	37.57	0.61	32.92	2.53	3.60
黑龙江	Heilongjiang	52	7614	19.33	0.49	18.18	0.93	1.82
上海	Shanghai	455	62102	294.03	103.75	301.81	34.17	43.54
江苏	Jiangsu	1021	188028	1234.23	288.67	1210.84	95.45	139.91
浙江	Zhejiang	884	124449	495.46	101.91	468.73	36.17	54.52
安徽	Anhui	124	15501	78.73	8.01	75.27	10.52	14.24
福建	Fujian	107	16745	61.99	18.79	60.27	6.64	8.89
江西	Jiangxi	64	27269	74.78	15.41	76.15	5.57	8.07
山东	Shandong	398	56378	389.05	31.91	374.94	29.96	45.79
河南	Henan	177	41995	169.45	4.80	160.03	13.74	19.87
湖北	Hubei	159	20362	62.55	2.04	55.76	5.84	8.08
湖南	Hunan	117	22951	130.46	1.78	121.47	13.81	19.98
广东	Guangdong	486	122015	425.74	179.93	402.29	48.64	59.26
广西	Guangxi	40	5977	22.85	1.60	16.15	0.91	1.53
海南	Hainan							
重庆	Chongqing	120	22792	79.35	6.32	79.96	6.30	10.01
四川	Sichuan	137	23428	125.49	2.09	104.29	11.26	17.30
贵州	Guizhou	10	2131	7.93	0.06	5.27	0.93	1.32
云南	Yunnan	27	3453	12.63	2.16	11.80	1.06	1.31
西藏	Tibet							
陕西	Shaanxi	63	24496	78.30	4.03	73.39	4.05	8.52
甘肃	Gansu	9	1420	2.87	0.01	2.36	0.11	0.20
青海	Qinghai	1	657	0.90	0.05	0.83	0.02	0.07
宁夏	Ningxia	7	2087	8.59	0.02	8.00	0.15	0.47
新疆	Xinjiang	6	272	1.27		1.15	0.18	0.24

2

R&D 及相关活动情况

Statistics on R&D and Related Activities

2-1-1 大中型企业R&D及相关活动情况

Statistics on R&D and Related Activities in Large and Medium-sized Enterprises

指 标 Indicator	1995	2000	2005	2006	2007	2008	2009
R&D活动情况							
Statitstics on R&D Activities							
R&D人员全时当量(人年)	57838	91573	173161	188987	248228	285079	320033
Full-time Equivalent of R&D Personnel (man-year)							
R&D经费内部支出(万元)	178474	1110410	3624985	4564367	5453244	6551994	7740499
Intramural Expenditure on R&D (10000 yuan)							
新产品开发及生产情况							
Statitstics on New Products Development and Production							
新产品开发经费支出(万元)	322807	1177940	4156916	5099534	6520284	7984007	9250743
Expenditure on New Products Development (10000 yuan)							
新产品产值(万元)		26672771	70348165	84932623	106712636	130182842	125012187
Output Value of New Products (10000 yuan)							
新产品销售收入(万元)	5383662	24838202	69146633	82488646	103032217	128794741	125950003
Sales Revenue of New Products (10000 yuan)							
专利情况							
Statistics on Patents							
专利申请数(件)	612	2245	16823	24301	34446	39656	51513
Patent Applications (piece)							
有效发明专利(件)	410	1443	6658	8141	13386	23915	31830
Number of Patents In Force (piece)							
技术改造、技术获取情况							
Statistics on Technology Acquisition and Technology Reconstruction							
技术改造经费支出(万元)	822714	1047478	1590214	1719061	2109878	2186000	2017410
Expenditure for Technical Renovation (10000 yuan)							
技术引进经费支出(万元)	291596	470463	848184	785792	1308968	842933	644240
Expenditure for Acquisition of Foreign Technology (10000 yuan)							
消化吸收经费支出(万元)	22744	33685	274972	110043	137407	150163	106224
Expenditure for Assimilation of Technology (10000 yuan)							
购买国内技术经费支出(万元)	42534	72099	95359	102308	110953	129707	139026
Expenditure on Purchase of Domestic Technology (10000 yuan)							
企业办研发机构情况							
Statistics on R&D Institutions							
机构数(个)	2138	1379	1619	1929	2217	2534	2845
Number of R&D Institutions in Enterprises (unit)							
机构人员(人)	82284	90187	156789	189497	242148	309766	341439
Personnel in R&D Institutions (person)							
机构经费支出(万元)	228861	961000	2607837	3657320	4783156	5795281	6949092
Expenditure in R&D Institutions (10000 yuan)							

2-1-2 大中型制造业企业R&D及相关活动情况

Statistics on R&D and Related Activities in Large and Medium-sized Manufacturing Enterprises

指 标 Indicator	1995	2000	2005	2006	2007	2008	2009
R&D活动情况 **Statitstics on R&D Activities**							
R&D人员全时当量(人年) Full-time Equivalent of R&D Personnel (man-year)	227359	296697	545026	621991	777572	922842	1069889
R&D经费内部支出(万元) Intramural Expenditure on R&D (10000 yuan)	781424	3230543	11845186	15513884	20095641	25463789	30129433
新产品开发及生产情况 **Statitstics on New Products Development and Production**							
新产品开发经费支出(万元) Expenditure on New Products Development (10000 yuan)	1611447	3791305	14222522	18335257	24025788	30284936	35495255
新产品产值(万元) Output Value of New Products (10000 yuan)		79603236	250740954	318862362	422591302	510858348	578686110
新产品销售收入(万元) Sales Revenue of New Products (10000 yuan)	26049147	76076657	238042145	308769012	405171502	502874193	571758255
专利情况 **Statistics on Patents**							
专利申请数(件) Patent Applications (piece)	3343	11139	53843	67227	93576	118050	161065
有效发明专利(件) Number of Patents In Force (piece)	2189	6054	21870	28168	42455	54223	78884
技术改造、技术获取情况 **Statistics on Technology Acquisition and Technology Reconstruction**							
技术改造经费支出(万元) Expenditure for Technical Renovation (10000 yuan)	10187837	9950798	25122468	27074571	32106772	36581661	32352328
技术引进经费支出(万元) Expenditure for Acquisition of Foreign Technology (10000 yuan)	3473845	2355387	2884886	3024622	4346386	4118747	3836873
消化吸收经费支出(万元) Expenditure for Assimilation of Technology (10000 yuan)	126074	176927	653496	777376	1002793	1024411	1482563
购买国内技术经费支出(万元) Expenditure on Purchase of Domestic Technology (10000 yuan)	238184	245781	784587	840337	1239989	1593316	1672216
企业办研发机构情况 **Statistics on R&D Institutions**							
机构数(个) Number of R&D Institutions in Enterprises (unit)	12462	7093	8659	9809	11202	12580	14536
机构人员(人) Personnel in R&D Institutions (person)	366365	399060	579427	688059	814058	999160	1203352
科技机构经费支出(万元) Expenditure in R&D Institutions (10000 yuan)	997093	3075258	9678739	12761282	17221298	22322644	25027666

2-1-3 分行业大中型企业R&D及相关活动情况

Statistics on R&D and Related Activities in Large and Medium-sized Enterprises by Industrial Sector

行 业 Industry	R&D人员全时当量（人年） Full-time Equivalent of R&D Personnel (man-year)						
	1995	2000	2005	2006	2007	2008	2009
合 计 Total	**57838**	**91573**	**173161**	**188987**	**248228**	**285079**	**320033**
医药制造业 Manufacture of Medicines	**9528**	**12136**	**19584**	**25391**	**30778**	**40192**	**51108**
#化学药品制造 Manufacture of Chemical Medicine	7023	7794	12574	16671	19302	24797	31457
中成药制造 Manufacture of Finished Traditional Chinese Herbal Medicine	1709	2797	4976	5748	7420	10524	11766
生物、生化制品的制造 Manufacture of Biological and Biochemical Chemical Products	786	1406	1534	1706	2769	2717	5186
航空航天器制造业 Manufacture of Aircrafts and Spacecrafts	**24769**	**30835**	**29870**	**27374**	**27182**	**19346**	**23034**
1.飞机制造及修理 Manufacture and Repairing of Airplanes	20761	27704	27720	24692	24264	16604	20587
2.航天器制造 Manufacture of Spacecrafts	4008	3131	2150	2681	2918	2742	2376
电子及通信设备制造业 Manufacture of Electronic Equipment and Communication Equipment	**15398**	**36625**	**95091**	**97816**	**142408**	**172230**	**183062**
1.通信设备制造 Manufacture of Communication Equipment	4169	18505	49679	48573	74887	92972	85735
#通信传输设备制造 Manufacture of Communication Transmitting Equipment	1327	2663	3430	4178	4342	4337	6737
通信交换设备制造 Manufacture of Communication Exchanging Equipment	917	13065	34524	35664	58394	76121	62209
通信终端设备制造 Manufacture of Communication Terminal Equipment	1195	1023	3983	3316	1907	2069	2532
2.雷达及配套设备制造 Manufacture of Radar and Its Fittings	2197	1794	1810	3479	3233	2813	3768
3.广播电视设备制造 Manufacture of Broadcasting and TV Equipment	424	448	1740	1502	2492	2364	3073
4.电子器件制造 Manufacture of Electronic Appliances	3074	5083	15211	14318	18728	20508	32278
#电子真空器件制造 Manufacture of Electronic Vacuum Appliances	1448	1814	3839	3446	3247	2529	3221
半导体分立器件制造 Manufacture of Semiconductor Discreting Appliances	965	1948	1832	1723	1916	2544	4415
集成电路制造 Manufacture of Integrate Circuit	661	1321	3908	4172	5895	8263	13482
5.电子元件制造 Manufacture of Electronic Components	3324	4669	13672	16577	23168	24912	34900
6.家用视听设备制造 Manufacture of Domestic TV Set and Radio Receiver	2098	4117	11573	11424	17750	20256	14945
7.其他电子设备制造 Manufacture of Other Electronic Equipment	112	2009	1407	1944	2152	8405	8363
电子计算机及办公设备制造业 Manufacture of Computers and Office Equipments	**1355**	**3941**	**17484**	**24591**	**29712**	**31052**	**35427**
1.电子计算机整机制造 Manufacture of Entired Computer	962	2950	7452	13079	14995	14232	17075
2.电子计算机外部设备制造 Manufacture of Computer Peripheral Equipment	307	806	8943	11171	13520	14994	12401
3.办公设备制造 Manufacture of Office Equipment	86	185	1089	341	1196	1826	1986
医疗设备及仪器仪表制造业 Manufacture of Medical Equipments and Measuring Instrument	**6788**	**8036**	**11132**	**13815**	**18148**	**22260**	**27401**
1.医疗设备及器械制造 Manufacture of Medical Equipment and Appliances	561	898	1262	2354	3468	3485	5523
2.仪器仪表制造 Manufacture of Measuring Instrument	6227	7138	9870	11461	14680	18775	21878

2-1-3 续表 1 continued

行业 Industry	R&D经费内部支出（万元） Intramural Expenditure on R&D (10000 yuan)						
	1995	2000	2005	2006	2007	2008	2009
合 计 Total	**178474**	**1110410**	**3624985**	**4564367**	**5453244**	**6551994**	**7740499**
医药制造业 Manufacture of Medicines	**42785**	**134669**	**399510**	**525856**	**658836**	**790879**	**996221**
#化学药品制造 Manufacture of Chemical Medicine	32695	88357	273832	354237	418799	520940	636142
中成药制造 Manufacture of Finished Traditional Chinese Herbal Medicine	7199	29227	91512	128358	156873	162600	203612
生物、生化制品的制造 Manufacture of Biological and Biochemical Chemical Products	2705	16571	22955	30592	55225	66422	96793
航空航天器制造业 Manufacture of Aircrafts and Spacecrafts	**65067**	**137932**	**277969**	**333418**	**425938**	**519869**	**657822**
1.飞机制造及修理 Manufacture and Repairing of Airplanes	52669	119250	239156	285261	372268	441850	517029
2.航天器制造 Manufacture of Spacecrafts	12399	18682	38813	48157	53671	78019	138465
电子及通信设备制造业 Manufacture of Electronic Equipment and Communication Equipment	**51289**	**679441**	**2347164**	**2768854**	**3245208**	**4029384**	**4548486**
1.通信设备制造 Manufacture of Communication Equipment	19967	397600	1196585	1313245	1571255	2021334	2388342
#通信传输设备制造 Manufacture of Communication Transmitting Equipment	4595	63904	128969	104524	99320	80853	157353
通信交换设备制造 Manufacture of Communication Exchanging Equipment	10211	281559	785133	941656	1108465	1482334	1760298
通信终端设备制造 Manufacture of Communication Terminal Equipment	2612	11693	54847	44624	30366	36575	65825
2.雷达及配套设备制造 Manufacture of Radar and Its Fittings	5625	7003	24472	55566	75403	37973	73858
3.广播电视设备制造 Manufacture of Broadcasting and TV Equipment	811	2036	18105	29932	31603	46672	38732
4.电子器件制造 Manufacture of Electronic Appliances	11736	85820	328721	409283	451203	613113	684095
#电子真空器件制造 Manufacture of Electronic Vacuum Appliances	6764	58896	42632	70774	54852	84142	56427
半导体分立器件制造 Manufacture of Semiconductor Discreting Appliances	2052	9102	23160	27152	34124	42711	52439
集成电路制造 Manufacture of Integrate Circuit	2920	17823	145065	232237	219490	300850	279995
5.电子元件制造 Manufacture of Electronic Components	6614	79182	257997	431186	534484	585300	675056
6.家用视听设备制造 Manufacture of Domestic TV Set and Radio Receiver	6446	86682	500884	506453	542685	630175	590999
7.其他电子设备制造 Manufacture of Other Electronic Equipment	91	21118	20401	23189	38576	94818	97405
电子计算机及办公设备制造业 Manufacture of Computers and Office Equipments	**5473**	**115541**	**434480**	**729251**	**818169**	**808960**	**988665**
1.电子计算机整机制造 Manufacture of Entired Computer	3753	101235	211999	408545	349811	347172	422017
2.电子计算机外部设备制造 Manufacture of Computer Peripheral Equipment	1358	12777	207560	306546	446310	432096	404420
3.办公设备制造 Manufacture of Office Equipment	363	1529	14921	14160	22049	29693	41092
医疗设备及仪器仪表制造业 Manufacture of Medical Equipments and Measuring Instrument	**13860**	**42827**	**165862**	**206989**	**305093**	**402902**	**549305**
1.医疗设备及器械制造 Manufacture of Medical Equipment and Appliances	1526	7494	34481	52409	73163	95907	143234
2.仪器仪表制造 Manufacture of Measuring Instrument	12335	35334	131381	154580	231930	306995	406071

2-1-3 续表 2 continued

行业 Industry	新产品开发经费支出（万元） Expenditure on New Products Development (10000 yuan)						
	1995	2000	2005	2006	2007	2008	2009
合 计 Total	**322807**	**1177940**	**4156916**	**5099534**	**6520284**	**7984007**	**9250743**
医药制造业 Manufacture of Medicines	**46368**	**147855**	**447725**	**557576**	**739435**	**871914**	**1073412**
#化学药品制造 Manufacture of Chemical Medicine	35530	91707	300482	355785	470476	563888	680413
中成药制造 Manufacture of Finished Traditional Chinese Herbal Medicine	7091	38556	97048	151370	176588	168829	210019
生物、生化制品的制造 Manufacture of Biological and Biochemical Chemical Products	2792	15925	28373	33345	51628	85150	108059
航空航天器制造业 Manufacture of Aircrafts and Spacecrafts	**101751**	**114280**	**301632**	**349523**	**438266**	**494423**	**764631**
1.飞机制造及修理 Manufacture and Repairing of Airplanes	84663	95570	270864	317913	398801	425487	627015
2.航天器制造 Manufacture of Spacecrafts	17088	18709	30769	31610	39465	68936	135287
电子及通信设备制造业 Manufacture of Electronic Equipment and Communication Equipment	**122301**	**736736**	**2611326**	**3122449**	**3928726**	**4865650**	**5442512**
1.通信设备制造 Manufacture of Communication Equipment	37337	363991	1267879	1375378	1645118	2280979	2793220
#通信传输设备制造 Manufacture of Communication Transmitting Equipment	7479	61376	138801	109814	113596	109955	194010
通信交换设备制造 Manufacture of Communication Exchanging Equipment	16551	241631	720223	945180	1133254	1527856	1932309
通信终端设备制造 Manufacture of Communication Terminal Equipment	5372	18365	66003	60562	40957	110789	97709
2.雷达及配套设备制造 Manufacture of Radar and Its Fittings	20249	11129	27487	35893	79931	42449	75597
3.广播电视设备制造 Manufacture of Broadcasting and TV Equipment	1312	1117	27438	45245	39758	59938	60413
4.电子器件制造 Manufacture of Electronic Appliances	23584	102543	355849	465931	630300	815700	878320
#电子真空器件制造 Manufacture of Electronic Vacuum Appliances	13606	73629	48067	58490	77273	99002	77754
半导体分立器件制造 Manufacture of Semiconductor Discreting Appliances	8560	9795	30538	76253	50171	78129	86230
集成电路制造 Manufacture of Integrate Circuit	1417	19119	129635	201734	279828	383349	290902
5.电子元件制造 Manufacture of Electronic Components	19967	97668	315540	569796	765597	755823	780830
6.家用视听设备制造 Manufacture of Domestic TV Set and Radio Receiver	17752	142278	589840	593326	708747	765367	726350
7.其他电子设备制造 Manufacture of Other Electronic Equipment	2101	18010	27294	36880	59276	145394	127781
电子计算机及办公设备制造业 Manufacture of Computers and Office Equipments	**14946**	**133132**	**617788**	**828066**	**1013364**	**1252080**	**1271478**
1.电子计算机整机制造 Manufacture of Entired Computer	7921	100730	271034	443481	421187	537765	510656
2.电子计算机外部设备制造 Manufacture of Computer Peripheral Equipment	5949	28414	307709	356811	566989	685921	573932
3.办公设备制造 Manufacture of Office Equipment	1077	3989	39045	27773	25188	28394	48181
医疗设备及仪器仪表制造业 Manufacture of Medical Equipments and Measuring Instrument	**37441**	**45938**	**178445**	**241920**	**400493**	**499941**	**698711**
1.医疗设备及器械制造 Manufacture of Medical Equipment and Appliances	3135	8596	33142	50568	87086	114285	171711
2.仪器仪表制造 Manufacture of Measuring Instrument	34306	37342	145303	191352	313408	385655	527000

2-1-3 续表 3 continued

行业 Industry	新产品产值（万元） Output Value of New Products (10000 yuan)					
	2000	2005	2006	2007	2008	2009
合计 Total	**26672771**	**70348165**	**84932623**	**106712636**	**130182842**	**125012187**
医药制造业 Manufacture of Medicines	**2026498**	**5119020**	**6048864**	**7887357**	**10196336**	**13440843**
#化学药品制造 Manufacture of Chemical Medicine	1558455	3674771	4198921	5442018	6827456	9018293
中成药制造 Manufacture of Finished Traditional Chinese Herbal Medicine	344144	1125252	1352022	1610159	1939867	2659895
生物、生化制品的制造 Manufacture of Biological and Biochemical Chemical Products	117730	158905	254650	558063	825456	1024667
航空航天器制造业 Manufacture of Aircrafts and Spacecrafts	**966141**	**3735597**	**3371263**	**4045685**	**4707442**	**3101400**
1.飞机制造及修理 Manufacture and Repairing of Airplanes	830098	3700713	3326899	3972565	4511668	2909253
2.航天器制造 Manufacture of Spacecrafts	136042	34884	44364	73120	195774	192147
电子及通信设备制造业 Manufacture of Electronic Equipment and Communication Equipment	**17389673**	**38812363**	**43431944**	**62349265**	**66950467**	**81867182**
1.通信设备制造 Manufacture of Communication Equipment	**7291622**	**16873125**	**18703408**	**30988971**	**30679184**	**39912928**
#通信传输设备制造 Manufacture of Communication Transmitting Equipment	1175714	564430	474217	678932	1316685	1125679
通信交换设备制造 Manufacture of Communication Exchanging Equipment	1637832	5339491	5615110	7473351	7245735	14886609
通信终端设备制造 Manufacture of Communication Terminal Equipment	1184263	1040097	722743	390734	1365400	1400976
2.雷达及配套设备制造 Manufacture of Radar and Its Fittings	106142	243074	497879	751370	158570	533778
3.广播电视设备制造 Manufacture of Broadcasting and TV Equipment	7489	165620	220513	475966	586881	665887
4.电子器件制造 Manufacture of Electronic Appliances	1994841	5207840	6103774	8135434	11709935	12211180
#电子真空器件制造 Manufacture of Electronic Vacuum Appliances	1590328	1257838	1275900	1307716	1620031	748251
半导体分立器件制造 Manufacture of Semiconductor Discreting Appliances	65747	163524	393003	435078	775505	751218
集成电路制造 Manufacture of Integrate Circuit	338766	2190918	2516404	2087254	2820658	4441523
5.电子元件制造 Manufacture of Electronic Components	1037693	3027015	3768562	6595165	7520956	11003421
6.家用视听设备制造 Manufacture of Domestic TV Set and Radio Receiver	6756696	13061339	13792880	14750133	14600830	16003497
7.其他电子设备制造 Manufacture of Other Electronic Equipment	195190	234351	344928	652227	1694110	1536490
电子计算机及办公设备制造业 Manufacture of Computers and Office Equipments	**5600311**	**20826746**	**29584882**	**28419292**	**43173082**	**20809480**
1.电子计算机整机制造 Manufacture of Entired Computer	**2910112**	**12331549**	**18805216**	**16644030**	**25667153**	**7646322**
2.电子计算机外部设备制造 Manufacture of Computer Peripheral Equipment	2586932	7827349	9974683	10905205	16615192	11441675
3.办公设备制造 Manufacture of Office Equipment	103267	667848	804983	870057	890736	498901
医疗设备及仪器仪表制造业 Manufacture of Medical Equipments and Measuring Instrument	**690149**	**1854438**	**2495670**	**4011038**	**5155516**	**5793283**
1.医疗设备及器械制造 Manufacture of Medical Equipment and Appliances	**122487**	**332455**	**394198**	**729256**	**988785**	**1241924**
2.仪器仪表制造 Manufacture of Measuring Instrument	567662	1521983	2101473	3281783	4166731	4551360

2-1-3 续表 4 continued

行 业 Industry	新产品销售收入（万元） Sales Revenue of New Products (10000 yuan)						
	1995	2000	2005	2006	2007	2008	2009
合 计 Total	**5383662**	**24838202**	**69146633**	**82488646**	**103032217**	**128794741**	**125950003**
医药制造业 Manufacture of Medicines	**615318**	**1702574**	**4693608**	**5699191**	**7126886**	**9489106**	**12483159**
#化学药品制造 Manufacture of Chemical Medicine	469537	1348607	3327695	4030313	5008854	6415616	8468850
中成药制造 Manufacture of Finished Traditional Chinese Herbal Medicine	112499	251856	1045794	1237459	1365520	1773552	2342221
生物、生化制品的制造 Manufacture of Biological and Biochemical Chemical Products	18916	95979	171308	221846	476100	719740	991985
航空航天器制造业 Manufacture of Aircrafts and Spacecrafts	**590144**	**813277**	**3373540**	**3050431**	**3791330**	**4729806**	**2721714**
1.飞机制造及修理 Manufacture and Repairing of Airplanes	549309	696006	3335683	3006429	3722989	4524182	2562529
2.航天器制造 Manufacture of Spacecrafts	40835	117272	37857	44002	68340	205624	159185
电子及通信设备制造业 Manufacture of Electronic Equipment and Communication Equ	**3501781**	**16308150**	**38520369**	**41734821**	**60130164**	**67590765**	**82327726**
1.通信设备制造 Manufacture of Communication Equipment	1120811	6717290	16431725	17708892	29380905	30989691	41430667
#通信传输设备制造 Manufacture of Communication Transmitting Equipment	394102	992629	609256	500277	711205	1187452	1441746
通信交换设备制造 Manufacture of Communication Exchanging Equipment	429271	1179165	5118187	5578144	6571380	7736273	16865814
通信终端设备制造 Manufacture of Communication Terminal Equipment	101266	1288981	994193	739385	349118	1318807	1416433
2.雷达及配套设备制造 Manufacture of Radar and Its Fittings	644926	102849	258585	469829	700094	164617	514724
3.广播电视设备制造 Manufacture of Broadcasting and TV Equipment	13727	6198	161757	221253	416645	536663	588380
4.电子器件制造 Manufacture of Electronic Appliances	250481	1910948	5127979	4896484	7680842	11446943	12010483
#电子真空器件制造 Manufacture of Electronic Vacuum Appliances	161554	1512257	1205662	1215036	1263858	1528940	743568
半导体分立器件制造 Manufacture of Semiconductor Discreting Appliances	33009	62650	161634	291848	358019	770848	739217
集成电路制造 Manufacture of Integrate Circuit	55919	336040	2150651	1536291	1994239	2811918	4380166
5.电子元件制造 Manufacture of Electronic Components	242472	973788	3023700	3917878	6245816	7385399	10918384
6.家用视听设备制造 Manufacture of Domestic TV Set and Radio Receiver	1214508	6376889	13313107	14153090	15060981	15763132	15386164
7.其他电子设备制造 Manufacture of Other Electronic Equipment	14856	220190	203515	367396	644881	1304320	1478924
电子计算机及办公设备制造业 Manufacture of Computers and Office Equipments	**366412**	**5369985**	**20700912**	**29631088**	**28147354**	**42277386**	**22531229**
1.电子计算机整机制造 Manufacture of Entired Computer	162488	2707176	12278252	18891472	16209232	24974827	9492276
2.电子计算机外部设备制造 Manufacture of Computer Peripheral Equipment	186125	2560950	7750678	9949934	11108163	16454350	11363376
3.办公设备制造 Manufacture of Office Equipment	17799	101858	671983	789682	829959	848209	496619
医疗设备及仪器仪表制造业 Manufacture of Medical Equipments and Measuring Instrumen	**310008**	**644216**	**1858204**	**2373116**	**3836483**	**4707678**	**5886175**
1.医疗设备及器械制造 Manufacture of Medical Equipment and Appliances							
2.仪器仪表制造 Manufacture of Measuring Instrument	44647	119332	319050	368768	757240	946912	1126830
2.仪器仪表制造 Manufacture of Measuring Instrument	265360	524884	1539155	2004348	3079244	3760767	4759345

2-1-3 续表 5 continued

行业 Industry	专利申请数（件） Patent Applications (piece)						
	1995	2000	2005	2006	2007	2008	2009
合计 Total	**612**	**2245**	**16823**	**24301**	**34446**	**39656**	**51513**
医药制造业 Manufacture of Medicines	**273**	**547**	**2708**	**2383**	**3056**	**3917**	**4785**
#化学药品制造 Manufacture of Chemical Medicine	203	215	1133	1047	1367	1587	2340
中成药制造 Manufacture of Finished Traditional Chinese Herbal Medicine	65	286	1288	1133	1340	1751	1827
生物、生化制品的制造 Manufacture of Biological and Biochemical Chemical Products	5	43	242	124	264	254	321
航空航天器制造业 Manufacture of Aircrafts and Spacecrafts	**94**	**79**	**328**	**510**	**810**	**1036**	**1504**
1.飞机制造及修理 Manufacture and Repairing of Airplanes	76	74	314	477	745	946	1362
2.航天器制造 Manufacture of Spacecrafts	18	5	14	33	65	90	113
电子及通信设备制造业 Manufacture of Electronic Equipment and Communication Equipment	**145**	**1099**	**11022**	**16708**	**24680**	**25909**	**32485**
1.通信设备制造 Manufacture of Communication Equipment	38	570	6602	11069	16342	16159	18913
#通信传输设备制造 Manufacture of Communication Transmitting Equipment	9	43	309	328	555	748	707
通信交换设备制造 Manufacture of Communication Exchanging Equipment	16	486	5409	8618	14591	13527	15771
通信终端设备制造 Manufacture of Communication Terminal Equipment	10	29	177	1567	147	258	378
2.雷达及配套设备制造 Manufacture of Radar and Its Fittings	13	22	9	42	98	70	123
3.广播电视设备制造 Manufacture of Broadcasting and TV Equipment	1	4	101	212	589	600	540
4.电子器件制造 Manufacture of Electronic Appliances	18	65	812	1531	2257	3273	5165
#电子真空器件制造 Manufacture of Electronic Vacuum Appliances	5	47	110	331	185	243	287
半导体分立器件制造 Manufacture of Semiconductor Discreting Appliances	9	6	10	30	47	149	262
集成电路制造 Manufacture of Integrate Circuit	4	12	457	967	1307	1608	2129
5.电子元件制造 Manufacture of Electronic Components	41	85	947	930	1436	2057	3278
6.家用视听设备制造 Manufacture of Domestic TV Set and Radio Receiver	34	331	2434	2843	3614	3189	3594
7.其他电子设备制造 Manufacture of Other Electronic Equipment		22	117	81	344	561	872
电子计算机及办公设备制造业 Manufacture of Computers and Office Equipments	**12**	**263**	**1863**	**3221**	**3266**	**4540**	**7922**
1.电子计算机整机制造 Manufacture of Entired Computer	3	166	1020	1228	999	1171	3500
2.电子计算机外部设备制造 Manufacture of Computer Peripheral Equipment	6	93	796	1950	2215	3306	3172
3.办公设备制造 Manufacture of Office Equipment	3	4	47	43	52	63	144
医疗设备及仪器仪表制造业 Manufacture of Medical Equipments and Measuring Instrument	**88**	**257**	**902**	**1479**	**2634**	**4254**	**4817**
1.医疗设备及器械制造 Manufacture of Medical Equipment and Appliances	9	100	401	503	995	1326	1009
2.仪器仪表制造 Manufacture of Measuring Instrument	79	157	501	976	1639	2928	3808

2-1-3 续表 6 continued

行 业 Industry	有效发明专利数（件） Number of Patents In Force (piece)						
	1995	2000	2005	2006	2007	2008	2009
合 计 **Total**	**410**	**1443**	**6658**	**8141**	**13386**	**23915**	**31830**
医药制造业 **Manufacture of Medicines**	**183**	**414**	**1134**	**1965**	**2482**	**3170**	**3911**
#化学药品制造 Manufacture of Chemical Medicine	136	165	495	717	943	1300	1762
中成药制造 Manufacture of Finished Traditional Chinese Herbal Medicine	46	211	497	1042	1157	1388	1677
生物、生化制品的制造 Manufacture of Biological and Biochemical Chemical Products	1	37	49	119	276	293	294
航空航天器制造业 **Manufacture of Aircrafts and Spacecrafts**	**87**	**139**	**192**	**228**	**270**	**400**	**565**
1.飞机制造及修理 Manufacture and Repairing of Airplanes	70	102	185	226	257	357	480
2.航天器制造 Manufacture of Spacecrafts	17	37	7	2	13	43	60
电子及通信设备制造业 **Manufacture of Electronic Equipment and Communication Equipment**	**84**	**589**	**4268**	**3807**	**6532**	**15418**	**21298**
1.通信设备制造 Manufacture of Communication Equipment	10	372	2959	1713	3492	10222	14770
#通信传输设备制造 Manufacture of Communication Transmitting Equipment	2	25	50	142	346	303	155
通信交换设备制造 Manufacture of Communication Exchanging Equipment	3	321	2610	1283	2837	9059	13537
通信终端设备制造 Manufacture of Communication Terminal Equipment	2	9	110	94	73	77	160
2.雷达及配套设备制造 Manufacture of Radar and Its Fittings	9	15	5	4	45	82	43
3.广播电视设备制造 Manufacture of Broadcasting and TV Equipment	1	2	13	14	135	158	149
4.电子器件制造 Manufacture of Electronic Appliances	9	29	540	783	1122	1911	3607
#电子真空器件制造 Manufacture of Electronic Vacuum Appliances	3	19	346	408	359	196	321
半导体分立器件制造 Manufacture of Semiconductor Discreting Appliances	5	6	14	19	51	79	115
集成电路制造 Manufacture of Integrate Circuit	1	4	115	275	291	393	1808
5.电子元件制造 Manufacture of Electronic Components	38	44	369	528	673	821	1176
6.家用视听设备制造 Manufacture of Domestic TV Set and Radio Receiver	16	118	371	729	946	1941	1165
7.其他电子设备制造 Manufacture of Other Electronic Equipment	1	9	11	36	119	283	388
电子计算机及办公设备制造业 **Manufacture of Computers and Office Equipments**	**9**	**131**	**473**	**1174**	**3210**	**3344**	**4192**
1.电子计算机整机制造 Manufacture of Entired Computer		69	146	180	1961	1466	2738
2.电子计算机外部设备制造 Manufacture of Computer Peripheral Equipment	6	57	323	974	1216	1866	881
3.办公设备制造 Manufacture of Office Equipment	3	5	4	20	33	12	42
医疗设备及仪器仪表制造业 **Manufacture of Medical Equipments and Measuring Instrument**	**47**	**170**	**591**	**967**	**892**	**1583**	**1864**
1.医疗设备及器械制造 Manufacture of Medical Equipment and Appliances	8	98	90	202	180	527	434
2.仪器仪表制造 Manufacture of Measuring Instrument	39	72	501	765	712	1056	1430

2-1-3 续表 7 continued

行 业 Industry	技术改造经费支出（万元） Expenditure for Technical Renovation (10000 yuan)						
	1995	2000	2005	2006	2007	2008	2009
合 计 Total	**822714**	**1047478**	**1590214**	**1719061**	**2109878**	**2186000**	**2017410**
医药制造业 Manufacture of Medicines	**273404**	**286587**	**441007**	**483438**	**473091**	**513721**	**627433**
#化学药品制造 Manufacture of Chemical Medicine	235978	240426	299639	317989	315245	319890	419595
中成药制造 Manufacture of Finished Traditional Chinese Herbal Medicine	31130	41244	115426	139431	112305	118326	126035
生物、生化制品的制造 Manufacture of Biological and Biochemical Chemical Products	6272	4751	14754	14730	15756	34834	31766
航空航天器制造业 Manufacture of Aircrafts and Spacecrafts	**127409**	**154666**	**368919**	**323920**	**522952**	**332520**	**413887**
1.飞机制造及修理 Manufacture and Repairing of Airplanes	108643	128203	353441	317628	506165	303814	400696
2.航天器制造 Manufacture of Spacecrafts	18766	26464	15478	6292	16787	28706	12630
电子及通信设备制造业 Manufacture of Electronic Equipment and Communication Equipment	**345892**	**520752**	**611919**	**625210**	**847537**	**1038023**	**661653**
1.通信设备制造 Manufacture of Communication Equipment	34710	79122	80990	112055	69450	96466	61687
#通信传输设备制造 Manufacture of Communication Transmitting Equipment	5758	12834	27100	52938	33509	16605	32512
通信交换设备制造 Manufacture of Communication Exchanging Equipment	18261	31930	5607	7379	2702	4336	1544
通信终端设备制造 Manufacture of Communication Terminal Equipment	6360	31322	12728	15938	5766	26495	7032
2.雷达及配套设备制造 Manufacture of Radar and Its Fittings	33505	8482	17859	25688	28628	19726	36326
3.广播电视设备制造 Manufacture of Broadcasting and TV Equipment	2728	3394	12355	18232	14353	2197	6833
4.电子器件制造 Manufacture of Electronic Appliances	162033	142873	160201	192865	269743	263182	265275
#电子真空器件制造 Manufacture of Electronic Vacuum Appliances	144184	86502	42193	42273	25407	23404	13908
半导体分立器件制造 Manufacture of Semiconductor Discreting Appliances	13148	21303	12241	21177	32489	42024	32077
集成电路制造 Manufacture of Integrate Circuit	4702	35068	76839	85675	142918	77082	121210
5.电子元件制造 Manufacture of Electronic Components	68937	192458	233566	183296	288848	266726	195426
6.家用视听设备制造 Manufacture of Domestic TV Set and Radio Receiver	39523	72331	102632	79841	164160	308690	86786
7.其他电子设备制造 Manufacture of Other Electronic Equipment	4457	22092	4316	13234	12354	81035	9321
电子计算机及办公设备制造业 Manufacture of Computers and Office Equipments	**16335**	**28852**	**53753**	**105151**	**61308**	**103750**	**120367**
1.电子计算机整机制造 Manufacture of Entired Computer	9418	10885	15313	66725	19517	41281	44089
2.电子计算机外部设备制造 Manufacture of Computer Peripheral Equipment	6618	17915	35001	31096	38359	53575	66283
3.办公设备制造 Manufacture of Office Equipment	300	52	3439	7330	3433	8894	4800
医疗设备及仪器仪表制造业 Manufacture of Medical Equipments and Measuring Instrument	**59674**	**56621**	**114617**	**181343**	**204991**	**197987**	**194070**
1.医疗设备及器械制造 Manufacture of Medical Equipment and Appliances	7254	8987	12635	31254	41668	17673	21641
2.仪器仪表制造 Manufacture of Measuring Instrument	52419	47635	101982	150089	163323	180314	172429

2-1-3 续表 8 continued

行 业 Industry	技术引进经费支出（万元） Expenditure for Acquisition of Foreign Technology (10000 yuan)						
	1995	2000	2005	2006	2007	2008	2009
合 计 **Total**	**291596**	**470463**	**848184**	**785792**	**1308968**	**842933**	**644240**
医药制造业 **Manufacture of Medicines**	**30092**	**45121**	**35815**	**32099**	**30321**	**45414**	**42329**
#化学药品制造 Manufacture of Chemical Medicine	24278	28040	28159	21377	26463	29514	38522
中成药制造 Manufacture of Finished Traditional Chinese Herbal Medicine	5640	9602	4874	9028	2679	10521	662
生物、生化制品的制造 Manufacture of Biological and Biochemical Chemical Products	94	7353	151	1667	707	3389	2277
航空航天器制造业 **Manufacture of Aircrafts and Spacecrafts**	**40106**	**29793**	**30369**	**36837**	**21877**	**7027**	**26663**
1.飞机制造及修理 Manufacture and Repairing of Airplanes	37701	19970	28933	36225	20797	6677	26623
2.航天器制造 Manufacture of Spacecrafts	2405	9823	1436	612	1080	350	
电子及通信设备制造业 **Manufacture of Electronic Equipment and Communication Equipment**	**200631**	**305560**	**665035**	**605404**	**1044240**	**718437**	**480315**
1.通信设备制造 Manufacture of Communication Equipment	4187	75927	198733	215489	335532	313944	173136
#通信传输设备制造 Manufacture of Communication Transmitting Equipment	270	9182	2356	3027	6723	7752	3826
通信交换设备制造 Manufacture of Communication Exchanging Equipment	2104	15027	7116	3812	5138	3866	8457
通信终端设备制造 Manufacture of Communication Terminal Equipment	732	47938	2550	2263	3622	66353	15752
2.雷达及配套设备制造 Manufacture of Radar and Its Fittings	5688	769	14	50		100	630
3.广播电视设备制造 Manufacture of Broadcasting and TV Equipment	1134	152	833	840		1631	485
4.电子器件制造 Manufacture of Electronic Appliances	145887	81345	200662	156870	278474	190354	159958
#电子真空器件制造 Manufacture of Electronic Vacuum Appliances	141677	40312	79691	69571	51651	62637	26637
半导体分立器件制造 Manufacture of Semiconductor Discreting Appliances	3086	7838	236	6964	3418	23987	8752
集成电路制造 Manufacture of Integrate Circuit	1124	33195	56049	35553	59078	25655	15291
5.电子元件制造 Manufacture of Electronic Components	25777	102500	106226	92440	162545	51737	47431
6.家用视听设备制造 Manufacture of Domestic TV Set and Radio Receiver	16126	42840	155500	132044	259254	158603	96296
7.其他电子设备制造 Manufacture of Other Electronic Equipment	1833	2028	3067	7673	8435	2070	2379
电子计算机及办公设备制造业 **Manufacture of Computers and Office Equipments**	**2467**	**77839**	**114665**	**98927**	**189915**	**26913**	**56422**
1.电子计算机整机制造 Manufacture of Entired Computer	1441	34399	41904	2310	148057	3338	3779
2.电子计算机外部设备制造 Manufacture of Computer Peripheral Equipment	976	43048	52436	64039	8366	20525	41498
3.办公设备制造 Manufacture of Office Equipment	50	392	20325	32578	33493	3050	10929
医疗设备及仪器仪表制造业 **Manufacture of Medical Equipments and Measuring Instrument**	**18299**	**12149**	**2300**	**12526**	**22615**	**45142**	**38510**
1.医疗设备及器械制造 Manufacture of Medical Equipment and Appliances	376	2210	30	2799	1064	959	432
2.仪器仪表制造 Manufacture of Measuring Instrument	17923	9940	2270	9727	21551	44183	38079

2-1-3 续表 9 continued

行 业 Industry	消化吸收经费支出（万元） Expenditure for Assimilation of Technology (10000 yuan)						
	1995	2000	2005	2006	2007	2008	2009
合 计 **Total**	**22744**	**33685**	**274972**	**110043**	**137407**	**150163**	**106224**
医药制造业 **Manufacture of Medicines**	**4019**	**12035**	**34971**	**34896**	**42544**	**43133**	**42094**
#化学药品制造 Manufacture of Chemical Medicine	3989	11034	31449	29306	37194	33504	30941
中成药制造 Manufacture of Finished Traditional Chinese Herbal Medicine	25	226	3417	4979	3643	5143	5392
生物、生化制品的制造 Manufacture of Biological and Biochemical Chemical Products		771	55	586	1265	1768	3812
航空航天器制造业 **Manufacture of Aircrafts and Spacecrafts**	**301**	**1943**	**1438**	**3432**	**3578**	**420**	**27586**
1.飞机制造及修理 Manufacture and Repairing of Airplanes	286	1943	1438	3407	3148	220	27578
2.航天器制造 Manufacture of Spacecrafts	15			25	430	200	
电子及通信设备制造业 **Manufacture of Electronic Equipment and Communication Equipment**	**16481**	**12716**	**226463**	**61971**	**61184**	**65222**	**22483**
1.通信设备制造 Manufacture of Communication Equipment	279	2508	166912	11629	10660	7015	3252
#通信传输设备制造 Manufacture of Communication Transmitting Equipment	29	839	473	797	926	996	580
通信交换设备制造 Manufacture of Communication Exchanging Equipment	178	772		35	28		
通信终端设备制造 Manufacture of Communication Terminal Equipment		656	85	171	366	942	180
2.雷达及配套设备制造 Manufacture of Radar and Its Fittings	152	1		10	10	50	102
3.广播电视设备制造 Manufacture of Broadcasting and TV Equipment	463		326	266	520	117	91
4.电子器件制造 Manufacture of Electronic Appliances	13830	2746	15915	4463	21325	10083	4043
#电子真空器件制造 Manufacture of Electronic Vacuum Appliances	13041	2541	176	2135	1451	1741	190
半导体分立器件制造 Manufacture of Semiconductor Discreting Appliances	782	87	43	622	277	2382	666
集成电路制造 Manufacture of Integrate Circuit	7	118	4375	1248	12254	1320	469
5.电子元件制造 Manufacture of Electronic Components	1549	1978	8779	10845	10516	13031	6274
6.家用视听设备制造 Manufacture of Domestic TV Set and Radio Receiver	146	5442	34519	34542	17583	19399	8621
7.其他电子设备制造 Manufacture of Other Electronic Equipment	62	41	11	216	570	15527	101
电子计算机及办公设备制造业 **Manufacture of Computers and Office Equipments**	**297**	**6136**	**8795**	**4453**	**18939**	**25453**	**3835**
1.电子计算机整机制造 Manufacture of Entired Computer	92	1413	5447	787	1439		3082
2.电子计算机外部设备制造 Manufacture of Computer Peripheral Equipment	205	4708	1533	3606	17500	25426	491
3.办公设备制造 Manufacture of Office Equipment		15	1815	60		27	
医疗设备及仪器仪表制造业 **Manufacture of Medical Equipments and Measuring Instrument**	**1646**	**854**	**3306**	**5291**	**11162**	**15935**	**10226**
1.医疗设备及器械制造 Manufacture of Medical Equipment and Appliances	66	266	49	122	1073	391	709
2.仪器仪表制造 Manufacture of Measuring Instrument	1580	588	3257	5169	10090	15545	9517

2-1-3 续表 10 continued

行 业 Industry	购买国内技术经费支出（万元） Expenditure on Purchase of Domestic Technology (10000 yuan)						
	1995	2000	2005	2006	2007	2008	2009
合 计 **Total**	**42534**	**72099**	**95359**	**102308**	**110953**	**129707**	**139026**
医药制造业 **Manufacture of Medicines**	**7215**	**60690**	**56041**	**46416**	**56043**	**64098**	**65555**
#化学药品制造 Manufacture of Chemical Medicine	5946	19286	46206	33856	41423	35004	44855
中成药制造 Manufacture of Finished Traditional Chinese Herbal Medicine	960	37713	8399	11008	12141	21379	14108
生物、生化制品的制造 Manufacture of Biological and Biochemical Chemical Products	134	3691	897	1250	1864	1657	4252
航空航天器制造业 **Manufacture of Aircrafts and Spacecrafts**	**2938**	**4437**	**10751**	**22213**	**12919**	**5717**	**14150**
1.飞机制造及修理 Manufacture and Repairing of Airplanes	2720	2421	10751	22193	12919	5657	14070
2.航天器制造 Manufacture of Spacecrafts	218	2016		20		60	
电子及通信设备制造业 **Manufacture of Electronic Equipment and Communication Equipment**	**31344**	**3013**	**23056**	**29866**	**35525**	**48833**	**44935**
1.通信设备制造 Manufacture of Communication Equipment	687	1019	6046	4385	6963	8010	9560
#通信传输设备制造 Manufacture of Communication Transmitting Equipment	444	573	1014	138	1302	85	2222
通信交换设备制造 Manufacture of Communication Exchanging Equipment	209	172	86	230	321		
通信终端设备制造 Manufacture of Communication Terminal Equipment	20	154	199	180	345	487	1117
2.雷达及配套设备制造 Manufacture of Radar and Its Fittings	555	2	488	680	729	1544	1542
3.广播电视设备制造 Manufacture of Broadcasting and TV Equipment	283	10	4300	293	80	1737	545
4.电子器件制造 Manufacture of Electronic Appliances	27633	584	4064	11073	10349	17779	14655
#电子真空器件制造 Manufacture of Electronic Vacuum Appliances	26940	224	1163	7430	7030	376	616
半导体分立器件制造 Manufacture of Semiconductor Discreting Appliances	694	357	2159	233	1984	883	998
集成电路制造 Manufacture of Integrate Circuit		3	70	374	337	2798	239
5.电子元件制造 Manufacture of Electronic Components	1736	897	5429	6587	7288	15351	12809
6.家用视听设备制造 Manufacture of Domestic TV Set and Radio Receiver	128	470	2287	6780	9786	2802	5153
7.其他电子设备制造 Manufacture of Other Electronic Equipment	322	31	442	69	330	1611	671
电子计算机及办公设备制造业 **Manufacture of Computers and Office Equipments**	**142**	**251**	**2191**	**412**	**3187**	**4189**	**5104**
1.电子计算机整机制造 Manufacture of Entired Computer	141	243	1933	11	2513	158	290
2.电子计算机外部设备制造 Manufacture of Computer Peripheral Equipment	2	9	152	401	674	4028	4572
3.办公设备制造 Manufacture of Office Equipment			106			3	
医疗设备及仪器仪表制造业 **Manufacture of Medical Equipments and Measuring Instrument**	**895**	**3708**	**3320**	**3400**	**3280**	**6869**	**9282**
1.医疗设备及器械制造 Manufacture of Medical Equipment and Appliances	44	3324	15	719	142	857	300
2.仪器仪表制造 Manufacture of Measuring Instrument	851	384	3305	2682	3138	6012	8982

2-1-3 续表 11 continued

行业 Industry	研发机构数（个） Number of R&D Institutions in Enterprises (unit)						
	1995	2000	2005	2006	2007	2008	2009
合计 Total	**2138**	**1379**	**1619**	**1929**	**2217**	**2534**	**2845**
医药制造业 Manufacture of Medicines	**564**	**501**	**581**	**641**	**708**	**746**	**849**
#化学药品制造 Manufacture of Chemical Medicine	397	308	339	359	397	439	477
中成药制造 Manufacture of Finished Traditional Chinese Herbal Medicine	141	145	176	202	209	200	234
生物、生化制品的制造 Manufacture of Biological and Biochemical Chemical Products	22	43	31	38	52	55	70
航空航天器制造业 Manufacture of Aircrafts and Spacecrafts	**272**	**161**	**103**	**118**	**132**	**130**	**111**
1.飞机制造及修理 Manufacture and Repairing of Airplanes	208	128	98	107	117	117	99
2.航天器制造 Manufacture of Spacecrafts	64	33	5	11	15	13	10
电子及通信设备制造业 Manufacture of Electronic Equipment and Communication Equipment	**841**	**482**	**643**	**798**	**929**	**1120**	**1251**
1.通信设备制造 Manufacture of Communication Equipment	202	168	141	161	175	230	239
#通信传输设备制造 Manufacture of Communication Transmitting Equipment	58	49	37	45	49	62	67
通信交换设备制造 Manufacture of Communication Exchanging Equipment	50	54	28	26	32	36	41
通信终端设备制造 Manufacture of Communication Terminal Equipment	58	22	28	34	29	27	28
2.雷达及配套设备制造 Manufacture of Radar and Its Fittings	74	30	25	18	22	23	29
3.广播电视设备制造 Manufacture of Broadcasting and TV Equipment	17	8	17	30	29	28	29
4.电子器件制造 Manufacture of Electronic Appliances	114	49	118	142	185	267	287
#电子真空器件制造 Manufacture of Electronic Vacuum Appliances	57	23	36	42	33	39	34
半导体分立器件制造 Manufacture of Semiconductor Discreting Appliances	39	17	19	20	21	29	36
集成电路制造 Manufacture of Integrate Circuit	18	9	29	44	63	82	72
5.电子元件制造 Manufacture of Electronic Components	230	132	220	291	350	388	480
6.家用视听设备制造 Manufacture of Domestic TV Set and Radio Receiver	185	80	104	131	139	129	122
7.其他电子设备制造 Manufacture of Other Electronic Equipment	19	15	18	25	29	55	65
电子计算机及办公设备制造业 Manufacture of Computers and Office Equipments	**123**	**63**	**101**	**136**	**158**	**172**	**217**
1.电子计算机整机制造 Manufacture of Entired Computer	84	44	32	61	50	44	55
2.电子计算机外部设备制造 Manufacture of Computer Peripheral Equipment	30	16	61	67	100	117	124
3.办公设备制造 Manufacture of Office Equipment	9	3	8	8	8	11	18
医疗设备及仪器仪表制造业 Manufacture of Medical Equipments and Measuring Instrument	**338**	**172**	**191**	**236**	**290**	**366**	**417**
1.医疗设备及器械制造 Manufacture of Medical Equipment and Appliances	51	33	25	33	39	54	78
2.仪器仪表制造 Manufacture of Measuring Instrument	287	139	166	203	251	312	339

2-1-3 续表 12 continued

行　业 Industry	机构人员（人） Personnel in the R&D Institutions (person)						
	1995	2000	2005	2006	2007	2008	2009
合　计 **Total**	**82284**	**90187**	**156789**	**189497**	**242148**	**309766**	**341439**
医药制造业 **Manufacture of Medicines**	**11392**	**16071**	**22081**	**26362**	**35228**	**43264**	**49474**
#化学药品制造 Manufacture of Chemical Medicine	8758	10749	13181	16131	21923	26250	28776
中成药制造 Manufacture of Finished Traditional Chinese Herbal Medicine	1848	3593	6340	7404	9535	12513	12573
生物、生化制品的制造 Manufacture of Biological and Biochemical Chemical Products	713	1507	1577	1790	2347	2375	5346
航空航天器制造业 **Manufacture of Aircrafts and Spacecrafts**	**22357**	**15017**	**14518**	**15129**	**18672**	**16600**	**17797**
1.飞机制造及修理 Manufacture and Repairing of Airplanes	19364	12281	14414	14762	17364	15768	17017
2.航天器制造 Manufacture of Spacecrafts	2993	2736	104	367	1308	832	757
电子及通信设备制造业 **Manufacture of Electronic Equipment and Communication Equipment**	**32404**	**44988**	**87031**	**113501**	**142986**	**188601**	**203782**
1.通信设备制造 Manufacture of Communication Equipment	9940	23216	46175	60908	74518	99446	91835
#通信传输设备制造 Manufacture of Communication Transmitting Equipment	3070	3732	2565	5075	4885	5558	6949
通信交换设备制造 Manufacture of Communication Exchanging Equipment	2833	15205	34461	42495	58299	77975	67320
通信终端设备制造 Manufacture of Communication Terminal Equipment	2843	1280	3367	4310	2119	1894	2067
2.雷达及配套设备制造 Manufacture of Radar and Its Fittings	4277	2811	1983	2595	3577	2988	4499
3.广播电视设备制造 Manufacture of Broadcasting and TV Equipment	748	455	1390	2032	2264	2601	3081
4.电子器件制造 Manufacture of Electronic Appliances	5890	3531	8028	11520	13905	22885	29475
#电子真空器件制造 Manufacture of Electronic Vacuum Appliances	2812	1857	1998	3046	1932	2709	2899
半导体分立器件制造 Manufacture of Semiconductor Discreting Appliances	2249	764	1600	1246	1597	2146	3268
集成电路制造 Manufacture of Integrate Circuit	829	910	1747	3356	5461	7701	10393
5.电子元件制造 Manufacture of Electronic Components	6014	8173	12689	15964	23326	33370	48481
6.家用视听设备制造 Manufacture of Domestic TV Set and Radio Receiver	5025	4802	14930	17604	22318	23010	21674
7.其他电子设备制造 Manufacture of Other Electronic Equipment	510	2000	1836	2878	3078	4301	4737
电子计算机及办公设备制造业 **Manufacture of Computers and Office Equipments**	**4750**	**6715**	**21628**	**20175**	**27374**	**35912**	**40031**
1.电子计算机整机制造 Manufacture of Entired Computer	2890	4850	5524	12890	15737	16296	20163
2.电子计算机外部设备制造 Manufacture of Computer Peripheral Equipment	1574	1678	14911	6707	10670	18458	13953
3.办公设备制造 Manufacture of Office Equipment	286	187	1193	578	967	1158	1407
医疗设备及仪器仪表制造业 **Manufacture of Medical Equipments and Measuring Instrument**	**11381**	**7396**	**11531**	**14330**	**17888**	**25389**	**30355**
1.医疗设备及器械制造 Manufacture of Medical Equipment and Appliances	1026	1252	1789	1979	3168	4753	6098
2.仪器仪表制造 Manufacture of Measuring Instrument	10355	6144	9742	12351	14720	20636	24257

2-1-3 续表 13 continued

行 业 Industry	机构经费支出（万元） Expenditure in the R&D Institutions (10000 yuan)						
	1995	2000	2005	2006	2007	2008	2009
合 计 **Total**	**228861**	**961000**	**2607837**	**3657320**	**4783156**	**5795281**	**6949092**
医药制造业 **Manufacture of Medicines**	**41771**	**118124**	**337652**	**407905**	**616845**	**709333**	**831378**
#化学药品制造 Manufacture of Chemical Medicine	31364	76463	219877	263755	403187	453474	502073
中成药制造 Manufacture of Finished Traditional Chinese Herbal Medicine	5963	30744	90525	105950	142892	154625	189585
生物、生化制品的制造 Manufacture of Biological and Biochemical Chemical Products	3414	10305	16358	21912	47788	68502	95594
航空航天器制造业 **Manufacture of Aircrafts and Spacecrafts**	**53757**	**83791**	**130860**	**173319**	**258052**	**246019**	**257915**
1.飞机制造及修理 Manufacture and Repairing of Airplanes	46760	77214	130334	166898	247459	233229	250039
2.航天器制造 Manufacture of Spacecrafts	6998	6577	527	6422	10593	12790	7509
电子及通信设备制造业 **Manufacture of Electronic Equipment and Communication Equipmen**	**102157**	**596823**	**1749116**	**2542457**	**3083377**	**3683835**	**4613256**
1.通信设备制造 Manufacture of Communication Equipment	37612	359866	971936	1291373	1510776	1800324	2626764
#通信传输设备制造 Manufacture of Communication Transmitting Equipment	7299	39904	46521	105589	111253	79039	117834
通信交换设备制造 Manufacture of Communication Exchanging Equipment	18279	259996	717865	910986	1126631	1194648	2091544
通信终端设备制造 Manufacture of Communication Terminal Equipment	4979	13079	50443	55268	36255	94241	33258
2.雷达及配套设备制造 Manufacture of Radar and Its Fittings	12300	8941	16808	40994	60095	27283	67770
3.广播电视设备制造 Manufacture of Broadcasting and TV Equipment	783	1374	15044	29748	23571	39579	38267
4.电子器件制造 Manufacture of Electronic Appliances	12960	62900	100552	298880	410131	605280	572019
#电子真空器件制造 Manufacture of Electronic Vacuum Appliances	5370	43653	27702	48592	51733	75965	45192
半导体分立器件制造 Manufacture of Semiconductor Discreting Appliances	5859	4259	12893	26478	22710	23978	36194
集成电路制造 Manufacture of Integrate Circuit	1732	14988	24668	144415	205760	328664	268815
5.电子元件制造 Manufacture of Electronic Components	9821	51177	171325	306218	464564	455141	560352
6.家用视听设备制造 Manufacture of Domestic TV Set and Radio Receiver	28098	93887	461781	551154	578244	695574	687401
7.其他电子设备制造 Manufacture of Other Electronic Equipment	583	18680	11668	24090	35997	60654	60683
电子计算机及办公设备制造业 **Manufacture of Computers and Office Equipments**	**11772**	**125045**	**288173**	**390064**	**584183**	**796904**	**760427**
1.电子计算机整机制造 Manufacture of Entired Computer	7438	95462	121762	240795	349160	361534	343672
2.电子计算机外部设备制造 Manufacture of Computer Peripheral Equipment	3308	29057	159259	137570	219716	416865	284919
3.办公设备制造 Manufacture of Office Equipment	1027	526	7153	11700	15307	18505	16487
医疗设备及仪器仪表制造业 **Manufacture of Medical Equipments and Measuring Instrument**	**19403**	**37216**	**102036**	**143574**	**240699**	**359189**	**486117**
1.医疗设备及器械制造 Manufacture of Medical Equipment and Appliances	2980	8987	12949	14919	53237	92133	134957
2.仪器仪表制造 Manufacture of Measuring Instrument	16423	28229	89087	128656	187462	267056	351160

2-1-4 大中型国有及国有控股企业分行业R&D及相关活动情况

Statistics on R&D and Related Activities of State-owned and State-controlled Enterprises in Large and Medium-sized Enterprises

行 业 Industry	R&D人员全时当量（人年） Full-time Equivalent of R&D Personnel (man-year)						
	1995	2000	2005	2006	2007	2008	2009
合 计 Total	**50305**	**58427**	**91740**	**111531**	**86430**	**95521**	**103933**
医药制造业 Manufacture of Medicines	**7399**	**5862**	**8813**	**13093**	**12080**	**13739**	**15452**
#化学药品制造 Manufacture of Chemical Medicine	5650	4347	6234	8933	8241	9729	10516
中成药制造 Manufacture of Finished Traditional Chinese Herbal Medicine	953	790	1712	2740	2396	2798	3206
生物、生化制品的制造 Manufacture of Biological and Biochemical Chemical Products	786	722	668	767	1131	853	1529
航空航天器制造业 Manufacture of Aircrafts and Spacecrafts	**24687**	**29634**	**29869**	**27343**	**25501**	**18957**	**22593**
1.飞机制造及修理 Manufacture and Repairing of Airplanes	20679	26503	27719	24661	23844	16236	20217
2.航天器制造 Manufacture of Spacecrafts	4008	3131	2150	2681	1657	2720	2376
电子及通信设备制造业 Manufacture of Electronic Equipment and Communication Equipment	**12712**	**15673**	**42179**	**59382**	**34532**	**48253**	**51335**
1.通信设备制造 Manufacture of Communication Equipment	3611	6286	21703	37099	11131	28826	30666
#通信传输设备制造 Manufacture of Communication Transmitting Equipment	1243	1811	1695	1944	2056	2613	3227
通信交换设备制造 Manufacture of Communication Exchanging Equipment	496	3214	15236	31829	5997	23429	24282
通信终端设备制造 Manufacture of Communication Terminal Equipment	1177	541	2363	2093	950	911	387
2.雷达及配套设备制造 Manufacture of Radar and Its Fittings	2197	1428	1782	3363	3003	2645	3125
3.广播电视设备制造 Manufacture of Broadcasting and TV Equipment	424	358	227	267	382	181	154
4.电子器件制造 Manufacture of Electronic Appliances	1927	3463	7051	5294	4934	5141	6287
#电子真空器件制造 Manufacture of Electronic Vacuum Appliances	560	1330	2876	2693	1998	1335	1651
半导体分立器件制造 Manufacture of Semiconductor Discreting Appliances	908	1670	1095	675	411	455	955
集成电路制造 Manufacture of Integrate Circuit	459	463	721	544	424	1623	938
5.电子元件制造 Manufacture of Electronic Components	2937	2019	3288	6377	4344	3917	5107
6.家用视听设备制造 Manufacture of Domestic TV Set and Radio Receiver	1603	1894	7790	6828	10521	2236	4798
7.其他电子设备制造 Manufacture of Other Electronic Equipment	13	225	339	153	217	5308	1199
电子计算机及办公设备制造业 Manufacture of Computers and Office Equipments	**1251**	**984**	**4721**	**3618**	**4812**	**4075**	**4138**
1.电子计算机整机制造 Manufacture of Entired Computer	930	898	2380	2237	2611	2260	2491
2.电子计算机外部设备制造 Manufacture of Computer Peripheral Equipment	235	81	2202	1296	1856	1198	1563
3.办公设备制造 Manufacture of Office Equipment	86	6	140	85	346	616	84
医疗设备及仪器仪表制造业 Manufacture of Medical Equipments and Measuring Instrument	**4256**	**6274**	**6158**	**8095**	**9504**	**10498**	**10415**
1.医疗设备及器械制造 Manufacture of Medical Equipment and Appliances	488	414	321	755	1613	723	526
2.仪器仪表制造 Manufacture of Measuring Instrument	3768	5860	5836	7340	7892	9775	9889

2-1-4 续表 1 continued

行　业 Industry	R&D经费内部支出（万元） Intramural Expenditure on R&D (10000 yuan)						
	1995	2000	2005	2006	2007	2008	2009
合　计 Total	**135915**	**384700**	**1475400**	**2186494**	**1552289**	**2002114**	**2403916**
医药制造业 Manufacture of Medicines	**25515**	**41940**	**145225**	**200800**	**176362**	**210445**	**246193**
#化学药品制造 Manufacture of Chemical Medicine	19841	30935	103304	132285	108039	141529	158701
中成药制造 Manufacture of Finished Traditional Chinese Herbal Medicine	2783	6627	32040	50454	44173	41867	51240
生物、生化制品的制造 Manufacture of Biological and Biochemical Chemical Products	2705	4320	6280	9596	19800	20650	32430
航空航天器制造业 Manufacture of Aircrafts and Spacecrafts	**64998**	**130627**	**277954**	**332654**	**386873**	**515890**	**649429**
1.飞机制造及修理 Manufacture and Repairing of Airplanes	52600	111945	239141	284497	362694	438795	510965
2.航天器制造 Manufacture of Spacecrafts	12399	18682	38813	48157	24178	77095	138465
电子及通信设备制造业 Manufacture of Electronic Equipment and Communication Equipment	**34609**	**185141**	**872394**	**1447448**	**690022**	**998840**	**1245507**
1.通信设备制造 Manufacture of Communication Equipment	14496	103769	411782	933204	194513	588384	661074
#通信传输设备制造 Manufacture of Communication Transmitting Equipment	4287	34672	39272	35376	21414	38783	96397
通信交换设备制造 Manufacture of Communication Exchanging Equipment	5502	57708	290769	852602	129314	492243	515814
通信终端设备制造 Manufacture of Communication Terminal Equipment	2407	5849	31199	30523	8952	8577	9246
2.雷达及配套设备制造 Manufacture of Radar and Its Fittings	5625	3859	23932	55328	73646	35898	67194
3.广播电视设备制造 Manufacture of Broadcasting and TV Equipment	811	1878	1598	5562	3298	3473	1869
4.电子器件制造 Manufacture of Electronic Appliances	4246	24247	85600	99623	69850	111460	133692
#电子真空器件制造 Manufacture of Electronic Vacuum Appliances	1365	13568	25333	42793	23560	32501	29568
半导体分立器件制造 Manufacture of Semiconductor Discreting Appliances	1950	7753	7541	7935	3135	9263	5735
集成电路制造 Manufacture of Integrate Circuit	932	2926	10232	22746	4820	26738	9280
5.电子元件制造 Manufacture of Electronic Components	5304	12962	44262	86683	55640	64986	61828
6.家用视听设备制造 Manufacture of Domestic TV Set and Radio Receiver	4095	36242	303240	265420	290648	177733	296736
7.其他电子设备制造 Manufacture of Other Electronic Equipment	34	2186	1980	1628	2428	16905	23115
电子计算机及办公设备制造业 Manufacture of Computers and Office Equipments	**4998**	**9180**	**114519**	**117774**	**182247**	**151580**	**119002**
1.电子计算机整机制造 Manufacture of Entired Computer	3614	7236	91644	103292	146477	115953	88692
2.电子计算机外部设备制造 Manufacture of Computer Peripheral Equipment	1022	1655	20412	14022	31672	28859	28422
3.办公设备制造 Manufacture of Office Equipment	363	289	2462	460	4099	6768	1887
医疗设备及仪器仪表制造业 Manufacture of Medical Equipments and Measuring Instrument	**5794**	**17810**	**65308**	**87818**	**116785**	**125360**	**143784**
1.医疗设备及器械制造 Manufacture of Medical Equipment and Appliances	988	1981	6070	13925	34718	15657	14442
2.仪器仪表制造 Manufacture of Measuring Instrument	4806	15830	59237	73893	82067	109703	129342

2-1-4 续表 2 continued

行 业 Industry	新产品开发经费支出（万元） Expenditure on New Products Development (10000 yuan)						
	1995	2000	2005	2006	2007	2008	2009
合 计 Total	**246984**	**436906**	**1583476**	**2347407**	**1713364**	**2126953**	**2975646**
医药制造业 Manufacture of Medicines	**30624**	**48349**	**149858**	**210319**	**173914**	**207597**	**259199**
#化学药品制造 Manufacture of Chemical Medicine	23280	36158	106835	130083	112304	139411	165112
中成药制造 Manufacture of Finished Traditional Chinese Herbal Medicine	3896	6390	32650	61475	38620	38141	49814
生物、生化制品的制造 Manufacture of Biological and Biochemical Chemical Products	2665	5744	5844	7398	18453	23063	37788
航空航天器制造业 Manufacture of Aircrafts and Spacecrafts	**101751**	**108459**	**300918**	**347930**	**410637**	**488816**	**746749**
1.飞机制造及修理 Manufacture and Repairing of Airplanes	84663	89750	270149	316319	389389	420780	611461
2.航天器制造 Manufacture of Spacecrafts	17088	18709	30769	31610	21248	68036	135287
电子及通信设备制造业 Manufacture of Electronic Equipment and Communication Equipment	**81297**	**249388**	**948548**	**1550553**	**822388**	**1136254**	**1623034**
1.通信设备制造 Manufacture of Communication Equipment	23950	111117	429979	960825	219255	623440	828479
#通信传输设备制造 Manufacture of Communication Transmitting Equipment	6987	34595	47312	40407	34355	50828	119539
通信交换设备制造 Manufacture of Communication Exchanging Equipment	8765	61130	236772	853571	131316	491687	637815
通信终端设备制造 Manufacture of Communication Terminal Equipment	4651	6996	39851	34113	11295	11759	19267
2.雷达及配套设备制造 Manufacture of Radar and Its Fittings	20249	6426	26180	35173	77683	37221	67289
3.广播电视设备制造 Manufacture of Broadcasting and TV Equipment	1312	991	3662	13172	4961	4482	4288
4.电子器件制造 Manufacture of Electronic Appliances	14759	24885	93897	117775	102102	126013	188242
#电子真空器件制造 Manufacture of Electronic Vacuum Appliances	6452	13790	28755	35909	32445	35520	38640
半导体分立器件制造 Manufacture of Semiconductor Discreting Appliances	7308	6876	10776	11555	12040	12054	10327
集成电路制造 Manufacture of Integrate Circuit	999	4219	10977	29660	8581	27908	17713
5.电子元件制造 Manufacture of Electronic Components	12117	20389	56681	100974	82247	83016	90796
6.家用视听设备制造 Manufacture of Domestic TV Set and Radio Receiver	6830	83449	329126	313106	324428	239645	403868
7.其他电子设备制造 Manufacture of Other Electronic Equipment	2080	2132	9022	9528	11712	22438	40072
电子计算机及办公设备制造业 Manufacture of Computers and Office Equipments	**8697**	**11245**	**115916**	**145077**	**177349**	**154009**	**137563**
1.电子计算机整机制造 Manufacture of Entired Computer	6134	9359	87774	121309	138158	114796	89307
2.电子计算机外部设备制造 Manufacture of Computer Peripheral Equipment	1817	1593	25251	21780	34025	31840	46142
3.办公设备制造 Manufacture of Office Equipment	746	293	2891	1989	5167	7373	2114
医疗设备及仪器仪表制造业 Manufacture of Medical Equipments and Measuring Instrument	**24615**	**19465**	**68236**	**93529**	**129076**	**140277**	**209101**
1.医疗设备及器械制造 Manufacture of Medical Equipment and Appliances	2017	2282	5869	17397	33151	17309	22623
2.仪器仪表制造 Manufacture of Measuring Instrument	22598	17183	62367	76132	95925	122968	186478

2-1-4 续表 3 continued

行 业 Industry	新产品产值(万元) Output Value of New Products (10000 yuan)					
	2000	2005	2006	2007	2008	2009
合 计 **Total**	**6772868**	**21816973**	**22028687**	**20928478**	**24120392**	**28040768**
医药制造业 **Manufacture of Medicines**	**723769**	**1635038**	**2325198**	**1886926**	**2595496**	**2815627**
#化学药品制造 Manufacture of Chemical Medicine	640440	1122554	1421429	1213161	1678834	1831521
中成药制造 Manufacture of Finished Traditional Chinese Herbal Medicine	58237	380656	602398	425748	496158	578297
生物、生化制品的制造 Manufacture of Biological and Biochemical Chemical Products	25092	71973	117914	198868	240001	279720
航空航天器制造业 **Manufacture of Aircrafts and Spacecrafts**	**952319**	**3735207**	**3348144**	**3997716**	**4644874**	**3100680**
1.飞机制造及修理 Manufacture and Repairing of Airplanes	816276	3700323	3303780	3938738	4459764	2908533
2.航天器制造 Manufacture of Spacecrafts	136042	34884	44364	58978	185110	192147
电子及通信设备制造业 **Manufacture of Electronic Equipment and Communication Equipment**	**4718473**	**13827480**	**13504247**	**11860980**	**13367793**	**18763463**
1.通信设备制造 Manufacture of Communication Equipment	1632143	5382324	4708352	3128271	7277235	8602280
#通信传输设备制造 Manufacture of Communication Transmitting Equipment	399126	511657	421483	384389	446175	508755
通信交换设备制造 Manufacture of Communication Exchanging Equipment	793920	3217759	3145296	2004606	5377376	6950607
通信终端设备制造 Manufacture of Communication Terminal Equipment	311339	335628	291186	186005	115700	179653
2.雷达及配套设备制造 Manufacture of Radar and Its Fittings	36006	229046	487814	728913	126407	478163
3.广播电视设备制造 Manufacture of Broadcasting and TV Equipment	4503	22125	28638	37991	28106	13195
4.电子器件制造 Manufacture of Electronic Appliances	261027	1488414	1579350	2029069	2002606	1622077
#电子真空器件制造 Manufacture of Electronic Vacuum Appliances	179965	664629	529770	536530	503112	367275
半导体分立器件制造 Manufacture of Semiconductor Discreting Appliances	24952	80531	165668	128438	162433	45902
集成电路制造 Manufacture of Integrate Circuit	56110	108460	286843	109537	121365	64451
5.电子元件制造 Manufacture of Electronic Components	317940	548553	1187697	868098	825383	805041
6.家用视听设备制造 Manufacture of Domestic TV Set and Radio Receiver	2460102	6058356	5437360	4959247	3008758	7124821
7.其他电子设备制造 Manufacture of Other Electronic Equipment	6753	98662	75037	109392	99298	117887
电子计算机及办公设备制造业 **Manufacture of Computers and Office Equipments**	**172171**	**1954085**	**1994839**	**2230840**	**2403377**	**1975174**
1.电子计算机整机制造 Manufacture of Entired Computer	153120	1593529	1691657	1834477	1462573	1592830
2.电子计算机外部设备制造 Manufacture of Computer Peripheral Equipment	6754	303107	280497	293503	801474	367391
3.办公设备制造 Manufacture of Office Equipment	12297	57449	22686	102860	139331	14953
医疗设备及仪器仪表制造业 **Manufacture of Medical Equipments and Measuring Instrument**	**206137**	**665163**	**856259**	**952017**	**1108852**	**1385825**
1.医疗设备及器械制造 Manufacture of Medical Equipment and Appliances	45392	83741	157548	181351	110982	173576
2.仪器仪表制造 Manufacture of Measuring Instrument	160745	581421	698711	770665	997871	1212249

2-1-4 续表 4 continued

行业 Industry	新产品销售收入（万元） Sales Revenue of New Products (10000 yuan)						
	1995	2000	2005	2006	2007	2008	2009
合 计 Total	**3476016**	**5884034**	**20608590**	**21768358**	**20851357**	**24498408**	**27506274**
医药制造业 Manufacture of Medicines	**361002**	**660076**	**1495400**	**2014497**	**1814142**	**2453569**	**2673777**
#化学药品制造 Manufacture of Chemical Medicine	276550	598623	1016304	1222743	1244221	1586538	1757268
中成药制造 Manufacture of Finished Traditional Chinese Herbal Medicine	64050	49137	378861	543216	346547	489423	533057
生物、生化制品的制造 Manufacture of Biological and Biochemical Chemical Products	13336	12316	48681	101444	172743	197691	263078
航空航天器制造业 Manufacture of Aircrafts and Spacecrafts	**590144**	**799533**	**3371379**	**3032466**	**3757953**	**4672576**	**2721170**
1.飞机制造及修理 Manufacture and Repairing of Airplanes	549309	682261	3333522	2988465	3703367	4476976	2561985
2.航天器制造 Manufacture of Spacecrafts	40835	117272	37857	44002	54586	195600	159185
电子及通信设备制造业 Manufacture of Electronic Equipment and Communication Equipn	**2141624**	**4063063**	**13374188**	**14026314**	**12380540**	**13974556**	**18597165**
1.通信设备制造 Manufacture of Communication Equipment	755069	1252911	4897255	4609673	3039949	6216890	8268603
#通信传输设备制造 Manufacture of Communication Transmitting Equipment	387373	385907	555880	452136	419055	437268	558450
通信交换设备制造 Manufacture of Communication Exchanging Equipment	244387	475890	2768538	3055689	1992532	4344005	6640174
通信终端设备制造 Manufacture of Communication Terminal Equipment	74801	279880	292399	310317	148480	116073	163501
2.雷达及配套设备制造 Manufacture of Radar and Its Fittings	644926	39160	245404	459447	681839	134248	461015
3.广播电视设备制造 Manufacture of Broadcasting and TV Equipment	13727	3789	16144	25352	26400	27476	19475
4.电子器件制造 Manufacture of Electronic Appliances	144805	292590	1397602	1564279	1819286	1860323	1602894
#电子真空器件制造 Manufacture of Electronic Vacuum Appliances	108329	213187	591650	481592	507580	436058	364877
半导体分立器件制造 Manufacture of Semiconductor Discreting Appliances	29193	21285	80094	166774	121926	158014	41711
集成电路制造 Manufacture of Integrate Circuit	7284	58118	64397	274191	101488	128494	71846
5.电子元件制造 Manufacture of Electronic Components	136555	288863	515825	1338145	892953	849578	731141
6.家用视听设备制造 Manufacture of Domestic TV Set and Radio Receiver	432363	2179853	6231810	5961770	5809435	4786956	7396151
7.其他电子设备制造 Manufacture of Other Electronic Equipment	14180	5897	70148	67648	110679	99083	117887
电子计算机及办公设备制造业 Manufacture of Computers and Office Equipments	**164660**	**176921**	**1729158**	**1850814**	**2015571**	**2259396**	**1973448**
1.电子计算机整机制造 Manufacture of Entired Computer	133909	158285	1405272	1541855	1693968	1347388	1592038
2.电子计算机外部设备制造 Manufacture of Computer Peripheral Equipment	27677	5807	268740	286789	229149	783989	366652
3.办公设备制造 Manufacture of Office Equipment	3074	12829	55147	22170	92454	128020	14758
医疗设备及仪器仪表制造业 Manufacture of Medical Equipments and Measuring Instrument	**218585**	**184441**	**638465**	**844266**	**883152**	**1138311**	**1540715**
1.医疗设备及器械制造 Manufacture of Medical Equipment and Appliances	20812	43388	77978	153196	177844	162137	116839
2.仪器仪表制造 Manufacture of Measuring Instrument Manufacture of Measuring Instrument	197774	141052	560487	691071	705308	976174	1423876

2-1-4 续表 5 continued

行 业 Industry	专利申请数（件） Patent Applications (piece)						
	1995	2000	2005	2006	2007	2008	2009
合 计 Total	**475**	**734**	**5474**	**12939**	**6168**	**11819**	**17215**
医药制造业 Manufacture of Medicines	**191**	**128**	**859**	**1162**	**1284**	**786**	**1174**
#化学药品制造 Manufacture of Chemical Medicine	162	68	467	540	559	368	770
中成药制造 Manufacture of Finished Traditional Chinese Herbal Medicine	25	52	336	550	675	333	329
生物、生化制品的制造 Manufacture of Biological and Biochemical Chemical Products	4	8	45	34	47	71	56
航空航天器制造业 Manufacture of Aircrafts and Spacecrafts	**94**	**79**	**305**	**499**	**759**	**1007**	**1472**
1.飞机制造及修理 Manufacture and Repairing of Airplanes	76	74	291	466	720	918	1359
2.航天器制造 Manufacture of Spacecrafts	18	5	14	33	39	89	113
电子及通信设备制造业 Manufacture of Electronic Equipment and Communication Equipment	**103**	**462**	**3794**	**10600**	**2511**	**8585**	**12670**
1.通信设备制造 Manufacture of Communication Equipment	21	251	2143	8779	626	5628	8601
#通信传输设备制造 Manufacture of Communication Transmitting Equipment	9	36	121	175	153	285	191
通信交换设备制造 Manufacture of Communication Exchanging Equipment	8	206	1560	8468	285	5011	8000
通信终端设备制造 Manufacture of Communication Terminal Equipment	4	2	43	46	30	26	80
2.雷达及配套设备制造 Manufacture of Radar and Its Fittings	13	8	2	42	91	49	97
3.广播电视设备制造 Manufacture of Broadcasting and TV Equipment	1	4	1	9	3	8	37
4.电子器件制造 Manufacture of Electronic Appliances	6	23	227	405	481	897	1143
#电子真空器件制造 Manufacture of Electronic Vacuum Appliances		14	102	286	74	187	116
半导体分立器件制造 Manufacture of Semiconductor Discreting Appliances	5	2	3	2	5	51	27
集成电路制造 Manufacture of Integrate Circuit	1	7	38	67	18	86	80
5.电子元件制造 Manufacture of Electronic Components	35	33	212	477	349	497	752
6.家用视听设备制造 Manufacture of Domestic TV Set and Radio Receiver	27	141	1200	873	953	1421	1982
7.其他电子设备制造 Manufacture of Other Electronic Equipment		2	9	15	8	85	58
电子计算机及办公设备制造业 Manufacture of Computers and Office Equipments	**11**	**2**	**233**	**158**	**305**	**550**	**814**
1.电子计算机整机制造 Manufacture of Entired Computer	3	2	168	106	235	344	540
2.电子计算机外部设备制造 Manufacture of Computer Peripheral Equipment	6		58	43	58	185	272
3.办公设备制造 Manufacture of Office Equipment	2		7	9	12	21	2
医疗设备及仪器仪表制造业 Manufacture of Medical Equipments and Measuring Instrument	**76**	**63**	**283**	**520**	**1309**	**891**	**1085**
1.医疗设备及器械制造 Manufacture of Medical Equipment and Appliances	5	23	30	154	784	158	97
2.仪器仪表制造 Manufacture of Measuring Instrument	71	40	253	366	525	733	988

2-1-4 续表 6 continued

行　业 Industry	有效发明专利数（件） Number of Patents In Force (piece)						
	1995	2000	2005	2006	2007	2008	2009
合　计 Total	**328**	**616**	**1650**	**3323**	**2513**	**6314**	**6569**
医药制造业 Manufacture of Medicines	**128**	**129**	**370**	**890**	**685**	**825**	**896**
#化学药品制造 Manufacture of Chemical Medicine	110	101	206	290	320	388	527
中成药制造 Manufacture of Finished Traditional Chinese Herbal Medicine	17	16	148	496	312	381	299
生物、生化制品的制造 Manufacture of Biological and Biochemical Chemical Products	1	12	16	40	39	43	55
航空航天器制造业 Manufacture of Aircrafts and Spacecrafts	**87**	**139**	**188**	**225**	**211**	**314**	**537**
1.飞机制造及修理 Manufacture and Repairing of Airplanes	70	102	181	223	200	294	477
2.航天器制造 Manufacture of Spacecrafts	17	37	7	2	11	20	60
电子及通信设备制造业 Manufacture of Electronic Equipment and Communication Equipment	**65**	**318**	**844**	**1763**	**1186**	**4495**	**4055**
1.通信设备制造 Manufacture of Communication Equipment	5	249	527	1304	339	3051	2717
#通信传输设备制造 Manufacture of Communication Transmitting Equipment	2	21	28	30	37	57	57
通信交换设备制造 Manufacture of Communication Exchanging Equipment	3	221	360	1199	241	2896	2568
通信终端设备制造 Manufacture of Communication Terminal Equipment		2	20	32	13	4	15
2.雷达及配套设备制造 Manufacture of Radar and Its Fittings	9	4	5	4	45	58	16
3.广播电视设备制造 Manufacture of Broadcasting and TV Equipment	1	2		2	1	4	2
4.电子器件制造 Manufacture of Electronic Appliances	2	3	142	165	479	1018	654
#电子真空器件制造 Manufacture of Electronic Vacuum Appliances			89	111	95	110	183
半导体分立器件制造 Manufacture of Semiconductor Discreting Appliances	2	3	2	10	7	19	14
集成电路制造 Manufacture of Integrate Circuit			15	13	87	157	89
5.电子元件制造 Manufacture of Electronic Components	36	17	95	106	78	163	273
6.家用视听设备制造 Manufacture of Domestic TV Set and Radio Receiver	12	40	75	182	240	173	333
7.其他电子设备制造 Manufacture of Other Electronic Equipment		3			4	28	60
电子计算机及办公设备制造业 Manufacture of Computers and Office Equipments	**8**	**4**	**146**	**173**	**178**	**366**	**574**
1.电子计算机整机制造 Manufacture of Entired Computer			127	154	117	23	451
2.电子计算机外部设备制造 Manufacture of Computer Peripheral Equipment	6	4	19	17	33	340	123
3.办公设备制造 Manufacture of Office Equipment	2			2	28	3	
医疗设备及仪器仪表制造业 Manufacture of Medical Equipments and Measuring Instrument	**40**	**26**	**102**	**272**	**253**	**314**	**507**
1.医疗设备及器械制造 Manufacture of Medical Equipment and Appliances	6	1	5	110	58	35	116
2.仪器仪表制造 Manufacture of Measuring Instrument	34	25	97	162	195	279	391

2-1-4 续表 7 continued

行业 Industry	技术改造经费支出（万元） Expenditure for Technical Renovation (10000 yuan)						
	1995	2000	2005	2006	2007	2008	2009
合计 **Total**	**666903**	**511340**	**892924**	**973192**	**1025364**	**777595**	**838853**
医药制造业 **Manufacture of Medicines**	**214348**	**110565**	**151727**	**191272**	**129049**	**143241**	**142316**
#化学药品制造 Manufacture of Chemical Medicine	186748	104095	121544	141723	109388	118917	115811
中成药制造 Manufacture of Finished Traditional Chinese Herbal Medicine	21573	4988	28015	34133	15541	12701	19122
生物、生化制品的制造 Manufacture of Biological and Biochemical Chemical Products	6022	1483	1850	5886	4100	5454	7052
航空航天器制造业 **Manufacture of Aircrafts and Spacecrafts**	**125019**	**153555**	**368895**	**322917**	**518903**	**330570**	**412509**
1.飞机制造及修理 Manufacture and Repairing of Airplanes	106253	127092	353417	316625	502116	302314	399879
2.航天器制造 Manufacture of Spacecrafts	18766	26464	15478	6292	16787	28256	12630
电子及通信设备制造业 **Manufacture of Electronic Equipment and Communication Equipment**	**266277**	**214112**	**298441**	**351733**	**285887**	**183675**	**186389**
1.通信设备制造 Manufacture of Communication Equipment	29863	30530	55435	77862	34037	48006	39336
#通信传输设备制造 Manufacture of Communication Transmitting Equipment	5252	12815	27040	52849	24276	12496	29073
通信交换设备制造 Manufacture of Communication Exchanging Equipment	15351	15041	5266	7069	202	3685	711
通信终端设备制造 Manufacture of Communication Terminal Equipment	6240	770	11527	12709	3937	11509	2551
2.雷达及配套设备制造 Manufacture of Radar and Its Fittings	33505	4772	17400	25567	27485	19474	28808
3.广播电视设备制造 Manufacture of Broadcasting and TV Equipment	2728	3372	384	1594	359	15	
4.电子器件制造 Manufacture of Electronic Appliances	145361	56573	68123	89861	46907	39841	33453
#电子真空器件制造 Manufacture of Electronic Vacuum Appliances	130183	27870	34838	16129	11377	12022	9536
半导体分立器件制造 Manufacture of Semiconductor Discreting Appliances	11992	7504	6923	7496	7815	2710	4456
集成电路制造 Manufacture of Integrate Circuit	3186	21198	13478	55033	2497	267	529
5.电子元件制造 Manufacture of Electronic Components	36192	73930	94233	100113	59870	46936	59781
6.家用视听设备制造 Manufacture of Domestic TV Set and Radio Receiver	14171	44731	61929	49060	111064	26312	21994
7.其他电子设备制造 Manufacture of Other Electronic Equipment	4457	204	938	7676	6166	3090	3017
电子计算机及办公设备制造业 **Manufacture of Computers and Office Equipments**	**11489**	**6596**	**12233**	**14538**	**12478**	**40788**	**54481**
1.电子计算机整机制造 Manufacture of Entired Computer	7818	6489	6904	13991	7332	32818	37845
2.电子计算机外部设备制造 Manufacture of Computer Peripheral Equipment	3372	55	3755	548	4752	6427	16329
3.办公设备制造 Manufacture of Office Equipment	300	52	1573		394	1543	307
医疗设备及仪器仪表制造业 **Manufacture of Medical Equipments and Measuring Instrument**	**49770**	**26511**	**61629**	**92732**	**79047**	**79322**	**43158**
1.医疗设备及器械制造 Manufacture of Medical Equipment and Appliances	6141	2559	5104	18550	9858	8199	7143
2.仪器仪表制造 Manufacture of Measuring Instrument	43629	23953	56525	74181	69189	71123	36015

2-1-4 续表 8 continued

行业 Industry	技术引进经费支出（万元） Expenditure for Acquisition of Foreign Technology (10000 yuan)						
	1995	2000	2005	2006	2007	2008	2009
合 计 Total	**237439**	**125120**	**150492**	**138597**	**91749**	**86359**	**121396**
医药制造业 Manufacture of Medicines	**21269**	**16437**	**12056**	**10585**	**6041**	**3486**	**6674**
#化学药品制造 Manufacture of Chemical Medicine	17281	14811	11320	5099	5314	2840	5217
中成药制造 Manufacture of Finished Traditional Chinese Herbal Medicine	3894	1220	584	4738	20		102
生物、生化制品的制造 Manufacture of Biological and Biochemical Chemical Products	44	406	151	749	707	522	1354
航空航天器制造业 Manufacture of Aircrafts and Spacecrafts	**40106**	**29743**	**30369**	**31028**	**19093**	**4837**	**23853**
1.飞机制造及修理 Manufacture and Repairing of Airplanes	37701	19920	28933	30416	19093	4487	23853
2.航天器制造 Manufacture of Spacecrafts	2405	9823	1436	612		350	
电子及通信设备制造业 Manufacture of Electronic Equipment and Communication Equipment	**164187**	**69882**	**96517**	**88758**	**61198**	**69573**	**75003**
1.通信设备制造 Manufacture of Communication Equipment	1665	4075	27368	6516	8753	6932	8741
#通信传输设备制造 Manufacture of Communication Transmitting Equipment	270	2128	2349	3024	26	32	100
通信交换设备制造 Manufacture of Communication Exchanging Equipment	457		1179		5138	3866	8457
通信终端设备制造 Manufacture of Communication Terminal Equipment	117	147	2510		200		
2.雷达及配套设备制造 Manufacture of Radar and Its Fittings	5688	304		50		100	172
3.广播电视设备制造 Manufacture of Broadcasting and TV Equipment	1134	152		57			
4.电子器件制造 Manufacture of Electronic Appliances	136678	26465	18799	45844	33366	19596	15791
#电子真空器件制造 Manufacture of Electronic Vacuum Appliances	132499	10084	5051	4080	4140	339	10962
半导体分立器件制造 Manufacture of Semiconductor Discreting Appliances	3076	4996	39	5599	100	440	
集成电路制造 Manufacture of Integrate Circuit	1102	11385	162	15603		1361	
5.电子元件制造 Manufacture of Electronic Components	15470	30508	40152	16038	2937	2421	690
6.家用视听设备制造 Manufacture of Domestic TV Set and Radio Receiver	1720	8113	10194	20253	16142	40523	49610
7.其他电子设备制造 Manufacture of Other Electronic Equipment	1833	265	5				
电子计算机及办公设备制造业 Manufacture of Computers and Office Equipments	**1916**	**1821**	**9867**	**1934**	**3**	**638**	**3839**
1.电子计算机整机制造 Manufacture of Entired Computer	1429	1821	9297	1934		638	3759
2.电子计算机外部设备制造 Manufacture of Computer Peripheral Equipment	488		570		3		80
3.办公设备制造 Manufacture of Office Equipment							
医疗设备及仪器仪表制造业 Manufacture of Medical Equipments and Measuring Instrument	**9962**	**7237**	**1683**	**6293**	**5414**	**7825**	**12029**
1.医疗设备及器械制造 Manufacture of Medical Equipment and Appliances	30	234		1560			
2.仪器仪表制造 Manufacture of Measuring Instrument	9932	7003	1683	4733	5414	7825	12029

2-1-4 续表 9 continued

行 业 Industry	消化吸收经费支出（万元） Expenditure for Assimilation of Technology (10000 yuan)						
	1995	2000	2005	2006	2007	2008	2009
合 计 **Total**	**16743**	**15787**	**31659**	**51734**	**30220**	**17799**	**48150**
医药制造业 **Manufacture of Medicines**	**3421**	**8848**	**10721**	**11241**	**8560**	**5352**	**11402**
#化学药品制造 Manufacture of Chemical Medicine	3417	8609	10292	7796	6302	5036	10063
中成药制造 Manufacture of Finished Traditional Chinese Herbal Medicine	4	45	377	3446	1233	294	50
生物、生化制品的制造 Manufacture of Biological and Biochemical Chemical Products		194	52	1025			1236
航空航天器制造业 **Manufacture of Aircrafts and Spacecrafts**	**301**	**1943**	**1438**	**3391**	**1585**	**420**	**27075**
1.飞机制造及修理 Manufacture and Repairing of Airplanes	286	1943	1438	3366	1585	220	27075
2.航天器制造 Manufacture of Spacecrafts	15			25		200	
电子及通信设备制造业 **Manufacture of Electronic Equipment and Communication Equipment**	**11809**	**4150**	**17916**	**36098**	**17560**	**11787**	**5950**
1.通信设备制造 Manufacture of Communication Equipment	114	577	1323	9859	8789	1940	922
#通信传输设备制造 Manufacture of Communication Transmitting Equipment	29	488	466	674	660	685	380
通信交换设备制造 Manufacture of Communication Exchanging Equipment	78			35	28		
通信终端设备制造 Manufacture of Communication Terminal Equipment		1			135	263	180
2.雷达及配套设备制造 Manufacture of Radar and Its Fittings	152					50	100
3.广播电视设备制造 Manufacture of Broadcasting and TV Equipment	463		226	166			
4.电子器件制造 Manufacture of Electronic Appliances	10023	2265	11553	1884	2647	215	50
#电子真空器件制造 Manufacture of Electronic Vacuum Appliances	9552	2215	176	47	39		
半导体分立器件制造 Manufacture of Semiconductor Discreting Appliances	467	20		322	200	15	
集成电路制造 Manufacture of Integrate Circuit	4	30	83	1106			
5.电子元件制造 Manufacture of Electronic Components	928	1231	2523	4577	1953	3445	780
6.家用视听设备制造 Manufacture of Domestic TV Set and Radio Receiver	68	36	2280	19612	4171	6137	4098
7.其他电子设备制造 Manufacture of Other Electronic Equipment	62	41	11				
电子计算机及办公设备制造业 **Manufacture of Computers and Office Equipments**	**243**	**513**	**943**	**72**		**27**	**3022**
1.电子计算机整机制造 Manufacture of Entired Computer	92	513	405	72			2922
2.电了计算机外部设备制造 Manufacture of Computer Peripheral Equipment	151		539				100
3.办公设备制造 Manufacture of Office Equipment						27	
医疗设备及仪器仪表制造业 **Manufacture of Medical Equipments and Measuring Instrument**	**969**	**334**	**641**	**932**	**2514**	**213**	**702**
1.医疗设备及器械制造 Manufacture of Medical Equipment and Appliances	28	20			26		
2.仪器仪表制造 Manufacture of Measuring Instrument	941	314	641	932	2489	213	702

2-1-4 续表 10 continued

行　业 Industry	购买国内技术经费支出（万元） Expenditure on Purchase of Domestic Technology (10000 yuan)						
	1995	2000	2005	2006	2007	2008	2009
合　计 Total	**38262**	**14799**	**41679**	**58376**	**50100**	**37279**	**40357**
医药制造业 Manufacture of Medicines	**5471**	**9273**	**20216**	**24449**	**20129**	**17839**	**15700**
#化学药品制造 Manufacture of Chemical Medicine	4859	7374	17437	17100	16191	12845	11836
中成药制造 Manufacture of Finished Traditional Chinese Herbal Medicine	370	1390	2154	7317	3216	1163	2980
生物、生化制品的制造 Manufacture of Biological and Biochemical Chemical Products	84	510	423	22	723	62	818
航空航天器制造业 Manufacture of Aircrafts and Spacecrafts	**2938**	**4437**	**10751**	**22153**	**12532**	**5717**	**12315**
1.飞机制造及修理 Manufacture and Repairing of Airplanes	2720	2421	10751	22133	12532	5657	12315
2.航天器制造 Manufacture of Spacecrafts	218	2016		20		60	
电子及通信设备制造业 Manufacture of Electronic Equipment and Communication Equipment	**28850**	**683**	**8166**	**10616**	**16147**	**9548**	**5214**
1.通信设备制造 Manufacture of Communication Equipment	681	238	5537	2682	5437	3710	1152
#通信传输设备制造 Manufacture of Communication Transmitting Equipment	444	73	1011	84	1291	25	350
通信交换设备制造 Manufacture of Communication Exchanging Equipment	203	47	9	230			
通信终端设备制造 Manufacture of Communication Terminal Equipment	20	53	192	153	226	431	
2.雷达及配套设备制造 Manufacture of Radar and Its Fittings	555	2	333	680	475	1235	1445
3.广播电视设备制造 Manufacture of Broadcasting and TV Equipment	283	10		160			
4.电子器件制造 Manufacture of Electronic Appliances	25841	98	943	2078	1025	2904	220
#电子真空器件制造 Manufacture of Electronic Vacuum Appliances	25186	40	160	427	27		11
半导体分立器件制造 Manufacture of Semiconductor Discreting Appliances	655	55	88	133			44
集成电路制造 Manufacture of Integrate Circuit		3	44	26		2787	
5.电子元件制造 Manufacture of Electronic Components	1093	299	957	952	452	386	1352
6.家用视听设备制造 Manufacture of Domestic TV Set and Radio Receiver	76	5	374	4065	8758	1234	665
7.其他电子设备制造 Manufacture of Other Electronic Equipment	322	31	21			80	380
电子计算机及办公设备制造业 Manufacture of Computers and Office Equipments	**122**	**106**	**156**	**86**		**161**	**715**
1.电子计算机整机制造 Manufacture of Entired Computer	121	106				158	260
2.电子计算机外部设备制造 Manufacture of Computer Peripheral Equipment	2		50	86			455
3.办公设备制造 Manufacture of Office Equipment			106			3	
医疗设备及仪器仪表制造业 Manufacture of Medical Equipments and Measuring Instrument	**880**	**300**	**2390**	**1072**	**1291**	**4013**	**6413**
1.医疗设备及器械制造 Manufacture of Medical Equipment and Appliances	39	89					30
2.仪器仪表制造 Manufacture of Measuring Instrument	841	212	2390	1072	1291	4013	6383

2-1-4 续表 11 continued

行 业 Industry	研发机构数（个） Number of R&D Institutions in Enterprises (unit)						
	1995	2000	2005	2006	2007	2008	2009
合 计 Total	**1702**	**744**	**712**	**864**	**706**	**733**	**673**
医药制造业 Manufacture of Medicines	**418**	**205**	**216**	**299**	**222**	**208**	**200**
#化学药品制造 Manufacture of Chemical Medicine	302	140	130	162	117	119	113
中成药制造 Manufacture of Finished Traditional Chinese Herbal Medicine	95	48	63	105	79	67	65
生物、生化制品的制造 Manufacture of Biological and Biochemical Chemical Products	19	17	15	11	16	12	13
航空航天器制造业 Manufacture of Aircrafts and Spacecrafts	**272**	**160**	**101**	**117**	**125**	**125**	**107**
1.飞机制造及修理 Manufacture and Repairing of Airplanes	208	127	96	106	111	113	97
2.航天器制造 Manufacture of Spacecrafts	64	33	5	11	14	12	10
电子及通信设备制造业 Manufacture of Electronic Equipment and Communication Equipment	**627**	**253**	**279**	**322**	**244**	**257**	**235**
1.通信设备制造 Manufacture of Communication Equipment	172	91	75	79	56	65	60
#通信传输设备制造 Manufacture of Communication Transmitting Equipment	55	34	27	34	27	35	31
通信交换设备制造 Manufacture of Communication Exchanging Equipment	38	19	16	20	9	11	12
通信终端设备制造 Manufacture of Communication Terminal Equipment	51	11	14	16	6	5	4
2.雷达及配套设备制造 Manufacture of Radar and Its Fittings	74	17	20	15	18	17	20
3.广播电视设备制造 Manufacture of Broadcasting and TV Equipment	17	6	7	14	5	2	1
4.电子器件制造 Manufacture of Electronic Appliances	84	25	65	69	59	70	58
#电子真空器件制造 Manufacture of Electronic Vacuum Appliances	39	10	30	31	22	22	18
半导体分立器件制造 Manufacture of Semiconductor Discreting Appliances	30	10	11	8	6	8	4
集成电路制造 Manufacture of Integrate Circuit	15	5	5	17	7	20	7
5.电子元件制造 Manufacture of Electronic Components	144	66	65	94	66	68	66
6.家用视听设备制造 Manufacture of Domestic TV Set and Radio Receiver	121	42	41	49	38	28	25
7.其他电子设备制造 Manufacture of Other Electronic Equipment	15	6	6	2	2	7	5
电子计算机及办公设备制造业 Manufacture of Computers and Office Equipments	**112**	**28**	**29**	**24**	**14**	**25**	**16**
1.电子计算机整机制造 Manufacture of Entired Computer	80	23	19	15	8	14	7
2.电子计算机外部设备制造 Manufacture of Computer Peripheral Equipment	26	3	9	8	5	9	8
3.办公设备制造 Manufacture of Office Equipment	6	2	1	1	1	2	1
医疗设备及仪器仪表制造业 Manufacture of Medical Equipments and Measuring Instrument	**273**	**98**	**87**	**102**	**101**	**118**	**115**
1.医疗设备及器械制造 Manufacture of Medical Equipment and Appliances	35	14	3	9	10	10	11
2.仪器仪表制造 Manufacture of Measuring Instrument	238	84	84	93	91	108	104

2-1-4 续表 12 continued

行 业 Industry	机构人员（人） Personnel in the R&D Institutions (person)						
	1995	2000	2005	2006	2007	2008	2009
合 计 **Total**	**70988**	**48076**	**77435**	**107589**	**78508**	**87952**	**99476**
医药制造业 **Manufacture of Medicines**	**8463**	**6319**	**8261**	**11701**	**10548**	**12572**	**12100**
#化学药品制造 Manufacture of Chemical Medicine	6661	4779	5476	7852	7161	8997	7727
中成药制造 Manufacture of Finished Traditional Chinese Herbal Medicine	1093	996	1989	2941	2481	2760	2925
生物、生化制品的制造 Manufacture of Biological and Biochemical Chemical Products	674	544	522	442	635	448	1105
航空航天器制造业 **Manufacture of Aircrafts and Spacecrafts**	**22357**	**14838**	**14463**	**15098**	**18489**	**16488**	**17702**
1.飞机制造及修理 Manufacture and Repairing of Airplanes	19364	12102	14359	14731	17217	15686	16945
2.航天器制造 Manufacture of Spacecrafts	2993	2736	104	367	1272	802	757
电子及通信设备制造业 **Manufacture of Electronic Equipment and Communication Equipment**	**26525**	**20272**	**43682**	**70422**	**37216**	**46399**	**56383**
1.通信设备制造 Manufacture of Communication Equipment	8680	9305	23434	45737	10974	28414	28536
#通信传输设备制造 Manufacture of Communication Transmitting Equipment	2942	2696	2205	2380	2381	2915	4022
通信交换设备制造 Manufacture of Communication Exchanging Equipment	2279	4256	15864	38732	4977	22906	21788
通信终端设备制造 Manufacture of Communication Terminal Equipment	2577	700	2270	2425	669	318	236
2.雷达及配套设备制造 Manufacture of Radar and Its Fittings	4277	1187	1836	2486	3385	2595	4028
3.广播电视设备制造 Manufacture of Broadcasting and TV Equipment	748	371	365	464	365	462	404
4.电子器件制造 Manufacture of Electronic Appliances	4307	2386	4423	5479	4208	5052	5647
#电子真空器件制造 Manufacture of Electronic Vacuum Appliances	1503	1172	1797	2148	1366	1364	1656
半导体分立器件制造 Manufacture of Semiconductor Discreting Appliances	2041	566	941	559	520	931	264
集成电路制造 Manufacture of Integrate Circuit	763	648	247	712	195	1135	200
5.电子元件制造 Manufacture of Electronic Components	4794	4255	4398	6385	5014	5306	7140
6.家用视听设备制造 Manufacture of Domestic TV Set and Radio Receiver	3358	2611	8202	9009	12364	3375	9817
7.其他电子设备制造 Manufacture of Other Electronic Equipment	361	157	1024	862	906	1195	811
电子计算机及办公设备制造业 **Manufacture of Computers and Office Equipments**	**3651**	**1776**	**5408**	**3940**	**4169**	**3600**	**4032**
1.电子计算机整机制造 Manufacture of Entired Computer	2441	1616	2629	2453	1963	2246	2029
2.电子计算机外部设备制造 Manufacture of Computer Peripheral Equipment	1020	109	2675	1447	1917	903	1996
3.办公设备制造 Manufacture of Office Equipment	190	51	104	40	289	451	7
医疗设备及仪器仪表制造业 **Manufacture of Medical Equipments and Measuring Instrument**	**9992**	**4871**	**5621**	**6428**	**8086**	**8893**	**9259**
1.医疗设备及器械制造 Manufacture of Medical Equipment and Appliances	858	692	555	401	1963	612	793
2.仪器仪表制造 Manufacture of Measuring Instrument	9134	4179	5066	6027	6123	8281	8466

2-1-4 续表 13 continued

行 业 Industry	机构经费支出（万元） Expenditure in the R&D Institutions (10000 yuan)						
	1995	2000	2005	2006	2007	2008	2009
合 计 **Total**	**162038**	**325230**	**1241169**	**1884073**	**1333843**	**1316703**	**1989717**
医药制造业 **Manufacture of Medicines**	**27060**	**40382**	**125836**	**172038**	**152846**	**171824**	**188927**
#化学药品制造 Manufacture of Chemical Medicine	20044	29328	85074	117539	104064	118310	120227
中成药制造 Manufacture of Finished Traditional Chinese Herbal Medicine	2717	7428	31355	42386	38190	35322	46002
生物、生化制品的制造 Manufacture of Biological and Biochemical Chemical Products	3294	3627	4935	3976	9152	11689	17146
航空航天器制造业 **Manufacture of Aircrafts and Spacecrafts**	**53757**	**83240**	**130150**	**172556**	**253828**	**243755**	**256154**
1.飞机制造及修理 Manufacture and Repairing of Airplanes	46760	76663	129623	166134	243686	231245	248645
2.航天器制造 Manufacture of Spacecrafts	6998	6577	527	6422	10143	12510	7509
电子及通信设备制造业 **Manufacture of Electronic Equipment and Communication Equipment**	**59024**	**172235**	**822647**	**1382834**	**725819**	**670074**	**1341157**
1.通信设备制造 Manufacture of Communication Equipment	23048	79568	405311	912273	206306	245265	734613
#通信传输设备制造 Manufacture of Communication Transmitting Equipment	6822	17125	39905	35388	32043	37716	71580
通信交换设备制造 Manufacture of Communication Exchanging Equipment	8695	48086	247096	820047	129754	162561	623949
通信终端设备制造 Manufacture of Communication Terminal Equipment	4447	6567	37704	28237	6607	4627	5832
2.雷达及配套设备制造 Manufacture of Radar and Its Fittings	12300	4671	16147	40852	58472	22568	63319
3.广播电视设备制造 Manufacture of Broadcasting and TV Equipment	783	1196	4193	6459	5057	3736	4356
4.电子器件制造 Manufacture of Electronic Appliances	9262	12075	51263	84521	83102	105628	98271
#电子真空器件制造 Manufacture of Electronic Vacuum Appliances	3302	3076	23579	28211	24049	28258	22262
半导体分立器件制造 Manufacture of Semiconductor Discreting Appliances	5247	2955	6643	7808	7114	8449	3082
集成电路制造 Manufacture of Integrate Circuit	713	6043	6001	25604	2837	24258	5659
5.电子元件制造 Manufacture of Electronic Components	6507	21368	38662	72428	61930	48306	51273
6.家用视听设备制造 Manufacture of Domestic TV Set and Radio Receiver	6564	52182	299670	260693	304854	234065	379034
7.其他电子设备制造 Manufacture of Other Electronic Equipment	560	1176	7401	5608	6098	10506	10291
电子计算机及办公设备制造业 **Manufacture of Computers and Office Equipments**	**8453**	**10528**	**124130**	**106166**	**116988**	**135102**	**99712**
1.电子计算机整机制造 Manufacture of Entired Computer	5923	8891	103799	93314	93197	105407	72901
2.电子计算机外部设备制造 Manufacture of Computer Peripheral Equipment	1976	1348	18807	12491	19879	23246	26692
3.办公设备制造 Manufacture of Office Equipment	555	289	1525	361	3913	6449	119
医疗设备及仪器仪表制造业 **Manufacture of Medical Equipments and Measuring Instrument**	**13743**	**18846**	**38407**	**50478**	**84362**	**95948**	**103767**
1.医疗设备及器械制造 Manufacture of Medical Equipment and Appliances	2278	4334	4250	6839	31472	9624	12004
2.仪器仪表制造 Manufacture of Measuring Instrument	11465	14512	34157	43639	52890	86324	91762

2-1-5 大中型三资企业分行业R&D及相关活动情况

Statistics on R&D and Related Activities of Joint Ventures Enterprises in Large and Medium-sized Enterprises by Industrial Sector

行 业 Industry	R&D人员全时当量（人年） Full-time Equivalent of R&D Personnel (man-year)						
	1995	2000	2005	2006	2007	2008	2009
合 计 **Total**	**2477**	**12803**	**51740**	**59698**	**82417**	**94721**	**122338**
医药制造业 **Manufacture of Medicines**	**754**	**1557**	**3046**	**4464**	**7486**	**9746**	**12672**
#化学药品制造 Manufacture of Chemical Medicine	306	939	2222	2862	5135	6379	8448
中成药制造 Manufacture of Finished Traditional Chinese Herbal Medicine	448	421	622	1067	1404	2039	1689
生物、生化制品的制造 Manufacture of Biological and Biochemical Chemical Products		184	121	416	764	668	1966
航空航天器制造业 **Manufacture of Aircrafts and Spacecrafts**	**82**	**884**	**33**	**40**	**283**	**419**	**319**
1.飞机制造及修理 Manufacture and Repairing of Airplanes	82	884	33	40	283	419	319
2.航天器制造 Manufacture of Spacecrafts							
电子及通信设备制造业 **Manufacture of Electronic Equipment and Communication Equipment**	**1490**	**8308**	**34273**	**34036**	**46355**	**55304**	**75531**
1.通信设备制造 Manufacture of Communication Equipment	390	3616	11977	10464	13588	11962	15983
#通信传输设备制造 Manufacture of Communication Transmitting Equipment		426	1641	2257	1943	1179	2630
通信交换设备制造 Manufacture of Communication Exchanging Equipment	380	2011	3067	3328	3323	2851	3654
通信终端设备制造 Manufacture of Communication Terminal Equipment	10	333	1061	524	484	605	1146
2.雷达及配套设备制造 Manufacture of Radar and Its Fittings							
3.广播电视设备制造 Manufacture of Broadcasting and TV Equipment			277	392	98	644	838
4.电子器件制造 Manufacture of Electronic Appliances	497	813	7881	9405	11396	12538	20422
#电子真空器件制造 Manufacture of Electronic Vacuum Appliances	333	138	2451	2080	1923	792	814
半导体分立器件制造 Manufacture of Semiconductor Discreting Appliances		170	385	751	1182	1828	2102
集成电路制造 Manufacture of Integrate Circuit	164	505	2854	3256	4585	4952	11369
5.电子元件制造 Manufacture of Electronic Components	171	1093	8947	8473	14004	16395	22963
6.家用视听设备制造 Manufacture of Domestic TV Set and Radio Receiver	333	1576	4618	4709	6316	7073	8758
7.其他电子设备制造 Manufacture of Other Electronic Equipment	99	1210	574	593	953	6691	6567
电子计算机及办公设备制造业 **Manufacture of Computers and Office Equipments**	**94**	**1432**	**12196**	**18797**	**23281**	**24403**	**26364**
1.电子计算机整机制造 Manufacture of Entired Computer	26	840	4768	10011	11855	10682	13030
2.电子计算机外部设备制造 Manufacture of Computer Peripheral Equipment	68	414	6549	8562	10743	12845	9275
3.办公设备制造 Manufacture of Office Equipment		179	879	224	684	876	1288
医疗设备及仪器仪表制造业 **Manufacture of Medical Equipments and Measuring Instrument**	**57**	**622**	**2193**	**2360**	**5012**	**4850**	**7453**
1.医疗设备及器械制造 Manufacture of Medical Equipment and Appliances	34	145	466	862	1376	974	1872
2.仪器仪表制造 Manufacture of Measuring Instrument	23	476	1727	1498	3636	3876	5581

2-1-5 续表 1 continued

行 业 Industry	R&D经费内部支出（万元） Intramural Expenditure on R&D (10000 yuan)						
	1995	2000	2005	2006	2007	2008	2009
合 计 Total	**23963**	**320093**	**1525848**	**2014951**	**2424948**	**2692553**	**2989755**
医药制造业 Manufacture of Medicines	**11398**	**30507**	**93109**	**139986**	**202149**	**240314**	**290816**
#化学药品制造 Manufacture of Chemical Medicine	7969	23430	69882	109254	133625	160432	210575
中成药制造 Manufacture of Finished Traditional Chinese Herbal Medicine	3429	4582	14737	18161	40023	38307	30756
生物、生化制品的制造 Manufacture of Biological and Biochemical Chemical Products		2481	3807	11432	23377	29403	30341
航空航天器制造业 Manufacture of Aircrafts and Spacecrafts	**69**	**5337**	**2292**	**5567**	**7141**	**2011**	**4191**
1.飞机制造及修理 Manufacture and Repairing of Airplanes	69	5337	2292	5567	7141	2011	4191
2.航天器制造 Manufacture of Spacecrafts							
电子及通信设备制造业 Manufacture of Electronic Equipment and Communication Equipment	**11640**	**208923**	**1072326**	**1234939**	**1502083**	**1771957**	**1778749**
1.通信设备制造 Manufacture of Communication Equipment	3787	105839	403537	358857	478424	519421	493575
#通信传输设备制造 Manufacture of Communication Transmitting Equipment		10738	87012	66509	65881	24677	40909
通信交换设备制造 Manufacture of Communication Exchanging Equipment	3654	57599	93681	83603	110838	134960	99366
通信终端设备制造 Manufacture of Communication Terminal Equipment	132	4518	20805	10515	17844	16788	40830
2.雷达及配套设备制造 Manufacture of Radar and Its Fittings							
3.广播电视设备制造 Manufacture of Broadcasting and TV Equipment			5533	9922	6732	14501	7234
4.电子器件制造 Manufacture of Electronic Appliances	5948	28104	233046	319612	357728	448934	466605
#电子真空器件制造 Manufacture of Electronic Vacuum Appliances	4082	16896	26154	48813	39320	46940	15238
半导体分立器件制造 Manufacture of Semiconductor Discreting Appliances		433	11805	16798	25219	28249	32350
集成电路制造 Manufacture of Integrate Circuit	1866	10776	127710	206510	192027	231004	246473
5.电子元件制造 Manufacture of Electronic Components	269	24268	188780	324073	419933	441558	498662
6.家用视听设备制造 Manufacture of Domestic TV Set and Radio Receiver	1580	45129	228880	211027	214783	277555	264043
7.其他电子设备制造 Manufacture of Other Electronic Equipment	57	5583	12550	11449	24483	69988	48631
电子计算机及办公设备制造业 Manufacture of Computers and Office Equipments	**452**	**67888**	**310003**	**576391**	**609288**	**595313**	**746857**
1.电子计算机整机制造 Manufacture of Entired Computer	130	60885	117917	285854	191974	192124	273569
2.电子计算机外部设备制造 Manufacture of Computer Peripheral Equipment	322	5764	180512	277039	401231	384263	343736
3.办公设备制造 Manufacture of Office Equipment		1240	11574	13498	16083	18926	30952
医疗设备及仪器仪表制造业 Manufacture of Medical Equipments and Measuring Instrument	**404**	**7438**	**48118**	**58069**	**104287**	**82959**	**169143**
1.医疗设备及器械制造 Manufacture of Medical Equipment and Appliances	342	2718	21527	31766	45646	23712	61789
2.仪器仪表制造 Manufacture of Measuring Instrument	62	4721	26591	26304	58641	59247	107354

2-1-5 续表 2 continued

行 业 Industry	新产品开发经费支出（万元） Expenditure on New Products Development (10000 yuan)						
	1995	2000	2005	2006	2007	2008	2009
合 计 Total	**29329**	**369712**	**1919193**	**2315669**	**3113569**	**3768114**	**3709459**
医药制造业 Manufacture of Medicines	**5075**	**30806**	**111923**	**140080**	**209028**	**268114**	**306201**
#化学药品制造 Manufacture of Chemical Medicine	2742	20626	83447	95354	147873	176009	223760
中成药制造 Manufacture of Finished Traditional Chinese Herbal Medicine	2113	6733	19186	28986	40642	42759	37774
生物、生化制品的制造 Manufacture of Biological and Biochemical Chemical Products	107	3433	4282	13775	11165	34690	23190
航空航天器制造业 Manufacture of Aircrafts and Spacecrafts		**5337**	**5340**	**5747**	**6817**	**3216**	**11949**
1.飞机制造及修理 Manufacture and Repairing of Airplanes		5337	5340	5747	6817	3216	11949
2.航天器制造 Manufacture of Spacecrafts							
电子及通信设备制造业 Manufacture of Electronic Equipment and Communication Equipment	**18313**	**231919**	**1264114**	**1453156**	**1954011**	**2355409**	**2191022**
1.通信设备制造 Manufacture of Communication Equipment	5996	102088	486751	372882	527098	747781	742734
#通信传输设备制造 Manufacture of Communication Transmitting Equipment	54	11339	91266	68036	68792	37224	54449
通信交换设备制造 Manufacture of Communication Exchanging Equipment	1643	49662	82809	84634	136579	181038	175299
通信终端设备制造 Manufacture of Communication Terminal Equipment	499	9271	24243	24075	20676	86993	56394
2.雷达及配套设备制造 Manufacture of Radar and Its Fittings							
3.广播电视设备制造 Manufacture of Broadcasting and TV Equipment			6872	17583	8682	23367	8769
4.电子器件制造 Manufacture of Electronic Appliances	3677	44187	243994	345880	494179	599279	556578
#电子真空器件制造 Manufacture of Electronic Vacuum Appliances	3301	31455	28591	32782	50680	52759	15921
半导体分立器件制造 Manufacture of Semiconductor Discreting Appliances	80	2125	15479	59858	31030	60095	58431
集成电路制造 Manufacture of Integrate Circuit	296	10608	106526	169859	238278	286004	227225
5.电子元件制造 Manufacture of Electronic Components	1433	30275	234490	444164	600609	557090	549866
6.家用视听设备制造 Manufacture of Domestic TV Set and Radio Receiver	7186	54511	278794	257561	289524	330162	278012
7.其他电子设备制造 Manufacture of Other Electronic Equipment	21	858	13213	15086	33919	97730	55062
电子计算机及办公设备制造业 Manufacture of Computers and Office Equipments	**4486**	**92179**	**481439**	**650017**	**788911**	**1015455**	**987468**
1.电子计算机整机制造 Manufacture of Entired Computer	35	70246	178948	304029	271642	376143	359613
2.电子计算机外部设备制造 Manufacture of Computer Peripheral Equipment	4121	18238	269012	322221	504260	624008	482223
3.办公设备制造 Manufacture of Office Equipment	330	3696	33480	23767	13010	15304	37690
医疗设备及仪器仪表制造业 Manufacture of Medical Equipments and Measuring Instrument	**1455**	**9470**	**56377**	**66670**	**154801**	**125921**	**212819**
1.医疗设备及器械制造 Manufacture of Medical Equipment and Appliances	171	3099	19976	24964	57157	39457	75373
2.仪器仪表制造 Manufacture of Measuring Instrument	1285	6371	36401	41706	97645	86464	137446

2-1-5 续表 3 continued

行业 Industry	新产品产值（万元） Output Value of New Products (10000 yuan)					
	2000	2005	2006	2007	2008	2009
合计 Total	**15243981**	**46772398**	**58706195**	**74691960**	**90408241**	**74742469**
医药制造业 Manufacture of Medicines	**384115**	**977453**	**1128439**	**1790566**	**2583311**	**3335123**
#化学药品制造 Manufacture of Chemical Medicine	289574	822986	895492	1419703	1806265	2616894
中成药制造 Manufacture of Finished Traditional Chinese Herbal Medicine	62323	142499	182288	173471	274073	273450
生物、生化制品的制造 Manufacture of Biological and Biochemical Chemical Products	27340	7406	41107	91425	315152	298861
航空航天器制造业 Manufacture of Aircrafts and Spacecrafts		**5016**	**70933**	**26518**	**23010**	
1.飞机制造及修理 Manufacture and Repairing of Airplanes		5016	70933	26518	23010	
2.航天器制造 Manufacture of Spacecrafts						
电子及通信设备制造业 Manufacture of Electronic Equipment and Communication Equipment	**10196918**	**26695169**	**29340083**	**45603206**	**47856829**	**52966788**
1.通信设备制造 Manufacture of Communication Equipment	4135047	11829222	13692039	25273954	23561123	25894879
#通信传输设备制造 Manufacture of Communication Transmitting Equipment	54418	19675	41439	229590	692692	421692
通信交换设备制造 Manufacture of Communication Exchanging Equipment	138545	2227386	2391129	3244977	1800941	2629670
通信终端设备制造 Manufacture of Communication Terminal Equipment	791351	682766	449554	141668	1196078	1148462
2.雷达及配套设备制造 Manufacture of Radar and Its Fittings						
3.广播电视设备制造 Manufacture of Broadcasting and TV Equipment		20474	60982	144101	167740	235294
4.电子器件制造 Manufacture of Electronic Appliances	1571049	4243046	4798117	6530243	9377282	9623477
#电子真空器件制造 Manufacture of Electronic Vacuum Appliances	1306902	886759	893828	888275	1077292	277584
半导体分立器件制造 Manufacture of Semiconductor Discreting Appliances	21959	55450	247461	261810	547907	526679
集成电路制造 Manufacture of Integrate Circuit	242189	2045138	2197966	1682170	1878253	3504039
5.电子元件制造 Manufacture of Electronic Components	549508	2186678	2190034	4483517	5495610	8489336
6.家用视听设备制造 Manufacture of Domestic TV Set and Radio Receiver	3910206	8330642	8430354	8806723	8077214	7857878
7.其他电子设备制造 Manufacture of Other Electronic Equipment	31108	85107	168557	364668	1177861	865923
电子计算机及办公设备制造业 Manufacture of Computers and Office Equipments	**4500435**	**18567604**	**27430405**	**25541967**	**38214966**	**16303702**
1.电子计算机整机制造 Manufacture of Entired Computer	1976630	10571450	17073221	14492019	23217526	4955398
2.电子计算机外部设备制造 Manufacture of Computer Peripheral Equipment	2433126	7415189	9602866	10356896	14381609	10174728
3.办公设备制造 Manufacture of Office Equipment	90680	580964	754318	693052	615830	376060
医疗设备及仪器仪表制造业 Manufacture of Medical Equipments and Measuring Instrument	**162513**	**527156**	**736336**	**1729702**	**1730125**	**2136857**
1.医疗设备及器械制造 Manufacture of Medical Equipment and Appliances	26820	147381	116331	362339	465033	590131
2.仪器仪表制造 Manufacture of Measuring Instrument	135693	379776	620005	1367363	1265092	1546725

2-1-5 续表 4 continued

行 业 Industry	新产品销售收入（万元） Sales Revenue of New Products (10000 yuan)						
	1995	2000	2005	2006	2007	2008	2009
合 计 **Total**	**1268397**	**14958175**	**46341761**	**56639107**	**72377018**	**89655251**	**76370482**
医药制造业 **Manufacture of Medicines**	**133886**	**334928**	**865973**	**1163787**	**1482121**	**2336478**	**3026491**
#化学药品制造 Manufacture of Chemical Medicine	98498	265754	735429	963783	1153674	1615195	2411265
中成药制造 Manufacture of Finished Traditional Chinese Herbal Medicine	28914	38782	118899	155370	142375	239050	213450
生物、生化制品的制造 Manufacture of Biological and Biochemical Chemical Products	2330	25513	6803	35054	79961	291195	272257
航空航天器制造业 **Manufacture of Aircrafts and Spacecrafts**			**6787**	**66375**	**15534**	**22743**	
1.飞机制造及修理 Manufacture and Repairing of Airplanes			6787	66375	15534	22743	
2.航天器制造 Manufacture of Spacecrafts							
电子及通信设备制造业 **Manufacture of Electronic Equipment and Communication Equip**	**950407**	**10095602**	**26258429**	**27098274**	**43676436**	**48122528**	**53020283**
1.通信设备制造 Manufacture of Communication Equipment	208556	4208708	11616002	12818549	24681098	24937217	26820329
#通信传输设备制造 Manufacture of Communication Transmitting Equipment	1140	49433	19506	33185	238540	639368	702721
通信交换设备制造 Manufacture of Communication Exchanging Equipment	75501	94160	2224898	2436976	3270988	3202130	4031704
通信终端设备制造 Manufacture of Communication Terminal Equipment	10915	932154	671304	444633	138009	1166504	1150664
2.雷达及配套设备制造 Manufacture of Radar and Its Fittings							
3.广播电视设备制造 Manufacture of Broadcasting and TV Equipment			18508	55530	136463	162061	226408
4.电子器件制造 Manufacture of Electronic Appliances	89606	1467690	4210647	3694788	6193058	9261809	9465725
#电子真空器件制造 Manufacture of Electronic Vacuum Appliances	46665	1204234	902238	884040	870866	1052241	282321
半导体分立器件制造 Manufacture of Semiconductor Discreting Appliances	1332	25643	55293	145906	201323	552221	509132
集成电路制造 Manufacture of Integrate Circuit	41610	237813	2005199	1234362	1621374	1850215	3447612
5.电子元件制造 Manufacture of Electronic Components	18609	530853	2227513	2169561	4165735	5365455	8583102
6.家用视听设备制造 Manufacture of Domestic TV Set and Radio Receiver	632959	3857869	8099942	8199256	8134888	7564820	7111968
7.其他电子设备制造 Manufacture of Other Electronic Equipment	677	30482	85817	160590	365194	831167	812751
电子计算机及办公设备制造业 **Manufacture of Computers and Office Equipments**	**160424**	**4357774**	**18691363**	**27631680**	**25532818**	**37514262**	**18169030**
1.电子计算机整机制造 Manufacture of Entired Computer	55	1868310	10707048	17301684	14277570	22642513	6870077
2.电子计算机外部设备制造 Manufacture of Computer Peripheral Equipment	145644	2400633	7397279	9584906	10574028	14264800	10107029
3.办公设备制造 Manufacture of Office Equipment	14725	88831	587036	745090	681219	606950	383990
医疗设备及仪器仪表制造业 **Manufacture of Medical Equipments and Measuring Instrument**	**23680**	**169872**	**519209**	**678992**	**1670110**	**1659239**	**2154679**
1.医疗设备及器械制造 Manufacture of Medical Equipment and Appliances	10432	24252	145078	98225	341735	420641	573304
2.仪器仪表制造 Manufacture of Measuring Instrument	13248	145620	374131	580767	1328375	1238598	1581375
Manufacture of Measuring Instrument							

2-1-5 续表 5 continued

行业 Industry	专利申请数（件） Patent Applications (piece)						
	1995	2000	2005	2006	2007	2008	2009
合计 **Total**	**50**	**582**	**6036**	**8816**	**10249**	**11759**	**17946**
医药制造业 **Manufacture of Medicines**	**23**	**87**	**594**	**575**	**589**	**863**	**885**
#化学药品制造 Manufacture of Chemical Medicine	2	15	263	223	265	430	546
中成药制造 Manufacture of Finished Traditional Chinese Herbal Medicine	20	44	255	273	189	130	133
生物、生化制品的制造 Manufacture of Biological and Biochemical Chemical Products	1	28	71	65	107	111	108
航空航天器制造业 **Manufacture of Aircrafts and Spacecrafts**			**23**	**12**	**25**	**26**	**7**
1.飞机制造及修理 Manufacture and Repairing of Airplanes			23	12	25	26	7
2.航天器制造 Manufacture of Spacecrafts							
电子及通信设备制造业 **Manufacture of Electronic Equipment and Communication Equipment**	**21**	**304**	**3635**	**5156**	**6099**	**6912**	**9337**
1.通信设备制造 Manufacture of Communication Equipment	9	66	1007	1950	1303	1914	2168
#通信传输设备制造 Manufacture of Communication Transmitting Equipment		2	187	153	306	275	217
通信交换设备制造 Manufacture of Communication Exchanging Equipment		37	91	74	217	265	460
通信终端设备制造 Manufacture of Communication Terminal Equipment	6	25	112	1464	48	151	161
2.雷达及配套设备制造 Manufacture of Radar and Its Fittings							
3.广播电视设备制造 Manufacture of Broadcasting and TV Equipment			40	71	57	171	83
4.电子器件制造 Manufacture of Electronic Appliances	6	27	527	1253	1807	2477	3564
#电子真空器件制造 Manufacture of Electronic Vacuum Appliances		25	55	199	38	25	88
半导体分立器件制造 Manufacture of Semiconductor Discreting Appliances	3			23	26	61	135
集成电路制造 Manufacture of Integrate Circuit	3	2	407	904	1239	1429	1856
5.电子元件制造 Manufacture of Electronic Components		25	593	305	634	1038	1726
6.家用视听设备制造 Manufacture of Domestic TV Set and Radio Receiver	6	186	1429	1543	2102	1068	1325
7.其他电子设备制造 Manufacture of Other Electronic Equipment			39	34	196	244	471
电子计算机及办公设备制造业 **Manufacture of Computers and Office Equipments**	**1**	**178**	**1485**	**2639**	**2381**	**3063**	**6163**
1.电子计算机整机制造 Manufacture of Entired Computer		144	843	1029	664	727	2639
2.电子计算机外部设备制造 Manufacture of Computer Peripheral Equipment		31	642	1599	1706	2332	2483
3.办公设备制造 Manufacture of Office Equipment	1	3		11	11	4	71
医疗设备及仪器仪表制造业 **Manufacture of Medical Equipments and Measuring Instrument**	**5**	**13**	**299**	**434**	**1155**	**895**	**1554**
1.医疗设备及器械制造 Manufacture of Medical Equipment and Appliances	2	2	154	215	680	268	375
2.仪器仪表制造 Manufacture of Measuring Instrument	3	11	145	219	475	627	1179

2-1-5 续表 6 continued

行 业 Industry	有效发明专利数（件） Number of Patents In Force (piece)						
	1995	2000	2005	2006	2007	2008	2009
合 计 **Total**	**37**	**435**	**1913**	**3469**	**6461**	**8732**	**9709**
医药制造业 **Manufacture of Medicines**	**19**	**168**	**273**	**495**	**747**	**853**	**891**
#化学药品制造 Manufacture of Chemical Medicine		11	68	141	271	311	496
中成药制造 Manufacture of Finished Traditional Chinese Herbal Medicine	19	134	131	305	357	309	212
生物、生化制品的制造 Manufacture of Biological and Biochemical Chemical Products		23	9	49	95	173	152
航空航天器制造业 **Manufacture of Aircrafts and Spacecrafts**			**4**	**3**	**57**	**61**	
1.飞机制造及修理 Manufacture and Repairing of Airplanes			4	3	57	61	
2.航天器制造 Manufacture of Spacecrafts							
电子及通信设备制造业 **Manufacture of Electronic Equipment and Communication Equipment**	**13**	**188**	**1200**	**1820**	**2529**	**4459**	**4989**
1.通信设备制造 Manufacture of Communication Equipment	5	95	355	355	526	1115	1192
#通信传输设备制造 Manufacture of Communication Transmitting Equipment		2	22	112	271	235	79
通信交换设备制造 Manufacture of Communication Exchanging Equipment		82	115	70	106	208	266
通信终端设备制造 Manufacture of Communication Terminal Equipment	2	7	74	44	15	44	65
2.雷达及配套设备制造 Manufacture of Radar and Its Fittings							
3.广播电视设备制造 Manufacture of Broadcasting and TV Equipment			3	5	12	99	31
4.电子器件制造 Manufacture of Electronic Appliances	4	16	383	592	831	1352	2476
#电子真空器件制造 Manufacture of Electronic Vacuum Appliances		14	261	319	271	22	45
半导体分立器件制造 Manufacture of Semiconductor Discreting Appliances	3		5	8	30	42	83
集成电路制造 Manufacture of Integrate Circuit	1	2	99	256	180	184	1575
5.电子元件制造 Manufacture of Electronic Components		3	172	338	424	462	488
6.家用视听设备制造 Manufacture of Domestic TV Set and Radio Receiver	3	74	284	519	679	1291	632
7.其他电子设备制造 Manufacture of Other Electronic Equipment	1		3	11	57	140	170
电子计算机及办公设备制造业 **Manufacture of Computers and Office Equipments**	**1**	**65**	**276**	**933**	**2939**	**3096**	**3207**
1.电子计算机整机制造 Manufacture of Entired Computer		58	12	19	1816	1313	2104
2.电子计算机外部设备制造 Manufacture of Computer Peripheral Equipment		2	264	901	1121	1781	614
3.办公设备制造 Manufacture of Office Equipment	1	5		13	2	2	32
医疗设备及仪器仪表制造业 **Manufacture of Medical Equipments and Measuring Instrument**	**4**	**14**	**160**	**218**	**189**	**263**	**622**
1.医疗设备及器械制造 Manufacture of Medical Equipment and Appliances	2	6	30	22	36	64	155
2.仪器仪表制造 Manufacture of Measuring Instrument	2	8	130	196	153	199	467

2-1-5 续表 7 continued

行业 Industry	技术改造经费支出（万元） Expenditure for Technical Renovation (10000 yuan)						
	1995	2000	2005	2006	2007	2008	2009
合计 **Total**	**44124**	**122897**	**407131**	**392843**	**484353**	**580503**	**452209**
医药制造业 **Manufacture of Medicines**	**6525**	**24686**	**77627**	**49367**	**69982**	**91410**	**117420**
#化学药品制造 Manufacture of Chemical Medicine	4612	16682	42338	33320	39997	56261	87359
中成药制造 Manufacture of Finished Traditional Chinese Herbal Medicine	1893	7004	33459	12644	23189	18202	12750
生物、生化制品的制造 Manufacture of Biological and Biochemical Chemical Products		1000	1200	2883	3267	6905	7042
航空航天器制造业 **Manufacture of Aircrafts and Spacecrafts**	**2390**		**4564**	**292**	**2100**		**175**
1.飞机制造及修理 Manufacture and Repairing of Airplanes	2390		4564	292	2100		175
2.航天器制造 Manufacture of Spacecrafts							
电子及通信设备制造业 **Manufacture of Electronic Equipment and Communication Equipment**	**28547**	**84780**	**274751**	**238652**	**343184**	**395993**	**248713**
1.通信设备制造 Manufacture of Communication Equipment	846	32944	24483	21959	16464	27784	16819
#通信传输设备制造 Manufacture of Communication Transmitting Equipment		18	10	89	4225	3335	3374
通信交换设备制造 Manufacture of Communication Exchanging Equipment		3952	4737		2500	651	
通信终端设备制造 Manufacture of Communication Terminal Equipment		28423	1001	120	760	9329	1004
2.雷达及配套设备制造 Manufacture of Radar and Its Fittings							
3.广播电视设备制造 Manufacture of Broadcasting and TV Equipment			4374	4209	1156	502	839
4.电子器件制造 Manufacture of Electronic Appliances	9311	22641	70218	95216	103492	114915	127056
#电子真空器件制造 Manufacture of Electronic Vacuum Appliances	9295	11088	18148	29352	11895	7522	1470
半导体分立器件制造 Manufacture of Semiconductor Discreting Appliances	16	10830	1882	7367	15395	35964	26714
集成电路制造 Manufacture of Integrate Circuit		723	32716	37542	47608	19472	58084
5.电子元件制造 Manufacture of Electronic Components	5049	5731	118352	70030	174087	129939	70468
6.家用视听设备制造 Manufacture of Domestic TV Set and Radio Receiver	13341	23463	55070	42320	41884	47908	32973
7.其他电子设备制造 Manufacture of Other Electronic Equipment			2253	4918	6101	74944	559
电子计算机及办公设备制造业 **Manufacture of Computers and Office Equipments**	**3240**	**9575**	**38880**	**85604**	**43224**	**53037**	**50081**
1.电子计算机整机制造 Manufacture of Entired Computer		516	8409	51583	9394	6797	1247
2.电子计算机外部设备制造 Manufacture of Computer Peripheral Equipment	3240	9059	28605	27691	31090	42689	45634
3.办公设备制造 Manufacture of Office Equipment			1866	6330	2739	3551	937
医疗设备及仪器仪表制造业 **Manufacture of Medical Equipments and Measuring Instrument**	**3423**	**3857**	**11310**	**18930**	**25862**	**40064**	**35821**
1.医疗设备及器械制造 Manufacture of Medical Equipment and Appliances	2	1213	663	4643	2296	569	2163
2.仪器仪表制造 Manufacture of Measuring Instrument	3420	2643	10647	14287	23566	39495	33658

2-1-5 续表 8 continued

行 业 Industry	技术引进经费支出（万元） Expenditure for Acquisition of Foreign Technology (10000 yuan)						
	1995	2000	2005	2006	2007	2008	2009
合 计 Total	**24694**	**234659**	**751986**	**683650**	**1213954**	**732728**	**503469**
医药制造业 Manufacture of Medicines	**2330**	**9185**	**13043**	**8433**	**9499**	**21319**	**26109**
#化学药品制造 Manufacture of Chemical Medicine	2270	2427	12609	7267	8929	18979	25783
中成药制造 Manufacture of Finished Traditional Chinese Herbal Medicine	30	400	434	220	254	215	26
生物、生化制品的制造 Manufacture of Biological and Biochemical Chemical Products		6233		918		1625	300
航空航天器制造业 Manufacture of Aircrafts and Spacecrafts			**2950**	**8266**	**1447**	**3072**	**2770**
1.飞机制造及修理 Manufacture and Repairing of Airplanes			2950	8266	1447	3072	2770
2.航天器制造 Manufacture of Spacecrafts							
电子及通信设备制造业 Manufacture of Electronic Equipment and Communication Equipment	**15938**	**150384**	**631339**	**565417**	**1000679**	**661262**	**403587**
1.通信设备制造 Manufacture of Communication Equipment	1852	68275	190177	208171	330816	311925	172661
#通信传输设备制造 Manufacture of Communication Transmitting Equipment		6554	7	3	6643	7520	3726
通信交换设备制造 Manufacture of Communication Exchanging Equipment	1147	14399	6852	3812	5138	3866	8457
通信终端设备制造 Manufacture of Communication Terminal Equipment	615	45646	40	2263	405	66237	15676
2.雷达及配套设备制造 Manufacture of Radar and Its Fittings							
3.广播电视设备制造 Manufacture of Broadcasting and TV Equipment			533	483		1481	485
4.电子器件制造 Manufacture of Electronic Appliances	4431	35829	193867	142430	267433	183733	143202
#电子真空器件制造 Manufacture of Electronic Vacuum Appliances	4431	25420	75582	65541	47371	62088	15674
半导体分立器件制造 Manufacture of Semiconductor Discreting Appliances		860	110		91	22390	7532
集成电路制造 Manufacture of Integrate Circuit		9549	56049	35553	58022	22563	14542
5.电子元件制造 Manufacture of Electronic Components	1339	11692	95511	79951	152566	45868	39948
6.家用视听设备制造 Manufacture of Domestic TV Set and Radio Receiver	8316	34339	149781	126714	241508	116186	44912
7.其他电子设备制造 Manufacture of Other Electronic Equipment		250	1470	7668	8355	2070	2379
电子计算机及办公设备制造业 Manufacture of Computers and Office Equipments	**122**	**72347**	**104317**	**96617**	**189620**	**26274**	**52456**
1.电子计算机整机制造 Manufacture of Entired Computer	13	31405	32607		148057	2700	
2.电子计算机外部设备制造 Manufacture of Computer Peripheral Equipment	60	40550	51866	64039	8251	20525	41392
3.办公设备制造 Manufacture of Office Equipment	50	392	19844	32578	33313	3050	10929
医疗设备及仪器仪表制造业 Manufacture of Medical Equipments and Measuring Instrument	**6304**	**2743**	**336**	**4918**	**12709**	**20801**	**18547**
1.医疗设备及器械制造 Manufacture of Medical Equipment and Appliances	134	180		858	44	121	212
2.仪器仪表制造 Manufacture of Measuring Instrument	6170	2562	336	4059	12665	20680	18335

2-1-5 续表 9 continued

行业 Industry	消化吸收经费支出（万元） Expenditure for Assimilation of Technology (10000 yuan)						
	1995	2000	2005	2006	2007	2008	2009
合 计 Total	**3672**	**12425**	**243273**	**71347**	**73063**	**81166**	**25667**
医药制造业 Manufacture of Medicines	**35**	**981**	**13230**	**14403**	**7111**	**8698**	**11480**
#化学药品制造 Manufacture of Chemical Medicine	30	980	12874	13460	6464	5880	10003
中成药制造 Manufacture of Finished Traditional Chinese Herbal Medicine		1	356	337	515	1226	612
生物、生化制品的制造 Manufacture of Biological and Biochemical Chemical Products				582	112	674	866
航空航天器制造业 Manufacture of Aircrafts and Spacecrafts				**1811**	**1515**		**503**
1.飞机制造及修理 Manufacture and Repairing of Airplanes				1811	1515		503
2.航天器制造 Manufacture of Spacecrafts							
电子及通信设备制造业 Manufacture of Electronic Equipment and Communication Equipment	**3161**	**7791**	**219126**	**47322**	**44839**	**46547**	**11063**
1.通信设备制造 Manufacture of Communication Equipment	32	1842	166351	9425	8464	4784	1716
#通信传输设备制造 Manufacture of Communication Transmitting Equipment		351	6	123	66		200
通信交换设备制造 Manufacture of Communication Exchanging Equipment		737					
通信终端设备制造 Manufacture of Communication Terminal Equipment		655				635	
2.雷达及配套设备制造 Manufacture of Radar and Its Fittings							
3.广播电视设备制造 Manufacture of Broadcasting and TV Equipment			226	166		2	91
4.电子器件制造 Manufacture of Electronic Appliances	3020	404	15554	3324	18073	6920	911
#电子真空器件制造 Manufacture of Electronic Vacuum Appliances	3020	326	166	2088	1412	1625	190
半导体分立器件制造 Manufacture of Semiconductor Discreting Appliances				200		921	616
集成电路制造 Manufacture of Integrate Circuit		78	4375	988	11726	455	25
5.电子元件制造 Manufacture of Electronic Components	50	152	3702	4113	5220	6852	4440
6.家用视听设备制造 Manufacture of Domestic TV Set and Radio Receiver	60	5393	33293	30092	12521	12462	3905
7.其他电子设备制造 Manufacture of Other Electronic Equipment				202	560	15527	1
电子计算机及办公设备制造业 Manufacture of Computers and Office Equipments	**54**	**3312**	**8218**	**3976**	**18419**	**25426**	**326**
1.电子计算机整机制造 Manufacture of Entired Computer			5042	590	1434		
2.电子计算机外部设备制造 Manufacture of Computer Peripheral Equipment	54	3297	1376	3386	16985	25426	89
3.办公设备制造 Manufacture of Office Equipment		15	1800				
医疗设备及仪器仪表制造业 Manufacture of Medical Equipments and Measuring Instrument	**423**	**342**	**2700**	**3836**	**1179**	**495**	**2295**
1.医疗设备及器械制造 Manufacture of Medical Equipment and Appliances	19	160			204		172
2.仪器仪表制造 Manufacture of Measuring Instrument	403	182	2700	3836	976	495	2123

2-1-5 续表 10 continued

行 业 Industry	购买国内技术经费支出（万元） Expenditure on Purchase of Domestic Technology (10000 yuan)						
	1995	2000	2005	2006	2007	2008	2009
合 计 Total	**768**	**8426**	**26226**	**27729**	**26893**	**42122**	**55226**
医药制造业 Manufacture of Medicines	**299**	**4715**	**10559**	**6853**	**10811**	**6338**	**15450**
#化学药品制造 Manufacture of Chemical Medicine	210	3437	8856	4608	7974	4811	12957
中成药制造 Manufacture of Finished Traditional Chinese Herbal Medicine	72	1143	1261	1702	1956	438	1941
生物、生化制品的制造 Manufacture of Biological and Biochemical Chemical Products		135	292	543	780	350	468
航空航天器制造业 Manufacture of Aircrafts and Spacecrafts					**316**		**1754**
1.飞机制造及修理 Manufacture and Repairing of Airplanes					316		1754
2.航天器制造 Manufacture of Spacecrafts							
电子及通信设备制造业 Manufacture of Electronic Equipment and Communication Equipment	**469**	**982**	**13502**	**19959**	**14430**	**30451**	**32882**
1.通信设备制造 Manufacture of Communication Equipment		101	4511	2723	5336	2614	7760
#通信传输设备制造 Manufacture of Communication Transmitting Equipment			4	55			1672
通信交换设备制造 Manufacture of Communication Exchanging Equipment						321	
通信终端设备制造 Manufacture of Communication Terminal Equipment		101	97	91	119	182	1092
2.雷达及配套设备制造 Manufacture of Radar and Its Fittings							
3.广播电视设备制造 Manufacture of Broadcasting and TV Equipment							
4.电子器件制造 Manufacture of Electronic Appliances		140	2928	8874	7193	13957	13047
#电子真空器件制造 Manufacture of Electronic Vacuum Appliances		140	1013	7003	7003		605
半导体分立器件制造 Manufacture of Semiconductor Discreting Appliances			1822	100		525	115
集成电路制造 Manufacture of Integrate Circuit			70	226	190	11	55
5.电子元件制造 Manufacture of Electronic Components	424	422	3715	5126	1307	12149	7742
6.家用视听设备制造 Manufacture of Domestic TV Set and Radio Receiver	45	320	2148	3236	264	1468	4252
7.其他电子设备制造 Manufacture of Other Electronic Equipment			200		330	263	81
电子计算机及办公设备制造业 Manufacture of Computers and Office Equipments		**9**	**1939**	**111**	**670**	**4028**	**3101**
1.电子计算机整机制造 Manufacture of Entired Computer			1933	11	22		30
2.电子计算机外部设备制造 Manufacture of Computer Peripheral Equipment		9	6	100	648	4028	2829
3.办公设备制造 Manufacture of Office Equipment							
医疗设备及仪器仪表制造业 Manufacture of Medical Equipments and Measuring Instrument		**2720**	**226**	**806**	**667**	**1305**	**2038**
1.医疗设备及器械制造 Manufacture of Medical Equipment and Appliances		2707	15	631			98
2.仪器仪表制造 Manufacture of Measuring Instrument		12	211	175	667	1305	1940

2-1-5 续表 11 continued

行 业 Industry	研发机构数（个） Number of R&D Institutions in Enterprises (unit)						
	1995	2000	2005	2006	2007	2008	2009
合 计 Total	**132**	**189**	**451**	**588**	**775**	**933**	**1075**
医药制造业 Manufacture of Medicines	**36**	**59**	**98**	**114**	**141**	**160**	**174**
#化学药品制造 Manufacture of Chemical Medicine	16	30	71	67	82	95	106
中成药制造 Manufacture of Finished Traditional Chinese Herbal Medicine	18	21	23	31	34	34	30
生物、生化制品的制造 Manufacture of Biological and Biochemical Chemical Products	2	8	2	9	13	14	20
航空航天器制造业 Manufacture of Aircrafts and Spacecrafts			**3**	**2**	**3**	**3**	**1**
1.飞机制造及修理 Manufacture and Repairing of Airplanes			3	2	3	3	1
2.航天器制造 Manufacture of Spacecrafts							
电子及通信设备制造业 Manufacture of Electronic Equipment and Communication Equipment	**80**	**102**	**258**	**358**	**458**	**561**	**649**
1.通信设备制造 Manufacture of Communication Equipment	15	37	56	56	69	100	112
#通信传输设备制造 Manufacture of Communication Transmitting Equipment		4	9	9	12	20	25
通信交换设备制造 Manufacture of Communication Exchanging Equipment	4	15	5	4	6	7	7
通信终端设备制造 Manufacture of Communication Terminal Equipment	6	7	12	12	10	12	12
2.雷达及配套设备制造 Manufacture of Radar and Its Fittings							
3.广播电视设备制造 Manufacture of Broadcasting and TV Equipment			3	7	7	5	7
4.电子器件制造 Manufacture of Electronic Appliances	9	10	42	66	101	148	163
#电子真空器件制造 Manufacture of Electronic Vacuum Appliances	7	7	10	18	15	12	12
半导体分立器件制造 Manufacture of Semiconductor Discreting Appliances	1	2	5	7	8	12	23
集成电路制造 Manufacture of Integrate Circuit	1	1	13	25	42	49	48
5.电子元件制造 Manufacture of Electronic Components	15	23	85	149	192	217	283
6.家用视听设备制造 Manufacture of Domestic TV Set and Radio Receiver	38	25	66	72	77	74	67
7.其他电子设备制造 Manufacture of Other Electronic Equipment	3	7	6	8	12	17	17
电子计算机及办公设备制造业 Manufacture of Computers and Office Equipments	**8**	**13**	**55**	**74**	**101**	**113**	**131**
1.电子计算机整机制造 Manufacture of Entired Computer	1	4	12	28	26	26	33
2.电子计算机外部设备制造 Manufacture of Computer Peripheral Equipment	4	8	38	41	71	83	77
3.办公设备制造 Manufacture of Office Equipment	3	1	5	5	4	4	10
医疗设备及仪器仪表制造业 Manufacture of Medical Equipments and Measuring Instrument	**8**	**15**	**37**	**40**	**72**	**96**	**120**
1.医疗设备及器械制造 Manufacture of Medical Equipment and Appliances	2	5	4	5	7	18	31
2.仪器仪表制造 Manufacture of Measuring Instrument	6	10	33	35	65	78	89

2-1-5 续表 12 continued

行 业 Industry	机构人员（人） Personnel in the R&D Institutions (person)						
	1995	2000	2005	2006	2007	2008	2009
合 计 Total	**4137**	**14019**	**47138**	**57697**	**78230**	**113635**	**135605**
医药制造业 Manufacture of Medicines	**869**	**1839**	**3647**	**4421**	**6401**	**10551**	**12183**
#化学药品制造 Manufacture of Chemical Medicine	401	953	2619	2613	4101	6063	7962
中成药制造 Manufacture of Finished Traditional Chinese Herbal Medicine	449	588	717	1143	1174	2957	1516
生物、生化制品的制造 Manufacture of Biological and Biochemical Chemical Products	19	298	219	473	740	811	2048
航空航天器制造业 Manufacture of Aircrafts and Spacecrafts			**342**	**49**	**70**	**524**	**358**
1.飞机制造及修理 Manufacture and Repairing of Airplanes			342	49	70	524	358
2.航天器制造 Manufacture of Spacecrafts							
电子及通信设备制造业 Manufacture of Electronic Equipment and Communication Equipment	**2467**	**8495**	**23977**	**36459**	**45154**	**66307**	**82676**
1.通信设备制造 Manufacture of Communication Equipment	649	4183	8535	13298	13257	18769	19093
#通信传输设备制造 Manufacture of Communication Transmitting Equipment		260	266	2476	1916	1925	2430
通信交换设备制造 Manufacture of Communication Exchanging Equipment	347	2365	3389	3375	4081	6564	5294
通信终端设备制造 Manufacture of Communication Terminal Equipment	134	438	1040	1122	745	891	865
2.雷达及配套设备制造 Manufacture of Radar and Its Fittings							
3.广播电视设备制造 Manufacture of Broadcasting and TV Equipment			310	472	332	659	977
4.电子器件制造 Manufacture of Electronic Appliances	359	359	2948	6078	8232	14732	18144
#电子真空器件制造 Manufacture of Electronic Vacuum Appliances	301	256	398	1415	549	627	619
半导体分立器件制造 Manufacture of Semiconductor Discreting Appliances	17	42	405	514	918	951	1513
集成电路制造 Manufacture of Integrate Circuit	41	61	985	2480	4366	5437	8561
5.电子元件制造 Manufacture of Electronic Components	250	1807	5280	7631	14268	22114	33566
6.家用视听设备制造 Manufacture of Domestic TV Set and Radio Receiver	1066	1689	6678	8195	8317	8607	9759
7.其他电子设备制造 Manufacture of Other Electronic Equipment	143	457	226	785	748	1426	1137
电子计算机及办公设备制造业 Manufacture of Computers and Office Equipments	**672**	**3372**	**16318**	**13974**	**21276**	**30472**	**32118**
1.电子计算机整机制造 Manufacture of Entired Computer	22	2387	2959	9867	13316	13570	16726
2.电子计算机外部设备制造 Manufacture of Computer Peripheral Equipment	554	849	12341	3645	7396	16407	10276
3.办公设备制造 Manufacture of Office Equipment	96	136	1018	462	564	495	1083
医疗设备及仪器仪表制造业 Manufacture of Medical Equipments and Measuring Instrument	**129**	**313**	**2854**	**2794**	**5329**	**5781**	**8270**
1.医疗设备及器械制造 Manufacture of Medical Equipment and Appliances	16	59	431	846	1390	1528	2293
2.仪器仪表制造 Manufacture of Measuring Instrument	113	254	2423	1948	3939	4253	5977

2-1-5 续表 13 continued

行业 Industry	机构经费支出（万元） Expenditure in the R&D Institutions (10000 yuan)						
	1995	2000	2005	2006	2007	2008	2009
合 计 **Total**	**29367**	**291420**	**790690**	**1372864**	**2061825**	**2742726**	**2706160**
医药制造业 **Manufacture of Medicines**	**8639**	**22270**	**62608**	**72065**	**177888**	**214983**	**260339**
#化学药品制造 Manufacture of Chemical Medicine	6481	16263	48697	40110	119002	134108	191202
中成药制造 Manufacture of Finished Traditional Chinese Herbal Medicine	2048	4505	9044	16443	26181	38420	22835
生物、生化制品的制造 Manufacture of Biological and Biochemical Chemical Products	109	1502	2216	11667	24918	29518	31742
航空航天器制造业 **Manufacture of Aircrafts and Spacecrafts**			**5250**	**1145**	**2092**	**1348**	**3974**
1.飞机制造及修理 Manufacture and Repairing of Airplanes			5250	1145	2092	1348	3974
2.航天器制造 Manufacture of Spacecrafts							
电子及通信设备制造业 **Manufacture of Electronic Equipment and Communication Equipment**	**18426**	**170528**	**531580**	**1010524**	**1356249**	**1777429**	**1689461**
1.通信设备制造 Manufacture of Communication Equipment	8388	96680	202493	333352	459224	657328	567782
#通信传输设备制造 Manufacture of Communication Transmitting Equipment		5046	3931	67029	69518	31180	34553
通信交换设备制造 Manufacture of Communication Exchanging Equipment	4403	50631	69792	84634	182384	190612	200343
通信终端设备制造 Manufacture of Communication Terminal Equipment	495	4874	13352	18940	13881	79282	18916
2.雷达及配套设备制造 Manufacture of Radar and Its Fittings							
3.广播电视设备制造 Manufacture of Broadcasting and TV Equipment			3741	6910	9890	8739	11092
4.电子器件制造 Manufacture of Electronic Appliances	2478	17478	55664	216911	319930	465608	420088
#电子真空器件制造 Manufacture of Electronic Vacuum Appliances	1381	12777	17195	32717	35673	43525	9891
半导体分立器件制造 Manufacture of Semiconductor Discreting Appliances	81	781	4460	14606	11657	13240	19998
集成电路制造 Manufacture of Integrate Circuit	1016	3920	14613	117782	178889	266301	245621
5.电子元件制造 Manufacture of Electronic Components	600	15035	111135	219041	352883	326204	400431
6.家用视听设备制造 Manufacture of Domestic TV Set and Radio Receiver	6941	38818	157561	222112	197830	285616	272480
7.其他电子设备制造 Manufacture of Other Electronic Equipment	20	2516	988	12198	16492	33934	17589
电子计算机及办公设备制造业 **Manufacture of Computers and Office Equipments**	**1819**	**95165**	**163836**	**255345**	**435089**	**649151**	**592154**
1.电子计算机整机制造 Manufacture of Entired Computer	15	74727	19543	133417	245326	250617	221790
2.电子计算机外部设备制造 Manufacture of Computer Peripheral Equipment	1332	20201	139744	112476	180512	388646	251575
3.办公设备制造 Manufacture of Office Equipment	472	237	4549	9453	9251	9887	11845
医疗设备及仪器仪表制造业 **Manufacture of Medical Equipments and Measuring Instrument**	**483**	**3457**	**27417**	**33784**	**90507**	**99816**	**160232**
1.医疗设备及器械制造 Manufacture of Medical Equipment and Appliances	324	1356	1516	1934	31220	33156	60668
2.仪器仪表制造 Manufacture of Measuring Instrument	159	2101	25901	31851	59287	66660	99565

2-2-1 按行业分高技术产业R&D活动人员情况(2009年)
R&D Personnel in High-tech Industry by Industrial Sector(2009)

行业 Industry	有R&D活动的企业数(个) Number of Enterprises Having R&D Activities (unit)	R&D人员(万人) R&D Personnel (10000 persons)	#全时人员 Full-time Personnel	#研究人员 Researchers	R&D人员全时当量(万人年) Full-time Equivalent (10000 man-year)
合 计 Total	**6949**	**474626**	**359289**	**202666**	**389220**
医药制造业 Manufacture of Medicines	**2045**	**90222**	**60673**	**38183**	**70065**
#化学药品制造 Manufacture of Chemical Medicine	881	49728	34088	20151	39245
中成药制造 Manufacture of Finished Traditional Chinese Herbal Medicine	478	20974	14698	10748	15464
生物、生化制品的制造 Manufacture of Biological and Biochemical Chemical Products	319	11345	7575	4315	9469
航空航天器制造业 Manufacture of Aircrafts and Spacecrafts	**87**	**26238**	**16691**	**15279**	**23265**
1.飞机制造及修理 Manufacture and Repairing of Airplanes	75	23662	14780	13529	20756
2.航天器制造 Manufacture of Spacecrafts	10	2486	1829	1743	2428
电子及通信设备制造业 Manufacture of Electronic Equipment and Communication Equipment	**2765**	**252034**	**200633**	**115759**	**209668**
1.通信设备制造 Manufacture of Communication Equipment	504	99380	91588	72523	92595
#通信传输设备制造 Manufacture of Communication Transmitting Equipment	138	10252	8815	5198	8725
通信交换设备制造 Manufacture of Communication Exchanging Equipment	57	63508	61776	59050	63099
通信终端设备制造 Manufacture of Communication Terminal Equipment	79	4509	3438	1793	3695
2.雷达及配套设备制造 Manufacture of Radar and Its Fittings	28	4791	4295	2364	4036
3.广播电视设备制造 Manufacture of Broadcasting and TV Equipment	117	5539	3160	1258	4589
4.电子器件制造 Manufacture of Electronic Appliances	703	47735	33626	14029	38934
#电子真空器件制造 Manufacture of Electronic Vacuum Appliances	59	4493	3063	1879	3488
半导体分立器件制造 Manufacture of Semiconductor Discreting Appliances	118	6931	4717	2137	5815
集成电路制造 Manufacture of Integrate Circuit	160	18120	13522	4845	15863
5.电子元件制造 Manufacture of Electronic Components	1002	59010	40303	14892	41963
6.家用视听设备制造 Manufacture of Domestic TV Set and Radio Receiver	196	22324	16806	7551	16364
7.其他电子设备制造 Manufacture of Other Electronic Equipment	215	13255	10855	3142	11188
电子计算机及办公设备制造业 Manufacture of Computers and Office Equipments	**414**	**46861**	**39896**	**9936**	**39487**
1.电子计算机整机制造 Manufacture of Entired Computer	50	18660	17168	3037	17412
2.电子计算机外部设备制造 Manufacture of Computer Peripheral Equipment	252	19250	15213	4856	14487
3.办公设备制造 Manufacture of Office Equipment	58	2759	2099	594	2454
医疗设备及仪器仪表制造业 Manufacture of Medical Equipments and Measuring Instrument	**1638**	**59271**	**41396**	**23509**	**46735**
1.医疗设备及器械制造 Manufacture of Medical Equipment and Appliances	352	11547	8588	2950	9193
2.仪器仪表制造 Manufacture of Measuring Instrument	1286	47724	32808	20559	37543

2-2-2 各地区高技术产业R&D活动人员情况(2009年)
R&D Personnel in High-tech Industry by Region(2009)

地区	Region	有R&D活动的企业数(个) Number of Enterprises Having R&D Activities (unit)	R&D人员(万人) R&D Personnel (10000 persons)	#全时人员 Full-time Personnel	#研究人员 Researchers	R&D人员全时当量(万人年) Full-time Equivalent (10000 man-year)
全国	**Total**	**6949**	**474626**	**359289**	**202666**	**389220**
东部地区	Eastern Region	5282	367563	286015	149204	304767
中部地区	Middle Region	1024	60685	40518	29957	46886
西部地区	Western Region	643	46378	32756	23505	37568
北京	Beijing	432	17041	12223	6401	13458
天津	Tianjin	132	8613	4506	3486	6401
河北	Hebei	82	7878	5561	4509	6337
山西	Shanxi	39	2404	1790	1055	1817
内蒙古	Inner Mongolia	19	298	129	118	255
辽宁	Liaoning	146	7826	5623	3992	6279
吉林	Jilin	60	3703	2027	1519	2614
黑龙江	Heilongjiang	66	6828	4528	4953	6225
上海	Shanghai	349	23864	16952	7922	21453
江苏	Jiangsu	1291	73653	54324	19405	59676
浙江	Zhejiang	1073	36292	24090	9374	31245
安徽	Anhui	141	6413	4845	2693	4566
福建	Fujian	244	16653	13535	4970	14114
江西	Jiangxi	94	8568	5106	3739	6422
山东	Shandong	354	21730	16541	10547	17681
河南	Henan	184	12144	8009	5577	9385
湖北	Hubei	204	14327	10023	6671	11007
湖南	Hunan	236	6298	4190	3750	4850
广东	Guangdong	1152	153170	131980	78268	127449
广西	Guangxi	93	1773	1191	720	1219
海南	Hainan	27	843	680	330	675
重庆	Chongqing	97	4826	3888	2708	3818
四川	Sichuan	176	18678	14044	9404	15416
贵州	Guizhou	49	3847	2404	1827	2841
云南	Yunnan	44	1205	754	437	902
西藏	Tibet	3	351	343	114	339
陕西	Shaanxi	113	13329	8452	7209	11143
甘肃	Gansu	21	1166	977	542	872
青海	Qinghai	9	185	95	46	156
宁夏	Ningxia	9	618	411	311	540
新疆	Xinjiang	10	102	68	69	66

2-2-3 按行业和企业规模分高技术产业R&D活动人员情况(2009年)
R&D Personnel in High-tech Industry by Industrial Sector and Scale of Enterprises (2009)

行业 Industry	大型企业 Large-sized Enterprises 有R&D活动的企业数(个) Number of Enterprises Having R&D Activities (unit)	R&D人员(万人) R&D Personnel (10000 persons)	#全时人员 Full-time Personnel	#研究人员 Researchers	R&D人员全时当量(万人年) Full-time Equivalent (10000 man-year)
合 计 Total	**367**	**212523**	**177069**	**110850**	**184830**
医药制造业 Manufacture of Medicines	**69**	**23367**	**17822**	**12942**	**19725**
#化学药品制造 Manufacture of Chemical Medicine	41	16141	12111	8151	13781
中成药制造 Manufacture of Finished Traditional Chinese Herbal Medicine	26	6919	5536	4623	5637
生物、生化制品的制造 Manufacture of Biological and Biochemical Chemical Products	1	80	26	36	80
航空航天器制造业 Manufacture of Aircrafts and Spacecrafts	**30**	**20216**	**12463**	**11130**	**17768**
1.飞机制造及修理 Manufacture and Repairing of Airplanes	29	19288	11710	10773	16840
2.航天器制造 Manufacture of Spacecrafts	1	928	753	357	928
电子及通信设备制造业 Manufacture of Electronic Equipment and Communication Equipment	**185**	**131395**	**113868**	**77267**	**114649**
1.通信设备制造 Manufacture of Communication Equipment	35	70192	67510	61154	68213
#通信传输设备制造 Manufacture of Communication Transmitting Equipment	5	1753	1656	1285	1721
通信交换设备制造 Manufacture of Communication Exchanging Equipment	6	61303	60210	58306	61303
通信终端设备制造 Manufacture of Communication Terminal Equipment	4	954	708	239	768
2.雷达及配套设备制造 Manufacture of Radar and Its Fittings	4	2469	2392	1144	2116
3.广播电视设备制造 Manufacture of Broadcasting and TV Equipment	1	1200	200	55	1070
4.电子器件制造 Manufacture of Electronic Appliances	50	16940	11807	5476	14073
#电子真空器件制造 Manufacture of Electronic Vacuum Appliances	9	1441	1106	973	1048
半导体分立器件制造 Manufacture of Semiconductor Discreting Appliances	3	1196	905	383	985
集成电路制造 Manufacture of Integrate Circuit	14	9515	6972	2927	8518
5.电子元件制造 Manufacture of Electronic Components	73	23631	17280	4336	15237
6.家用视听设备制造 Manufacture of Domestic TV Set and Radio Receiver	18	11730	9822	4549	8903
7.其他电子设备制造 Manufacture of Other Electronic Equipment	4	5233	5057	553	5038
电子计算机及办公设备制造业 Manufacture of Computers and Office Equipments	**58**	**27867**	**25921**	**5081**	**25056**
1.电子计算机整机制造 Manufacture of Entired Computer	19	16434	15715	2225	15738
2.电子计算机外部设备制造 Manufacture of Computer Peripheral Equipment	31	7433	6461	2319	5515
3.办公设备制造 Manufacture of Office Equipment	3	734	631	85	734
医疗设备及仪器仪表制造业 Manufacture of Medical Equipments and Measuring Instrument	**25**	**9678**	**6995**	**4430**	**7631**
1.医疗设备及器械制造 Manufacture of Medical Equipment and Appliances	5	2044	1915	284	1718
2.仪器仪表制造 Manufacture of Measuring Instrument	20	7634	5080	4146	5913

2-2-3 续表 1 continued

行 业 Industry	中型企业 Medium-sized Enterprises 有R&D活动的企业数(个) Number of Enterprises Having R&D Activities (unit)	R&D人员(万人) R&D Personnel (10000 persons)	#全时人员 Full-time Personnel	#研究人员 Researchers	R&D人员全时当量(万人年) Full-time Equivalent (10000 man-year)
合 计 **Total**	**2032**	**169744**	**121584**	**59077**	**135203**
医药制造业 **Manufacture of Medicines**	**592**	**41492**	**27516**	**15403**	**31383**
#化学药品制造 Manufacture of Chemical Medicine	335	23507	15474	8381	17676
中成药制造 Manufacture of Finished Traditional Chinese Herbal Medicine	138	8702	6084	3922	6129
生物、生化制品的制造 Manufacture of Biological and Biochemical Chemical Products	61	5842	4250	2034	5106
航空航天器制造业 **Manufacture of Aircrafts and Spacecrafts**	**41**	**5735**	**4045**	**3896**	**5266**
1.飞机制造及修理 Manufacture and Repairing of Airplanes	32	4150	2936	2531	3746
2.航天器制造 Manufacture of Spacecrafts	8	1506	1038	1362	1448
电子及通信设备制造业 **Manufacture of Electronic Equipment and Communication Equipment**	**947**	**85049**	**62699**	**27271**	**68413**
1.通信设备制造 Manufacture of Communication Equipment	163	20734	17944	8729	17522
#通信传输设备制造 Manufacture of Communication Transmitting Equipment	43	6180	5460	3131	5016
通信交换设备制造 Manufacture of Communication Exchanging Equipment	14	1177	838	408	906
通信终端设备制造 Manufacture of Communication Terminal Equipment	29	2119	1760	1133	1763
2.雷达及配套设备制造 Manufacture of Radar and Its Fittings	16	2009	1662	1028	1651
3.广播电视设备制造 Manufacture of Broadcasting and TV Equipment	21	2245	1635	379	2002
4.电子器件制造 Manufacture of Electronic Appliances	231	21538	15614	5959	18206
#电子真空器件制造 Manufacture of Electronic Vacuum Appliances	27	2586	1666	695	2174
半导体分立器件制造 Manufacture of Semiconductor Discreting Appliances	32	3946	2674	1226	3430
集成电路制造 Manufacture of Integrate Circuit	54	5427	4322	1326	4964
5.电子元件制造 Manufacture of Electronic Components	375	25585	17232	7558	19663
6.家用视听设备制造 Manufacture of Domestic TV Set and Radio Receiver	91	8659	5556	2375	6043
7.其他电子设备制造 Manufacture of Other Electronic Equipment	50	4279	3056	1243	3325
电子计算机及办公设备制造业 **Manufacture of Computers and Office Equipments**	**141**	**13482**	**9808**	**3136**	**10372**
1.电子计算机整机制造 Manufacture of Entired Computer	17	1804	1051	679	1337
2.电子计算机外部设备制造 Manufacture of Computer Peripheral Equipment	95	8953	6603	1630	6887
3.办公设备制造 Manufacture of Office Equipment	18	1418	1047	348	1252
医疗设备及仪器仪表制造业 **Manufacture of Medical Equipments and Measuring Instrument**	**311**	**23986**	**17516**	**9371**	**19770**
1.医疗设备及器械制造 Manufacture of Medical Equipment and Appliances	64	4655	3574	1055	3805
2.仪器仪表制造 Manufacture of Measuring Instrument	247	19331	13942	8316	15964

2-2-3 续表 2 continued

行 业 Industry	小型企业 Small-sized Enterprises 有R&D活动的企业数（个） Number of Enterprises Having R&D Activities (unit)	R&D人员（万人） R&D Personnel (10000 persons)	#全时人员 Full-time Personnel	#研究人员 Researchers	R&D人员全时当量（万人年） Full-time Equivalent (10000 man-year)
合 计 Total	**4550**	**92359**	**60636**	**32739**	**69188**
医药制造业 Manufacture of Medicines	**1384**	**25363**	**15335**	**9838**	**18957**
#化学药品制造 Manufacture of Chemical Medicine	505	10080	6503	3619	7788
中成药制造 Manufacture of Finished Traditional Chinese Herbal Medicine	314	5353	3078	2203	3698
生物、生化制品的制造 Manufacture of Biological and Biochemical Chemical Products	257	5423	3299	2245	4283
航空航天器制造业 Manufacture of Aircrafts and Spacecrafts	**16**	**287**	**183**	**253**	**231**
1.飞机制造及修理 Manufacture and Repairing of Airplanes	14	224	134	225	169
2.航天器制造 Manufacture of Spacecrafts	1	52	38	24	52
电子及通信设备制造业 Manufacture of Electronic Equipment and Communication Equipment	**1633**	**35590**	**24066**	**11221**	**26606**
1.通信设备制造 Manufacture of Communication Equipment	306	8454	6134	2640	6860
#通信传输设备制造 Manufacture of Communication Transmitting Equipment	90	2319	1699	782	1988
通信交换设备制造 Manufacture of Communication Exchanging Equipment	37	1028	728	336	891
通信终端设备制造 Manufacture of Communication Terminal Equipment	46	1436	970	421	1163
2.雷达及配套设备制造 Manufacture of Radar and Its Fittings	8	313	241	192	268
3.广播电视设备制造 Manufacture of Broadcasting and TV Equipment	95	2094	1525	824	1516
4.电子器件制造 Manufacture of Electronic Appliances	422	9257	6205	2594	6656
#电子真空器件制造 Manufacture of Electronic Vacuum Appliances	23	466	291	211	267
半导体分立器件制造 Manufacture of Semiconductor Discreting Appliances	83	1789	1138	528	1401
集成电路制造 Manufacture of Integrate Circuit	92	3178	2228	592	2382
5.电子元件制造 Manufacture of Electronic Components	554	9794	5791	2998	7063
6.家用视听设备制造 Manufacture of Domestic TV Set and Radio Receiver	87	1935	1428	627	1419
7.其他电子设备制造 Manufacture of Other Electronic Equipment	161	3743	2742	1346	2824
电子计算机及办公设备制造业 Manufacture of Computers and Office Equipments	**215**	**5512**	**4167**	**1719**	**4060**
1.电子计算机整机制造 Manufacture of Entired Computer	14	422	402	133	337
2.电子计算机外部设备制造 Manufacture of Computer Peripheral Equipment	126	2864	2149	907	2086
3.办公设备制造 Manufacture of Office Equipment	37	607	421	161	468
医疗设备及仪器仪表制造业 Manufacture of Medical Equipments and Measuring Instrument	**1302**	**25607**	**16885**	**9708**	**19334**
1.医疗设备及器械制造 Manufacture of Medical Equipment and Appliances	283	4848	3099	1611	3669
2.仪器仪表制造 Manufacture of Measuring Instrument	1019	20759	13786	8097	15665

2-2-4 按行业分国有及国有控股企业高技术产业R&D活动人员情况(2009年)

R&D Personnel in High-tech Industry of State-owned and State-controlled Enterprises by Industrial Sector (2009)

行 业 Industry	有R&D活动的企业数(个) Number of Enterprises Having R&D Activities (unit)	R&D人员(万人) R&D Personnel (10000 persons)	#全时人员 Full-time Personnel	#研究人员 Researchers	R&D人员全时当量(万人年) Full-time Equivalent (10000 man-year)
合 计 Total	**911**	**130534**	**99122**	**73800**	**114091**
医药制造业 Manufacture of Medicines	**269**	**21008**	**14097**	**9474**	**17330**
#化学药品制造 Manufacture of Chemical Medicine	140	13476	8677	5749	11385
中成药制造 Manufacture of Finished Traditional Chinese Herbal Medicine	75	4771	3561	2676	3676
生物、生化制品的制造 Manufacture of Biological and Biochemical Chemical Products	32	2342	1656	843	1941
航空航天器制造业 Manufacture of Aircrafts and Spacecrafts	**68**	**25430**	**16207**	**14778**	**22667**
1.飞机制造及修理 Manufacture and Repairing of Airplanes	58	22944	14378	13035	20239
2.航天器制造 Manufacture of Spacecrafts	10	2486	1829	1743	2428
电子及通信设备制造业 Manufacture of Electronic Equipment and Communication Equipment	**335**	**63818**	**53837**	**38099**	**56441**
1.通信设备制造 Manufacture of Communication Equipment	87	33309	31544	23928	31945
#通信传输设备制造 Manufacture of Communication Transmitting Equipment	32	4177	3854	3494	3630
通信交换设备制造 Manufacture of Communication Exchanging Equipment	12	24389	23243	18213	24375
通信终端设备制造 Manufacture of Communication Terminal Equipment	11	760	624	474	542
2.雷达及配套设备制造 Manufacture of Radar and Its Fittings	17	3904	3674	1915	3271
3.广播电视设备制造 Manufacture of Broadcasting and TV Equipment	15	541	473	262	411
4.电子器件制造 Manufacture of Electronic Appliances	95	9415	6262	3950	7472
#电子真空器件制造 Manufacture of Electronic Vacuum Appliances	18	2148	1505	1124	1700
半导体分立器件制造 Manufacture of Semiconductor Discreting Appliances	18	1484	981	638	1279
集成电路制造 Manufacture of Integrate Circuit	19	1557	1391	722	1377
5.电子元件制造 Manufacture of Electronic Components	83	7657	4462	3938	5808
6.家用视听设备制造 Manufacture of Domestic TV Set and Radio Receiver	20	6213	4854	3177	4861
7.其他电子设备制造 Manufacture of Other Electronic Equipment	18	2779	2568	929	2673
电子计算机及办公设备制造业 Manufacture of Computers and Office Equipments	**38**	**5372**	**4755**	**2141**	**4876**
1.电子计算机整机制造 Manufacture of Entired Computer	9	3077	2889	1439	2731
2.电子计算机外部设备制造 Manufacture of Computer Peripheral Equipment	21	2031	1680	568	1936
3.办公设备制造 Manufacture of Office Equipment	4	146	89	75	101
医疗设备及仪器仪表制造业 Manufacture of Medical Equipments and Measuring Instrument	**201**	**14906**	**10226**	**9308**	**12777**
1.医疗设备及器械制造 Manufacture of Medical Equipment and Appliances	24	850	608	475	677
2.仪器仪表制造 Manufacture of Measuring Instrument	177	14056	9618	8833	12100

2-2-5 按行业和登记注册类型分高技术产业R&D活动人员情况(2009年)

R&D Personnel in High-tech Industry by Industrial Sector and Registration Status(2009)

行 业 Industry	内资企业 Domestic Funded 有R&D活动的企业数(个) Number of Enterprises Having R&D Activities (unit)	R&D人员(万人) R&D Personnel (10000 persons)	#全时人员 Full-time Personnel	#研究人员 Researchers	R&D人员全时当量(万人年) Full-time Equivalent (10000 man-year)
合 计 Total	**4859**	**297834**	**223542**	**161540**	**249575**
医药制造业 Manufacture of Medicines	**1600**	**68481**	**44969**	**29714**	**52571**
#化学药品制造 Manufacture of Chemical Medicine	672	36285	24050	14667	28730
中成药制造 Manufacture of Finished Traditional Chinese Herbal Medicine	392	17870	12471	9738	12790
生物、生化制品的制造 Manufacture of Biological and Biochemical Chemical Products	226	7474	4806	2808	6158
航空航天器制造业 Manufacture of Aircrafts and Spacecrafts	**79**	**25827**	**16553**	**15016**	**22922**
1.飞机制造及修理 Manufacture and Repairing of Airplanes	67	23251	14642	13266	20413
2.航天器制造 Manufacture of Spacecrafts	10	2486	1829	1743	2428
电子及通信设备制造业 Manufacture of Electronic Equipment and Communication Equipment	**1654**	**144311**	**119406**	**92502**	**126347**
1.通信设备制造 Manufacture of Communication Equipment	331	77808	74413	66443	74875
#通信传输设备制造 Manufacture of Communication Transmitting Equipment	95	6480	5558	4026	5593
通信交换设备制造 Manufacture of Communication Exchanging Equipment	44	59435	59122	57811	59209
通信终端设备制造 Manufacture of Communication Terminal Equipment	56	2831	2024	1242	2336
2.雷达及配套设备制造 Manufacture of Radar and Its Fittings	26	4752	4263	2348	4003
3.广播电视设备制造 Manufacture of Broadcasting and TV Equipment	92	4111	2327	1086	3427
4.电子器件制造 Manufacture of Electronic Appliances	399	20497	13801	7531	16220
#电子真空器件制造 Manufacture of Electronic Vacuum Appliances	41	3302	2165	1514	2644
半导体分立器件制造 Manufacture of Semiconductor Discreting Appliances	69	3879	2559	1206	3275
集成电路制造 Manufacture of Integrate Circuit	75	4506	3432	1904	3627
5.电子元件制造 Manufacture of Electronic Components	558	22385	13887	8463	16760
6.家用视听设备制造 Manufacture of Domestic TV Set and Radio Receiver	94	9316	7021	4478	7091
7.其他电子设备制造 Manufacture of Other Electronic Equipment	154	5442	3694	2153	3970
电子计算机及办公设备制造业 Manufacture of Computers and Office Equipments	**218**	**14645**	**11873**	**5038**	**11926**
1.电子计算机整机制造 Manufacture of Entired Computer	25	4972	4228	2257	4345
2.电子计算机外部设备制造 Manufacture of Computer Peripheral Equipment	115	5440	4469	1558	4329
3.办公设备制造 Manufacture of Office Equipment	43	1317	950	357	1138
医疗设备及仪器仪表制造业 Manufacture of Medical Equipments and Measuring Instrument	**1308**	**44570**	**30741**	**19270**	**35809**
1.医疗设备及器械制造 Manufacture of Medical Equipment and Appliances	258	7609	5643	2212	6335
2.仪器仪表制造 Manufacture of Measuring Instrument	1050	36961	25098	17058	29475

2-2-5 续表 1 continued

行 业 Industry	#国有企业 State-owned Enterprises 有R&D活动的企业数（个） Number of Enterprises Having R&D Activities (unit)	R&D人员（万人） R&D Personnel (10000 persons)	#全时人员 Full-time Personnel	#研究人员 Researchers	R&D人员全时当量（万人年） Full-time Equivalent (10000 man-year)
合 计 **Total**	**194**	**26317**	**19770**	**15945**	**23531**
医药制造业 **Manufacture of Medicines**	**62**	**5479**	**3692**	**2912**	**4535**
#化学药品制造 Manufacture of Chemical Medicine	26	3023	1934	1767	2659
中成药制造 Manufacture of Finished Traditional Chinese Herbal Medicine	22	1357	769	781	872
生物、生化制品的制造 Manufacture of Biological and Biochemical Chemical Products	8	1039	952	342	961
航空航天器制造业 **Manufacture of Aircrafts and Spacecrafts**	**25**	**7730**	**6015**	**5185**	**7506**
1.飞机制造及修理 Manufacture and Repairing of Airplanes	20	6118	4807	4277	5945
2.航天器制造 Manufacture of Spacecrafts	5	1612	1208	908	1561
电子及通信设备制造业 **Manufacture of Electronic Equipment and Communication Equipment**	**46**	**7276**	**5573**	**4305**	**6393**
1.通信设备制造 Manufacture of Communication Equipment	12	2703	2648	1540	2689
#通信传输设备制造 Manufacture of Communication Transmitting Equipment	4	179	166	164	177
通信交换设备制造 Manufacture of Communication Exchanging Equipment	3	2016	2013	979	2016
通信终端设备制造 Manufacture of Communication Terminal Equipment	1	13	13	13	13
2.雷达及配套设备制造 Manufacture of Radar and Its Fittings	3	278	257	87	242
3.广播电视设备制造 Manufacture of Broadcasting and TV Equipment	2	29	29	22	17
4.电子器件制造 Manufacture of Electronic Appliances	11	881	680	493	780
#电子真空器件制造 Manufacture of Electronic Vacuum Appliances	1	51		20	23
半导体分立器件制造 Manufacture of Semiconductor Discreting Appliances	5	125	73	68	94
集成电路制造 Manufacture of Integrate Circuit	3	529	506	378	527
5.电子元件制造 Manufacture of Electronic Components	13	1447	575	706	1170
6.家用视听设备制造 Manufacture of Domestic TV Set and Radio Receiver	2	1557	1053	1124	1140
7.其他电子设备制造 Manufacture of Other Electronic Equipment	3	381	331	333	355
电子计算机及办公设备制造业 **Manufacture of Computers and Office Equipments**	**3**	**207**	**183**	**63**	**207**
1.电子计算机整机制造 Manufacture of Entired Computer					
2.电子计算机外部设备制造 Manufacture of Computer Peripheral Equipment	2	170	146	25	170
3.办公设备制造 Manufacture of Office Equipment					
医疗设备及仪器仪表制造业 **Manufacture of Medical Equipments and Measuring Instrument**	**58**	**5625**	**4307**	**3480**	**4890**
1.医疗设备及器械制造 Manufacture of Medical Equipment and Appliances	7	289	136	234	190
2.仪器仪表制造 Manufacture of Measuring Instrument	51	5336	4171	3246	4700

2-2-5 续表 2 continued

行业 Industry	港澳台投资企业 Enterprises with Funds from Hong Kong, Macau and Taiwan 有R&D活动的企业数(个) Number of Enterprises Having R&D Activities (unit)	R&D人员(万人) R&D Personnel (10000 persons)	#全时人员 Full-time Personnel	#研究人员 Researchers	R&D人员全时当量(万人年) Full-time Equivalent (10000 man-year)
合 计 Total	**873**	**70385**	**53939**	**15946**	**51176**
医药制造业 Manufacture of Medicines	**187**	**9607**	**7215**	**3597**	**7562**
#化学药品制造 Manufacture of Chemical Medicine	78	4776	3692	1721	3515
中成药制造 Manufacture of Finished Traditional Chinese Herbal Medicine	48	1946	1468	600	1674
生物、生化制品的制造 Manufacture of Biological and Biochemical Chemical Products	33	2287	1692	997	1950
航空航天器制造业 Manufacture of Aircrafts and Spacecrafts	**1**	**5**		**3**	**5**
1.飞机制造及修理 Manufacture and Repairing of Airplanes	1	5		3	5
2.航天器制造 Manufacture of Spacecrafts					
电子及通信设备制造业 Manufacture of Electronic Equipment and Communication Equipment	**501**	**47322**	**35609**	**9297**	**33075**
1.通信设备制造 Manufacture of Communication Equipment	65	8529	7451	1466	6534
#通信传输设备制造 Manufacture of Communication Transmitting Equipment	12	1540	1431	264	1201
通信交换设备制造 Manufacture of Communication Exchanging Equipment	6	692	514	108	616
通信终端设备制造 Manufacture of Communication Terminal Equipment	12	893	779	170	681
2.雷达及配套设备制造 Manufacture of Radar and Its Fittings					
3.广播电视设备制造 Manufacture of Broadcasting and TV Equipment	16	931	619	108	767
4.电子器件制造 Manufacture of Electronic Appliances	117	9972	7671	1907	7951
#电子真空器件制造 Manufacture of Electronic Vacuum Appliances	3	325	316	161	186
半导体分立器件制造 Manufacture of Semiconductor Discreting Appliances	19	1035	520	324	682
集成电路制造 Manufacture of Integrate Circuit	30	4335	3873	516	4064
5.电子元件制造 Manufacture of Electronic Components	227	19378	13465	3607	12425
6.家用视听设备制造 Manufacture of Domestic TV Set and Radio Receiver	49	7458	5610	1914	4616
7.其他电子设备制造 Manufacture of Other Electronic Equipment	27	1054	793	295	783
电子计算机及办公设备制造业 Manufacture of Computers and Office Equipments	**80**	**9005**	**7720**	**1941**	**7035**
1.电子计算机整机制造 Manufacture of Entired Computer	9	758	692	365	438
2.电子计算机外部设备制造 Manufacture of Computer Peripheral Equipment	63	6250	5060	1416	4615
3.办公设备制造 Manufacture of Office Equipment	3	618	615	25	610
医疗设备及仪器仪表制造业 Manufacture of Medical Equipments and Measuring Instrument	**104**	**4446**	**3395**	**1108**	**3499**
1.医疗设备及器械制造 Manufacture of Medical Equipment and Appliances	26	1244	822	125	963
2.仪器仪表制造 Manufacture of Measuring Instrument	78	3202	2573	983	2536

2-2-5 续表 3 continued

行 业 Industry	外商投资企业 Foreign Funded Enterprises 有R&D活动的企业数(个) Number of Enterprises Having R&D Activities (unit)	R&D人员(万人) R&D Personnel (10000 persons)	#全时人员 Full-time Personnel	#研究人员 Researchers	R&D人员全时当量(万人年) Full-time Equivalent (10000 man-year)
合 计 **Total**	**1217**	**106407**	**81808**	**25180**	**88470**
医药制造业 **Manufacture of Medicines**	**258**	**12134**	**8489**	**4872**	**9932**
#化学药品制造 Manufacture of Chemical Medicine	131	8667	6346	3763	7001
中成药制造 Manufacture of Finished Traditional Chinese Herbal Medicine	38	1158	759	410	1001
生物、生化制品的制造 Manufacture of Biological and Biochemical Chemical Products	60	1584	1077	510	1361
航空航天器制造业 **Manufacture of Aircrafts and Spacecrafts**	**7**	**406**	**138**	**260**	**339**
1.飞机制造及修理 Manufacture and Repairing of Airplanes	7	406	138	260	339
2.航天器制造 Manufacture of Spacecrafts					
电子及通信设备制造业 **Manufacture of Electronic Equipment and Communication Equipment**	**610**	**60401**	**45618**	**13960**	**50247**
1.通信设备制造 Manufacture of Communication Equipment	108	13043	9724	4614	11186
#通信传输设备制造 Manufacture of Communication Transmitting Equipment	31	2232	1826	908	1931
通信交换设备制造 Manufacture of Communication Exchanging Equipment	7	3381	2140	1131	3274
通信终端设备制造 Manufacture of Communication Terminal Equipment	11	785	635	381	677
2.雷达及配套设备制造 Manufacture of Radar and Its Fittings	2	39	32	16	33
3.广播电视设备制造 Manufacture of Broadcasting and TV Equipment	9	497	214	64	395
4.电子器件制造 Manufacture of Electronic Appliances	187	17266	12154	4591	14764
#电子真空器件制造 Manufacture of Electronic Vacuum Appliances	15	866	582	204	657
半导体分立器件制造 Manufacture of Semiconductor Discreting Appliances	30	2017	1638	607	1859
集成电路制造 Manufacture of Integrate Circuit	55	9279	6217	2425	8173
5.电子元件制造 Manufacture of Electronic Components	217	17247	12951	2822	12778
6.家用视听设备制造 Manufacture of Domestic TV Set and Radio Receiver	53	5550	4175	1159	4657
7.其他电子设备制造 Manufacture of Other Electronic Equipment	34	6759	6368	694	6435
电子计算机及办公设备制造业 **Manufacture of Computers and Office Equipments**	**116**	**23211**	**20303**	**2957**	**20526**
1.电子计算机整机制造 Manufacture of Entired Computer	16	12930	12248	415	12629
2.电子计算机外部设备制造 Manufacture of Computer Peripheral Equipment	74	7560	5684	1882	5543
3.办公设备制造 Manufacture of Office Equipment	12	824	534	212	706
医疗设备及仪器仪表制造业 **Manufacture of Medical Equipments and Measuring Instrument**	**226**	**10255**	**7260**	**3131**	**7427**
1.医疗设备及器械制造 Manufacture of Medical Equipment and Appliances	68	2694	2123	613	1895
2.仪器仪表制造 Manufacture of Measuring Instrument	158	7561	5137	2518	5532

2-2-6 按地区和企业规模分高技术产业R&D活动人员情况(2009年)

R&D Personnel in High-tech Industry by Region and Industrial Sector(2009)

地区	Region	大型企业 Large-sized Enterprises 有R&D活动的企业数(个) Number of Enterprises Having R&D Activities (unit)	R&D人员(万人) R&D Personnel (10000 persons)	#全时人员 Full-time Personnel	#研究人员 Researchers	R&D人员全时当量(万人年) Full-time Equivalent (10000 man-year)
全国	**Total**	**367**	**212523**	**177069**	**110850**	**184830**
东部地区	Eastern Region	274	168107	145814	85720	147085
中部地区	Middle Region	53	24674	17061	13985	21013
西部地区	Western Region	40	19742	14194	11145	16732
北京	Beijing	8	2004	1735	1020	1405
天津	Tianjin	6	1668	1083	816	1480
河北	Hebei	5	3791	2697	2357	2993
山西	Shanxi	3	561	495	89	525
内蒙古	Inner Mongolia					
辽宁	Liaoning	7	3668	2475	2094	3266
吉林	Jilin	4	1661	1163	553	1217
黑龙江	Heilongjiang	7	4727	3338	3847	4482
上海	Shanghai	24	10055	6895	2816	9510
江苏	Jiangsu	83	29657	24028	6505	23759
浙江	Zhejiang	16	7429	5726	1300	6725
安徽	Anhui	4	503	384	115	237
福建	Fujian	12	5342	4650	1997	4411
江西	Jiangxi	8	4746	2342	2169	4082
山东	Shandong	17	7327	5504	4009	6300
河南	Henan	15	4775	3649	2731	3865
湖北	Hubei	8	6630	4928	3289	5635
湖南	Hunan	4	1071	762	1192	971
广东	Guangdong	96	97166	91021	62806	87236
广西	Guangxi					
海南	Hainan					
重庆	Chongqing	3	857	770	453	857
四川	Sichuan	11	9597	8131	5561	8089
贵州	Guizhou	6	1277	914	648	1025
云南	Yunnan					
西藏	Tibet					
陕西	Shaanxi	17	7644	4070	4271	6567
甘肃	Gansu	1	214	179	132	55
青海	Qinghai					
宁夏	Ningxia	1	120	97	56	120
新疆	Xinjiang	1	33	33	24	20

2-2-6 续表 1 continued

地区	Region	中型企业 Medium-sized Enterprises				
		有R&D活动的企业数（个）Number of Enterprises Having R&D Activities (unit)	R&D人员（万人）R&D Personnel (10000 persons)	#全时人员 Full-time Personnel	#研究人员 Researchers	R&D人员全时当量（万人年）Full-time Equivalent (10000 man-year)
全国	**Total**	**2032**	**169744**	**121584**	**59077**	**135203**
东部地区	Eastern Region	1535	128301	92147	40120	103407
中部地区	Middle Region	269	22114	15389	10028	15956
西部地区	Western Region	228	19329	14048	8929	15841
北京	Beijing	82	7460	5140	2753	6141
天津	Tianjin	47	4946	2114	1826	3411
河北	Hebei	26	3122	2208	1655	2568
山西	Shanxi	16	1450	1042	775	997
内蒙古	Inner Mongolia	7	166	82	56	155
辽宁	Liaoning	31	2162	1626	921	1579
吉林	Jilin	14	1008	470	453	785
黑龙江	Heilongjiang	14	1056	573	604	866
上海	Shanghai	117	9295	7125	3546	8260
江苏	Jiangsu	399	28774	21002	7675	24465
浙江	Zhejiang	229	15253	10378	4171	13299
安徽	Anhui	34	4061	3016	1685	2936
福建	Fujian	62	6727	5291	1598	6046
江西	Jiangxi	32	2674	2027	1100	1674
山东	Shandong	100	9531	7462	4538	7663
河南	Henan	64	4586	3032	1812	3477
湖北	Hubei	55	4839	3424	2203	3491
湖南	Hunan	40	2440	1805	1396	1731
广东	Guangdong	435	40608	29413	11261	29658
广西	Guangxi	24	824	593	442	599
海南	Hainan	7	423	388	176	318
重庆	Chongqing	37	2779	2392	1725	2191
四川	Sichuan	52	5968	3977	2373	5098
贵州	Guizhou	25	2277	1328	978	1683
云南	Yunnan	15	790	538	261	668
西藏	Tibet	2	346	343	109	337
陕西	Shaanxi	50	4963	3849	2562	4027
甘肃	Gansu	9	762	660	215	703
青海	Qinghai	2	42	35	14	31
宁夏	Ningxia	4	406	250	187	343
新疆	Xinjiang	1	6	1	7	6

2-2-6 续表 2 continued

地区	Region	小型企业 small-sized Enterprises				
		有R&D活动的企业数（个）Number of Enterprises Having R&D Activities (unit)	R&D人员（万人）R&D Personnel (10000 persons)	#全时人员 Full-time Personnel	#研究人员 Researchers	R&D人员全时当量（万人年）Full-time Equivalent (10000 man-year)
全国	**Total**	**4550**	**92359**	**60636**	**32739**	**69188**
东部地区	Eastern Region	3473	71155	48054	23364	54275
中部地区	Middle Region	702	13897	8068	5944	9917
西部地区	Western Region	375	7307	4514	3431	4995
北京	Beijing	342	7577	5348	2628	5912
天津	Tianjin	79	1999	1309	844	1510
河北	Hebei	51	965	656	497	776
山西	Shanxi	20	393	253	191	295
内蒙古	Inner Mongolia	12	132	47	62	101
辽宁	Liaoning	108	1996	1522	977	1434
吉林	Jilin	42	1034	394	513	613
黑龙江	Heilongjiang	45	1045	617	502	878
上海	Shanghai	208	4514	2932	1560	3683
江苏	Jiangsu	809	15222	9294	5225	11452
浙江	Zhejiang	828	13610	7986	3903	11221
安徽	Anhui	103	1849	1445	893	1393
福建	Fujian	170	4584	3594	1375	3657
江西	Jiangxi	54	1148	737	470	666
山东	Shandong	237	4872	3575	2000	3718
河南	Henan	105	2783	1328	1034	2043
湖北	Hubei	141	2858	1671	1179	1882
湖南	Hunan	192	2787	1623	1162	2148
广东	Guangdong	621	15396	11546	4201	10555
广西	Guangxi	69	949	598	278	620
海南	Hainan	20	420	292	154	356
重庆	Chongqing	57	1190	726	530	771
四川	Sichuan	113	3113	1936	1470	2229
贵州	Guizhou	18	293	162	201	133
云南	Yunnan	29	415	216	176	235
西藏	Tibet	1	5		5	1
陕西	Shaanxi	46	722	533	376	549
甘肃	Gansu	11	190	138	195	115
青海	Qinghai	7	143	60	32	126
宁夏	Ningxia	4	92	64	68	78
新疆	Xinjiang	8	63	34	38	41

2-2-7 各地区国有及国有控股企业高技术产业R&D活动人员情况(2009年)

R&D Personnel in High-tech Industry of State-owned and State-controlled Enterprises by Region (2009)

地 区	Region	有R&D活动的企业数(个) Number of Enterprises Having R&D Activities (unit)	R&D人员(万人) R&D Personnel (10000 persons)	#全时人员 Full-time Personnel	#研究人员 Researchers	R&D人员全时当量(万人年) Full-time Equivalent (10000 man-year)
全 国	**Total**	**911**	**130534**	**99122**	**73800**	**114091**
东部地区	Eastern Region	581	75032	59732	43252	67106
中部地区	Middle Region	154	26215	18240	14493	22155
西部地区	Western Region	176	29287	21150	16055	24831
北 京	Beijing	136	7398	5236	3334	5908
天 津	Tianjin	54	3247	1987	2129	2670
河 北	Hebei	17	4157	2929	2779	3720
山 西	Shanxi	9	1035	706	479	693
内蒙古	Inner Mongolia	3	51	8	12	42
辽 宁	Liaoning	23	4551	3055	2392	3830
吉 林	Jilin	5	288	133	194	213
黑龙江	Heilongjiang	15	3288	2135	2620	3103
上 海	Shanghai	96	7317	4712	3550	6759
江 苏	Jiangsu	49	5523	4389	3377	4800
浙 江	Zhejiang	32	5103	4335	1499	5021
安 徽	Anhui	22	2876	2478	1397	2282
福 建	Fujian	19	2527	2088	915	2052
江 西	Jiangxi	23	5421	2965	2625	4371
山 东	Shandong	31	6890	5152	3826	5772
河 南	Henan	20	4275	3254	1844	3331
湖 北	Hubei	34	7245	5478	4034	6958
湖 南	Hunan	23	1736	1083	1300	1163
广 东	Guangdong	94	27448	25175	19189	25812
广 西	Guangxi	7	170	114	79	129
海 南	Hainan	23	701	560	262	635
重 庆	Chongqing	33	2994	2462	1906	2575
四 川	Sichuan	38	10951	8856	5667	9142
贵 州	Guizhou	28	3346	2114	1644	2741
云 南	Yunnan	9	206	137	88	179
西 藏	Tibet	1	10	7	3	1
陕 西	Shaanxi	56	10965	6840	6374	9433
甘 肃	Gansu	6	583	511	136	545
青 海	Qinghai	1	29	25	4	12
宁 夏	Ningxia	1	192	192	134	192
新 疆	Xinjiang	3	11	6	8	10

2-2-8 按地区和登记注册类型分高技术产业R&D活动人员情况(2009年)

R&D Personnel in High-tech Industry by Region and Registration Status(2009)

地区	Region	内资企业 Domestic Funded				
		有R&D活动的企业数(个) Number of Enterprises Having R&D Activities (unit)	R&D人员(万人) R&D Personnel (10000 persons)	#全时人员 Full-time Personnel	#研究人员 Researchers	R&D人员全时当量(万人年) Full-time Equivalent (10000 man-year)
全国	**Total**	**4859**	**297834**	**223542**	**161540**	**249575**
东部地区	Eastern Region	3391	201433	158314	112689	173598
中部地区	Middle Region	901	53084	34720	26499	40855
西部地区	Western Region	567	43317	30508	22352	35123
北京	Beijing	339	12629	8965	5001	10385
天津	Tianjin	91	4406	2370	2414	3443
河北	Hebei	65	6279	4352	3797	5286
山西	Shanxi	34	2092	1569	979	1565
内蒙古	Inner Mongolia	19	298	129	118	255
辽宁	Liaoning	118	6044	4126	3463	4642
吉林	Jilin	55	3629	1981	1476	2567
黑龙江	Heilongjiang	57	4702	2951	3276	4260
上海	Shanghai	174	6761	4759	2335	5886
江苏	Jiangsu	713	26187	18197	11547	21393
浙江	Zhejiang	805	24726	16047	6722	20830
安徽	Anhui	125	5981	4632	2613	4318
福建	Fujian	145	5688	4417	1913	4613
江西	Jiangxi	79	7861	4560	3483	5878
山东	Shandong	288	17541	13216	8807	14154
河南	Henan	164	10338	6492	4999	7952
湖北	Hubei	177	13308	9267	6355	10421
湖南	Hunan	210	5173	3268	3318	3894
广东	Guangdong	637	90621	81454	66489	82458
广西	Guangxi	79	1532	1037	661	1038
海南	Hainan	16	551	411	201	508
重庆	Chongqing	86	3996	3130	2392	3089
四川	Sichuan	156	17877	13423	9063	14869
贵州	Guizhou	46	3780	2397	1818	2836
云南	Yunnan	32	820	539	330	544
西藏	Tibet	3	351	343	114	339
陕西	Shaanxi	101	12699	8038	6946	10606
甘肃	Gansu	20	1158	973	537	864
青海	Qinghai	7	147	67	39	136
宁夏	Ningxia	8	557	364	265	483
新疆	Xinjiang	10	102	68	69	66

2-2-8 续表 1 continued

地区	Region	#国有企业 State-owned Enterprises 有R&D活动的企业数(个) Number of Enterprises Having R&D Activities (unit)	R&D人员(万人) R&D Personnel (10000 persons)	#全时人员 Full-time Personnel	#研究人员 Researchers	R&D人员全时当量(万人年) Full-time Equivalent (10000 man-year)
全国	**Total**	**194**	**26317**	**19770**	**15945**	**23531**
东部地区	Eastern Region	109	10234	7001	6609	8425
中部地区	Middle Region	29	7573	6597	4550	7190
西部地区	Western Region	56	8510	6172	4786	7917
北京	Beijing	25	762	343	477	584
天津	Tianjin	4	101	69	114	82
河北	Hebei	8	3305	2449	2431	3025
山西	Shanxi	2	111	110	70	111
内蒙古	Inner Mongolia					
辽宁	Liaoning	2	216	102	64	100
吉林	Jilin	2	154	75	93	100
黑龙江	Heilongjiang	1	14	2	10	14
上海	Shanghai	18	875	576	455	797
江苏	Jiangsu	15	1072	865	591	955
浙江	Zhejiang	8	235	166	171	214
安徽	Anhui	4	1474	1396	804	1435
福建	Fujian	2	42	5	8	37
江西	Jiangxi	4	750	624	471	590
山东	Shandong	11	2505	1758	1814	1996
河南	Henan	2	594	564	352	594
湖北	Hubei	10	4364	3805	2698	4267
湖南	Hunan	4	112	21	52	78
广东	Guangdong	14	942	489	391	463
广西	Guangxi	6	131	103	68	107
海南	Hainan	2	179	179	93	171
重庆	Chongqing	9	536	297	346	458
四川	Sichuan	10	2930	2120	1453	2720
贵州	Guizhou	10	991	810	541	846
云南	Yunnan	2	35	9	10	25
西藏	Tibet	1	10	7	3	1
陕西	Shaanxi	16	3640	2594	2319	3523
甘肃	Gansu	1	231	231	39	231
青海	Qinghai					
宁夏	Ningxia					
新疆	Xinjiang	1	6	1	7	6

2-2-8 续表 2 continued

地 区	Region	港澳台投资企业 Enterprises with Funds from Hong Kong, Macau and Taiwan				
		有R&D活动的企业数（个） Number of Enterprises Having R&D Activities (unit)	R&D人员（万人） R&D Personnel (10000 persons)	#全时人员 Full-time Personnel	#研究人员 Researchers	R&D人员全时当量（万人年） Full-time Equivalent (10000 man-year)
全 国	**Total**	**873**	**70385**	**53939**	**15946**	**51176**
东部地区	Eastern Region	793	66850	51287	14700	48673
中部地区	Middle Region	55	2827	2212	986	1942
西部地区	Western Region	25	708	440	260	561
北 京	Beijing	23	1439	951	596	879
天 津	Tianjin	11	539	326	159	482
河 北	Hebei	5	1335	1055	588	829
山 西	Shanxi					
内 蒙 古	Inner Mongolia					
辽 宁	Liaoning	13	408	365	169	314
吉 林	Jilin	1	20	20	20	20
黑 龙 江	Heilongjiang	3	71	11	15	55
上 海	Shanghai	51	4651	3820	1643	4308
江 苏	Jiangsu	217	17179	12024	2725	12500
浙 江	Zhejiang	117	6155	4666	1246	5694
安 徽	Anhui	8	207	117	39	133
福 建	Fujian	53	5247	4297	1506	4246
江 西	Jiangxi	9	190	122	79	109
山 东	Shandong	11	1110	883	296	994
河 南	Henan	10	895	745	316	660
湖 北	Hubei	13	797	590	197	409
湖 南	Hunan	11	647	607	320	557
广 东	Guangdong	287	28686	22816	5732	18351
广 西	Guangxi	7	162	103	39	140
海 南	Hainan	5	101	84	40	76
重 庆	Chongqing	3	69	62	37	37
四 川	Sichuan	4	128	63	77	76
贵 州	Guizhou	2	8	7	6	2
云 南	Yunnan	7	251	133	51	236
西 藏	Tibet					
陕 西	Shaanxi					
甘 肃	Gansu					
青 海	Qinghai	1	29	25	4	12
宁 夏	Ningxia	1	61	47	46	58
新 疆	Xinjiang					

2-2-8 续表 3 continued

地 区	Region	外商投资企业 Foreign Funded Enterprises				
		有R&D活动的企业数（个） Number of Enterprises Having R&D Activities (unit)	R&D人员（万人） R&D Personnel (10000 persons)	#全时人员 Full-time Personnel	#研究人员 Researchers	R&D人员全时当量（万人年） Full-time Equivalent (10000 man-year)
全 国	**Total**	**1217**	**106407**	**81808**	**25180**	**88470**
东部地区	Eastern Region	1098	99280	76414	21815	82496
中部地区	Middle Region	68	4774	3586	2472	4089
西部地区	Western Region	51	2353	1808	893	1884
北 京	Beijing	70	2973	2307	804	2195
天 津	Tianjin	30	3668	1810	913	2476
河 北	Hebei	12	264	154	124	222
山 西	Shanxi	5	312	221	76	251
内 蒙 古	Inner Mongolia					
辽 宁	Liaoning	15	1374	1132	360	1323
吉 林	Jilin	4	54	26	23	27
黑 龙 江	Heilongjiang	6	2055	1566	1662	1910
上 海	Shanghai	124	12452	8373	3944	11259
江 苏	Jiangsu	361	30287	24103	5133	25782
浙 江	Zhejiang	151	5411	3377	1406	4721
安 徽	Anhui	8	225	96	41	114
福 建	Fujian	46	5718	4821	1551	5255
江 西	Jiangxi	6	517	424	177	436
山 东	Shandong	55	3079	2442	1444	2533
河 南	Henan	10	911	772	262	774
湖 北	Hubei	14	222	166	119	178
湖 南	Hunan	15	478	315	112	400
广 东	Guangdong	228	33863	27710	6047	26640
广 西	Guangxi	7	79	51	20	41
海 南	Hainan	6	191	185	89	91
重 庆	Chongqing	8	761	696	279	692
四 川	Sichuan	16	673	558	264	471
贵 州	Guizhou	1	59		3	4
云 南	Yunnan	5	134	82	56	122
西 藏	Tibet					
陕 西	Shaanxi	12	630	414	263	537
甘 肃	Gansu	1	8	4	5	8
青 海	Qinghai	1	9	3	3	9
宁 夏	Ningxia					
新 疆	Xinjiang					

2-2-9 按地区和行业分高技术产业R&D活动人员情况(2009年)

R&D Personnel in High-tech Industry by Region and Industrial Sector(2009)

地区	Region	医药制造业 Medical and Pharmaceutical Products Manufacturing				
		有R&D活动的企业数(个) Number of Enterprises Having R&D Activities (unit)	R&D人员(万人) R&D Personnel (10000 persons)	#全时人员 Full-time Personnel	#研究人员 Researchers	R&D人员全时当量(万人年) Full-time Equivalent (10000 man-year)
全　国	**Total**	**2045**	**90222**	**60673**	**38183**	**70065**
东部地区	Eastern Region	1201	56635	39156	21882	45572
中部地区	Middle Region	512	22337	13642	10924	15696
西部地区	Western Region	332	11250	7875	5377	8797
北　京	Beijing	89	3700	2465	1197	3225
天　津	Tianjin	43	2930	1655	1502	2426
河　北	Hebei	38	4833	3259	2785	3650
山　西	Shanxi	21	1353	938	418	952
内蒙古	Inner Mongolia	17	286	120	114	243
辽　宁	Liaoning	45	1870	1441	798	1544
吉　林	Jilin	44	2667	1281	1138	1703
黑龙江	Heilongjiang	39	3169	2184	2206	2706
上　海	Shanghai	95	4311	2857	1865	3508
江　苏	Jiangsu	239	10459	7869	3935	8699
浙　江	Zhejiang	264	10154	6930	3009	8819
安　徽	Anhui	53	2076	1116	646	1155
福　建	Fujian	50	1743	1210	614	1502
江　西	Jiangxi	54	2440	1616	926	1452
山　东	Shandong	156	9783	6881	4034	7477
河　南	Henan	91	4539	2698	2237	3613
湖　北	Hubei	83	3558	2158	1453	2062
湖　南	Hunan	127	2535	1651	1900	2054
广　东	Guangdong	156	6177	4077	1898	4214
广　西	Guangxi	64	1188	760	517	837
海　南	Hainan	26	675	512	245	507
重　庆	Chongqing	46	1828	1507	909	1363
四　川	Sichuan	77	3987	2973	2354	3432
贵　州	Guizhou	19	450	245	126	61
云　南	Yunnan	38	1061	642	365	775
西　藏	Tibet	3	351	343	114	339
陕　西	Shaanxi	33	1040	616	409	868
甘　肃	Gansu	13	473	400	251	408
青　海	Qinghai	8	157	67	43	140
宁　夏	Ningxia	7	365	172	131	291
新　疆	Xinjiang	7	64	30	44	42

2-2-9 续表 1 continued

地区	Region	航空航天器制造业 Manufacture of Aircrafts and Spacecrafts 有R&D活动的企业数(个) Number of Enterprises Having R&D Activities (unit)	R&D人员(万人) R&D Personnel (10000 persons)	#全时人员 Full-time Personnel	#研究人员 Researchers	R&D人员全时当量(万人年) Full-time Equivalent (10000 man-year)
全国	**Total**	**87**	**26238**	**16691**	**15279**	**23265**
东部地区	Eastern Region	33	5521	3540	3492	4711
中部地区	Middle Region	14	9953	6592	5212	9120
西部地区	Western Region	40	10764	6559	6575	9434
北京	Beijing	6	954	495	696	857
天津	Tianjin					
河北	Hebei	3	1146	934	651	1105
山西	Shanxi					
内蒙古	Inner Mongolia					
辽宁	Liaoning	4	1967	1261	1571	1493
吉林	Jilin					
黑龙江	Heilongjiang	3	2014	1470	1182	2007
上海	Shanghai	6	714	339	217	580
江苏	Jiangsu	7	362	309	150	336
浙江	Zhejiang	2	91	71	4	77
安徽	Anhui	2	139	138	59	98
福建	Fujian					
江西	Jiangxi	2	3107	1191	1341	2935
山东	Shandong	2	26	25	15	17
河南	Henan	3	2584	2157	1101	1987
湖北	Hubei	2	1778	1305	1394	1762
湖南	Hunan	2	331	331	135	331
广东	Guangdong	3	261	106	188	248
广西	Guangxi					
海南	Hainan					
重庆	Chongqing	1	140	140	229	140
四川	Sichuan	6	1743	1185	1251	1725
贵州	Guizhou	14	2218	1401	1035	1990
云南	Yunnan					
西藏	Tibet					
陕西	Shaanxi	19	6663	3833	4060	5580
甘肃	Gansu					
青海	Qinghai					
宁夏	Ningxia					
新疆	Xinjiang					

2-2-9 续表 2 continued

地 区	Region	电子及通信设备制造业 Manufacture of Electronic Equipment and Communication Equipment				
		有R&D活动的企业数（个） Number of Enterprises Having R&D Activities (unit)	R&D人员（万人） R&D Personnel (10000 persons)	#全时人员 Full-time Personnel	#研究人员 Researchers	R&D人员全时当量（万人年） Full-time Equivalent (10000 man-year)
全 国	**Total**	**2765**	**252034**	**200633**	**115759**	**209668**
东部地区	Eastern Region	2363	218672	175498	100419	183602
中部地区	Middle Region	247	15374	11427	6880	11949
西部地区	Western Region	155	17988	13708	8460	14118
北 京	Beijing	143	6381	4666	2050	4685
天 津	Tianjin	42	3762	1999	1497	3065
河 北	Hebei	16	712	380	363	567
山 西	Shanxi	8	342	237	185	237
内蒙古	Inner Mongolia	2	12	9	4	12
辽 宁	Liaoning	40	2898	2236	1121	2424
吉 林	Jilin	6	839	695	287	786
黑龙江	Heilongjiang	6	307	244	233	289
上 海	Shanghai	138	13680	10067	3920	12774
江 苏	Jiangsu	640	44845	33890	9925	36815
浙 江	Zhejiang	439	14609	9176	3896	12447
安 徽	Anhui	54	2393	1951	1155	1771
福 建	Fujian	135	9641	7624	2851	7849
江 西	Jiangxi	21	1425	1020	654	746
山 东	Shandong	96	5987	4473	3337	5102
河 南	Henan	36	2249	1527	891	1674
湖 北	Hubei	61	6395	4782	2727	5702
湖 南	Hunan	55	1424	971	748	743
广 东	Guangdong	673	115989	100819	71374	97706
广 西	Guangxi	18	262	205	103	197
海 南	Hainan	1	168	168	85	168
重 庆	Chongqing	10	620	565	313	512
四 川	Sichuan	71	11388	8778	5135	9030
贵 州	Guizhou	12	1020	686	580	750
云 南	Yunnan					
西 藏	Tibet					
陕 西	Shaanxi	35	3992	2884	2031	3160
甘 肃	Gansu	6	661	548	270	438
青 海	Qinghai					
宁 夏	Ningxia					
新 疆	Xinjiang	1	33	33	24	20

2-2-9 续表 3 continued

地 区	Region	电子计算机及办公设备制造业 Manufacture of Computer and Office Equipments				
		有R&D活动的企业数（个）Number of Enterprises Having R&D Activities (unit)	R&D人员（万人）R&D Personnel (10000 persons)	#全时人员 Full-time Personnel	#研究人员 Researchers	R&D人员全时当量（万人年）Full-time Equivalent (10000 man-year)
全 国	**Total**	**414**	**46861**	**39896**	**9936**	**39487**
东部地区	Eastern Region	382	44589	38279	9120	38027
中部地区	Middle Region	25	1913	1316	631	1204
西部地区	Western Region	7	359	301	185	256
北 京	Beijing	29	1563	1405	767	1152
天 津	Tianjin	5	743	72	78	35
河 北	Hebei	1	22	8	9	22
山 西	Shanxi	1	201	156	218	121
内 蒙 古	Inner Mongolia					
辽 宁	Liaoning	2	147	95	58	147
吉 林	Jilin					
黑 龙 江	Heilongjiang	3	123	104	47	117
上 海	Shanghai	21	2324	1754	358	2016
江 苏	Jiangsu	87	6762	4755	1306	5723
浙 江	Zhejiang	60	3159	2841	494	2953
安 徽	Anhui	3	286	277	22	100
福 建	Fujian	25	4129	3834	1219	3773
江 西	Jiangxi	2	40	25	13	40
山 东	Shandong	12	2895	2655	1486	2709
河 南	Henan	1	8	8	3	5
湖 北	Hubei	9	822	428	218	421
湖 南	Hunan	6	433	318	110	400
广 东	Guangdong	140	22845	20860	3345	19496
广 西	Guangxi					
海 南	Hainan					
重 庆	Chongqing	1	200	160	149	153
四 川	Sichuan	2	61	46	14	22
贵 州	Guizhou					
云 南	Yunnan	2	66	63	18	58
西 藏	Tibet					
陕 西	Shaanxi	2	32	32	4	23
甘 肃	Gansu					
青 海	Qinghai					
宁 夏	Ningxia					
新 疆	Xinjiang					

2-2-9 续表 4 continued

地区 Region	有R&D活动的企业数（个） Number of Enterprises Having R&D Activities (unit)	R&D人员（万人） R&D Personnel (10000 persons)	#全时人员 Full-time Personnel	#研究人员 Researchers	R&D人员全时当量（万人年） Full-time Equivalent (10000 man-year)
	医疗设备及仪器仪表制造业 Manufacture of Medical Equipments and Measuring Instrument				
全国 Total	**1638**	**59271**	**41396**	**23509**	**46735**
东部地区 Eastern Region	1303	42146	29542	14291	32855
中部地区 Middle Region	226	11108	7541	6310	8918
西部地区 Western Region	109	6017	4313	2908	4962
北京 Beijing	165	4443	3192	1691	3540
天津 Tianjin	42	1178	780	409	875
河北 Hebei	24	1165	980	701	993
山西 Shanxi	9	508	459	234	506
内蒙古 Inner Mongolia					
辽宁 Liaoning	55	944	590	444	671
吉林 Jilin	10	197	51	94	125
黑龙江 Heilongjiang	15	1215	526	1285	1106
上海 Shanghai	89	2835	1935	1562	2576
江苏 Jiangsu	318	11225	7501	4089	8103
浙江 Zhejiang	308	8279	5072	1971	6949
安徽 Anhui	29	1519	1363	811	1441
福建 Fujian	34	1140	867	286	989
江西 Jiangxi	15	1556	1254	805	1249
山东 Shandong	88	3039	2507	1675	2375
河南 Henan	53	2764	1619	1345	2107
湖北 Hubei	49	1774	1350	879	1061
湖南 Hunan	46	1575	919	857	1322
广东 Guangdong	180	7898	6118	1463	5786
广西 Guangxi	11	323	226	100	186
海南 Hainan					
重庆 Chongqing	39	2038	1516	1108	1650
四川 Sichuan	20	1499	1062	650	1208
贵州 Guizhou	4	159	72	86	41
云南 Yunnan	4	78	49	54	69
西藏 Tibet					
陕西 Shaanxi	24	1602	1087	705	1512
甘肃 Gansu	2	32	29	21	26
青海 Qinghai	1	28	28	3	17
宁夏 Ningxia	2	253	239	180	250
新疆 Xinjiang	2	5	5	1	4

2-3-1 按行业分高技术产业R&D活动经费情况(2009年)

R&D Expenditure in High-tech Industry by Industrial Sector(2009)

单位:万元 (10000 yuan)

行业 Industry	R&D经费内部支出 Intramural Expenditure on R&D	#人员劳务费 Labor Cost	#仪器和设备 Equipment	#政府资金 Government Funds	#企业资金 Self-raised Funds by Enterprises	R&D经费外部支出 External Expenditure on R&D
合 计 Total	**8921215**	**3197541**	**718429**	**670995**	**8026622**	**762720**
医药制造业 Manufacture of Medicines	**1345385**	**344993**	**192562**	**83101**	**1231439**	**199599**
#化学药品制造 Manufacture of Chemical Medicine	771627	209003	100633	38947	714656	114623
中成药制造 Manufacture of Finished Traditional Chinese Herbal Medicine	268946	61419	44788	22780	244559	56091
生物、生化制品的制造 Manufacture of Biological and Biochemical Chemical Products	183213	47466	27052	14551	163104	16558
航空航天器制造业 Manufacture of Aircrafts and Spacecrafts	**662649**	**101404**	**13730**	**306403**	**345188**	**163500**
1.飞机制造及修理 Manufacture and Repairing of Airplanes	520835	88660	13395	210614	302622	67445
2.航天器制造 Manufacture of Spacecrafts	139222	12413	278	95756	40007	95992
电子及通信设备制造业 Manufacture of Electronic Equipment and Communication Equipment	**5011509**	**2016958**	**391149**	**207789**	**4677574**	**340157**
1.通信设备制造 Manufacture of Communication Equipment	2497548	1247049	174295	76204	2383549	201810
#通信传输设备制造 Manufacture of Communication Transmitting Equipment	194409	63392	17291	11994	178774	10661
通信交换设备制造 Manufacture of Communication Exchanging Equipment	1771255	967234	134369	47318	1717845	44362
通信终端设备制造 Manufacture of Communication Terminal Equipment	82516	32185	4180	4001	78414	4534
2.雷达及配套设备制造 Manufacture of Radar and Its Fittings	77036	17452	8364	6558	70260	4552
3.广播电视设备制造 Manufacture of Broadcasting and TV Equipment	64500	28409	7555	3813	59995	1594
4.电子器件制造 Manufacture of Electronic Appliances	817058	255964	82546	51628	751066	59184
#电子真空器件制造 Manufacture of Electronic Vacuum Appliances	62672	12926	8368	3800	58791	5682
半导体分立器件制造 Manufacture of Semiconductor Discreting Appliances	73893	24432	5966	5026	64561	1971
集成电路制造 Manufacture of Integrate Circuit	336889	116464	38399	21409	307570	13833
5.电子元件制造 Manufacture of Electronic Components	795600	248136	83473	17808	730706	19305
6.家用视听设备制造 Manufacture of Domestic TV Set and Radio Receiver	613348	167492	23792	40016	551036	50558
7.其他电子设备制造 Manufacture of Other Electronic Equipment	146419	52457	11123	11762	130961	3155
电子计算机及办公设备制造业 Manufacture of Computers and Office Equipments	**1048091**	**448684**	**44792**	**24704**	**996324**	**15775**
1.电子计算机整机制造 Manufacture of Entired Computer	429971	208413	13798	15242	407895	2723
2.电子计算机外部设备制造 Manufacture of Computer Peripheral Equipment	433563	132263	20329	5037	411294	4942
3.办公设备制造 Manufacture of Office Equipment	48317	15185	4507	890	45994	1704
医疗设备及仪器仪表制造业 Manufacture of Medical Equipments and Measuring Instrument	**853581**	**285502**	**76196**	**48998**	**776097**	**43689**
1.医疗设备及器械制造 Manufacture of Medical Equipment and Appliances	207525	83836	15065	8335	194635	9131
2.仪器仪表制造 Manufacture of Measuring Instrument	646056	201667	61131	40664	581462	34559

2-3-2 各地区高技术产业R&D活动经费情况(2009年)

R&D Expenditure in High-tech Industry by Region(2009)

单位:万元 (10000 yuan)

地区	Region	R&D经费内部支出 Intramural Expenditure on R&D	#人员劳务费 Labor Cost	#仪器和设备 Equipment	#政府资金 Government Funds	#企业资金 Self-raised Funds by Enterprises	R&D经费外部支出 External Expenditure on R&D
全国	**Total**	**8921215**	**3197541**	**718429**	**670995**	**8026622**	**762720**
东部地区	Eastern Region	7380134	2808194	576976	400809	6789263	616843
中部地区	Middle Region	858657	227434	77929	142836	701259	67641
西部地区	Western Region	682424	161913	63524	127351	536101	78236
北京	Beijing	454719	127279	11991	99830	343053	111498
天津	Tianjin	189530	50029	8226	5302	161746	139180
河北	Hebei	77716	19569	19212	5462	71895	9960
山西	Shanxi	18882	4242	1030	2325	14839	1036
内蒙古	Inner Mongolia	4685	1064	908	613	4073	196
辽宁	Liaoning	222594	27828	12681	64089	156332	26782
吉林	Jilin	35677	6467	2700	4106	29925	6475
黑龙江	Heilongjiang	137497	22502	4007	47762	89055	19668
上海	Shanghai	633021	270375	66205	23091	597709	34138
江苏	Jiangsu	1275731	365686	78478	36244	1152268	82024
浙江	Zhejiang	621601	251525	57130	26472	587663	44449
安徽	Anhui	65741	16454	5727	10118	55016	6064
福建	Fujian	315701	114780	23250	11491	301444	17832
江西	Jiangxi	111392	20497	9617	32101	73670	6361
山东	Shandong	600638	119067	58639	31034	552525	32366
河南	Henan	121773	35729	15769	11416	109511	9448
湖北	Hubei	229747	94870	22433	26616	200017	9425
湖南	Hunan	137948	26674	16648	8392	129226	9164
广东	Guangdong	2975035	1459240	238805	97552	2851021	113950
广西	Guangxi	22056	4760	2698	2027	19957	3962
海南	Hainan	13850	2817	2360	242	13607	4664
重庆	Chongqing	53560	16699	6993	4468	47446	12837
四川	Sichuan	281434	74908	22558	26895	246817	25288
贵州	Guizhou	61160	11954	3097	12012	48572	1822
云南	Yunnan	13685	3764	793	1263	12079	1645
西藏	Tibet	2342	553	190	526	1817	622
陕西	Shaanxi	221235	43383	21227	76512	136128	28524
甘肃	Gansu	12117	2265	4009	2243	9874	2727
青海	Qinghai	2262	472	247	275	1969	157
宁夏	Ningxia	5608	1353	697	410	5198	377
新疆	Xinjiang	2280	740	108	109	2171	81

2-3-3 按行业和企业规模分高技术产业R&D活动经费情况(2009年)
R&D Expenditure in High-tech Industry by Industrial Sector and Scale of Enterprises(2009)

单位:万元 (10000 yuan)

行 业 Industry	大型企业 Large-sized Enterprises					
	R&D经费内部支出 Intramural Expenditure on R&D	#人员劳务费 Labor Cost	#仪器和设备 Equipment	#政府资金 Government Funds	#企业资金 Self-raised Funds by Enterprises	R&D经费外部支出 External Expenditure on R&D
合 计 Total	**4876434**	**1940277**	**319418**	**374745**	**4414968**	**384012**
医药制造业 Manufacture of Medicines	**391844**	**94019**	**58058**	**26667**	**358719**	**61689**
#化学药品制造 Manufacture of Chemical Medicine	282666	69679	36904	16347	264475	36929
中成药制造 Manufacture of Finished Traditional Chinese Herbal Medicine	97209	21721	20381	9370	87839	20024
生物、生化制品的制造 Manufacture of Biological and Biochemical Chemical Products	1778	164	137	457	1321	883
航空航天器制造业 Manufacture of Aircrafts and Spacecrafts	**486549**	**73535**	**9298**	**213148**	**265106**	**66269**
1.飞机制造及修理 Manufacture and Repairing of Airplanes	472612	73063	9298	202567	263315	66069
2.航天器制造 Manufacture of Spacecrafts	13938	472		10581	1791	201
电子及通信设备制造业 Manufacture of Electronic Equipment and Communication Equipment	**3067714**	**1375398**	**215442**	**114826**	**2904310**	**235470**
1.通信设备制造 Manufacture of Communication Equipment	1921407	1040110	138822	51379	1848387	184147
#通信传输设备制造 Manufacture of Communication Transmitting Equipment	20567	9818	720	1415	19152	2551
通信交换设备制造 Manufacture of Communication Exchanging Equipment	1744337	954829	132435	46608	1692230	43609
通信终端设备制造 Manufacture of Communication Terminal Equipment	36546	12491	1488	50	36496	1414
2.雷达及配套设备制造 Manufacture of Radar and Its Fittings	51300	10875	4571	3795	47505	2844
3.广播电视设备制造 Manufacture of Broadcasting and TV Equipment	12402	5723	3609	970	11432	0
4.电子器件制造 Manufacture of Electronic Appliances	353264	101417	30576	18385	334879	18409
#电子真空器件制造 Manufacture of Electronic Vacuum Appliances	24038	3880	3610	1557	22481	794
半导体分立器件制造 Manufacture of Semiconductor Discreting Appliances	10081	2311	412	284	9797	755
集成电路制造 Manufacture of Integrate Circuit	179588	52183	19637	8262	171326	10935
5.电子元件制造 Manufacture of Electronic Components	317153	108404	25813	2276	289359	5854
6.家用视听设备制造 Manufacture of Domestic TV Set and Radio Receiver	376256	90844	10937	34659	340177	23956
7.其他电子设备制造 Manufacture of Other Electronic Equipment	35933	18024	1115	3361	32572	260
电子计算机及办公设备制造业 Manufacture of Computers and Office Equipments	**765487**	**341699**	**25373**	**15571**	**728928**	**9567**
1.电子计算机整机制造 Manufacture of Entired Computer	391680	194484	9934	14423	370497	1961
2.电子计算机外部设备制造 Manufacture of Computer Peripheral Equipment	259212	68565	9890	420	245876	2410
3.办公设备制造 Manufacture of Office Equipment	15048	6061	2020		15048	678
医疗设备及仪器仪表制造业 Manufacture of Medical Equipments and Measuring Instrument	**164840**	**55627**	**11247**	**4533**	**157905**	**11018**
1.医疗设备及器械制造 Manufacture of Medical Equipment and Appliances	49822	20769	6169	267	47500	2312
2.仪器仪表制造 Manufacture of Measuring Instrument	115018	34858	5078	4266	110405	8705

2-3-3 续表 1 continued

单位:万元 (10000 yuan)

行 业 Industry	中型企业 Medium-sized Enterprises R&D经费内部支出 Intramural Expenditure on R&D	#人员劳务费 Labor Cost	#仪器和设备 Equipment	#政府资金 Government Funds	#企业资金 Self-raised Funds by Enterprises	R&D经费外部支出 External Expenditure on R&D
合 计 Total	**2864064**	**881531**	**268399**	**225217**	**2531450**	**297777**
医药制造业 Manufacture of Medicines	**604376**	**168050**	**79681**	**34500**	**553917**	**85217**
#化学药品制造 Manufacture of Chemical Medicine	353476	105628	39852	14875	326214	54258
中成药制造 Manufacture of Finished Traditional Chinese Herbal Medicine	106404	25597	15004	9095	97294	20803
生物、生化制品的制造 Manufacture of Biological and Biochemical Chemical Products	95015	26309	15737	8503	83289	6211
航空航天器制造业 Manufacture of Aircrafts and Spacecrafts	**171273**	**26296**	**4260**	**93204**	**75613**	**96588**
1.飞机制造及修理 Manufacture and Repairing of Airplanes	44418	14425	4053	8021	35834	734
2.航天器制造 Manufacture of Spacecrafts	124527	11611	149	85175	37459	95791
电子及通信设备制造业 Manufacture of Electronic Equipment and Communication Equipment	**1480772**	**480545**	**127088**	**64125**	**1350940**	**90635**
1.通信设备制造 Manufacture of Communication Equipment	466935	162892	24729	18299	434772	15120
#通信传输设备制造 Manufacture of Communication Transmitting Equipment	136786	41297	10260	8369	125124	7400
通信交换设备制造 Manufacture of Communication Exchanging Equipment	15961	6917	1006	360	15500	641
通信终端设备制造 Manufacture of Communication Terminal Equipment	29279	10729	2030	3508	25771	2908
2.雷达及配套设备制造 Manufacture of Radar and Its Fittings	22558	5758	3290	2486	19854	1572
3.广播电视设备制造 Manufacture of Broadcasting and TV Equipment	26330	13112	2487	1989	24227	543
4.电子器件制造 Manufacture of Electronic Appliances	330831	107216	37931	20617	301645	36569
#电子真空器件制造 Manufacture of Electronic Vacuum Appliances	32389	7671	4644	1998	30310	4775
半导体分立器件制造 Manufacture of Semiconductor Discreting Appliances	42358	15919	3505	3253	36233	724
集成电路制造 Manufacture of Integrate Circuit	100407	38418	14182	5432	90659	1528
5.电子元件制造 Manufacture of Electronic Components	357903	104403	42763	11581	326718	9248
6.家用视听设备制造 Manufacture of Domestic TV Set and Radio Receiver	214743	68462	10725	4627	189753	26250
7.其他电子设备制造 Manufacture of Other Electronic Equipment	61472	18702	5165	4526	53972	1332
电子计算机及办公设备制造业 Manufacture of Computers and Office Equipments	**223178**	**82473**	**15520**	**6075**	**211884**	**3646**
1.电子计算机整机制造 Manufacture of Entired Computer	30337	10573	3127	608	29655	752
2.电子计算机外部设备制造 Manufacture of Computer Peripheral Equipment	145208	52299	8214	3469	137800	1766
3.办公设备制造 Manufacture of Office Equipment	26043	6972	2095	148	24902	146
医疗设备及仪器仪表制造业 Manufacture of Medical Equipments and Measuring Instrument	**384466**	**124168**	**41850**	**27314**	**339095**	**21691**
1.医疗设备及器械制造 Manufacture of Medical Equipment and Appliances	93413	39841	5097	4358	87848	4919
2.仪器仪表制造 Manufacture of Measuring Instrument	291053.1	84326.8	36753	22956.2	251247.1	16773

2-3-3 续表 2 continued

单位:万元 (10000 yuan)

行 业 Industry	小型企业 Small-sized Enterprises					
	R&D经费内部支出 Intramural Expenditure on R&D	#人员劳务费 Labor Cost	#仪器和设备 Equip-ment	#政府资金 Govern-ment Funds	#企业资金 Self-raised Funds by Enterprises	R&D经费外部支出 External Expenditure on R&D
合 计 Total	**1180717**	**375734**	**130612**	**71033**	**1080205**	**80931**
医药制造业 Manufacture of Medicines	**349164**	**82925**	**54824**	**21934**	**318804**	**52693**
#化学药品制造 Manufacture of Chemical Medicine	135485	33697	23878	7725	123967	23436
中成药制造 Manufacture of Finished Traditional Chinese Herbal Medicine	65334	14102	9403	4316	59426	15264
生物、生化制品的制造 Manufacture of Biological and Biochemical Chemical Products	86420	20993	11179	5592	78495	9464
航空航天器制造业 Manufacture of Aircrafts and Spacecrafts	**4827**	**1574**	**172**	**51**	**4469**	**643**
1.飞机制造及修理 Manufacture and Repairing of Airplanes	3805	1171	44	26	3472	642
2.航天器制造 Manufacture of Spacecrafts	758	330	129		758	-1
电子及通信设备制造业 Manufacture of Electronic Equipment and Communication Equipment	**463023**	**161016**	**48618**	**28839**	**422323**	**14052**
1.通信设备制造 Manufacture of Communication Equipment	109206	44047	10745	6526	100390	2543
#通信传输设备制造 Manufacture of Communication Transmitting Equipment	37056	12277	6311	2210	34498	710
通信交换设备制造 Manufacture of Communication Exchanging Equipment	10957	5488	928	350	10115	112
通信终端设备制造 Manufacture of Communication Terminal Equipment	16691	8965	662	443	16147	212
2.雷达及配套设备制造 Manufacture of Radar and Its Fittings	3177	819	504	276	2901	136
3.广播电视设备制造 Manufacture of Broadcasting and TV Equipment	25769	9575	1460	855	24336	1051
4.电子器件制造 Manufacture of Electronic Appliances	132964	47330	14038	12626	114543	4206
#电子真空器件制造 Manufacture of Electronic Vacuum Appliances	6245	1375	114	245	6000	113
半导体分立器件制造 Manufacture of Semiconductor Discreting Appliances	21454	6202	2049	1489	18531	492
集成电路制造 Manufacture of Integrate Circuit	56894	25864	4580	7716	45584	1370
5.电子元件制造 Manufacture of Electronic Components	120544	35329	14897	3952	114630	4203
6.家用视听设备制造 Manufacture of Domestic TV Set and Radio Receiver	22349	8185	2130	729	21106	352
7.其他电子设备制造 Manufacture of Other Electronic Equipment	49014	15731	4844	3875	44418	1563
电子计算机及办公设备制造业 Manufacture of Computers and Office Equipments	**59426**	**24512**	**3899**	**3059**	**55512**	**2562**
1.电子计算机整机制造 Manufacture of Entired Computer	7954	3357	737	211	7743	10
2.电子计算机外部设备制造 Manufacture of Computer Peripheral Equipment	29143	11399	2225	1148	27618	766
3.办公设备制造 Manufacture of Office Equipment	7225	2152	392	742	6044	880
医疗设备及仪器仪表制造业 Manufacture of Medical Equipments and Measuring Instrument	**304276**	**105707**	**23100**	**17151**	**279097**	**10980**
1.医疗设备及器械制造 Manufacture of Medical Equipment and Appliances	64291	23226	3799	3710	59287	1900
2.仪器仪表制造 Manufacture of Measuring Instrument	239986	82482	19300	13441	219810	9081

2-3-4 按行业分国有及国有控股企业高技术产业R&D活动经费情况(2009年)
R&D Expenditure in High-tech Industry of State-owned and State-controlled Enterprises by Industrial Sector (2009)

单位:万元 (10000 yuan)

行业 Industry	R&D经费内部支出 Intramural Expenditure on R&D	#人员劳务费 Labor Cost	#仪器和设备 Equipment	#政府资金 Government Funds	#企业资金 Self-raised Funds by Enterprises	R&D经费外部支出 External Expenditure on R&D
合计 Total	**2560270**	**782050**	**170397**	**464231**	**2063293**	**277229**
医药制造业 Manufacture of Medicines	**275327**	**80298**	**39527**	**18704**	**251979**	**39137**
#化学药品制造 Manufacture of Chemical Medicine	172452	52271	28008	10013	160671	25653
中成药制造 Manufacture of Finished Traditional Chinese Herbal Medicine	58977	17760	5302	5560	53176	10901
生物、生化制品的制造 Manufacture of Biological and Biochemical Chemical Products	37966	8640	6063	2652	33205	1865
航空航天器制造业 Manufacture of Aircrafts and Spacecrafts	**650549**	**97559**	**13196**	**306325**	**333305**	**162751**
1.飞机制造及修理 Manufacture and Repairing of Airplanes	511327	85146	12919	210569	293298	66760
2.航天器制造 Manufacture of Spacecrafts	139222	12413	278	95756	40007	95992
电子及通信设备制造业 Manufacture of Electronic Equipment and Communication Equipment	**1328224**	**504737**	**91176**	**106472**	**1215367**	**63575**
1.通信设备制造 Manufacture of Communication Equipment	683578	331321	50306	47793	631553	11554
#通信传输设备制造 Manufacture of Communication Transmitting Equipment	108202	29821	6877	10312	96284	7718
通信交换设备制造 Manufacture of Communication Exchanging Equipment	516691	271234	40127	32768	481523	2004
通信终端设备制造 Manufacture of Communication Terminal Equipment	11473	4911	411	1191	10230	920
2.雷达及配套设备制造 Manufacture of Radar and Its Fittings	68502	15680	6052	6407	62095	3947
3.广播电视设备制造 Manufacture of Broadcasting and TV Equipment	8256	2303	552	217	7802	560
4.电子器件制造 Manufacture of Electronic Appliances	161217	54868	13059	21808	138898	30560
#电子真空器件制造 Manufacture of Electronic Vacuum Appliances	30746	6076	6393	1999	28747	4598
半导体分立器件制造 Manufacture of Semiconductor Discreting Appliances	10015	2654	629	2141	7556	68
集成电路制造 Manufacture of Integrate Circuit	23392	10567	690	6402	16989	12
5.电子元件制造 Manufacture of Electronic Components	74996	22823	9878	6237	68190	1910
6.家用视听设备制造 Manufacture of Domestic TV Set and Radio Receiver	297706	62890	9331	18991	277880	14735
7.其他电子设备制造 Manufacture of Other Electronic Equipment	33969	14852	1999	5020	28948	308
电子计算机及办公设备制造业 Manufacture of Computers and Office Equipments	**129885**	**46918**	**9127**	**15543**	**114332**	**2435**
1.电子计算机整机制造 Manufacture of Entired Computer	94405	26619	6579	14158	80248	2168
2.电子计算机外部设备制造 Manufacture of Computer Peripheral Equipment	32262	19317	1291	1358	30894	264
3.办公设备制造 Manufacture of Office Equipment	1975	360	1213		1975	3
医疗设备及仪器仪表制造业 Manufacture of Medical Equipments and Measuring Instrument	**176286**	**52537**	**17370**	**17187**	**148311**	**9331**
1.医疗设备及器械制造 Manufacture of Medical Equipment and Appliances	16218	4574	3640	1236	14760	476
2.仪器仪表制造 Manufacture of Measuring Instrument	160067	47963	13730	15952	12100	8855

2-3-5 按行业和登记注册类型分高技术产业R&D活动经费情况(2009年)
R&D Expenditure in High-tech Industry by Industrial Sector and Registration Status(2009)

单位:万元 (10000 yuan)

行业 Industry	内资企业 Domestic Funded R&D经费内部支出 Intramural Expenditure on R&D	#人员劳务费 Labor Cost	#仪器和设备 Equip-ment	#政府资金 Govern-ment Funds	#企业资金 Self-raised Funds by Enterprises	R&D经费外部支出 External Expenditure on R&D
合计 Total	**5626684**	**1980505**	**487898**	**587630**	**4979024**	**441852**
医药制造业 Manufacture of Medicines	**967161**	**232494**	**151027**	**67954**	**882856**	**151448**
#化学药品制造 Manufacture of Chemical Medicine	521185	136113	80648	29547	485776	84466
中成药制造 Manufacture of Finished Traditional Chinese Herbal Medicine	226185	50336	34813	20120	204619	44007
生物、生化制品的制造 Manufacture of Biological and Biochemical Chemical Products	124409	24566	17978	12406	108364	13874
航空航天器制造业 Manufacture of Aircrafts and Spacecrafts	**657693**	**97642**	**13437**	**306373**	**340400**	**163457**
1.飞机制造及修理 Manufacture and Repairing of Airplanes	515879	84898	13102	210584	297834	67403
2.航天器制造 Manufacture of Spacecrafts	139222	12413	278	95756	40007	95992
电子及通信设备制造业 Manufacture of Electronic Equipment and Communication Equipment	**3091748**	**1355085**	**248397**	**154884**	**2921812**	**91551**
1.通信设备制造 Manufacture of Communication Equipment	1974424	1041252	147923	68127	1899372	49411
#通信传输设备制造 Manufacture of Communication Transmitting Equipment	145648	40819	13209	10880	132599	8531
通信交换设备制造 Manufacture of Communication Exchanging Equipment	1668192	926408	126171	46208	1619333	36213
通信终端设备制造 Manufacture of Communication Terminal Equipment	35366	13300	2215	2621	32643	1786
2.雷达及配套设备制造 Manufacture of Radar and Its Fittings	76278	17244	8352	6558	69502	4507
3.广播电视设备制造 Manufacture of Broadcasting and TV Equipment	51702	23501	6562	3763	47275	1171
4.电子器件制造 Manufacture of Electronic Appliances	308785	96987	30440	36663	269744	11571
#电子真空器件制造 Manufacture of Electronic Vacuum Appliances	46750	9157	7374	3750	42919	5502
半导体分立器件制造 Manufacture of Semiconductor Discreting Appliances	34217	7828	2676	4288	29587	599
集成电路制造 Manufacture of Integrate Circuit	71419	28482	2890	11674	58429	1264
5.电子元件制造 Manufacture of Electronic Components	254301	69865	34194	12546	237971	5884
6.家用视听设备制造 Manufacture of Domestic TV Set and Radio Receiver	340793	77930	13878	20724	319234	16126
7.其他电子设备制造 Manufacture of Other Electronic Equipment	85466	28307	7048	6503	78713	2881
电子计算机及办公设备制造业 Manufacture of Computers and Office Equipments	**285939**	**103172**	**21985**	**22342**	**260175**	**5970**
1.电子计算机整机制造 Manufacture of Entired Computer	155916	50256	10296	15157	140685	2364
2.电子计算机外部设备制造 Manufacture of Computer Peripheral Equipment	79384	28436	7305	3636	72879	849
3.办公设备制造 Manufacture of Office Equipment	16442	4422	1913	785	15218	850
医疗设备及仪器仪表制造业 Manufacture of Medical Equipments and Measuring Instrument	**624144**	**192112**	**53051**	**36079**	**573782**	**29426**
1.医疗设备及器械制造 Manufacture of Medical Equipment and Appliances	126051	43643	10311	5822	119065	5717
2.仪器仪表制造 Manufacture of Measuring Instrument	498093	148469	42740	30257	454717	23709

2-3-5 续表 1 continued

单位:万元 (10000 yuan)

行业 Industry	#国有企业 State-owned Enterprises R&D经费内部支出 Intramural Expenditure on R&D	#人员劳务费 Labor Cost	#仪器和设备 Equipment	#政府资金 Government Funds	#企业资金 Self-raised Funds by Enterprises	R&D经费外部支出 External Expenditure on R&D
合 计 **Total**	**519922**	**127308**	**46201**	**61290**	**444124**	**16789**
医药制造业 **Manufacture of Medicines**	**75189**	**19294**	**16410**	**7340**	**64953**	**6792**
#化学药品制造 Manufacture of Chemical Medicine	36966	9511	10634	4263	32131	4193
中成药制造 Manufacture of Finished Traditional Chinese Herbal Medicine	17134	4626	2006	1247	15887	1888
生物、生化制品的制造 Manufacture of Biological and Biochemical Chemical Products	19664	4950	3758	1825	15743	660
航空航天器制造业 **Manufacture of Aircrafts and Spacecrafts**	**133781**	**27228**	**3530**	**32267**	**99330**	**3731**
1.飞机制造及修理 Manufacture and Repairing of Airplanes	110390	23564	3445	19856	90002	3498
2.航天器制造 Manufacture of Spacecrafts	23391	3664	85	12412	9329	233
电子及通信设备制造业 **Manufacture of Electronic Equipment and Communication Equipment**	**242954**	**65552**	**13818**	**14334**	**225264**	**2795**
1.通信设备制造 Manufacture of Communication Equipment	55621	38317	4585	4798	48422	443
#通信传输设备制造 Manufacture of Communication Transmitting Equipment	4271	789	32	35	4237	122
通信交换设备制造 Manufacture of Communication Exchanging Equipment	43737	32966	4048	4432	36904	
通信终端设备制造 Manufacture of Communication Terminal Equipment	64	64			64	
2.雷达及配套设备制造 Manufacture of Radar and Its Fittings	4091	731	83	1020	3071	28
3.广播电视设备制造 Manufacture of Broadcasting and TV Equipment	129	42		10	119	
4.电子器件制造 Manufacture of Electronic Appliances	9162	4345	247	2495	6559	53
#电子真空器件制造 Manufacture of Electronic Vacuum Appliances	250	114			250	
半导体分立器件制造 Manufacture of Semiconductor Discreting Appliances	384	91	107	68	316	53
集成电路制造 Manufacture of Integrate Circuit	5298	1888	120	2427	2872	
5.电子元件制造 Manufacture of Electronic Components	19907	4864	4285	890	19004	23
6.家用视听设备制造 Manufacture of Domestic TV Set and Radio Receiver	141565	10701	3935	4649	136081	1988
7.其他电子设备制造 Manufacture of Other Electronic Equipment	12480	6554	683	471	12009	260
电子计算机及办公设备制造业 **Manufacture of Computers and Office Equipments**	**2185**	**689**	**29**	**56**	**2129**	**2**
1.电子计算机整机制造 Manufacture of Entired Computer						
2.电子计算机外部设备制造 Manufacture of Computer Peripheral Equipment	1564	504		45	1520	2
3.办公设备制造 Manufacture of Office Equipment						
医疗设备及仪器仪表制造业 **Manufacture of Medical Equipments and Measuring Instrument**	**65814**	**14544**	**12414**	**7293**	**52449**	**3470**
1.医疗设备及器械制造 Manufacture of Medical Equipment and Appliances	7705	1654	3239	221	7484	151
2.仪器仪表制造 Manufacture of Measuring Instrument	58109	12890	9174	7072	44965	3319

2-3-5 续表 2 continued

单位:万元 (10000 yuan)

行业 Industry	港澳台投资企业 Enterprises with Funds from Hong Kong, Macau and Taiwan					
	R&D经费内部支出 Intramural Expenditure on R&D	#人员劳务费 Labor Cost	#仪器和设备 Equip-ment	#政府资金 Govern-ment Funds	#企业资金 Self-raised Funds by Enterprises	R&D经费外部支出 External Expenditure on R&D
合计 Total	**1262093**	**474062**	**79762**	**37861**	**1185604**	**74787**
医药制造业 Manufacture of Medicines	**142428**	**42074**	**17832**	**6708**	**133994**	**16223**
#化学药品制造 Manufacture of Chemical Medicine	74124	18566	7864	4233	69384	10779
中成药制造 Manufacture of Finished Traditional Chinese Herbal Medicine	22301	6679	2786	1138	21024	2903
生物、生化制品的制造 Manufacture of Biological and Biochemical Chemical Products	33710	14570	5690	991	31891	1020
航空航天器制造业 Manufacture of Aircrafts and Spacecrafts	**101**	**23**	**20**		**101**	
1.飞机制造及修理 Manufacture and Repairing of Airplanes	101	23	20		101	
2.航天器制造 Manufacture of Spacecrafts						
电子及通信设备制造业 Manufacture of Electronic Equipment and Communication Equipment	**694409**	**264267**	**48495**	**27854**	**637207**	**53910**
1.通信设备制造 Manufacture of Communication Equipment	164877	78445	7960	2572	160867	3516
#通信传输设备制造 Manufacture of Communication Transmitting Equipment	14635	6180	588	675	13960	1190
通信交换设备制造 Manufacture of Communication Exchanging Equipment	15154	4915	215	48	15063	20
通信终端设备制造 Manufacture of Communication Terminal Equipment	30593	10339	1347	1367	29226	2292
2.雷达及配套设备制造 Manufacture of Radar and Its Fittings						
3.广播电视设备制造 Manufacture of Broadcasting and TV Equipment	10114	3699	669	50	10035	422
4.电子器件制造 Manufacture of Electronic Appliances	156490	49543	13492	2261	153728	36265
#电子真空器件制造 Manufacture of Electronic Vacuum Appliances	7283	940	871		7283	180
半导体分立器件制造 Manufacture of Semiconductor Discreting Appliances	10708	5115	1630	204	10505	560
集成电路制造 Manufacture of Integrate Circuit	52323	22198	3181	1120	50944	8695
5.电子元件制造 Manufacture of Electronic Components	215453	76869	20627	4137	185662	1665
6.家用视听设备制造 Manufacture of Domestic TV Set and Radio Receiver	134995	52017	3923	18568	114940	12031
7.其他电子设备制造 Manufacture of Other Electronic Equipment	12481	3696	1824	267	11975	11
电子计算机及办公设备制造业 Manufacture of Computers and Office Equipments	**368193**	**140262**	**9480**	**1430**	**359538**	**3068**
1.电子计算机整机制造 Manufacture of Entired Computer	63139	19457	1322	5	63134	
2.电子计算机外部设备制造 Manufacture of Computer Peripheral Equipment	210044	55346	4185	839	201980	1460
3.办公设备制造 Manufacture of Office Equipment	12888	4481	1970	73	12815	
医疗设备及仪器仪表制造业 Manufacture of Medical Equipments and Measuring Instrument	**56961**	**27436**	**3936**	**1869**	**54764**	**1587**
1.医疗设备及器械制造 Manufacture of Medical Equipment and Appliances	24422	13544	1384	896	23399	1149
2.仪器仪表制造 Manufacture of Measuring Instrument	32539	13892	2551	973	31365	438

2-3-5 续表 3 continued

单位:万元 (10000 yuan)

行 业 Industry	外商投资企业 Foreign Funded Enterprises R&D经费内部支出 Intramural Expenditure on R&D	#人员劳务费 Labor Cost	#仪器和设备 Equip-ment	#政府资金 Govern-ment Funds	#企业资金 Self-raised Funds by Enterprises	R&D经费外部支出 External Expenditure on R&D
合 计 **Total**	**2032438**	**742974**	**150769**	**45504**	**1861994**	**246080**
医药制造业 **Manufacture of Medicines**	**235796**	**70426**	**23704**	**8439**	**214590**	**31928**
#化学药品制造 Manufacture of Chemical Medicine	176319	54324	12121	5167	159496	19379
中成药制造 Manufacture of Finished Traditional Chinese Herbal Medicine	20461	4405	7189	1522	18916	9181
生物、生化制品的制造 Manufacture of Biological and Biochemical Chemical Products	25094	8331	3384	1155	22849	1664
航空航天器制造业 **Manufacture of Aircrafts and Spacecrafts**	**4855**	**3739**	**273**	**30**	**4688**	**42**
1.飞机制造及修理 Manufacture and Repairing of Airplanes	4855	3739	273	30	4688	42
2.航天器制造 Manufacture of Spacecrafts						
电子及通信设备制造业 **Manufacture of Electronic Equipment and Communication Equipment**	**1225351**	**397606**	**94257**	**25051**	**1118555**	**194697**
1.通信设备制造 Manufacture of Communication Equipment	358248	127353	18412	5505	323311	148882
#通信传输设备制造 Manufacture of Communication Transmitting Equipment	34126	16393	3494	440	32215	940
通信交换设备制造 Manufacture of Communication Exchanging Equipment	87909	35912	7983	1062	83449	8129
通信终端设备制造 Manufacture of Communication Terminal Equipment	16558	8546	618	13	16545	456
2.雷达及配套设备制造 Manufacture of Radar and Its Fittings	757	208	12		757	45
3.广播电视设备制造 Manufacture of Broadcasting and TV Equipment	2685	1210	324		2685	
4.电子器件制造 Manufacture of Electronic Appliances	351783	109434	38614	12705	327595	11348
#电子真空器件制造 Manufacture of Electronic Vacuum Appliances	8639	2829	123	50	8589	
半导体分立器件制造 Manufacture of Semiconductor Discreting Appliances	28968	11488	1660	534	24469	812
集成电路制造 Manufacture of Integrate Circuit	213146	65784	32329	8616	198197	3875
5.电子元件制造 Manufacture of Electronic Components	325846	101402	28652	1125	307073	11756
6.家用视听设备制造 Manufacture of Domestic TV Set and Radio Receiver	137560	37545	5992	723	116862	22402
7.其他电子设备制造 Manufacture of Other Electronic Equipment	48473	20454	2251	4992	40273	263
电子计算机及办公设备制造业 **Manufacture of Computers and Office Equipments**	**393959**	**205249**	**13327**	**933**	**376611**	**6737**
1.电子计算机整机制造 Manufacture of Entired Computer	210916	138700	2180	80	204077	359
2.电子计算机外部设备制造 Manufacture of Computer Peripheral Equipment	144134	48481	8838	562	136435	2633
3.办公设备制造 Manufacture of Office Equipment	18987	6281	624	32	17961	854
医疗设备及仪器仪表制造业 **Manufacture of Medical Equipments and Measuring Instrument**	**172476**	**65954**	**19209**	**11051**	**147550**	**12676**
1.医疗设备及器械制造 Manufacture of Medical Equipment and Appliances	57052	26649	3369	1617	52170	2265
2.仪器仪表制造 Manufacture of Measuring Instrument	115425	39305	15840	9434	95380	10412

2-3-6 按地区和企业规模分高技术产业R&D活动经费情况(2009年)

R&D Expenditure in High-tech Industry by Region and Industrial Sector(2009)

单位:万元 (10000 yuan)

地区	Region	大型企业 Large-sized Enterprises					
		R&D经费内部支出 Intramural Expenditure on R&D	#人员劳务费 Labor Cost	#仪器和设备 Equipment	#政府资金 Government Funds	#企业资金 Self-raised Funds by Enterprises	R&D经费外部支出 External Expenditure on R&D
全国	**Total**	**4876434**	**1940277**	**319418**	**374745**	**4414968**	**384012**
东部地区	Eastern Region	4089581	1742363	272601	180775	3833424	307811
中部地区	Middle Region	375937	114202	21110	94767	278773	29917
西部地区	Western Region	410916	83712	25707	99204	302771	46283
北京	Beijing	102871	30583	853	2588	99231	635
天津	Tianjin	41419	16838	3188	1326	25830	134816
河北	Hebei	41645	9938	11502	3578	37975	5664
山西	Shanxi	2208	1064	187	28	2179	
内蒙古	Inner Mongolia						
辽宁	Liaoning	169243	16260	4893	59099	109309	24830
吉林	Jilin	12682	2179	345	2328	10354	2341
黑龙江	Heilongjiang	113671	16950	926	46059	67502	15297
上海	Shanghai	285279	132946	21976	9489	275790	14976
江苏	Jiangsu	559594	154504	28169	12656	503881	32025
浙江	Zhejiang	181353	95867	17062	5225	175264	16327
安徽	Anhui	3820	782	653	96	3724	382
福建	Fujian	191200	68547	3465	3643	187557	14258
江西	Jiangxi	52796	8770	2479	22303	30493	2315
山东	Shandong	297095	56228	22536	22092	269509	12659
河南	Henan	47980	17980	5702	6853	41127	5784
湖北	Hubei	126758	61247	9959	16356	108301	3250
湖南	Hunan	16022	5231	858	742	15094	548
广东	Guangdong	2219881	1160653	158958	61078	2149079	51619
广西	Guangxi						
海南	Hainan						
重庆	Chongqing	9841	3940	895	490	9350	1812
四川	Sichuan	203376	48357	15251	22309	180471	18295
贵州	Guizhou	34003	4322	638	5832	27651	1173
云南	Yunnan						
西藏	Tibet						
陕西	Shaanxi	159747	25882	8738	70520	81400	24706
甘肃	Gansu	244	85	27	1	243	30
青海	Qinghai						
宁夏	Ningxia	2307	547	80	11	2296	266
新疆	Xinjiang	1398	579	77	40	1359	1

2-3-6 续表 1 continued

单位:万元 (10000 yuan)

地 区	Region	中型企业 Medium-sized Enterprises R&D经费内部支出 Intramural Expenditure on R&D	#人员劳务费 Labor Cost	#仪器和设备 Equipment	#政府资金 Government Funds	#企业资金 Self-raised Funds by Enterprises	R&D经费外部支出 External Expenditure on R&D
全 国	**Total**	**2864064**	**881531**	**268399**	**225217**	**2531450**	**297777**
东部地区	Eastern Region	2340772	748936	205118	164961	2085736	256064
中部地区	Middle Region	316218	73528	33387	37547	270095	24318
西部地区	Western Region	207074	59066	29894	22710	175618	17395
北 京	Beijing	238914	54238	6722	89356	143800	107199
天 津	Tianjin	123355	25216	3625	2159	113886	3054
河 北	Hebei	25198	6682	5358	1242	23758	1902
山 西	Shanxi	12520	2454	382	2090	8712	784
内蒙古	Inner Mongolia	2447	685	458	503	1945	129
辽 宁	Liaoning	26574	5754	4054	1508	24701	558
吉 林	Jilin	11888	2313	1874	1349	10114	3216
黑龙江	Heilongjiang	10063	2669	1369	692	9226	3160
上 海	Shanghai	269991	103355	37282	8435	252470	16461
江 苏	Jiangsu	523834	151162	34680	13728	472100	37125
浙 江	Zhejiang	260740	100715	19160	10825	245404	18260
安 徽	Anhui	39702	9753	2545	8844	30776	3522
福 建	Fujian	64135	27779	6929	4309	58330	1241
江 西	Jiangxi	42464	8695	3854	8551	28854	2446
山 东	Shandong	230273	45896	25796	6511	213652	13691
河 南	Henan	52192	12250	5786	2532	49066	2473
湖 北	Hubei	76554	25821	9656	7577	68440	3794
湖 南	Hunan	70836	9573	7921	5912	64908	4923
广 东	Guangdong	569641	226397	61358	26844	529562	53038
广 西	Guangxi	10660	2579	1338	1040	9585	2226
海 南	Hainan	8118	1741	153	44	8074	3536
重 庆	Chongqing	32428	10042	4042	3138	27968	3543
四 川	Sichuan	56138	17409	4889	3381	46028	3314
贵 州	Guizhou	24211	6648	2177	5591	18620	264
云 南	Yunnan	9776	2890	327	667	8766	1144
西 藏	Tibet	1937	462	190	478	1459	622
陕 西	Shaanxi	54738	15654	11849	5486	48938	3388
甘 肃	Gansu	10864	1855	3878	2138	8726	2674
青 海	Qinghai	1194	228	189	120	1074	
宁 夏	Ningxia	2617	605	559	156	2461	84
新 疆	Xinjiang	63	10		14	49	6

2-3-6 续表 2 continued

单位:万元 (10000 yuan)

地区	Region	小型企业 Small-sized Enterprises R&D经费内部支出 Intramural Expenditure on R&D	#人员劳务费 Labor Cost	#仪器和设备 Equipment	#政府资金 Government Funds	#企业资金 Self-raised Funds by Enterprises	R&D经费外部支出 External Expenditure on R&D
全国	**Total**	**1180717**	**375734**	**130612**	**71033**	**1080205**	**80931**
东部地区	Eastern Region	949780	316895	99257	55074	870102	52967
中部地区	Middle Region	166502	39704	23431	10522	152391	13406
西部地区	Western Region	64435	19135	7923	5437	57712	14558
北京	Beijing	112934	42458	4416	7886	100022	3664
天津	Tianjin	24756	7975	1413	1818	22030	1310
河北	Hebei	10873	2949	2351	642	10162	2394
山西	Shanxi	4154	725	461	206	3947	251
内蒙古	Inner Mongolia	2238	379	450	110	2128	67
辽宁	Liaoning	26777	5814	3733	3481	22323	1394
吉林	Jilin	11107	1975	481	429	9458	917
黑龙江	Heilongjiang	13762	2884	1712	1011	12328	1211
上海	Shanghai	77750	34074	6947	5167	69449	2701
江苏	Jiangsu	192302	60020	15629	9860	176287	12874
浙江	Zhejiang	179507	54943	20908	10422	166996	9862
安徽	Anhui	22220	5918	2528	1178	20517	2160
福建	Fujian	60367	18454	12856	3538	55557	2333
江西	Jiangxi	16132	3032	3284	1246	14323	1601
山东	Shandong	73270	16942	10308	2431	69363	6015
河南	Henan	21601	5498	4281	2030	19319	1192
湖北	Hubei	26435	7802	2817	2683	23277	2381
湖南	Hunan	51090	11870	7868	1738	49223	3694
广东	Guangdong	185513	72190	18489	9630	172380	9293
广西	Guangxi	11396	2181	1360	987	10372	1736
海南	Hainan	5732	1077	2208	199	5533	1127
重庆	Chongqing	11291	2717	2057	840	10129	7482
四川	Sichuan	21919	9143	2418	1205	20319	3680
贵州	Guizhou	2947	984	281	589	2301	384
云南	Yunnan	3909	874	466	596	3313	501
西藏	Tibet	405	91		48	357	
陕西	Shaanxi	6750	1847	640	506	5790	429
甘肃	Gansu	1009	325	105	104	904	23
青海	Qinghai	1068	243	58	155	895	157
宁夏	Ningxia	684	201	59	243	441	27
新疆	Xinjiang	819	151	31	55	764	74

2-3-7 各地区国有及国有控股企业高技术产业R&D活动经费情况(2009年)

R&D Expenditure in High-tech Industry of State-owned and State-controlled Enterprises by Region (2009)

单位:万元 (10000 yuan)

地区	Region	R&D经费内部支出 Intramural Expenditure on R&D	#人员劳务费 Labor Cost	#仪器和设备 Equipment	#政府资金 Government Funds	#企业资金 Self-raised Funds by Enterprises	R&D经费外部支出 External Expenditure on R&D
全国	**Total**	**2560270**	**782050**	**170397**	**464231**	**2063293**	**277229**
东部地区	Eastern Region	1632330	547395	109715	243311	1378497	203812
中部地区	Middle Region	417116	120252	24487	107043	303820	25920
西部地区	Western Region	510824	114403	36195	113876	380977	47497
北京	Beijing	227640	46262	3740	96225	128024	104502
天津	Tianjin	40503	15849	2193	2677	36297	2937
河北	Hebei	37027	9177	10762	2693	34044	1913
山西	Shanxi	7327	1707	200	696	4914	51
内蒙古	Inner Mongolia	171	62	22		171	
辽宁	Liaoning	180612	19252	6468	60998	118320	25064
吉林	Jilin	2064	720	102	202	1862	
黑龙江	Heilongjiang	91151	10174	599	44941	46032	13785
上海	Shanghai	148399	67645	12241	7695	139100	11412
江苏	Jiangsu	83487	29290	4433	6987	75865	5463
浙江	Zhejiang	82265	32573	9889	4670	77557	10097
安徽	Anhui	28398	6142	1639	6766	21632	1312
福建	Fujian	19728	8348	1318	2461	17267	208
江西	Jiangxi	54583	10715	2868	21727	31723	3261
山东	Shandong	253837	52895	16388	20936	231522	6863
河南	Henan	40870	16497	2388	6489	33917	1454
湖北	Hubei	132226	66001	11695	20150	109514	3799
湖南	Hunan	60326	8233	4975	6073	54056	2258
广东	Guangdong	545075	263362	40082	37675	507041	30875
广西	Guangxi	720	269	58	106	614	359
海南	Hainan	13038	2474	2142	190	12847	4120
重庆	Chongqing	26919	10332	2908	2657	23876	3950
四川	Sichuan	218597	54109	8095	23043	188687	16091
贵州	Guizhou	57721	11164	2834	11537	45666	730
云南	Yunnan	3693	1571	12	317	3376	88
西藏	Tibet	584	25		180	404	20
陕西	Shaanxi	193962	35252	19478	75139	110624	26298
甘肃	Gansu	7307	1413	2685	834	6473	280
青海	Qinghai	201	96		11	190	20
宁夏	Ningxia	1463	406	176	145	1318	15
新疆	Xinjiang	377	36	8	14	363	6

2-3-8 按地区和登记注册类型分高技术产业R&D活动经费情况(2009年)

R&D Expenditure in High-tech Industry by Region and Registration Status(2009)

单位:万元 (10000 yuan)

行业	Industry	内资企业 Domestic Funded					
		R&D经费内部支出 Intramural Expenditure on R&D	#人员劳务费 Labor Cost	#仪器和设备 Equipment	#政府资金 Government Funds	#企业资金 Self-raised Funds by Enterprises	R&D经费外部支出 External Expenditure on R&D
全国	**Total**	**5626684**	**1980505**	**487898**	**587630**	**4979024**	**441852**
东部地区	Eastern Region	4242246	1629545	359439	331965	3876971	304965
中部地区	Middle Region	741491	202650	68016	130613	602220	62606
西部地区	Western Region	642947	148311	60443	125052	499833	74282
北京	Beijing	309097	77443	6557	96994	206147	107043
天津	Tianjin	65649	21564	5831	4937	59110	8923
河北	Hebei	61298	14551	16202	5078	55861	3549
山西	Shanxi	16270	3590	1013	1733	12819	1036
内蒙古	Inner Mongolia	4685	1064	908	613	4073	196
辽宁	Liaoning	204175	21558	11621	60590	141412	26213
吉林	Jilin	34014	6365	2700	4106	29038	6475
黑龙江	Heilongjiang	108018	13793	3127	46460	61380	17805
上海	Shanghai	131713	54512	9735	9784	121710	9536
江苏	Jiangsu	474284	117689	36896	28933	440457	37284
浙江	Zhejiang	367823	119923	44066	22037	340205	34515
安徽	Anhui	61649	15293	4940	9918	51435	5865
福建	Fujian	75902	24363	14979	6611	67765	2391
江西	Jiangxi	92217	17065	8706	25093	65445	6216
山东	Shandong	436531	94263	44990	28170	400922	22431
河南	Henan	100739	31370	13112	9964	90059	8234
湖北	Hubei	204274	92284	19398	25159	176206	8178
湖南	Hunan	124310	22890	15019	8181	115838	8798
广东	Guangdong	2109073	1081709	167917	68701	2036813	52132
广西	Guangxi	18154	4280	1937	1659	16479	2926
海南	Hainan	6701	1971	647	132	6569	950
重庆	Chongqing	47093	14595	6490	4174	41468	12641
四川	Sichuan	272032	69533	21585	26647	237675	23405
贵州	Guizhou	60823	11865	3095	11919	48327	1779
云南	Yunnan	10069	3094	466	945	9112	1189
西藏	Tibet	2342	553	190	526	1817	622
陕西	Shaanxi	206561	38782	20821	75821	122463	28230
甘肃	Gansu	12048	2217	4009	2243	9805	2726
青海	Qinghai	1801	366	192	229	1554	137
宁夏	Ningxia	5059	1223	642	168	4891	352
新疆	Xinjiang	2280	740	108	109	2171	81

2-3-8 续表 1 continued

单位:万元 (10000 yuan)

地区	Region	#国有企业 State-owned Enterprises R&D经费内部支出 Intramural Expenditure on R&D	#人员劳务费 Labor Cost	#仪器和设备 Equipment	#政府资金 Government Funds	#企业资金 Self-raised Funds by Enterprises	R&D经费外部支出 External Expenditure on R&D
全国	**Total**	**519922**	**127308**	**46201**	**61290**	**444124**	**16789**
东部地区	Eastern Region	264566	48802	24591	15628	246229	10821
中部地区	Middle Region	97964	50475	7624	20118	75361	4292
西部地区	Western Region	157392	28030	13986	25545	122535	1676
北京	Beijing	9987	2565	344	2253	7212	286
天津	Tianjin	1171	440	53	50	1121	169
河北	Hebei	33671	8143	10543	2640	30939	1834
山西	Shanxi	516	309			516	25
内蒙古	Inner Mongolia						
辽宁	Liaoning	23824	840	1981	318	22671	
吉林	Jilin	1855	605	102	202	1653	
黑龙江	Heilongjiang	61	5		55	6	
上海	Shanghai	13175	5735	966	572	12424	3216
江苏	Jiangsu	17298	4715	915	1270	15786	565
浙江	Zhejiang	2725	1156	104	537	2149	95
安徽	Anhui	17178	3326	724	5941	11237	371
福建	Fujian	296	178	41		296	6
江西	Jiangxi	3161	1386	323	25	3136	387
山东	Shandong	146043	19871	7105	5933	139610	3242
河南	Henan	5401	2979	474	1210	4191	699
湖北	Hubei	68954	41520	5886	12685	53783	2780
湖南	Hunan	837	345	114		837	30
广东	Guangdong	13354	3951	2500	2055	11000	1087
广西	Guangxi	604	240	40	86	518	359
海南	Hainan	3023	1208	39		3023	321
重庆	Chongqing	4801	1733	1317	274	4287	160
四川	Sichuan	68214	7749	1233	5230	56358	602
贵州	Guizhou	28106	3643	1338	4180	23407	184
云南	Yunnan	85	40	3	10	75	12
西藏	Tibet	584	25		180	404	20
陕西	Shaanxi	49067	13462	7561	14886	32255	333
甘肃	Gansu	5869	1128	2494	684	5184	
青海	Qinghai						
宁夏	Ningxia						
新疆	Xinjiang	63	10		14	49	6

2-3-8 续表 2 continued

单位:万元 (10000 yuan)

地区	Region	港澳台投资企业 Enterprises with Funds from Hong Kong, Macau and Taiwan R&D经费内部支出 Intramural Expenditure on R&D	#人员劳务费 Labor Cost	#仪器和设备 Equipment	#政府资金 Government Funds	#企业资金 Self-raised Funds by Enterprises	R&D经费外部支出 External Expenditure on R&D
全国	**Total**	**1262093**	**474062**	**79762**	**37861**	**1185604**	**74787**
东部地区	Eastern Region	1212797	465234	73058	35559	1140101	71340
中部地区	Middle Region	40632	7189	5434	1483	38023	2161
西部地区	Western Region	8664	1639	1270	820	7480	1286
北京	Beijing	63470	19353	241	333	61833	423
天津	Tianjin	9474	1996	607	61	9413	88
河北	Hebei	13899	4254	2346	304	13596	3349
山西	Shanxi						
内蒙古	Inner Mongolia						
辽宁	Liaoning	5046	1177	480	343	4703	439
吉林	Jilin	67	10			67	
黑龙江	Heilongjiang	1147	165	113		724	44
上海	Shanghai	97578	41545	14069	2175	90759	8917
江苏	Jiangsu	264065	87851	11486	3694	232948	9302
浙江	Zhejiang	173128	105376	6347	2223	170816	4077
安徽	Anhui	2101	577	256	95	1743	194
福建	Fujian	146117	33032	5567	1966	143519	492
江西	Jiangxi	1751	842	102	31	1455	65
山东	Shandong	23310	4342	3716	564	22746	521
河南	Henan	8512	1857	1682	825	7558	968
湖北	Hubei	20300	1738	2129	376	19890	808
湖南	Hunan	6755	2001	1152	156	6587	83
广东	Guangdong	415998	166082	28193	23814	389139	43642
广西	Guangxi	2962	246	589	304	2624	1017
海南	Hainan	711	226	6	82	629	90
重庆	Chongqing	968	246	280	17	950	
四川	Sichuan	1200	574	136	26	1174	
贵州	Guizhou	95	29	2	32	62	
云南	Yunnan	2689	318	209	187	2172	224
西藏	Tibet						
陕西	Shaanxi						
甘肃	Gansu						
青海	Qinghai	201	96		11	190	20
宁夏	Ningxia	550	130	55	242	308	25
新疆	Xinjiang						

2-3-8 续表 3 continued

单位:万元 (10000 yuan)

地区	Region	外商投资企业 Foreign Funded Enterprises					
		R&D经费内部支出 Intramural Expenditure on R&D	#人员劳务费 Labor Cost	#仪器和设备 Equipment	#政府资金 Government Funds	#企业资金 Self-raised Funds by Enterprises	R&D经费外部支出 External Expenditure on R&D
全国	**Total**	**2032438**	**742974**	**150769**	**45504**	**1861994**	**246080**
东部地区	Eastern Region	1925091	713416	144479	33285	1772190	240538
中部地区	Middle Region	76533	17595	4479	10740	61015	2874
西部地区	Western Region	30814	11963	1811	1479	28788	2668
北京	Beijing	82152	30484	5193	2504	75073	4032
天津	Tianjin	114407	26469	1788	304	93223	130170
河北	Hebei	2519	764	664	80	2438	3062
山西	Shanxi	2612	652	17	592	2019	
内蒙古	Inner Mongolia						
辽宁	Liaoning	13373	5094	579	3156	10216	130
吉林	Jilin	1596	92			821	
黑龙江	Heilongjiang	28332	8545	766	1302	26951	1819
上海	Shanghai	403729	174318	42402	11131	385240	15685
江苏	Jiangsu	537382	160146	30096	3617	478863	35438
浙江	Zhejiang	80650	26226	6718	2213	76643	5858
安徽	Anhui	1991	584	530	105	1838	6
福建	Fujian	93682	57384	2704	2913	90161	14949
江西	Jiangxi	17425	2589	809	6977	6770	80
山东	Shandong	140797	20461	9934	2300	128856	9414
河南	Henan	12522	2502	975	627	11895	247
湖北	Hubei	5172	848	906	1082	3921	439
湖南	Hunan	6883	1784	477	55	6800	283
广东	Guangdong	449964	211450	42695	5037	425070	18176
广西	Guangxi	940	235	172	63	854	18
海南	Hainan	6438	621	1707	29	6409	3624
重庆	Chongqing	5500	1858	223	276	5028	196
四川	Sichuan	8202	4801	837	223	7968	1884
贵州	Guizhou	243	60		60	182	43
云南	Yunnan	927	352	117	131	796	232
西藏	Tibet						
陕西	Shaanxi	14674	4601	406	690	13666	294
甘肃	Gansu	69	48			69	1
青海	Qinghai	260	10	55	35	225	
宁夏	Ningxia						
新疆	Xinjiang						

2-3-9 按地区和行业分高技术产业R&D活动经费情况(2009年)

R&D Expenditure in High-tech Industry by Region and Industrial Sector(2009)

单位:万元 (10000 yuan)

地区	Region	医药制造业 Medical and Pharmaceutical Products Manufacturing					
		R&D经费内部支出 Intramural Expenditure on R&D	#人员劳务费 Labor Cost	#仪器和设备 Equipment	#政府资金 Government Funds	#企业资金 Self-raised Funds by Enterprises	R&D经费外部支出 External Expenditure on R&D
全国	**Total**	**1345385**	**344993**	**192562**	**83101**	**1231439**	**199599**
东部地区	Eastern Region	954334	255919	134628	52577	876402	132847
中部地区	Middle Region	257640	56175	33705	18829	235983	38632
西部地区	Western Region	133412	32900	24229	11694	119054	28120
北京	Beijing	46129	12996	4144	2641	42017	6392
天津	Tianjin	46408	15761	4986	3084	42712	7974
河北	Hebei	50436	11779	12325	4330	45945	9743
山西	Shanxi	8104	1903	841	491	7612	828
内蒙古	Inner Mongolia	4429	1019	899	588	3840	186
辽宁	Liaoning	22103	4465	2509	1364	20461	1911
吉林	Jilin	22859	4689	2522	4106	18072	6437
黑龙江	Heilongjiang	42245	10793	2813	3365	38379	5696
上海	Shanghai	88284	36970	10154	3520	83835	3881
江苏	Jiangsu	215202	52542	19426	11543	193074	31123
浙江	Zhejiang	168677	47019	27016	8815	156156	29156
安徽	Anhui	17936	3802	2275	493	17056	3761
福建	Fujian	31528	4973	9806	1401	30033	2409
江西	Jiangxi	34192	6067	4762	2905	30766	3457
山东	Shandong	184321	40971	31868	7262	169971	24291
河南	Henan	47226	10196	6914	3242	43854	7288
湖北	Hubei	35084	8372	4867	3000	31621	3158
湖南	Hunan	49995	10353	8710	1226	48624	8007
广东	Guangdong	90317	26811	10050	8374	81513	11624
广西	Guangxi	17195	3146	2389	1449	15721	2965
海南	Hainan	10928	1633	2345	242	10686	4342
重庆	Chongqing	28235	7980	3701	2033	26089	11256
四川	Sichuan	37590	9932	10459	2891	32606	5213
贵州	Guizhou	3069	709	211	460	2551	1000
云南	Yunnan	10923	2313	786	1196	9383	1629
西藏	Tibet	2342	553	190	526	1817	622
陕西	Shaanxi	14054	4198	1112	239	13801	2032
甘肃	Gansu	10010	1757	3747	2066	7945	2644
青海	Qinghai	1403	343	247	155	1230	157
宁夏	Ningxia	3595	817	467	23	3572	337
新疆	Xinjiang	568	134	23	69	499	80

2-3-9 续表 1 continued

单位:万元 (10000 yuan)

地区	Region	航空航天器制造业 Manufacture of Aircrafts and Spacecrafts					
		R&D经费内部支出 Intramural Expenditure on R&D	#人员劳务费 Labor Cost	#仪器和设备 Equipment	#政府资金 Government Funds	#企业资金 Self-raised Funds by Enterprises	R&D经费外部支出 External Expenditure on R&D
全国	**Total**	**662649**	**101404**	**13730**	**306403**	**345188**	**163500**
东部地区	Eastern Region	261675	35762	2928	142078	116902	121105
中部地区	Middle Region	165474	32177	3420	77781	87330	16792
西部地区	Western Region	235499	33465	7383	86544	140957	25603
北京	Beijing	120066	10212	249	84900	33255	95784
天津	Tianjin						
河北	Hebei	6005	3132	300		5806	100
山西	Shanxi						
内蒙古	Inner Mongolia						
辽宁	Liaoning	97859	8469	475	56018	41478	23913
吉林	Jilin						
黑龙江	Heilongjiang	82389	7852	254	44083	38128	13276
上海	Shanghai	22940	9871	1551	1096	21760	1243
江苏	Jiangsu	9562	1609	275	17	9407	2
浙江	Zhejiang	2380	291	58	8	2372	63
安徽	Anhui	769	233	53	190	579	39
福建	Fujian						
江西	Jiangxi	39342	4548	1910	21061	18282	
山东	Shandong	344	164		15	329	
河南	Henan	24477	11604	1203	5965	18512	1155
湖北	Hubei	16548	6898		6190	10358	2322
湖南	Hunan	1950	1043		293	1471	
广东	Guangdong	2520	2014	20	25	2495	
广西	Guangxi						
海南	Hainan						
重庆	Chongqing	894	399		175	719	14
四川	Sichuan	52501	4177	471	8564	43938	970
贵州	Guizhou	45034	7363	880	8374	36141	350
云南	Yunnan						
西藏	Tibet						
陕西	Shaanxi	137070	21527	6032	69431	60159	24270
甘肃	Gansu						
青海	Qinghai						
宁夏	Ningxia						
新疆	Xinjiang						

2-3-9 续表 2 continued

单位:万元 (10000 yuan)

地区 Region	电子及通信设备制造业 Manufacture of Electronic Equipment and Communication Equipment					
	R&D经费内部支出 Intramural Expenditure on R&D	#人员劳务费 Labor Cost	#仪器和设备 Equipment	#政府资金 Government Funds	#企业资金 Self-raised Funds by Enterprises	R&D经费外部支出 External Expenditure on R&D
全　国 Total	**5011509**	**2016958**	**391149**	**207789**	**4677574**	**340157**
东部地区 Eastern Region	4487605	1846083	341528	154325	4213205	313928
中部地区 Middle Region	270682	91168	26355	29216	236740	7040
西部地区 Western Region	253222	79707	23265	24248	227629	19189
北　京 Beijing	131088	49156	4792	8535	117434	7245
天　津 Tianjin	102569	21725	2033	1556	81494	130510
河　北 Hebei	10082	2043	4063	401	9681	6
山　西 Shanxi	3417	664	17	668	2747	167
内蒙古 Inner Mongolia	257	45	9	24	232	10
辽　宁 Liaoning	84162	10699	6923	4250	78625	906
吉　林 Jilin	11316	1384	109		10475	
黑龙江 Heilongjiang	3478	1344	62	166	3313	131
上　海 Shanghai	384532	153164	47487	14641	360937	23380
江　苏 Jiangsu	688129	209405	41620	15768	616625	38743
浙　江 Zhejiang	236117	91935	17583	11827	221619	4553
安　徽 Anhui	24368	7199	1656	4488	19727	1425
福　建 Fujian	132179	47502	10607	8475	121084	14422
江　西 Jiangxi	13678	4405	1218	935	11362	1853
山　东 Shandong	272410	39542	9390	7358	255350	3149
河　南 Henan	21453	4616	3894	969	20424	419
湖　北 Hubei	136588	65356	14076	16111	118187	2828
湖　南 Hunan	56385	6200	5323	5879	50506	216
广　东 Guangdong	2443416	1219727	197015	81516	2347434	90693
广　西 Guangxi	2626	928	152	238	2340	394
海　南 Hainan	2921	1185	16		2921	321
重　庆 Chongqing	8014	2638	753	341	6722	390
四　川 Sichuan	172618	57728	9691	15175	157443	16430
贵　州 Guizhou	11472	3031	1816	2837	8635	273
云　南 Yunnan						
西　藏 Tibet						
陕　西 Shaanxi	55022	14326	10519	5441	49235	1616
甘　肃 Gansu	1815	431	248	151	1664	75
青　海 Qinghai						
宁　夏 Ningxia						
新　疆 Xinjiang	1398	579	77	40	1359	1

2-3-9 续表 3 continued

单位:万元 (10000 yuan)

地区	Region	电子计算机及办公设备制造业 Manufacture of Computer and Office Equipments					
		R&D经费内部支出 Intramural Expenditure on R&D	#人员劳务费 Labor Cost	#仪器和设备 Equipment	#政府资金 Government Funds	#企业资金 Self-raised Funds by Enterprises	R&D经费外部支出 External Expenditure on R&D
全　国	**Total**	**1048091**	**448684**	**44792**	**24704**	**996324**	**15775**
东部地区	Eastern Region	1008025	434972	41780	22446	958663	13981
中部地区	Middle Region	35803	11534	2601	1939	33760	1110
西部地区	Western Region	4263	2178	411	319	3901	685
北　京	Beijing	89062	29539	524	779	87825	466
天　津	Tianjin	24416	6325	351	11	24405	2
河　北	Hebei	30	29			30	
山　西	Shanxi	503	229			503	
内蒙古	Inner Mongolia						
辽　宁	Liaoning	955	449	146	36	919	
吉　林	Jilin						
黑龙江	Heilongjiang	2704	333		30	2674	2
上　海	Shanghai	77710	42077	2954	684	77026	77
江　苏	Jiangsu	169156	45305	7868	651	152540	2835
浙　江	Zhejiang	106332	74325	2792	1581	104300	1976
安　徽	Anhui	4039	1824	493	923	3116	217
福　建	Fujian	140604	56956	1222	910	139694	676
江　西	Jiangxi	943	189	272		943	669
山　东	Shandong	88883	25944	7709	14839	74045	2648
河　南	Henan	90	20	30		90	
湖　北	Hubei	24034	7711	1629	854	23076	112
湖　南	Hunan	3491	1229	177	133	3358	110
广　东	Guangdong	310877	154024	18214	2955	297880	5302
广　西	Guangxi						
海　南	Hainan						
重　庆	Chongqing	1851	765	288	317	1534	685
四　川	Sichuan	392	132	94		392	
贵　州	Guizhou						
云　南	Yunnan	1827	1184		0	1827	
西　藏	Tibet						
陕　西	Shaanxi	194	97	29	2	149	
甘　肃	Gansu						
青　海	Qinghai						
宁　夏	Ningxia						
新　疆	Xinjiang						

2-3-9 续表 4 continued

单位:万元 (10000 yuan)

地区 Region	医疗设备及仪器仪表制造业 Manufacture of Medical Equipments and Measuring Instrument					
	R&D经费内部支出 Intramural Expenditure on R&D	#人员劳务费 Labor Cost	#仪器和设备 Equipment	#政府资金 Government Funds	#企业资金 Self-raised Funds by Enterprises	R&D经费外部支出 External Expenditure on R&D
全 国 Total	**853581**	**285502**	**76196**	**48998**	**776097**	**43689**
东部地区 Eastern Region	668496	235459	56112	29383	624091	34983
中部地区 Middle Region	129058	36380	11848	15070	107446	4068
西部地区 Western Region	56028	13663	8237	4545	44560	4639
北 京 Beijing	68374	25377	2281	2975	62522	1612
天 津 Tianjin	16136	6218	857	651	13135	695
河 北 Hebei	11163	2586	2524	731	10432	111
山 西 Shanxi	6859	1447	172	1166	3977	41
内蒙古 Inner Mongolia						
辽 宁 Liaoning	17515	3747	2628	2421	14848	52
吉 林 Jilin	1502	394	68		1378	38
黑龙江 Heilongjiang	6681	2182	877	119	6562	562
上 海 Shanghai	59555	28292	4060	3150	54151	5557
江 苏 Jiangsu	193683	56825	9290	8265	180622	9320
浙 江 Zhejiang	108095	37956	9682	4241	103216	8701
安 徽 Anhui	18630	3395	1250	4024	14538	623
福 建 Fujian	11390	5349	1614	706	10634	325
江 西 Jiangxi	23238	5287	1455	7200	12318	382
山 东 Shandong	54680	12445	9672	1561	52831	2278
河 南 Henan	28527	9293	3728	1240	26632	587
湖 北 Hubei	17494	6533	1861	461	16775	1004
湖 南 Hunan	26127	7849	2438	861	25266	831
广 东 Guangdong	127905	56665	13506	4683	121700	6331
广 西 Guangxi	2235	686	157	339	1896	603
海 南 Hainan						
重 庆 Chongqing	14566	4918	2252	1601	12383	493
四 川 Sichuan	18333	2939	1843	266	12439	2675
贵 州 Guizhou	1585	852	190	340	1245	199
云 南 Yunnan	936	267	7	67	869	15
西 藏 Tibet						
陕 西 Shaanxi	14896	3235	3535	1399	12784	606
甘 肃 Gansu	292	76	14	26	266	8
青 海 Qinghai	859	129		120	739	
宁 夏 Ningxia	2013	536	231	387	1626	40
新 疆 Xinjiang	314	26	8		314	

2-4-1 按行业分高技术产业新产品开发和生产情况(2009年)
New Products Development and Production in High-tech Industry by Industrial Sector (2009)

单位:万元 (10000 yuan)

行业 Industry	新产品开发项目数(项) New Products (item)	新产品开发经费 Expenditure on New Products Development	新产品产值 Output Value of New Products	新产品销售收入 Sales Revenue of New Products	#出口 Exports
合 计 Total	**60331**	**11009463**	**136971315**	**137367222**	**49299107**
医药制造业 Manufacture of Medicines	**14360**	**1550581**	**17230624**	**15924583**	**1702401**
#化学药品制造 Manufacture of Chemical Medicine	7566	850988	10612715	9915188	1340797
中成药制造 Manufacture of Finished Traditional Chinese Herbal Medicine	3271	307521	3378059	2970029	119670
生物、生化制品的制造 Manufacture of Biological and Biochemical Chemical Products	1843	219017	1812130	1688902	161921
航空航天器制造业 Manufacture of Aircrafts and Spacecrafts	**2689**	**774624**	**3141629**	**2760872**	**223586**
1.飞机制造及修理 Manufacture and Repairing of Airplanes	2590	635610	2940312	2593383	223586
2.航天器制造 Manufacture of Spacecrafts	84	135956	198829	164815	
电子及通信设备制造业 Manufacture of Electronic Equipment and Communication Equipment	**29564**	**6159516**	**86639421**	**86981738**	**35690768**
1.通信设备制造 Manufacture of Communication Equipment	9316	2974852	41132026	42605476	18539903
#通信传输设备制造 Manufacture of Communication Transmitting Equipment	1692	258240	1479127	1778293	202878
通信交换设备制造 Manufacture of Communication Exchanging Equipment	4735	1947159	14989817	16967766	6096658
通信终端设备制造 Manufacture of Communication Terminal Equipment	820	124589	1665115	1641467	987036
2.雷达及配套设备制造 Manufacture of Radar and Its Fittings	540	78949	579377	559064	115553
3.广播电视设备制造 Manufacture of Broadcasting and TV Equipment	747	94197	892591	818384	145052
4.电子器件制造 Manufacture of Electronic Appliances	6664	1086093	13355349	13110742	7103820
#电子真空器件制造 Manufacture of Electronic Vacuum Appliances	626	86247	789896	780158	125242
半导体分立器件制造 Manufacture of Semiconductor Discreting Appliances	952	112466	945214	930924	271348
集成电路制造 Manufacture of Integrate Circuit	2598	380516	4700535	4636830	2687296
5.电子元件制造 Manufacture of Electronic Components	6890	954742	12184523	12050667	4883938
6.家用视听设备制造 Manufacture of Domestic TV Set and Radio Receiver	4017	757747	16408778	15783311	4503981
7.其他电子设备制造 Manufacture of Other Electronic Equipment	1390	212936	2086777	2054094	398521
电子计算机及办公设备制造业 Manufacture of Computers and Office Equipments	**3055**	**1363178**	**21282356**	**23009386**	**10314625**
1.电子计算机整机制造 Manufacture of Entired Computer	613	522443	7705764	9549073	1468178
2.电子计算机外部设备制造 Manufacture of Computer Peripheral Equipment	1724	621141	11717313	11646287	8428089
3.办公设备制造 Manufacture of Office Equipment	313	60879	536757	534205	174347
医疗设备及仪器仪表制造业 Manufacture of Medical Equipments and Measuring Instrument	**10663**	**1161565**	**8677286**	**8690643**	**1367726**
1.医疗设备及器械制造 Manufacture of Medical Equipment and Appliances	1936	280534	1778833	1657648	341513
2.仪器仪表制造 Manufacture of Measuring Instrument	8727	881031	6898453	7032995	1026213

2-4-2 各地区高技术产业新产品开发和生产情况(2009年)

New Products Development and Production in High-tech Industry by Region(2009)

单位:万元 (10000 yuan)

地区	Region	新产品开发项目数(项) New Products (item)	新产品开发经费 Expenditure on New Products Development	新产品产值 Output Value of New Products	新产品销售收入 Sales Revenue of New Products	#出口 Exports
全国	**Total**	**60331**	**11009463**	**136971315**	**137367222**	**49299107**
东部地区	Eastern Region	44052	8985394	117708584	119989490	47570089
中部地区	Middle Region	8192	1125400	9022147	7990787	1026099
西部地区	Western Region	8087	898670	10240584	9386946	702919
北京	Beijing	3199	605252	14647597	14835434	6056880
天津	Tianjin	2071	202115	8261090	7787917	5264794
河北	Hebei	1280	75807	597924	580603	92135
山西	Shanxi	235	21545	844728	206692	2181
内蒙古	Inner Mongolia	72	8847	39017	26846	240
辽宁	Liaoning	1430	339618	1683839	1619901	384575
吉林	Jilin	486	56560	754449	584976	7989
黑龙江	Heilongjiang	957	138977	336064	306470	19322
上海	Shanghai	3325	845513	10619996	12291903	4169736
江苏	Jiangsu	6873	1653211	22953528	24077093	8410941
浙江	Zhejiang	5258	701201	7231973	6754966	2138710
安徽	Anhui	1245	123256	1140138	895473	66790
福建	Fujian	1459	383370	6486812	6400470	4451887
江西	Jiangxi	794	108662	864257	836821	85336
山东	Shandong	3195	722000	9100271	9848807	1560862
河南	Henan	1323	171404	1428131	1348458	74530
湖北	Hubei	2321	335916	2165450	2400591	670950
湖南	Hunan	831	169080	1488929	1411305	99002
广东	Guangdong	15777	3445354	36054686	35731530	15039557
广西	Guangxi	576	32837	194730	181695	9383
海南	Hainan	185	11953	70869	60867	13
重庆	Chongqing	800	64836	1496343	1574314	98004
四川	Sichuan	3081	374126	6075234	5516352	410374
贵州	Guizhou	705	100580	498693	388102	58556
云南	Yunnan	188	17463	328501	285099	21314
西藏	Tibet	2	922	46481	40780	408
陕西	Shaanxi	2125	262465	1302698	1127748	47317
甘肃	Gansu	257	19849	95070	92087	5678
青海	Qinghai	19	1085	3946	516	112
宁夏	Ningxia	177	7545	135296	133812	38862
新疆	Xinjiang	85	8116	24575	19595	12670

2-4-3 按行业和企业规模分高技术产业新产品开发和生产情况(2009年)

New Products Development and Production in High-tech Industry by Industrial Sector and Scale of Enterprises(2009)

单位:万元 (10000 yuan)

行业 Industry	大型企业 Large-sized Enterprises 新产品开发项目数(项) New Products (item)	新产品开发经费 Expenditure on New Products Development	新产品产值 Output Value of New Products	新产品销售收入 Sales Revenue of New Products	#出口 Exports
合计 Total	**17350**	**5703487**	**85029258**	**86753637**	**36260195**
医药制造业 Manufacture of Medicines	**2668**	**393429**	**5208430**	**4807675**	**607314**
#化学药品制造 Manufacture of Chemical Medicine	1923	293414	3902435	3635821	588664
中成药制造 Manufacture of Finished Traditional Chinese Herbal Medicine	711	82536	1043016	940622	18650
生物、生化制品的制造 Manufacture of Biological and Biochemical Chemical Products	22	4670	76230	76230	
航空航天器制造业 Manufacture of Aircrafts and Spacecrafts	**1701**	**567775**	**2701372**	**2397029**	**210768**
1.飞机制造及修理 Manufacture and Repairing of Airplanes	1698	552493	2699843	2395563	210768
2.航天器制造 Manufacture of Spacecrafts	3	15281	1529	1466	
电子及通信设备制造业 Manufacture of Electronic Equipment and Communication Equipment	**11218**	**3571712**	**58582811**	**59368389**	**26329503**
1.通信设备制造 Manufacture of Communication Equipment	5262	2205533	33925454	35227134	16584836
#通信传输设备制造 Manufacture of Communication Transmitting Equipment	306	27787	237632	331561	19278
通信交换设备制造 Manufacture of Communication Exchanging Equipment	4479	1909685	14743821	16682891	6074464
通信终端设备制造 Manufacture of Communication Terminal Equipment	246	41079	451290	451290	444602
2.雷达及配套设备制造 Manufacture of Radar and Its Fittings	311	44450	395163	382841	103992
3.广播电视设备制造 Manufacture of Broadcasting and TV Equipment	45	19877	105603	102473	29622
4.电子器件制造 Manufacture of Electronic Appliances	1973	423165	7224273	7078984	4518414
#电子真空器件制造 Manufacture of Electronic Vacuum Appliances	198	40657	407268	409599	39924
半导体分立器件制造 Manufacture of Semiconductor Discreting Appliances	32	11472	168688	166188	69648
集成电路制造 Manufacture of Integrate Circuit	1450	178932	3480221	3484853	2189039
5.电子元件制造 Manufacture of Electronic Components	1523	347281	5176583	5262615	2600162
6.家用视听设备制造 Manufacture of Domestic TV Set and Radio Receiver	2053	491007	11027952	10638888	2414536
7.其他电子设备制造 Manufacture of Other Electronic Equipment	51	40401	727784	675455	77942
电子计算机及办公设备制造业 Manufacture of Computers and Office Equipments	**873**	**974956**	**16536934**	**18240274**	**8564106**
1.电子计算机整机制造 Manufacture of Entired Computer	284	471230	7197056	8933188	1352901
2.电子计算机外部设备制造 Manufacture of Computer Peripheral Equipment	422	378302	8397902	8366572	6973454
3.办公设备制造 Manufacture of Office Equipment	19	16992	1126	1126	1126
医疗设备及仪器仪表制造业 Manufacture of Medical Equipments and Measuring Instrument	**890**	**195615**	**1999711**	**1940270**	**548504**
1.医疗设备及器械制造 Manufacture of Medical Equipment and Appliances	98	52385	314846	250485	128231
2.仪器仪表制造 Manufacture of Measuring Instrument	792	143230	1684865	1689785	420273

2-4-3 续表 1 continued

单位:万元 (10000 yuan)

行　业 Industry	中型企业 Medium-sized Enterprises 新产品开发项目数(项) New Products (item)	新产品开发经费 Expenditure on New Products Development	新产品产值 Output Value of New Products	新产品销售收入 Sales Revenue of New Products	#出口 Exports
合　计 Total	**22622**	**3547256**	**39982929**	**39196366**	**11517444**
医药制造业 Manufacture of Medicines	**6169**	**679983**	**8232413**	**7675485**	**842804**
#化学药品制造 Manufacture of Chemical Medicine	3514	386999	5115858	4833030	599245
中成药制造 Manufacture of Finished Traditional Chinese Herbal Medicine	1424	127483	1616879	1401599	70265
生物、生化制品的制造 Manufacture of Biological and Biochemical Chemical Products	701	103389	948438	915755	112680
航空航天器制造业 Manufacture of Aircrafts and Spacecrafts	**903**	**196856**	**400028**	**324685**	**6942**
1.飞机制造及修理 Manufacture and Repairing of Airplanes	822	74522	209410	166966	6942
2.航天器制造 Manufacture of Spacecrafts	76	120006	190618	157719	
电子及通信设备制造业 Manufacture of Electronic Equipment and Communication Equipment	**10762**	**1870800**	**23284371**	**22959336**	**8439195**
1.通信设备制造 Manufacture of Communication Equipment	2345	587687	5987474	6203533	1745241
#通信传输设备制造 Manufacture of Communication Transmitting Equipment	740	166223	888048	1110185	156134
通信交换设备制造 Manufacture of Communication Exchanging Equipment	72	22624	142788	182923	15998
通信终端设备制造 Manufacture of Communication Terminal Equipment	343	56630	949686	965143	435959
2.雷达及配套设备制造 Manufacture of Radar and Its Fittings	181	31147	138616	131883	2112
3.广播电视设备制造 Manufacture of Broadcasting and TV Equipment	180	40536	560284	485908	74276
4.电子器件制造 Manufacture of Electronic Appliances	2526	455155	4986907	4931500	2346123
#电子真空器件制造 Manufacture of Electronic Vacuum Appliances	273	37098	340983	333969	79969
半导体分立器件制造 Manufacture of Semiconductor Discreting Appliances	604	74758	582530	573029	181249
集成电路制造 Manufacture of Integrate Circuit	432	111970	961302	895313	453748
5.电子元件制造 Manufacture of Electronic Components	3449	433550	5826839	5655769	2109286
6.家用视听设备制造 Manufacture of Domestic TV Set and Radio Receiver	1540	235344	4975545	4747275	1928836
7.其他电子设备制造 Manufacture of Other Electronic Equipment	541	87380	808706	803468	233321
电子计算机及办公设备制造业 Manufacture of Computers and Office Equipments	**1237**	**296522**	**4272546**	**4290955**	**1639799**
1.电子计算机整机制造 Manufacture of Entired Computer	255	39426	449266	559088	100191
2.电子计算机外部设备制造 Manufacture of Computer Peripheral Equipment	741	195631	3043772	2996804	1368298
3.办公设备制造 Manufacture of Office Equipment	163	31189	497775	495493	166079
医疗设备及仪器仪表制造业 Manufacture of Medical Equipments and Measuring Instrument	**3551**	**503096**	**3793573**	**3945905**	**588705**
1.医疗设备及器械制造 Manufacture of Medical Equipment and Appliances	575	119326	927078	876344	130399
2.仪器仪表制造 Manufacture of Measuring Instrument	2976	383770	2866495	3069560	458305

2-4-3 续表 2 continued

单位:万元 (10000 yuan)

行业 Industry	小型企业 Small-sized Enterprises 新产品开发项目数(项) New Products (item)	新产品开发经费 Expenditure on New Products Development	新产品产值 Output Value of New Products	新产品销售收入 Sales Revenue of New Products	#出口 Exports
合 计 **Total**	**20359**	**1758720**	**11959128**	**11417219**	**1521468**
医药制造业 **Manufacture of Medicines**	**5523**	**477169**	**3789781**	**3441424**	**252283**
#化学药品制造 Manufacture of Chemical Medicine	2129	170575	1594422	1446338	152888
中成药制造 Manufacture of Finished Traditional Chinese Herbal Medicine	1136	97502	718164	627809	30755
生物、生化制品的制造 Manufacture of Biological and Biochemical Chemical Products	1120	110959	787462	696917	49241
航空航天器制造业 **Manufacture of Aircrafts and Spacecrafts**	**85**	**9993**	**40229**	**39158**	**5877**
1.飞机制造及修理 Manufacture and Repairing of Airplanes	70	8595	31059	30853	5877
2.航天器制造 Manufacture of Spacecrafts	5	669	6682	5630	
电子及通信设备制造业 **Manufacture of Electronic Equipment and Communication Equipment**	**7584**	**717004**	**4772239**	**4654013**	**922070**
1.通信设备制造 Manufacture of Communication Equipment	1709	181633	1219098	1174809	209825
#通信传输设备制造 Manufacture of Communication Transmitting Equipment	646	64230	353448	336547	27466
通信交换设备制造 Manufacture of Communication Exchanging Equipment	184	14850	103208	101952	6196
通信终端设备制造 Manufacture of Communication Terminal Equipment	231	26880	264140	225035	106475
2.雷达及配套设备制造 Manufacture of Radar and Its Fittings	48	3352	45599	44340	9450
3.广播电视设备制造 Manufacture of Broadcasting and TV Equipment	522	33784	226704	230004	41154
4.电子器件制造 Manufacture of Electronic Appliances	2165	207772	1144169	1100259	239284
#电子真空器件制造 Manufacture of Electronic Vacuum Appliances	155	8492	41645	36590	5349
半导体分立器件制造 Manufacture of Semiconductor Discreting Appliances	316	26236	193996	191707	20451
集成电路制造 Manufacture of Integrate Circuit	716	89614	259012	256663	44509
5.电子元件制造 Manufacture of Electronic Components	1918	173911	1181102	1132283	174490
6.家用视听设备制造 Manufacture of Domestic TV Set and Radio Receiver	424	31397	405281	397148	160609
7.其他电子设备制造 Manufacture of Other Electronic Equipment	798	85155	550287	575170	87258
电子计算机及办公设备制造业 **Manufacture of Computers and Office Equipments**	**945**	**91700**	**472876**	**478156**	**110721**
1.电子计算机整机制造 Manufacture of Entired Computer	74	11788	59442	56797	15086
2.电子计算机外部设备制造 Manufacture of Computer Peripheral Equipment	561	47209	275638	282911	86337
3.办公设备制造 Manufacture of Office Equipment	131	12698	37856	37586	7142
医疗设备及仪器仪表制造业 **Manufacture of Medical Equipments and Measuring Instrument**	**6222**	**462854**	**2884002**	**2804469**	**230518**
1.医疗设备及器械制造 Manufacture of Medical Equipment and Appliances	1263	108823	536909	530819	82883
2.仪器仪表制造 Manufacture of Measuring Instrument	4959	354031	2347093	2273650	147635

2-4-4 按行业分国有及国有控股企业高技术产业新产品开发和生产情况(2009年)

New Products Development and Production in High-tech Industry of State-owned and State-controlled Enterprises by Industrial Sector (2009)

单位:万元 (10000 yuan)

行业 Industry	新产品开发项目数(项) New Products (item)	新产品开发经费 Expenditure on New Products Development	新产品产值 Output Value of New Products	新产品销售收入 Sales Revenue of New Products	#出口 Exports
合计 Total	**17092**	**3192368**	**29527291**	**28968403**	**3803098**
医药制造业 Manufacture of Medicines	**3011**	**294058**	**3064764**	**2912865**	**371766**
#化学药品制造 Manufacture of Chemical Medicine	1719	181761	1940679	1856998	351216
中成药制造 Manufacture of Finished Traditional Chinese Herbal Medicine	813	58409	660521	608454	13573
生物、生化制品的制造 Manufacture of Biological and Biochemical Chemical Products	350	43666	319268	307199	5154
航空航天器制造业 Manufacture of Aircrafts and Spacecrafts	**2574**	**748096**	**3110625**	**2729781**	**220381**
1.飞机制造及修理 Manufacture and Repairing of Airplanes	2490	612140	2911796	2564967	220381
2.航天器制造 Manufacture of Spacecrafts	84	135956	198829	164815	
电子及通信设备制造业 Manufacture of Electronic Equipment and Communication Equipment	**8130**	**1738394**	**19580345**	**19412421**	**2983035**
1.通信设备制造 Manufacture of Communication Equipment	1585	861572	8822917	8499418	1253399
#通信传输设备制造 Manufacture of Communication Transmitting Equipment	855	133281	634794	680026	35949
通信交换设备制造 Manufacture of Communication Exchanging Equipment	286	639925	6962503	6651755	941553
通信终端设备制造 Manufacture of Communication Terminal Equipment	157	23318	202763	189348	21620
2.雷达及配套设备制造 Manufacture of Radar and Its Fittings	470	69125	480905	464903	104734
3.广播电视设备制造 Manufacture of Broadcasting and TV Equipment	182	12616	90954	98432	15139
4.电子器件制造 Manufacture of Electronic Appliances	1482	234757	1826770	1794791	531161
#电子真空器件制造 Manufacture of Electronic Vacuum Appliances	258	40873	384902	377104	20748
半导体分立器件制造 Manufacture of Semiconductor Discreting Appliances	316	15359	64032	57264	8530
集成电路制造 Manufacture of Integrate Circuit	327	44185	108777	117339	2855
5.电子元件制造 Manufacture of Electronic Components	2500	109735	983932	902840	211777
6.家用视听设备制造 Manufacture of Domestic TV Set and Radio Receiver	1807	405073	7173589	7444309	857712
7.其他电子设备制造 Manufacture of Other Electronic Equipment	104	45517	201277	207729	9114
电子计算机及办公设备制造业 Manufacture of Computers and Office Equipments	**497**	**149518**	**2066907**	**2075529**	**126521**
1.电子计算机整机制造 Manufacture of Entired Computer	200	94160	1615625	1614641	1484
2.电子计算机外部设备制造 Manufacture of Computer Peripheral Equipment	243	50976	419125	428400	119765
3.办公设备制造 Manufacture of Office Equipment	20	2494	17290	17612	5273
医疗设备及仪器仪表制造业 Manufacture of Medical Equipments and Measuring Instrument	**2880**	**262302**	**1704652**	**1837807**	**101395**
1.医疗设备及器械制造 Manufacture of Medical Equipment and Appliances	191	24612	186277	129967	9031
2.仪器仪表制造 Manufacture of Measuring Instrument	2689	237690.5	1518375	1707840	12100

2-4-5 按行业和登记注册类型分高技术产业新产品开发和生产情况(2009年)
New Products Development and Production in High-tech Industry by Industrial Sector and Registration Status(2009)

单位:万元 (10000 yuan)

行业 Industry	内资企业 Domestic Funded				
	新产品开发项目数(项) New Products (item)	新产品开发经费 Expenditure on New Products Development	新产品产值 Output Value of New Products	新产品销售收入 Sales Revenue of New Products	#出口 Exports
合计 Total	**43490**	**6833269**	**59019790**	**57835145**	**11517920**
医药制造业 Manufacture of Medicines	**10634**	**1138179**	**13024673**	**12102933**	**1313577**
#化学药品制造 Manufacture of Chemical Medicine	5216	581023	7551763	7107793	1061162
中成药制造 Manufacture of Finished Traditional Chinese Herbal Medicine	2751	252640	2931629	2584863	95524
生物、生化制品的制造 Manufacture of Biological and Biochemical Chemical Products	1305	163454	1294085	1220429	116081
航空航天器制造业 Manufacture of Aircrafts and Spacecrafts	**2620**	**757908**	**3116518**	**2735829**	**220361**
1.飞机制造及修理 Manufacture and Repairing of Airplanes	2521	618894	2915201	2568340	220361
2.航天器制造 Manufacture of Spacecrafts	84	135956	198829	164815	
电子及通信设备制造业 Manufacture of Electronic Equipment and Communication Equipment	**20157**	**3742035**	**32089393**	**32392075**	**8781870**
1.通信设备制造 Manufacture of Communication Equipment	7948	2179406	14799971	15365183	5506094
#通信传输设备制造 Manufacture of Communication Transmitting Equipment	1380	190993	967633	989599	47857
通信交换设备制造 Manufacture of Communication Exchanging Equipment	4577	1767740	12346812	12921534	5352271
通信终端设备制造 Manufacture of Communication Terminal Equipment	663	58221	380620	370831	35736
2.雷达及配套设备制造 Manufacture of Radar and Its Fittings	522	78122	564375	544062	106125
3.广播电视设备制造 Manufacture of Broadcasting and TV Equipment	550	77865	576328	490485	90386
4.电子器件制造 Manufacture of Electronic Appliances	3530	466600	3401819	3306805	910726
#电子真空器件制造 Manufacture of Electronic Vacuum Appliances	467	69081	506353	491102	37941
半导体分立器件制造 Manufacture of Semiconductor Discreting Appliances	751	46217	350241	348335	28582
集成电路制造 Manufacture of Integrate Circuit	863	124705	1148284	1138061	558951
5.电子元件制造 Manufacture of Electronic Components	4029	335100	3234908	3036212	681607
6.家用视听设备制造 Manufacture of Domestic TV Set and Radio Receiver	2511	469129	8447773	8570011	1344979
7.其他电子设备制造 Manufacture of Other Electronic Equipment	1067	135814	1064219	1079317	141953
电子计算机及办公设备制造业 Manufacture of Computers and Office Equipments	**1667**	**347426**	**4861176**	**4705868**	**381028**
1.电子计算机整机制造 Manufacture of Entired Computer	425	161388	2733300	2661786	71546
2.电子计算机外部设备制造 Manufacture of Computer Peripheral Equipment	832	118534	1471014	1451903	238567
3.办公设备制造 Manufacture of Office Equipment	191	20433	154913	144018	17369
医疗设备及仪器仪表制造业 Manufacture of Medical Equipments and Measuring Instrument	**8412**	**847721**	**5928029**	**5898439**	**821085**
1.医疗设备及器械制造 Manufacture of Medical Equipment and Appliances	1257	166546	1016817	910310	108347
2.仪器仪表制造 Manufacture of Measuring Instrument	7155	681175	4911213	4988129	712738

2-4-5 续表 1 continued

单位:万元 (10000 yuan)

行业 Industry	#国有企业 State-owned Enterprises				
	新产品开发项目数(项) New Products (item)	新产品开发经费 Expenditure on New Products Development	新产品产值 Output Value of New Products	新产品销售收入 Sales Revenue of New Products	#出口 Exports
合 计 Total	**4130**	**640201**	**4860527**	**5950776**	**806717**
医药制造业 Manufacture of Medicines	**712**	**72699**	**688844**	**645480**	**53582**
#化学药品制造 Manufacture of Chemical Medicine	332	33015	435172	412329	48974
中成药制造 Manufacture of Finished Traditional Chinese Herbal Medicine	228	16573	155972	154977	969
生物、生化制品的制造 Manufacture of Biological and Biochemical Chemical Products	118	21294	82955	62072	3494
航空航天器制造业 Manufacture of Aircrafts and Spacecrafts	**609**	**153751**	**546856**	**391273**	**51854**
1.飞机制造及修理 Manufacture and Repairing of Airplanes	555	132178	512180	389807	51854
2.航天器制造 Manufacture of Spacecrafts	54	21573	34676	1466	
电子及通信设备制造业 Manufacture of Electronic Equipment and Communication Equipment	**1690**	**318901**	**3046148**	**4156435**	**654078**
1.通信设备制造 Manufacture of Communication Equipment	116	76644	308410	279943	357
#通信传输设备制造 Manufacture of Communication Transmitting Equipment	18	4419	29076	8191	
通信交换设备制造 Manufacture of Communication Exchanging Equipment	87	66896	238738	238524	
通信终端设备制造 Manufacture of Communication Terminal Equipment	1	64			
2.雷达及配套设备制造 Manufacture of Radar and Its Fittings	48	7888	12376	8817	
3.广播电视设备制造 Manufacture of Broadcasting and TV Equipment	5	129	852	958	
4.电子器件制造 Manufacture of Electronic Appliances	162	10178	19064	17157	3016
#电子真空器件制造 Manufacture of Electronic Vacuum Appliances					
半导体分立器件制造 Manufacture of Semiconductor Discreting Appliances	21	650	6161	4607	
集成电路制造 Manufacture of Integrate Circuit	110	5162	1941	1678	
5.电子元件制造 Manufacture of Electronic Components	964	29551	151202	146981	10575
6.家用视听设备制造 Manufacture of Domestic TV Set and Radio Receiver	350	177574	2431153	3582211	637630
7.其他电子设备制造 Manufacture of Other Electronic Equipment	45	16937	123091	120369	2500
电子计算机及办公设备制造业 Manufacture of Computers and Office Equipments	**37**	**4481**	**52085**	**48008**	**25903**
1.电子计算机整机制造 Manufacture of Entired Computer					
2.电子计算机外部设备制造 Manufacture of Computer Peripheral Equipment	33	3672	46706	42629	25903
3.办公设备制造 Manufacture of Office Equipment					
医疗设备及仪器仪表制造业 Manufacture of Medical Equipments and Measuring Instrument	**1082**	**90368**	**526595**	**709581**	**21300**
1.医疗设备及器械制造 Manufacture of Medical Equipment and Appliances	64	8967	74740	13090	2891
2.仪器仪表制造 Manufacture of Measuring Instrument	1018	81401	451855	696492	18409

2-4-5 续表 2 continued

单位:万元 (10000 yuan)

行业 Industry	港澳台投资企业 Enterprises with Funds from Hong Kong, Macau and Taiwan				
	新产品开发项目数(项) New Products (item)	新产品开发经费 Expenditure on New Products Development	新产品产值 Output Value of New Products	新产品销售收入 Sales Revenue of New Products	#出口 Exports
合计 **Total**	**7112**	**1513203**	**25009254**	**24437131**	**12224012**
医药制造业 **Manufacture of Medicines**	**1973**	**169257**	**1327105**	**1258447**	**184404**
#化学药品制造 Manufacture of Chemical Medicine	1299	104191	1010127	1000571	150577
中成药制造 Manufacture of Finished Traditional Chinese Herbal Medicine	319	27037	133422	94078	598
生物、生化制品的制造 Manufacture of Biological and Biochemical Chemical Products	203	21814	89488	83359	27078
航空航天器制造业 **Manufacture of Aircrafts and Spacecrafts**	**9**	**8149**			
1.飞机制造及修理 Manufacture and Repairing of Airplanes	9	8149			
2.航天器制造 Manufacture of Spacecrafts					
电子及通信设备制造业 **Manufacture of Electronic Equipment and Communication Equipment**	**3790**	**831663**	**14626734**	**13950325**	**6563794**
1.通信设备制造 Manufacture of Communication Equipment	430	216476	2673891	2625315	924772
#通信传输设备制造 Manufacture of Communication Transmitting Equipment	86	14533	86712	76622	23566
通信交换设备制造 Manufacture of Communication Exchanging Equipment	22	34188	872390	917780	138734
通信终端设备制造 Manufacture of Communication Terminal Equipment	100	31339	521943	520720	457111
2.雷达及配套设备制造 Manufacture of Radar and Its Fittings					
3.广播电视设备制造 Manufacture of Broadcasting and TV Equipment	97	7958	147422	158747	35097
4.电子器件制造 Manufacture of Electronic Appliances	857	201478	3417774	3280034	2546169
#电子真空器件制造 Manufacture of Electronic Vacuum Appliances	103	8532	63988	63435	25785
半导体分立器件制造 Manufacture of Semiconductor Discreting Appliances	97	16047	237703	230125	105396
集成电路制造 Manufacture of Integrate Circuit	179	57690	998896	1002897	896595
5.电子元件制造 Manufacture of Electronic Components	1173	246860	3705534	3687419	1642415
6.家用视听设备制造 Manufacture of Domestic TV Set and Radio Receiver	1139	145504	4582368	4093875	1363521
7.其他电子设备制造 Manufacture of Other Electronic Equipment	94	13388	99745	104935	51820
电子计算机及办公设备制造业 **Manufacture of Computers and Office Equipments**	**629**	**427661**	**8590985**	**8783531**	**5377180**
1.电子计算机整机制造 Manufacture of Entired Computer	78	72495	2023120	2246681	162823
2.电子计算机外部设备制造 Manufacture of Computer Peripheral Equipment	436	254065	6021462	6003407	5108638
3.办公设备制造 Manufacture of Office Equipment	30	16876	19172	19297	2202
医疗设备及仪器仪表制造业 **Manufacture of Medical Equipments and Measuring Instrument**	**711**	**76473**	**464430**	**444828**	**98635**
1.医疗设备及器械制造 Manufacture of Medical Equipment and Appliances	228	31336	167366	163584	19900
2.仪器仪表制造 Manufacture of Measuring Instrument	483	45137	297064	281244	78734

2-4-5 续表 3 continued

单位:万元 (10000 yuan)

行业 Industry	外商投资企业 Foreign Funded Enterprises 新产品开发项目数(项) New Products (item)	新产品开发经费 Expenditure on New Products Development	新产品产值 Output Value of New Products	新产品销售收入 Sales Revenue of New Products	#出口 Exports
合 计 **Total**	**9729**	**2662991**	**52942271**	**55094946**	**25557175**
医药制造业 **Manufacture of Medicines**	**1753**	**243145**	**2878845**	**2563202**	**204421**
#化学药品制造 Manufacture of Chemical Medicine	1051	165774	2050826	1806824	129059
中成药制造 Manufacture of Finished Traditional Chinese Herbal Medicine	201	27845	313008	291089	23548
生物、生化制品的制造 Manufacture of Biological and Biochemical Chemical Products	335	33749	428557	385114	18762
航空航天器制造业 **Manufacture of Aircrafts and Spacecrafts**	**60**	**8567**	**25112**	**25043**	**3226**
1.飞机制造及修理 Manufacture and Repairing of Airplanes	60	8567	25112	25043	3226
2.航天器制造 Manufacture of Spacecrafts					
电子及通信设备制造业 **Manufacture of Electronic Equipment and Communication Equipment**	**5617**	**1585817**	**39923294**	**40639338**	**20345105**
1.通信设备制造 Manufacture of Communication Equipment	938	578971	23658164	24614978	12109037
#通信传输设备制造 Manufacture of Communication Transmitting Equipment	226	52714	424783	712072	131455
通信交换设备制造 Manufacture of Communication Exchanging Equipment	136	145231	1770615	3128452	605653
通信终端设备制造 Manufacture of Communication Terminal Equipment	57	35029	762553	749917	494189
2.雷达及配套设备制造 Manufacture of Radar and Its Fittings	18	828	15002	15002	9428
3.广播电视设备制造 Manufacture of Broadcasting and TV Equipment	100	8374	168841	169152	19570
4.电子器件制造 Manufacture of Electronic Appliances	2277	418015	6535756	6523904	3646925
#电子真空器件制造 Manufacture of Electronic Vacuum Appliances	56	8633	219555	225621	61516
半导体分立器件制造 Manufacture of Semiconductor Discreting Appliances	104	50202	357269	352464	137371
集成电路制造 Manufacture of Integrate Circuit	1556	198121	2553355	2495872	1231751
5.电子元件制造 Manufacture of Electronic Components	1688	372782	5244082	5327036	2559915
6.家用视听设备制造 Manufacture of Domestic TV Set and Radio Receiver	367	143114	3378638	3119425	1795481
7.其他电子设备制造 Manufacture of Other Electronic Equipment	229	63734	922812	869842	204748
电子计算机及办公设备制造业 **Manufacture of Computers and Office Equipments**	**759**	**588090**	**7830194**	**9519987**	**4556417**
1.电子计算机整机制造 Manufacture of Entired Computer	110	288560	2949345	4640606	1233809
2.电子计算机外部设备制造 Manufacture of Computer Peripheral Equipment	456	248542	4224837	4190977	3080884
3.办公设备制造 Manufacture of Office Equipment	92	23571	362673	370890	154776
医疗设备及仪器仪表制造业 **Manufacture of Medical Equipments and Measuring Instrument**	**1540**	**237371**	**2284826**	**2347376**	**448007**
1.医疗设备及器械制造 Manufacture of Medical Equipment and Appliances	451	82652	594651	583754	213266
2.仪器仪表制造 Manufacture of Measuring Instrument	1089	154719	1690176	1763622	234741

2-4-6 按地区和企业规模分高技术产业新产品开发和生产情况(2009年)

New Products Development and Production in High-tech Industry by Region and Industrial Sector(2009)

单位:万元 (10000 yuan)

地区	Region	大型企业 Large-sized Enterprises				
		新产品开发项目数(项) New Products (item)	新产品开发经费 Expenditure on New Products Development	新产品产值 Output Value of New Products	新产品销售收入 Sales Revenue of New Products	#出口 Exports
全国	**Total**	**17350**	**5703487**	**85029258**	**86753637**	**36260195**
东部地区	Eastern Region	12111	4750985	75401543	78700018	35280946
中部地区	Middle Region	2163	448383	3420334	2869945	624404
西部地区	Western Region	3076	504119	6207381	5183674	354845
北京	Beijing	105	104199	10649345	10689021	5402655
天津	Tianjin	146	53418	5402000	5030585	3895989
河北	Hebei	673	31792	300471	295776	49339
山西	Shanxi	40	2208	444013	134760	2000
内蒙古	Inner Mongolia					
辽宁	Liaoning	489	235887	925693	893547	252264
吉林	Jilin	97	13332	188529	173867	4217
黑龙江	Heilongjiang	565	110230	194006	172740	14203
上海	Shanghai	488	372287	6294221	7951778	2782775
江苏	Jiangsu	1271	745219	13938094	15106101	6101875
浙江	Zhejiang	513	201699	1922832	1865584	674090
安徽	Anhui	42	11089	176344	105148	20348
福建	Fujian	273	218607	4260506	4232590	3495762
江西	Jiangxi	319	56425	582604	571157	39304
山东	Shandong	895	356350	4835482	5784805	623017
河南	Henan	315	55604	748775	623627	36917
湖北	Hubei	666	171980	1005478	1007727	507415
湖南	Hunan	119	27515	80586	80921	
广东	Guangdong	7258	2431528	26872900	26850230	12003179
广西	Guangxi					
海南	Hainan					
重庆	Chongqing	121	12733	166699	163972	838
四川	Sichuan	1093	243747	4771178	3972372	251836
贵州	Guizhou	166	53272	211760	143896	22964
云南	Yunnan					
西藏	Tibet					
陕西	Shaanxi	1443	180894	894225	744803	22637
甘肃	Gansu	164	4389	35262	35187	5500
青海	Qinghai					
宁夏	Ningxia	44	3334	108124	107954	38400
新疆	Xinjiang	45	5751	20132	15490	12670

2-4-6 续表 1 continued

单位:万元 (10000 yuan)

地 区	Region	中型企业 Medium-sized Enterprises				
		新产品开发项目数(项) New Products (item)	新产品开发经费 Expenditure on New Products Development	新产品产值 Output Value of New Products	新产品销售收入 Sales Revenue of New Products	#出口 Exports
全 国	**Total**	**22622**	**3547256**	**39982929**	**39196366**	**11517444**
东部地区	Eastern Region	16444	2863655	33567420	32752305	11030897
中部地区	Middle Region	3112	401139	3582473	3324308	288351
西部地区	Western Region	3066	282462	2833036	3119752	198196
北 京	Beijing	1147	316830	2246768	2239231	494764
天 津	Tianjin	1324	108260	2617615	2513770	1344204
河 北	Hebei	369	30320	207896	207243	36114
山 西	Shanxi	122	13213	364969	53482	81
内 蒙 古	Inner Mongolia	25	2873	15580	6500	
辽 宁	Liaoning	414	47048	498934	474381	129185
吉 林	Jilin	188	21030	207364	163703	909
黑 龙 江	Heilongjiang	161	9013	72017	69814	4351
上 海	Shanghai	1454	337261	3797534	3847845	1298889
江 苏	Jiangsu	2909	624300	7366198	7362651	2154401
浙 江	Zhejiang	1500	278488	3484650	3236017	1048616
安 徽	Anhui	587	64850	696173	546520	28989
福 建	Fujian	512	88596	1837075	1794438	915307
江 西	Jiangxi	272	25677	231328	219818	42423
山 东	Shandong	1303	269810	3621875	3459665	910607
河 南	Henan	445	69424	457001	516280	34962
湖 北	Hubei	1136	118271	859575	1124348	112752
湖 南	Hunan	201	79661	694047	630344	63883
广 东	Guangdong	5446	757026	7865928	7599581	2698810
广 西	Guangxi	276	16816	137185	134112	4646
海 南	Hainan	66	5718	22947	17484	
重 庆	Chongqing	455	35450	1081663	1170738	86403
四 川	Sichuan	1173	91368	654474	973390	63208
贵 州	Guizhou	475	43697	228050	185719	3092
云 南	Yunnan	103	10969	249576	213575	19176
西 藏	Tibet	1	516	46469	40769	408
陕 西	Shaanxi	431	63266	349989	327684	20973
甘 肃	Gansu	59	13682	51380	48852	178
青 海	Qinghai	8	335	166	160	112
宁 夏	Ningxia	57	3267	18504	18254	
新 疆	Xinjiang	3	222			

2-4-6 续表 2 continued

单位:万元 (10000 yuan)

地区 Region	小型企业 Small-sized Enterprises 新产品开发项目数(项) New Products (item)	新产品开发经费 Expenditure on New Products Development	新产品产值 Output Value of New Products	新产品销售收入 Sales Revenue of New Products	#出口 Exports
全 国 Total	**20359**	**1758720**	**11959128**	**11417219**	**1521468**
东部地区 Eastern Region	15497	1370754	8739621	8537167	1258246
中部地区 Middle Region	2917	275877	2019340	1796533	113344
西部地区 Western Region	1945	112089	1200167	1083519	149878
北 京 Beijing	1947	184223	1751484	1907181	159460
天 津 Tianjin	601	40437	241476	243563	24602
河 北 Hebei	238	13695	89557	77584	6682
山 西 Shanxi	73	6124	35746	18450	100
内蒙古 Inner Mongolia	47	5974	23437	20346	240
辽 宁 Liaoning	527	56684	259211	251973	3126
吉 林 Jilin	201	22198	358557	247406	2862
黑龙江 Heilongjiang	231	19735	70042	63917	767
上 海 Shanghai	1383	135966	528241	492280	88073
江 苏 Jiangsu	2693	283692	1649235	1608340	154665
浙 江 Zhejiang	3245	221014	1824491	1653365	416004
安 徽 Anhui	616	47316	267622	243806	17453
福 建 Fujian	674	76166	389231	373443	40818
江 西 Jiangxi	203	26559	50325	45847	3609
山 东 Shandong	997	95840	642914	604337	27237
河 南 Henan	563	46375	222355	208552	2651
湖 北 Hubei	519	45666	300397	268516	50782
湖 南 Hunan	511	61904	714296	700040	35119
广 东 Guangdong	3073	256801	1315859	1281719	337568
广 西 Guangxi	300	16021	57545	47583	4737
海 南 Hainan	119	6235	47923	43383	13
重 庆 Chongqing	224	16653	247980	239605	10764
四 川 Sichuan	815	39011	649582	570590	95329
贵 州 Guizhou	64	3611	58883	58488	32500
云 南 Yunnan	85	6494	78925	71524	2138
西 藏 Tibet	1	405	12	11	
陕 西 Shaanxi	251	18305	58484	55260	3708
甘 肃 Gansu	34	1779	8428	8048	
青 海 Qinghai	11	750	3780	357	
宁 夏 Ningxia	76	944	8668	7603	462
新 疆 Xinjiang	37	2143	4443	4104	

2-4-7 各地区国有及国有控股企业高技术产业新产品开发和生产情况(2009年)

New Products Development and Production in High-tech Industry of State-owned and State-controlled Enterprises by Region (2009)

单位:万元 (10000 yuan)

地区	Region	新产品开发项目数(项) New Products (item)	新产品开发经费 Expenditure on New Products Development	新产品产值 Output Value of New Products	新产品销售收入 Sales Revenue of New Products	#出口 Exports
全国	**Total**	**17092**	**3192368**	**29527291**	**28968403**	**3803098**
东部地区	Eastern Region	9627	2043236	20121230	20675535	3269883
中部地区	Middle Region	2854	510604	2480868	2485471	176540
西部地区	Western Region	4611	638528	6925193	5807396	356675
北京	Beijing	1229	270545	1879135	1860675	225515
天津	Tianjin	1226	50040	561781	515075	17631
河北	Hebei	263	28892	266839	269096	64792
山西	Shanxi	51	8472	39541	11187	
内蒙古	Inner Mongolia	1	69	3885	3605	
辽宁	Liaoning	773	258327	980894	946553	252595
吉林	Jilin	62	4659	30195	10451	909
黑龙江	Heilongjiang	567	101778	174144	159945	2516
上海	Shanghai	1003	252620	2425790	2400095	720607
江苏	Jiangsu	1127	121918	1246928	1295892	241307
浙江	Zhejiang	450	80124	800204	772435	160633
安徽	Anhui	378	35870	242698	165637	20911
福建	Fujian	205	19738	147326	144333	16430
江西	Jiangxi	464	56088	575272	566185	45488
山东	Shandong	956	297348	4097831	5181075	566563
河南	Henan	347	49169	335857	284707	17398
湖北	Hubei	725	175640	695468	923908	68941
湖南	Hunan	259	78859	383809	359846	20376
广东	Guangdong	2162	649226	7646645	7227541	1003419
广西	Guangxi	96	3424	6645	9633	386
海南	Hainan	137	11034	61213	53133	8
重庆	Chongqing	387	31769	676314	620779	6848
四川	Sichuan	1747	272050	4780393	3955903	255416
贵州	Guizhou	589	94271	394174	325872	58556
云南	Yunnan	50	4757	72013	69296	1378
西藏	Tibet	1	516			
陕西	Shaanxi	1746	221564	946862	785899	34477
甘肃	Gansu	40	10522	38457	36096	
青海	Qinghai			3600	252	
宁夏	Ningxia	28	2226	13380	13300	
新疆	Xinjiang	23	853			

2-4-8 按地区和登记注册类型分高技术产业新产品开发和生产情况(2009年)

New Products Development and Production in High-tech Industry by Region and Registration Status (2009)

单位:万元 (10000 yuan)

地 区	Region	内资企业 Domestic Funded				
		新产品开发项目数(项) New Products (item)	新产品开发经费 Expenditure on New Products Development	新产品产值 Output Value of New Products	新产品销售收入 Sales Revenue of New Products	#出口 Exports
全 国	**Total**	**43490**	**6833269**	**59019790**	**57835145**	**11517920**
东部地区	Eastern Region	28534	5007713	42739836	43256635	10523044
中部地区	Middle Region	7410	993442	7112321	6462359	438290
西部地区	Western Region	7546	832114	9167633	8116151	556586
北 京	Beijing	2371	402758	3151113	3081758	186614
天 津	Tianjin	1631	76596	775937	711078	23026
河 北	Hebei	585	49753	465161	461055	90916
山 西	Shanxi	206	19600	363087	57105	181
内 蒙 古	Inner Mongolia	71	8517	38967	26834	240
辽 宁	Liaoning	1236	299120	1548974	1483764	340384
吉 林	Jilin	481	56399	699246	557555	7989
黑 龙 江	Heilongjiang	769	123595	286774	266804	7619
上 海	Shanghai	1600	198653	807847	734489	88147
江 苏	Jiangsu	3904	589046	6051117	5996231	771263
浙 江	Zhejiang	3815	415367	4542132	4215724	1255690
安 徽	Anhui	1102	107376	1008466	818888	50308
福 建	Fujian	778	98591	824278	769977	110609
江 西	Jiangxi	740	98444	828017	802346	57745
山 东	Shandong	2737	532353	6239051	7135664	719679
河 南	Henan	1190	145925	1284436	1184236	34453
湖 北	Hubei	2151	291283	1382662	1594504	208483
湖 南	Hunan	771	150821	1259634	1180921	71512
广 东	Guangdong	9777	2340276	18274067	18616514	6936716
广 西	Guangxi	530	27849	178672	166507	9364
海 南	Hainan	100	5200	60158	50381	
重 庆	Chongqing	675	53197	1063496	1194576	91676
四 川	Sichuan	2966	351961	5895027	5039050	310449
贵 州	Guizhou	689	98694	399656	302874	26056
云 南	Yunnan	148	13658	280699	250813	21112
西 藏	Tibet	2	922	46481	40780	408
陕 西	Shaanxi	1984	241375	1018859	856975	40420
甘 肃	Gansu	254	19744	94202	91459	5678
青 海	Qinghai	19	1085	346	265	112
宁 夏	Ningxia	123	6996	126653	126425	38400
新 疆	Xinjiang	85	8116	24575	19595	12670

2-4-8 续表 1 continued

单位:万元 (10000 yuan)

地区	Region	#国有企业 State-owned Enterprises 新产品开发项目数(项) New Products (item)	新产品开发经费 Expenditure on New Products Development	新产品产值 Output Value of New Products	新产品销售收入 Sales Revenue of New Products	#出口 Exports
全 国	**Total**	**4130**	**640201**	**4860527**	**5950776**	**806717**
东部地区	Eastern Region	1655	313807	3596614	4608242	727491
中部地区	Middle Region	752	128577	781939	888676	20873
西部地区	Western Region	1723	197816	481974	453858	58353
北 京	Beijing	134	7080	68370	26211	276
天 津	Tianjin	27	1239	37754	36182	
河 北	Hebei	216	24729	223630	228385	60777
山 西	Shanxi	10	957	29530	4694	
内 蒙 古	Inner Mongolia					
辽 宁	Liaoning	23	24936	205815	201512	189136
吉 林	Jilin	21	2479	11430	3714	909
黑 龙 江	Heilongjiang	2	61			
上 海	Shanghai	202	18195	116603	86913	1374
江 苏	Jiangsu	331	32084	259938	275035	4411
浙 江	Zhejiang	32	3102	12134	11333	2657
安 徽	Anhui	261	19868	89355	20044	
福 建	Fujian	13	234	1239	1530	
江 西	Jiangxi	140	2941	91889	84932	
山 东	Shandong	506	186325	2421445	3512044	440913
河 南	Henan	23	6923	64427	62431	
湖 北	Hubei	281	93778	433491	651341	5298
湖 南	Hunan	14	1570	61817	61520	14666
广 东	Guangdong	158	15783	247531	228779	27947
广 西	Guangxi	89	2933	3641	6629	76
海 南	Hainan	13	101	2155	320	
重 庆	Chongqing	97	5365	28944	21687	523
四 川	Sichuan	354	74268	176517	168469	35878
贵 州	Guizhou	153	48387	107991	75004	18393
云 南	Yunnan	4	93			
西 藏	Tibet	1	516			
陕 西	Shaanxi	1014	60192	145439	163985	3483
甘 肃	Gansu	8	5839	19442	18084	
青 海	Qinghai					
宁 夏	Ningxia					
新 疆	Xinjiang	3	222			

2-4-8 续表 2 continued

单位:万元 (10000 yuan)

地区	Region	港澳台投资企业 Enterprises with Funds from Hong Kong, Macau and Taiwan				
		新产品开发项目数(项) New Products (item)	新产品开发经费 Expenditure on New Products Development	新产品产值 Output Value of New Products	新产品销售收入 Sales Revenue of New Products	#出口 Exports
全国	**Total**	**7112**	**1513203**	**25009254**	**24437131**	**12224012**
东部地区	Eastern Region	6665	1433748	23882393	23276685	11690143
中部地区	Middle Region	272	68317	1014718	1057224	500050
西部地区	Western Region	175	11138	108493	102959	33819
北京	Beijing	208	75702	2449252	2582893	307419
天津	Tianjin	114	11668	101687	97880	74320
河北	Hebei	564	16296	72636	68119	365
山西	Shanxi					
内蒙古	Inner Mongolia			50	12	
辽宁	Liaoning	106	9761	18437	18335	1500
吉林	Jilin	1	67			
黑龙江	Heilongjiang	7	1147	600	540	
上海	Shanghai	393	120712	2067088	2180497	1086577
江苏	Jiangsu	1224	331844	5409563	5098073	2891506
浙江	Zhejiang	681	187788	1424129	1383958	476918
安徽	Anhui	51	1819	31194	27635	1658
福建	Fujian	407	178023	3556821	3563762	3102762
江西	Jiangxi	21	3317	5564	5401	211
山东	Shandong	104	25086	235613	226122	114462
河南	Henan	54	10380	88595	111705	25478
湖北	Hubei	118	39836	753718	778456	458456
湖南	Hunan	20	11752	135047	133488	14247
广东	Guangdong	2804	476067	8536631	8046733	3634301
广西	Guangxi	36	3824	13392	12666	19
海南	Hainan	60	802	10538	10313	13
重庆	Chongqing	4	954	6024	5894	57
四川	Sichuan	28	1548	10937	10360	522
贵州	Guizhou	12	597	49535	49720	32500
云南	Yunnan	26	3226	15466	12711	
西藏	Tibet					
陕西	Shaanxi	15	440	4495	4220	260
甘肃	Gansu					
青海	Qinghai			3600	252	
宁夏	Ningxia	54	550	8643	7387	462
新疆	Xinjiang					

2-4-8 续表 3 continued

单位:万元 (10000 yuan)

地 区 Region	外商投资企业 Foreign Funded Enterprises				
	新产品开发项目数(项) New Products (item)	新产品开发经费 Expenditure on New Products Development	新产品产值 Output Value of New Products	新产品销售收入 Sales Revenue of New Products	#出口 Exports
全 国 Total	**9729**	**2662991**	**52942271**	**55094946**	**25557175**
东部地区 Eastern Region	8853	2543934	51086355	53456171	25356902
中部地区 Middle Region	510	63640	895108	471203	87759
西部地区 Western Region	366	55417	960808	1167572	112514
北 京 Beijing	620	126792	9047232	9170783	5562847
天 津 Tianjin	326	113852	7383466	6978959	5167448
河 北 Hebei	131	9758	60127	51429	854
山 西 Shanxi	29	1945	481641	149586	2000
内蒙古 Inner Mongolia	1	330			
辽 宁 Liaoning	88	30737	116428	117801	42691
吉 林 Jilin	4	94	55204	27421	
黑龙江 Heilongjiang	181	14235	48691	39126	11703
上 海 Shanghai	1332	526149	7745061	9376917	2995012
江 苏 Jiangsu	1745	732322	11492847	12982789	4748172
浙 江 Zhejiang	762	98046	1265712	1155284	406102
安 徽 Anhui	92	14061	100478	48950	14824
福 建 Fujian	274	106756	2105713	2066731	1238517
江 西 Jiangxi	33	6901	30676	29074	27379
山 东 Shandong	354	164561	2625607	2487021	726720
河 南 Henan	79	15099	55101	52517	14599
湖 北 Hubei	52	4797	29070	27632	4011
湖 南 Hunan	40	6508	94248	96896	13243
广 东 Guangdong	3196	629011	9243988	9068283	4468540
广 西 Guangxi	10	1164	2666	2523	
海 南 Hainan	25	5951	173	173	
重 庆 Chongqing	121	10685	426822	373844	6272
四 川 Sichuan	87	20617	169269	466943	99403
贵 州 Guizhou	4	1289	49501	35508	
云 南 Yunnan	14	578	32337	21574	202
西 藏 Tibet					
陕 西 Shaanxi	126	20650	279344	266553	6637
甘 肃 Gansu	3	105	868	628	
青 海 Qinghai					
宁 夏 Ningxia					
新 疆 Xinjiang					

2-4-9 按地区和行业分高技术产业新产品开发和生产情况(2009年)

New Products Development and Productionl in High-tech Industry by Region and Industrial Sector (2009)

单位:万元 (10000 yuan)

地区	Region	医药制造业 Medical and Pharmaceutical Products Manufacturing				
		新产品开发项目数(项) New Products (item)	新产品开发经费 Expenditure on New Products Development	新产品产值 Output Value of New Products	新产品销售收入 Sales Revenue of New Products	#出口 Exports
全国	**Total**	**14360**	**1550581**	**17230624**	**15924583**	**1702401**
东部地区	Eastern Region	9373	1065820	11108562	10330268	1287830
中部地区	Middle Region	3045	322761	3839384	3339110	263424
西部地区	Western Region	1942	162000	2282678	2255205	151148
北京	Beijing	779	61148	785650	762675	16133
天津	Tianjin	644	33267	635677	584652	57703
河北	Hebei	909	47294	386484	375065	52048
山西	Shanxi	151	8412	307623	53898	2100
内蒙古	Inner Mongolia	53	7688	30767	19674	240
辽宁	Liaoning	442	45202	183758	175407	34459
吉林	Jilin	407	39516	611709	452363	5150
黑龙江	Heilongjiang	312	28800	111621	98715	11703
上海	Shanghai	843	96637	822681	730258	19141
江苏	Jiangsu	1424	235385	2707685	2604952	114807
浙江	Zhejiang	1471	175990	2026680	1864890	677955
安徽	Anhui	439	35526	305926	279672	39422
福建	Fujian	277	36234	324391	281048	55520
江西	Jiangxi	307	30710	275415	258201	14831
山东	Shandong	1176	208687	2306298	2091699	208047
河南	Henan	524	65011	815148	781933	38793
湖北	Hubei	524	57391	742289	772279	129079
湖南	Hunan	381	57396	669653	642049	22345
广东	Guangdong	1223	114024	860543	799076	52003
广西	Guangxi	372	22228	141826	136531	3631
海南	Hainan	185	11953	68714	60547	13
重庆	Chongqing	359	31155	611247	733253	76531
四川	Sichuan	518	43242	658615	628291	3188
贵州	Guizhou	102	5376	102103	59479	
云南	Yunnan	149	13299	268844	227639	17910
西藏	Tibet	2	922	46481	40780	408
陕西	Shaanxi	192	20848	274186	266804	10839
甘肃	Gansu	50	10033	28108	26354	
青海	Qinghai	19	1085	3780	357	
宁夏	Ningxia	94	4666	113248	112909	38400
新疆	Xinjiang	32	1458	3475	3136	

2-4-9 续表 1 continued

单位:万元 (10000 yuan)

地 区	Region	航空航天器制造业 Manufacture of Aircrafts and Spacecrafts				
		新产品开发项目数(项) New Products (item)	新产品开发经费 Expenditure on New Products Development	新产品产值 Output Value of New Products	新产品销售收入 Sales Revenue of New Products	#出口 Exports
全 国	**Total**	**2689**	**774624**	**3141629**	**2760872**	**223586**
东部地区	Eastern Region	810	281038	793767	720326	47711
中部地区	Middle Region	831	188498	888509	779662	50689
西部地区	Western Region	1048	305087	1459353	1260884	125187
北 京	Beijing	48	114851	210786	176483	2651
天 津	Tianjin	6	3736	3490	3817	
河 北	Hebei	32	4844	3723	1157	
山 西	Shanxi					
内 蒙 古	Inner Mongolia					
辽 宁	Liaoning	397	108047	489443	462212	27270
吉 林	Jilin					
黑 龙 江	Heilongjiang	350	92663	124925	113598	
上 海	Shanghai	63	23587	12222	11169	2211
江 苏	Jiangsu	208	12094	69332	60520	15558
浙 江	Zhejiang	6	2380	1371	1371	
安 徽	Anhui	20	3591	82578	13483	
福 建	Fujian	7	8048			
江 西	Jiangxi	54	42100	367526	367203	13924
山 东	Shandong	27	379	912	922	21
河 南	Henan	155	25807	173189	144022	2033
湖 北	Hubei	248	23460	131856	132922	34732
湖 南	Hunan	4	878	8436	8435	
广 东	Guangdong	16	3073	2488	2675	
广 西	Guangxi					
海 南	Hainan					
重 庆	Chongqing					
四 川	Sichuan	396	84877	601487	651471	94531
贵 州	Guizhou	240	75494	280493	215964	25232
云 南	Yunnan					
西 藏	Tibet					
陕 西	Shaanxi	412	144716	577373	393450	5424
甘 肃	Gansu					
青 海	Qinghai					
宁 夏	Ningxia					
新 疆	Xinjiang					

2-4-9 续表 2 continued

单位:万元 (10000 yuan)

地区	Region	电子及通信设备制造业 Manufacture of Electronic Equipment and Communication Equipment				
		新产品开发项目数(项) New Products (item)	新产品开发经费 Expenditure on New Products Development	新产品产值 Output Value of New Products	新产品销售收入 Sales Revenue of New Products	#出口 Exports
全国	**Total**	**29564**	**6159516**	**86639421**	**86981738**	**35690768**
东部地区	Eastern Region	23270	5435043	78161583	79667681	35089412
中部地区	Middle Region	2422	387401	2743252	2188921	211322
西部地区	Western Region	3872	337071	5732431	5124817	390034
北京	Beijing	1156	203810	9812958	9951744	5704946
天津	Tianjin	1053	119616	7008290	6598244	4844207
河北	Hebei	124	10080	91994	84182	22042
山西	Shanxi	29	3917	480530	129209	81
内蒙古	Inner Mongolia	17	1022	6962	5884	
辽宁	Liaoning	332	153756	663504	651329	284968
吉林	Jilin	30	12447	102127	95368	1903
黑龙江	Heilongjiang	57	8587	21754	19514	3040
上海	Shanghai	1468	505319	7522700	7483779	3782441
江苏	Jiangsu	3193	835990	12464485	13666607	4767184
浙江	Zhejiang	1993	280125	3151772	2930642	1095262
安徽	Anhui	390	44301	608639	467533	23703
福建	Fujian	792	160241	2934100	2860776	1675935
江西	Jiangxi	235	21003	109362	106111	51703
山东	Shandong	1104	350610	4755179	5848238	1283212
河南	Henan	275	38787	193347	215062	12636
湖北	Hubei	1257	196219	642104	622189	46608
湖南	Hunan	149	62140	585389	533935	71648
广东	Guangdong	12055	2815496	29756601	29592141	11629216
广西	Guangxi	106	6380	29236	26588	330
海南	Hainan			2155	320	
重庆	Chongqing	65	10907	550819	512793	59
四川	Sichuan	1864	213856	4612588	4064067	310289
贵州	Guizhou	346	18020	112027	109042	33324
云南	Yunnan	1	220	1190	1190	830
西藏	Tibet					
陕西	Shaanxi	1233	71713	335645	327190	26852
甘肃	Gansu	195	9203	63832	62572	5678
青海	Qinghai					
宁夏	Ningxia					
新疆	Xinjiang	45	5751	20132	15490	12670

2-4-9 续表 3 continued

单位:万元 (10000 yuan)

地 区	Region	电子计算机及办公设备制造业 Manufacture of Computer and Office Equipments 新产品开发项目数(项) New Products (item)	新产品开发经费 Expenditure on New Products Development	新产品产值 Output Value of New Products	新产品销售收入 Sales Revenue of New Products	#出口 Exports
全 国	**Total**	**3055**	**1363178**	**21282356**	**23009386**	**10314625**
东部地区	Eastern Region	2718	1297931	20547392	22283977	9850096
中部地区	Middle Region	221	57503	622515	614462	463138
西部地区	Western Region	116	7744	112449	110947	1392
北 京	Beijing	202	103273	2837965	2880190	288487
天 津	Tianjin	18	25043	482447	478274	331351
河 北	Hebei	9	1002	27637	26943	
山 西	Shanxi	1	503			
内 蒙 古	Inner Mongolia	2	138	1288	1288	
辽 宁	Liaoning	13	1258	44290	42632	167
吉 林	Jilin	4	483	3450	3500	
黑 龙 江	Heilongjiang	32	1600	22549	22331	16
上 海	Shanghai	137	122717	1629579	3459022	243995
江 苏	Jiangsu	433	315151	5196032	5162808	2883250
浙 江	Zhejiang	272	109357	838935	810121	202725
安 徽	Anhui	49	9021	30201	26104	200
福 建	Fujian	205	160631	3173975	3210131	2698423
江 西	Jiangxi	16	2134	4908	4646	4421
山 东	Shandong	239	96266	1573471	1523536	46364
河 南	Henan	1	36	350	350	
湖 北	Hubei	72	35134	503693	496748	455635
湖 南	Hunan	46	8594	57364	60784	2867
广 东	Guangdong	1190	363233	4743061	4690320	3155335
广 西	Guangxi	1	8			
海 南	Hainan					
重 庆	Chongqing	16	2296	41294	44838	
四 川	Sichuan	73	856	15007	12405	184
贵 州	Guizhou					
云 南	Yunnan	14	2420	50963	49125	1208
西 藏	Tibet					
陕 西	Shaanxi	10	2026	3898	3291	
甘 肃	Gansu					
青 海	Qinghai					
宁 夏	Ningxia					
新 疆	Xinjiang					

2-4-9 续表 4 continued

单位:万元 (10000 yuan)

地区 Region	医疗设备及仪器仪表制造业 Manufacture of Medical Equipments and Measuring Instrument				
	新产品开发项目数(项) New Products (item)	新产品开发经费 Expenditure on New Products Development	新产品产值 Output Value of New Products	新产品销售收入 Sales Revenue of New Products	#出口 Exports
全国 Total	**10663**	**1161565**	**8677286**	**8690643**	**1367726**
东部地区 Eastern Region	7881	905562	7095125	6986919	1295041
中部地区 Middle Region	1673	169236	928488	1068632	37526
西部地区 Western Region	1109	86767	653507	635093	35159
北京 Beijing	1014	122171	1000238	1064342	44662
天津 Tianjin	350	20454	131186	122931	31533
河北 Hebei	206	12587	88085	93257	18045
山西 Shanxi	54	8714	56575	23584	
内蒙古 Inner Mongolia					
辽宁 Liaoning	246	31356	302843	288320	37711
吉林 Jilin	45	4113	37163	33745	935
黑龙江 Heilongjiang	206	7328	55215	52314	4563
上海 Shanghai	814	97254	632814	607676	121948
江苏 Jiangsu	1615	254591	2515993	2582205	630142
浙江 Zhejiang	1516	133349	1213214	1147942	162768
安徽 Anhui	347	30818	112794	108681	3465
福建 Fujian	178	18215	54347	48516	22010
江西 Jiangxi	182	12714	107047	100661	457
山东 Shandong	649	66057	464411	384413	23218
河南 Henan	368	41763	246097	207091	21068
湖北 Hubei	220	23713	145509	376453	4896
湖南 Hunan	251	40073	168087	166102	2142
广东 Guangdong	1293	149529	691994	647319	203003
广西 Guangxi	97	4221	23669	18576	5422
海南 Hainan					
重庆 Chongqing	360	20477	292984	283430	21414
四川 Sichuan	230	31294	187537	160119	2181
贵州 Guizhou	17	1689	4071	3617	
云南 Yunnan	24	1524	7504	7145	1366
西藏 Tibet					
陕西 Shaanxi	278	23162	111597	137013	4202
甘肃 Gansu	12	613	3130	3162	
青海 Qinghai			166	160	112
宁夏 Ningxia	83	2879	22048	20903	462
新疆 Xinjiang	8	908	968	968	

2-5-1　按行业分高技术产业专利情况(2009年)

Statistics on Patents in High-tech Industry by Industrial Sector(2009)

单位：件　　　　(piece)

行　业 Industry	专利申请数 Patent Applications	#发明专利 Invention Patents	拥有发明专利 Number of Patents In Force
合　计 Total	**71337**	**38714**	**41170**
医药制造业 Manufacture of Medicines	**8601**	**5166**	**6017**
#化学药品制造 Manufacture of Chemical Medicine	3414	2071	2453
中成药制造 Manufacture of Finished Traditional Chinese Herbal Medicine	2831	1700	2215
生物、生化制品的制造 Manufacture of Biological and Biochemical Chemical Products	1074	800	758
航空航天器制造业 Manufacture of Aircrafts and Spacecrafts	**1609**	**679**	**622**
1.飞机制造及修理 Manufacture and Repairing of Airplanes	1460	611	531
2.航天器制造 Manufacture of Spacecrafts	119	65	66
电子及通信设备制造业 Manufacture of Electronic Equipment and Communication Equipment	**40499**	**24514**	**24562**
1.通信设备制造 Manufacture of Communication Equipment	20614	16610	15611
#通信传输设备制造 Manufacture of Communication Transmitting Equipment	1299	407	493
通信交换设备制造 Manufacture of Communication Exchanging Equipment	15965	14661	13576
通信终端设备制造 Manufacture of Communication Terminal Equipment	661	269	260
2.雷达及配套设备制造 Manufacture of Radar and Its Fittings	149	98	49
3.广播电视设备制造 Manufacture of Broadcasting and TV Equipment	1096	321	307
4.电子器件制造 Manufacture of Electronic Appliances	7479	4083	4738
#电子真空器件制造 Manufacture of Electronic Vacuum Appliances	356	163	346
半导体分立器件制造 Manufacture of Semiconductor Discreting Appliances	494	152	265
集成电路制造 Manufacture of Integrate Circuit	2695	2032	2105
5.电子元件制造 Manufacture of Electronic Components	5314	1646	1773
6.家用视听设备制造 Manufacture of Domestic TV Set and Radio Receiver	4085	1254	1348
7.其他电子设备制造 Manufacture of Other Electronic Equipment	1762	502	736
电子计算机及办公设备制造业 Manufacture of Computers and Office Equipments	**9178**	**4932**	**5016**
1.电子计算机整机制造 Manufacture of Entired Computer	3605	2609	2784
2.电子计算机外部设备制造 Manufacture of Computer Peripheral Equipment	3926	1283	1563
3.办公设备制造 Manufacture of Office Equipment	452	61	80
医疗设备及仪器仪表制造业 Manufacture of Medical Equipments and Measuring Instrument	**11450**	**3423**	**4953**
1.医疗设备及器械制造 Manufacture of Medical Equipment and Appliances	2719	837	1426
2.仪器仪表制造 Manufacture of Measuring Instrument	8731	2586	3527

2-5-2 各地区高技术产业专利情况(2009年)
Statistics on Patents in High-tech Industry by Region(2009)

单位：件 (piece)

地区	Region	专利申请数 Patent Applications	#发明专利 Invention Patents	拥有发明专利 Number of Patents In Force
全国	**Total**	**71337**	**38714**	**41170**
东部地区	Eastern Region	61565	34735	34927
中部地区	Middle Region	5834	2421	3724
西部地区	Western Region	3938	1558	2519
北京	Beijing	2958	1835	2725
天津	Tianjin	2464	1127	918
河北	Hebei	481	316	455
山西	Shanxi	127	57	91
内蒙古	Inner Mongolia	78	13	16
辽宁	Liaoning	1331	646	744
吉林	Jilin	391	205	329
黑龙江	Heilongjiang	354	146	207
上海	Shanghai	4130	2743	2960
江苏	Jiangsu	7210	2667	3012
浙江	Zhejiang	6301	2104	2790
安徽	Anhui	906	377	410
福建	Fujian	2302	878	541
江西	Jiangxi	434	163	241
山东	Shandong	3371	1332	1758
河南	Henan	1288	423	413
湖北	Hubei	1326	708	1506
湖南	Hunan	1008	342	527
广东	Guangdong	30864	21006	18991
广西	Guangxi	180	90	210
海南	Hainan	153	81	33
重庆	Chongqing	549	242	382
四川	Sichuan	1301	448	392
贵州	Guizhou	524	257	431
云南	Yunnan	250	107	156
西藏	Tibet	18	12	10
陕西	Shaanxi	834	319	790
甘肃	Gansu	87	40	21
青海	Qinghai	21	5	14
宁夏	Ningxia	43	12	33
新疆	Xinjiang	53	13	64

2-5-3 按行业和企业规模分高技术产业专利情况(2009年)

Statistics on Patents in High-tech Industry by Industrial Sector and Scale of Enterprises(2009)

单位：件 (piece)

行 业 Industry	大型企业 Large-sized Enterprises 专利申请数 Patent Applications	#发明专利 Invention Patents	拥有发明专利 Number of Patents In Force
合 计 **Total**	**32070**	**23905**	**22975**
医药制造业 **Manufacture of Medicines**	**1891**	**1269**	**1460**
#化学药品制造 Manufacture of Chemical Medicine	870	559	795
中成药制造 Manufacture of Finished Traditional Chinese Herbal Medicine	983	684	646
生物、生化制品的制造 Manufacture of Biological and Biochemical Chemical Products	22	17	10
航空航天器制造业 **Manufacture of Aircrafts and Spacecrafts**	**1164**	**490**	**368**
1.飞机制造及修理 Manufacture and Repairing of Airplanes	1147	489	367
2.航天器制造 Manufacture of Spacecrafts	17	1	1
电子及通信设备制造业 **Manufacture of Electronic Equipment and Communication Equipment**	**21975**	**17829**	**17120**
1.通信设备制造 Manufacture of Communication Equipment	16520	15058	14000
#通信传输设备制造 Manufacture of Communication Transmitting Equipment	71	15	18
通信交换设备制造 Manufacture of Communication Exchanging Equipment	15581	14539	13504
通信终端设备制造 Manufacture of Communication Terminal Equipment	64	53	6
2.雷达及配套设备制造 Manufacture of Radar and Its Fittings	56	53	12
3.广播电视设备制造 Manufacture of Broadcasting and TV Equipment	232	85	83
4.电子器件制造 Manufacture of Electronic Appliances	2501	1747	2084
#电子真空器件制造 Manufacture of Electronic Vacuum Appliances	136	71	170
半导体分立器件制造 Manufacture of Semiconductor Discreting Appliances	8	3	12
集成电路制造 Manufacture of Integrate Circuit	1150	953	1109
5.电子元件制造 Manufacture of Electronic Components	776	281	328
6.家用视听设备制造 Manufacture of Domestic TV Set and Radio Receiver	1832	575	553
7.其他电子设备制造 Manufacture of Other Electronic Equipment	58	30	60
电子计算机及办公设备制造业 **Manufacture of Computers and Office Equipments**	**6037**	**3983**	**3525**
1.电子计算机整机制造 Manufacture of Entired Computer	3214	2476	2630
2.电子计算机外部设备制造 Manufacture of Computer Peripheral Equipment	1797	608	437
3.办公设备制造 Manufacture of Office Equipment	16	1	1
医疗设备及仪器仪表制造业 **Manufacture of Medical Equipments and Measuring Instrument**	**1003**	**334**	**502**
1.医疗设备及器械制造 Manufacture of Medical Equipment and Appliances	237	124	112
2.仪器仪表制造 Manufacture of Measuring Instrument	766	210	390

2-5-3 续表 1 continued

单位：件 (piece)

行业 Industry	中型企业 Medium-sized Enterprises		
	专利申请数 Patent Applications	#发明专利 Invention Patents	拥有发明专利 Number of Patents In Force
合计 Total	**19443**	**7810**	**8855**
医药制造业 Manufacture of Medicines	**2894**	**1669**	**2451**
#化学药品制造 Manufacture of Chemical Medicine	1470	843	967
中成药制造 Manufacture of Finished Traditional Chinese Herbal Medicine	844	465	1031
生物、生化制品的制造 Manufacture of Biological and Biochemical Chemical Products	299	236	284
航空航天器制造业 Manufacture of Aircrafts and Spacecrafts	**340**	**132**	**197**
1.飞机制造及修理 Manufacture and Repairing of Airplanes	215	70	113
2.航天器制造 Manufacture of Spacecrafts	96	60	59
电子及通信设备制造业 Manufacture of Electronic Equipment and Communication Equipment	**10510**	**4240**	**4178**
1.通信设备制造 Manufacture of Communication Equipment	2393	988	770
#通信传输设备制造 Manufacture of Communication Transmitting Equipment	636	212	137
通信交换设备制造 Manufacture of Communication Exchanging Equipment	190	100	33
通信终端设备制造 Manufacture of Communication Terminal Equipment	314	133	154
2.雷达及配套设备制造 Manufacture of Radar and Its Fittings	67	38	31
3.广播电视设备制造 Manufacture of Broadcasting and TV Equipment	308	89	66
4.电子器件制造 Manufacture of Electronic Appliances	2664	1465	1523
#电子真空器件制造 Manufacture of Electronic Vacuum Appliances	151	75	151
半导体分立器件制造 Manufacture of Semiconductor Discreting Appliances	254	83	103
集成电路制造 Manufacture of Integrate Circuit	979	772	699
5.电子元件制造 Manufacture of Electronic Components	2502	856	848
6.家用视听设备制造 Manufacture of Domestic TV Set and Radio Receiver	1762	587	612
7.其他电子设备制造 Manufacture of Other Electronic Equipment	814	217	328
电子计算机及办公设备制造业 Manufacture of Computers and Office Equipments	**1885**	**523**	**667**
1.电子计算机整机制造 Manufacture of Entired Computer	286	89	108
2.电子计算机外部设备制造 Manufacture of Computer Peripheral Equipment	1375	362	444
3.办公设备制造 Manufacture of Office Equipment	128	14	41
医疗设备及仪器仪表制造业 Manufacture of Medical Equipments and Measuring Instrument	**3814**	**1246**	**1362**
1.医疗设备及器械制造 Manufacture of Medical Equipment and Appliances	772	309	322
2.仪器仪表制造 Manufacture of Measuring Instrument	3042	937	1040

2-5-3 续表 2 continued

单位：件 (piece)

行业 Industry	小型企业 Samll-sized Enterprises		
	专利申请数 Patent Applications	#发明专利 Invention Patents	拥有发明专利 Number of Patents In Force
合计 Total	**19824**	**6999**	**9340**
医药制造业 Manufacture of Medicines	**3816**	**2228**	**2106**
#化学药品制造 Manufacture of Chemical Medicine	1074	669	691
中成药制造 Manufacture of Finished Traditional Chinese Herbal Medicine	1004	551	538
生物、生化制品的制造 Manufacture of Biological and Biochemical Chemical Products	753	547	464
航空航天器制造业 Manufacture of Aircrafts and Spacecrafts	**105**	**57**	**57**
1.飞机制造及修理 Manufacture and Repairing of Airplanes	98	52	51
2.航天器制造 Manufacture of Spacecrafts	6	4	6
电子及通信设备制造业 Manufacture of Electronic Equipment and Communication Equipment	**8014**	**2445**	**3264**
1.通信设备制造 Manufacture of Communication Equipment	1701	564	841
#通信传输设备制造 Manufacture of Communication Transmitting Equipment	592	180	338
通信交换设备制造 Manufacture of Communication Exchanging Equipment	194	22	39
通信终端设备制造 Manufacture of Communication Terminal Equipment	283	83	100
2.雷达及配套设备制造 Manufacture of Radar and Its Fittings	26	7	6
3.广播电视设备制造 Manufacture of Broadcasting and TV Equipment	556	147	158
4.电子器件制造 Manufacture of Electronic Appliances	2314	871	1131
#电子真空器件制造 Manufacture of Electronic Vacuum Appliances	69	17	25
半导体分立器件制造 Manufacture of Semiconductor Discreting Appliances	232	66	150
集成电路制造 Manufacture of Integrate Circuit	566	307	297
5.电子元件制造 Manufacture of Electronic Components	2036	509	597
6.家用视听设备制造 Manufacture of Domestic TV Set and Radio Receiver	491	92	183
7.其他电子设备制造 Manufacture of Other Electronic Equipment	890	255	348
电子计算机及办公设备制造业 Manufacture of Computers and Office Equipments	**1256**	**426**	**824**
1.电子计算机整机制造 Manufacture of Entired Computer	105	44	46
2.电子计算机外部设备制造 Manufacture of Computer Peripheral Equipment	754	313	682
3.办公设备制造 Manufacture of Office Equipment	308	46	38
医疗设备及仪器仪表制造业 Manufacture of Medical Equipments and Measuring Instrument	**6633**	**1843**	**3089**
1.医疗设备及器械制造 Manufacture of Medical Equipment and Appliances	1710	404	992
2.仪器仪表制造 Manufacture of Measuring Instrument	4923	1439	2097

2-5-4 按行业分国有及国有控股企业高技术产业专利情况(2009年)

Statistics on Patents in High-tech Industry of State-owned and State-controlled Enterprises by Industry (2009)

单位：件 (piece)

行 业 Industry	专利申请数 Patent Applications	#发明专利 Invention Patents	拥有发明专利 Number of Patents In Force
合 计 Total	**18998**	**12397**	**8142**
医药制造业 Manufacture of Medicines	**1518**	**913**	**1131**
#化学药品制造 Manufacture of Chemical Medicine	934	585	630
中成药制造 Manufacture of Finished Traditional Chinese Herbal Medicine	428	207	398
生物、生化制品的制造 Manufacture of Biological and Biochemical Chemical Products	117	101	80
航空航天器制造业 Manufacture of Aircrafts and Spacecrafts	**1535**	**662**	**581**
1.飞机制造及修理 Manufacture and Repairing of Airplanes	1416	597	515
2.航天器制造 Manufacture of Spacecrafts	119	65	66
电子及通信设备制造业 Manufacture of Electronic Equipment and Communication Equipment	**13424**	**9756**	**4582**
1.通信设备制造 Manufacture of Communication Equipment	8715	7738	2874
#通信传输设备制造 Manufacture of Communication Transmitting Equipment	243	90	152
通信交换设备制造 Manufacture of Communication Exchanging Equipment	8005	7428	2571
通信终端设备制造 Manufacture of Communication Terminal Equipment	87	23	17
2.雷达及配套设备制造 Manufacture of Radar and Its Fittings	108	79	19
3.广播电视设备制造 Manufacture of Broadcasting and TV Equipment	98	30	8
4.电子器件制造 Manufacture of Electronic Appliances	1538	960	940
#电子真空器件制造 Manufacture of Electronic Vacuum Appliances	126	61	199
半导体分立器件制造 Manufacture of Semiconductor Discreting Appliances	47	6	21
集成电路制造 Manufacture of Integrate Circuit	207	148	133
5.电子元件制造 Manufacture of Electronic Components	859	340	331
6.家用视听设备制造 Manufacture of Domestic TV Set and Radio Receiver	1995	571	334
7.其他电子设备制造 Manufacture of Other Electronic Equipment	111	38	76
电子计算机及办公设备制造业 Manufacture of Computers and Office Equipments	**1030**	**509**	**1061**
1.电子计算机整机制造 Manufacture of Entired Computer	567	251	458
2.电子计算机外部设备制造 Manufacture of Computer Peripheral Equipment	421	244	576
3.办公设备制造 Manufacture of Office Equipment	18	6	2
医疗设备及仪器仪表制造业 Manufacture of Medical Equipments and Measuring Instrument	**1491**	**557**	**787**
1.医疗设备及器械制造 Manufacture of Medical Equipment and Appliances	127	36	150
2.仪器仪表制造 Manufacture of Measuring Instrument	1364	521	637

2-5-5 按行业和登记注册类型分高技术产业专利情况(2009年)

Statistics on Patents in High-tech Industry by Industrial Sector and Registration Status(2009)

单位：件 (piece)

行 业 Industry	内资企业 Domestic Funded 专利申请数 Patent Applications	 #发明专利 Invention Patents	 拥有发明专利 Number of Patents In Force
合 计 **Total**	**49167**	**27132**	**29254**
医药制造业 **Manufacture of Medicines**	**6977**	**4147**	**4638**
#化学药品制造 Manufacture of Chemical Medicine	2649	1580	1820
中成药制造 Manufacture of Finished Traditional Chinese Herbal Medicine	2524	1500	1898
生物、生化制品的制造 Manufacture of Biological and Biochemical Chemical Products	769	573	403
航空航天器制造业 **Manufacture of Aircrafts and Spacecrafts**	**1602**	**677**	**620**
1.飞机制造及修理 Manufacture and Repairing of Airplanes	1453	609	529
2.航天器制造 Manufacture of Spacecrafts	119	65	66
电子及通信设备制造业 **Manufacture of Electronic Equipment and Communication Equipment**	**29072**	**18830**	**18735**
1.通信设备制造 Manufacture of Communication Equipment	17998	15293	14182
#通信传输设备制造 Manufacture of Communication Transmitting Equipment	956	297	312
通信交换设备制造 Manufacture of Communication Exchanging Equipment	15441	14312	13299
通信终端设备制造 Manufacture of Communication Terminal Equipment	400	138	179
2.雷达及配套设备制造 Manufacture of Radar and Its Fittings	142	98	49
3.广播电视设备制造 Manufacture of Broadcasting and TV Equipment	919	259	263
4.电子器件制造 Manufacture of Electronic Appliances	3377	1310	2031
#电子真空器件制造 Manufacture of Electronic Vacuum Appliances	268	109	295
半导体分立器件制造 Manufacture of Semiconductor Discreting Appliances	281	46	130
集成电路制造 Manufacture of Integrate Circuit	657	367	445
5.电子元件制造 Manufacture of Electronic Components	2907	891	1131
6.家用视听设备制造 Manufacture of Domestic TV Set and Radio Receiver	2555	664	595
7.其他电子设备制造 Manufacture of Other Electronic Equipment	1174	315	484
电子计算机及办公设备制造业 **Manufacture of Computers and Office Equipments**	**2649**	**809**	**1495**
1.电子计算机整机制造 Manufacture of Entired Computer	946	367	668
2.电子计算机外部设备制造 Manufacture of Computer Peripheral Equipment	1182	299	670
3.办公设备制造 Manufacture of Office Equipment	307	48	43
医疗设备及仪器仪表制造业 **Manufacture of Medical Equipments and Measuring Instrument**	**8867**	**2669**	**3766**
1.医疗设备及器械制造 Manufacture of Medical Equipment and Appliances	1899	604	993
2.仪器仪表制造 Manufacture of Measuring Instrument	6968	2065	2773

2-5-5 续表 1 continued

单位：件 (piece)

行 业 Industry	#国有企业 State-owned Enterprises 专利申请数 Patent Applications	#发明专利 Invention Patents	拥有发明专利 Number of Patents In Force
合 计 Total	**2117**	**1022**	**1178**
医药制造业 Manufacture of Medicines	**205**	**161**	**259**
#化学药品制造 Manufacture of Chemical Medicine	94	77	97
中成药制造 Manufacture of Finished Traditional Chinese Herbal Medicine	63	47	123
生物、生化制品的制造 Manufacture of Biological and Biochemical Chemical Products	38	34	38
航空航天器制造业 Manufacture of Aircrafts and Spacecrafts	**246**	**124**	**150**
1.飞机制造及修理 Manufacture and Repairing of Airplanes	180	94	115
2.航天器制造 Manufacture of Spacecrafts	66	30	35
电子及通信设备制造业 Manufacture of Electronic Equipment and Communication Equipment	**1192**	**561**	**608**
1.通信设备制造 Manufacture of Communication Equipment	206	170	343
#通信传输设备制造 Manufacture of Communication Transmitting Equipment	2	1	
通信交换设备制造 Manufacture of Communication Exchanging Equipment	163	163	343
通信终端设备制造 Manufacture of Communication Terminal Equipment			
2.雷达及配套设备制造 Manufacture of Radar and Its Fittings	15	15	1
3.广播电视设备制造 Manufacture of Broadcasting and TV Equipment	2		2
4.电子器件制造 Manufacture of Electronic Appliances	122	109	17
#电子真空器件制造 Manufacture of Electronic Vacuum Appliances			
半导体分立器件制造 Manufacture of Semiconductor Discreting Appliances			3
集成电路制造 Manufacture of Integrate Circuit	7	1	4
5.电子元件制造 Manufacture of Electronic Components	107	27	61
6.家用视听设备制造 Manufacture of Domestic TV Set and Radio Receiver	706	234	177
7.其他电子设备制造 Manufacture of Other Electronic Equipment	34	6	7
电子计算机及办公设备制造业 Manufacture of Computers and Office Equipments	**17**	**2**	**3**
1.电子计算机整机制造 Manufacture of Entired Computer			
2.电子计算机外部设备制造 Manufacture of Computer Peripheral Equipment	14		3
3.办公设备制造 Manufacture of Office Equipment			
医疗设备及仪器仪表制造业 Manufacture of Medical Equipments and Measuring Instrument	**457**	**174**	**158**
1.医疗设备及器械制造 Manufacture of Medical Equipment and Appliances	89	15	22
2.仪器仪表制造 Manufacture of Measuring Instrument	368	159	136

2-5-5 续表 2 continued

单位：件 (piece)

行 业 Industry	港澳台投资企业 Enterprises with Funds from Hong Kong, Macau and Taiwan		
	专利申请数 Patent Applications	#发明专利 Invention Patents	拥有发明专利 Number of Patents In Force
合 计 Total	**7999**	**3464**	**4713**
医药制造业 Manufacture of Medicines	**701**	**467**	**613**
#化学药品制造 Manufacture of Chemical Medicine	294	212	279
中成药制造 Manufacture of Finished Traditional Chinese Herbal Medicine	174	105	223
生物、生化制品的制造 Manufacture of Biological and Biochemical Chemical Products	142	121	85
航空航天器制造业 Manufacture of Aircrafts and Spacecrafts			
1.飞机制造及修理 Manufacture and Repairing of Airplanes			
2.航天器制造 Manufacture of Spacecrafts			
电子及通信设备制造业 Manufacture of Electronic Equipment and Communication Equipment	**4506**	**1667**	**2174**
1.通信设备制造 Manufacture of Communication Equipment	1048	443	520
#通信传输设备制造 Manufacture of Communication Transmitting Equipment	232	65	114
通信交换设备制造 Manufacture of Communication Exchanging Equipment	238	129	24
通信终端设备制造 Manufacture of Communication Terminal Equipment	202	116	52
2.雷达及配套设备制造 Manufacture of Radar and Its Fittings			
3.广播电视设备制造 Manufacture of Broadcasting and TV Equipment	67	25	30
4.电子器件制造 Manufacture of Electronic Appliances	1066	496	1000
#电子真空器件制造 Manufacture of Electronic Vacuum Appliances			25
半导体分立器件制造 Manufacture of Semiconductor Discreting Appliances	118	60	108
集成电路制造 Manufacture of Integrate Circuit	458	319	316
5.电子元件制造 Manufacture of Electronic Components	1321	319	278
6.家用视听设备制造 Manufacture of Domestic TV Set and Radio Receiver	826	342	313
7.其他电子设备制造 Manufacture of Other Electronic Equipment	178	42	33
电子计算机及办公设备制造业 Manufacture of Computers and Office Equipments	**2011**	**1146**	**1497**
1.电子计算机整机制造 Manufacture of Entired Computer	329	232	890
2.电子计算机外部设备制造 Manufacture of Computer Peripheral Equipment	854	213	149
3.办公设备制造 Manufacture of Office Equipment	82	4	2
医疗设备及仪器仪表制造业 Manufacture of Medical Equipments and Measuring Instrument	**781**	**184**	**429**
1.医疗设备及器械制造 Manufacture of Medical Equipment and Appliances	181	61	80
2.仪器仪表制造 Manufacture of Measuring Instrument	600	123	349

2-5-5 续表 3 continued

单位：件 (piece)

行业 Industry	外商投资企业 Foreign Funded Enterprises		
	专利申请数 Patent Applications	#发明专利 Invention Patents	拥有发明专利 Number of Patents In Force
合　计 Total	**14171**	**8118**	**7203**
医药制造业 Manufacture of Medicines	**923**	**552**	**766**
#化学药品制造 Manufacture of Chemical Medicine	471	279	354
中成药制造 Manufacture of Finished Traditional Chinese Herbal Medicine	133	95	94
生物、生化制品的制造 Manufacture of Biological and Biochemical Chemical Products	163	106	270
航空航天器制造业 Manufacture of Aircrafts and Spacecrafts	**7**	**2**	**2**
1.飞机制造及修理 Manufacture and Repairing of Airplanes	7	2	2
2.航天器制造 Manufacture of Spacecrafts			
电子及通信设备制造业 Manufacture of Electronic Equipment and Communication Equipment	**6921**	**4017**	**3653**
1.通信设备制造 Manufacture of Communication Equipment	1568	874	909
#通信传输设备制造 Manufacture of Communication Transmitting Equipment	111	45	67
通信交换设备制造 Manufacture of Communication Exchanging Equipment	286	220	253
通信终端设备制造 Manufacture of Communication Terminal Equipment	59	15	29
2.雷达及配套设备制造 Manufacture of Radar and Its Fittings	7		
3.广播电视设备制造 Manufacture of Broadcasting and TV Equipment	110	37	14
4.电子器件制造 Manufacture of Electronic Appliances	3036	2277	1707
#电子真空器件制造 Manufacture of Electronic Vacuum Appliances	88	54	26
半导体分立器件制造 Manufacture of Semiconductor Discreting Appliances	95	46	27
集成电路制造 Manufacture of Integrate Circuit	1580	1346	1344
5.电子元件制造 Manufacture of Electronic Components	1086	436	364
6.家用视听设备制造 Manufacture of Domestic TV Set and Radio Receiver	704	248	440
7.其他电子设备制造 Manufacture of Other Electronic Equipment	410	145	219
电子计算机及办公设备制造业 Manufacture of Computers and Office Equipments	**4518**	**2977**	**2024**
1.电子计算机整机制造 Manufacture of Entired Computer	2330	2010	1226
2.电子计算机外部设备制造 Manufacture of Computer Peripheral Equipment	1890	771	744
3.办公设备制造 Manufacture of Office Equipment	63	9	35
医疗设备及仪器仪表制造业 Manufacture of Medical Equipments and Measuring Instrument	**1802**	**570**	**758**
1.医疗设备及器械制造 Manufacture of Medical Equipment and Appliances	639	172	353
2.仪器仪表制造 Manufacture of Measuring Instrument	1163	398	405

2-5-6 按地区和企业规模分高技术产业专利情况(2009年)

Statistics on Patents in High-tech Industry by Region and Industrial Sector(2009)

单位: 件 (piece)

地区	Region	大型企业 Large-sized Enterprises		
		专利申请数 Patent Applications	#发明专利 Invention Patents	拥有发明专利 Number of Patents In Force
全　国	**Total**	**32070**	**23905**	**22975**
东部地区	Eastern Region	29380	22790	21360
中部地区	Middle Region	1544	711	1114
西部地区	Western Region	1146	404	501
北　京	Beijing	773	575	1061
天　津	Tianjin	801	541	147
河　北	Hebei	134	118	292
山　西	Shanxi	29	2	24
内蒙古	Inner Mongolia			
辽　宁	Liaoning	422	176	251
吉　林	Jilin	29	18	52
黑龙江	Heilongjiang	172	53	111
上　海	Shanghai	1691	1375	1466
江　苏	Jiangsu	1398	612	747
浙　江	Zhejiang	1141	867	743
安　徽	Anhui	186	121	56
福　建	Fujian	614	357	90
江　西	Jiangxi	208	55	101
山　东	Shandong	1653	649	919
河　南	Henan	361	115	94
湖　北	Hubei	347	275	555
湖　南	Hunan	212	72	121
广　东	Guangdong	20753	17520	15644
广　西	Guangxi			
海　南	Hainan			
重　庆	Chongqing	77	29	27
四　川	Sichuan	593	143	84
贵　州	Guizhou	99	67	110
云　南	Yunnan			
西　藏	Tibet			
陕　西	Shaanxi	326	150	237
甘　肃	Gansu	28	10	10
青　海	Qinghai			
宁　夏	Ningxia	8	1	5
新　疆	Xinjiang	15	4	28

2-5-6 续表 1 continued

单位：件 (piece)

地区 Region	中型企业 Medium-sized Enterprises 专利申请数 Patent Applications	#发明专利 Invention Patents	拥有发明专利 Number of Patents In Force
全国 Total	**19443**	**7810**	**8855**
东部地区 Eastern Region	16188	6488	6407
中部地区 Middle Region	1687	658	1226
西部地区 Western Region	1568	664	1222
北京 Beijing	1012	651	524
天津 Tianjin	1000	312	362
河北 Hebei	145	88	54
山西 Shanxi	63	31	37
内蒙古 Inner Mongolia	14	8	8
辽宁 Liaoning	259	124	159
吉林 Jilin	55	39	106
黑龙江 Heilongjiang	53	18	25
上海 Shanghai	1351	896	872
江苏 Jiangsu	2417	933	1102
浙江 Zhejiang	1836	506	812
安徽 Anhui	226	86	147
福建 Fujian	839	312	181
江西 Jiangxi	153	74	53
山东 Shandong	780	377	454
河南 Henan	371	137	117
湖北 Hubei	340	149	482
湖南 Hunan	426	124	259
广东 Guangdong	6502	2275	1881
广西 Guangxi	77	31	147
海南 Hainan	47	14	6
重庆 Chongqing	335	164	228
四川 Sichuan	318	142	156
贵州 Guizhou	338	149	236
云南 Yunnan	175	63	105
西藏 Tibet	14	11	9
陕西 Shaanxi	243	70	299
甘肃 Gansu	38	23	9
青海 Qinghai			
宁夏 Ningxia	16	3	25
新疆 Xinjiang			

2-5-6 续表 2 continued

单位: 件 (piece)

地 区	Region	小型企业 Small-sized Enterprises		
		专利申请数 Patent Applications	#发明专利 Invention Patents	拥有发明专利 Number of Patents In Force
全 国	**Total**	**19824**	**6999**	**9340**
东部地区	Eastern Region	15997	5457	7160
中部地区	Middle Region	2603	1052	1384
西部地区	Western Region	1224	490	796
北 京	Beijing	1173	609	1140
天 津	Tianjin	663	274	409
河 北	Hebei	202	110	109
山 西	Shanxi	35	24	30
内 蒙 古	Inner Mongolia	64	5	8
辽 宁	Liaoning	650	346	334
吉 林	Jilin	307	148	171
黑 龙 江	Heilongjiang	129	75	71
上 海	Shanghai	1088	472	622
江 苏	Jiangsu	3395	1122	1163
浙 江	Zhejiang	3324	731	1235
安 徽	Anhui	494	170	207
福 建	Fujian	849	209	270
江 西	Jiangxi	73	34	87
山 东	Shandong	938	306	385
河 南	Henan	556	171	202
湖 北	Hubei	639	284	469
湖 南	Hunan	370	146	147
广 东	Guangdong	3609	1211	1466
广 西	Guangxi	103	59	63
海 南	Hainan	106	67	27
重 庆	Chongqing	137	49	127
四 川	Sichuan	390	163	152
贵 州	Guizhou	87	41	85
云 南	Yunnan	75	44	51
西 藏	Tibet	4	1	1
陕 西	Shaanxi	265	99	254
甘 肃	Gansu	21	7	2
青 海	Qinghai	21	5	14
宁 夏	Ningxia	19	8	3
新 疆	Xinjiang	38	9	36

2-5-7 各地区国有及国有控股企业高技术产业专利情况(2009年)

Statistics on Patents in High-tech Industry of State-owned and State-controlled Enterprises by Region (2009)

单位：件 (piece)

地区	Region	专利申请数 Patent Applications	#发明专利 Invention Patents	拥有发明专利 Number of Patents In Force
全国	**Total**	**18998**	**12397**	**8142**
东部地区	Eastern Region	15384	10880	6005
中部地区	Middle Region	1790	858	1234
西部地区	Western Region	1824	659	903
北京	Beijing	1103	746	923
天津	Tianjin	603	225	175
河北	Hebei	118	78	51
山西	Shanxi	13	10	13
内蒙古	Inner Mongolia	1		
辽宁	Liaoning	540	215	344
吉林	Jilin	106	51	42
黑龙江	Heilongjiang	120	35	110
上海	Shanghai	825	611	612
江苏	Jiangsu	643	312	304
浙江	Zhejiang	255	141	143
安徽	Anhui	250	156	89
福建	Fujian	149	49	110
江西	Jiangxi	138	59	85
山东	Shandong	1647	640	747
河南	Henan	443	133	114
湖北	Hubei	462	320	632
湖南	Hunan	257	94	149
广东	Guangdong	9371	7790	2578
广西	Guangxi	8	5	2
海南	Hainan	122	68	16
重庆	Chongqing	203	56	146
四川	Sichuan	654	191	135
贵州	Guizhou	368	174	113
云南	Yunnan	95	28	54
西藏	Tibet	1	1	
陕西	Shaanxi	456	197	432
甘肃	Gansu	18	9	5
青海	Qinghai	15	1	
宁夏	Ningxia			6
新疆	Xinjiang	14	2	12

2-5-8 按地区和登记注册类型分高技术产业专利情况(2009年)

Statistics on Patents in High-tech Industry by Region and Registration Status(2009)

单位：件 (piece)

地区	Region	内资企业 Domestic Funded		
		专利申请数 Patent Applications	#发明专利 Invention Patents	拥有发明专利 Number of Patents In Force
全国	**Total**	**49167**	**27132**	**29254**
东部地区	Eastern Region	40396	23519	23630
中部地区	Middle Region	5225	2203	3391
西部地区	Western Region	3546	1410	2233
北京	Beijing	1794	1017	1484
天津	Tianjin	1699	918	597
河北	Hebei	384	230	323
山西	Shanxi	112	49	81
内蒙古	Inner Mongolia	78	13	16
辽宁	Liaoning	1188	523	607
吉林	Jilin	375	204	314
黑龙江	Heilongjiang	271	116	191
上海	Shanghai	1254	667	658
江苏	Jiangsu	4114	1404	1490
浙江	Zhejiang	3825	961	1700
安徽	Anhui	820	341	369
福建	Fujian	978	245	289
江西	Jiangxi	385	134	215
山东	Shandong	3027	1121	1350
河南	Henan	1213	397	357
湖北	Hubei	1232	671	1457
湖南	Hunan	817	291	407
广东	Guangdong	22053	16373	15123
广西	Guangxi	176	86	185
海南	Hainan	80	60	9
重庆	Chongqing	441	199	278
四川	Sichuan	1211	389	326
贵州	Guizhou	502	253	415
云南	Yunnan	207	81	116
西藏	Tibet	18	12	10
陕西	Shaanxi	736	312	755
甘肃	Gansu	87	40	21
青海	Qinghai	6	4	14
宁夏	Ningxia	31	8	33
新疆	Xinjiang	53	13	64

2-5-8 续表 1 continued

单位：件 (piece)

地 区 Region	#国有企业 State-owned Enterprises		
	专利申请数 Patent Applications	#发明专利 Invention Patents	拥有发明专利 Number of Patents In Force
全 国 Total	**2117**	**1022**	**1178**
东部地区 Eastern Region	1438	652	565
中部地区 Middle Region	339	230	434
西部地区 Western Region	340	140	179
北 京 Beijing	49	31	53
天 津 Tianjin	36	16	7
河 北 Hebei	78	61	38
山 西 Shanxi	1	1	1
内 蒙 古 Inner Mongolia			
辽 宁 Liaoning	13	4	9
吉 林 Jilin	2	1	21
黑 龙 江 Heilongjiang			
上 海 Shanghai	166	140	95
江 苏 Jiangsu	120	80	75
浙 江 Zhejiang	22	7	1
安 徽 Anhui	48	26	44
福 建 Fujian			1
江 西 Jiangxi	39	2	2
山 东 Shandong	835	266	221
河 南 Henan	30	19	4
湖 北 Hubei	215	179	361
湖 南 Hunan	4	2	1
广 东 Guangdong	119	47	65
广 西 Guangxi	3	3	
海 南 Hainan			
重 庆 Chongqing	15	1	25
四 川 Sichuan	85	59	43
贵 州 Guizhou	72	33	22
云 南 Yunnan	1	1	
西 藏 Tibet	1	1	
陕 西 Shaanxi	158	37	89
甘 肃 Gansu	5	5	
青 海 Qinghai			
宁 夏 Ningxia			
新 疆 Xinjiang			

2-5-8 续表 2 continued

单位：件 (piece)

地区	Region	港澳台投资企业 Enterprises with Funds from Hong Kong, Macau and Taiwan		
		专利申请数 Patent Applications	#发明专利 Invention Patents	拥有发明专利 Number of Patents In Force
全国	**Total**	**7999**	**3464**	**4713**
东部地区	Eastern Region	7653	3348	4442
中部地区	Middle Region	254	80	173
西部地区	Western Region	92	36	98
北京	Beijing	408	276	944
天津	Tianjin	79	26	8
河北	Hebei	63	56	110
山西	Shanxi			
内蒙古	Inner Mongolia			
辽宁	Liaoning	68	65	30
吉林	Jilin			
黑龙江	Heilongjiang	7	3	2
上海	Shanghai	556	425	421
江苏	Jiangsu	1389	415	597
浙江	Zhejiang	1513	888	798
安徽	Anhui	38	23	31
福建	Fujian	495	171	104
江西	Jiangxi	16	11	3
山东	Shandong	67	16	49
河南	Henan	26	11	36
湖北	Hubei	63	16	20
湖南	Hunan	104	16	81
广东	Guangdong	2971	989	1363
广西	Guangxi	4	4	21
海南	Hainan	44	21	18
重庆	Chongqing	6		
四川	Sichuan	14	4	36
贵州	Guizhou	6	3	16
云南	Yunnan	30	20	23
西藏	Tibet			
陕西	Shaanxi	5		2
甘肃	Gansu			
青海	Qinghai	15	1	
宁夏	Ningxia	12	4	
新疆	Xinjiang			

2-5-8 续表 3 continued

单位：件 (piece)

地区	Region	外商投资企业 Foreign Funded Enterprises		
		专利申请数 Patent Applications	#发明专利 Invention Patents	拥有发明专利 Number of Patents In Force
全 国	**Total**	**14171**	**8118**	**7203**
东部地区	Eastern Region	13516	7868	6855
中部地区	Middle Region	355	138	160
西部地区	Western Region	300	112	188
北 京	Beijing	756	542	297
天 津	Tianjin	686	183	313
河 北	Hebei	34	30	22
山 西	Shanxi	15	8	10
内蒙古	Inner Mongolia			
辽 宁	Liaoning	75	58	107
吉 林	Jilin	16	1	15
黑龙江	Heilongjiang	76	27	14
上 海	Shanghai	2320	1651	1881
江 苏	Jiangsu	1707	848	925
浙 江	Zhejiang	963	255	292
安 徽	Anhui	48	13	10
福 建	Fujian	829	462	148
江 西	Jiangxi	33	18	23
山 东	Shandong	277	195	359
河 南	Henan	49	15	20
湖 北	Hubei	31	21	29
湖 南	Hunan	87	35	39
广 东	Guangdong	5840	3644	2505
广 西	Guangxi			4
海 南	Hainan	29		6
重 庆	Chongqing	102	43	104
四 川	Sichuan	76	55	30
贵 州	Guizhou	16	1	
云 南	Yunnan	13	6	17
西 藏	Tibet			
陕 西	Shaanxi	93	7	33
甘 肃	Gansu			
青 海	Qinghai			
宁 夏	Ningxia			
新 疆	Xinjiang			

2-5-9 按地区和行业分高技术产业专利情况(2009年)

Statistics on Patents in High-tech Industry by Region and Industrial Sector(2009)

单位：件 (piece)

地区	Region	医药制造业 Medical and Pharmaceutical Products Manufacturing		
		专利申请数 Patent Applications	#发明专利 Invention Patents	拥有发明专利 Number of Patents In Force
全国	**Total**	**8601**	**5166**	**6017**
东部地区	Eastern Region	5331	3565	3813
中部地区	Middle Region	2098	992	1090
西部地区	Western Region	1172	609	1114
北京	Beijing	264	212	260
天津	Tianjin	1301	883	431
河北	Hebei	229	197	360
山西	Shanxi	76	23	57
内蒙古	Inner Mongolia	57	13	16
辽宁	Liaoning	263	202	164
吉林	Jilin	191	132	205
黑龙江	Heilongjiang	183	90	74
上海	Shanghai	336	246	258
江苏	Jiangsu	734	412	638
浙江	Zhejiang	670	427	560
安徽	Anhui	421	227	142
福建	Fujian	104	59	80
江西	Jiangxi	208	81	184
山东	Shandong	631	428	529
河南	Henan	392	158	103
湖北	Hubei	254	129	182
湖南	Hunan	373	152	143
广东	Guangdong	646	418	500
广西	Guangxi	97	60	189
海南	Hainan	153	81	33
重庆	Chongqing	269	171	208
四川	Sichuan	203	92	146
贵州	Guizhou	139	72	278
云南	Yunnan	214	97	146
西藏	Tibet	18	12	10
陕西	Shaanxi	89	60	66
甘肃	Gansu	28	17	4
青海	Qinghai	21	5	14
宁夏	Ningxia	30	7	26
新疆	Xinjiang	7	3	11

2-5-9 续表 1 continued

单位：件 (piece)

地区 Region	航空航天器制造业 Manufacture of Aircrafts and Spacecrafts		
	专利申请数 Patent Applications	#发明专利 Invention Patents	拥有发明专利 Number of Patents In Force
全　国 Total	**1609**	**679**	**622**
东部地区 Eastern Region	556	217	176
中部地区 Middle Region	484	165	188
西部地区 Western Region	569	297	258
北　京 Beijing	63	49	25
天　津 Tianjin	7	7	1
河　北 Hebei	19	4	1
山　西 Shanxi			
内蒙古 Inner Mongolia			
辽　宁 Liaoning	230	110	83
吉　林 Jilin			
黑龙江 Heilongjiang	77	19	96
上　海 Shanghai	82	35	33
江　苏 Jiangsu	112	7	7
浙　江 Zhejiang	29	2	25
安　徽 Anhui			34
福　建 Fujian			
江　西 Jiangxi	55	42	19
山　东 Shandong	6		1
河　南 Henan	255	73	28
湖　北 Hubei	44	15	11
湖　南 Hunan	53	16	
广　东 Guangdong	8	3	
广　西 Guangxi			
海　南 Hainan			
重　庆 Chongqing	3		4
四　川 Sichuan	162	62	40
贵　州 Guizhou	177	96	86
云　南 Yunnan			
西　藏 Tibet			
陕　西 Shaanxi	227	139	128
甘　肃 Gansu			
青　海 Qinghai			
宁　夏 Ningxia			
新　疆 Xinjiang			

2-5-9 续表 2 continued

单位: 件 (piece)

地区	Region	电子及通信设备制造业 Manufacture of Electronic Equipment and Communication Equipment		
		专利申请数 Patent Applications	#发明专利 Invention Patents	拥有发明专利 Number of Patents In Force
全国	**Total**	**40499**	**24514**	**24562**
东部地区	Eastern Region	37683	23457	22557
中部地区	Middle Region	1457	656	1287
西部地区	Western Region	1359	401	718
北京	Beijing	1425	913	722
天津	Tianjin	684	149	342
河北	Hebei	106	63	43
山西	Shanxi	10	4	9
内蒙古	Inner Mongolia	5		
辽宁	Liaoning	490	201	274
吉林	Jilin	110	47	31
黑龙江	Heilongjiang	7	3	1
上海	Shanghai	2971	2229	2206
江苏	Jiangsu	3505	1245	1365
浙江	Zhejiang	2379	502	979
安徽	Anhui	301	87	173
福建	Fujian	1231	488	329
江西	Jiangxi	64	22	26
山东	Shandong	1427	446	535
河南	Henan	184	58	81
湖北	Hubei	611	386	901
湖南	Hunan	170	49	65
广东	Guangdong	23465	17221	15762
广西	Guangxi	37	18	12
海南	Hainan			
重庆	Chongqing	53	14	26
四川	Sichuan	724	194	135
贵州	Guizhou	176	80	36
云南	Yunnan	1	1	
西藏	Tibet			
陕西	Shaanxi	302	76	464
甘肃	Gansu	46	14	17
青海	Qinghai			
宁夏	Ningxia			
新疆	Xinjiang	15	4	28

2-5-9 续表 3 continued

单位：件 (piece)

地 区	Region	电子计算机及办公设备制造业 Manufacture of Computer and Office Equipments		
		专利申请数 Patent Applications	#发明专利 Invention Patents	拥有发明专利 Number of Patents In Force
全 国	**Total**	**9178**	**4932**	**5016**
东部地区	Eastern Region	8910	4833	4829
中部地区	Middle Region	197	82	166
西部地区	Western Region	71	17	21
北 京	Beijing	507	341	1239
天 津	Tianjin	150	37	11
河 北	Hebei	10	10	10
山 西	Shanxi			
内 蒙 古	Inner Mongolia	16		
辽 宁	Liaoning	15	2	
吉 林	Jilin	8	3	5
黑 龙 江	Heilongjiang	8		1
上 海	Shanghai	177	43	139
江 苏	Jiangsu	729	328	317
浙 江	Zhejiang	1095	794	501
安 徽	Anhui	18	9	6
福 建	Fujian	531	240	58
江 西	Jiangxi	21	6	2
山 东	Shandong	699	308	490
河 南	Henan			
湖 北	Hubei	44	33	43
湖 南	Hunan	98	31	109
广 东	Guangdong	4997	2730	2064
广 西	Guangxi			
海 南	Hainan			
重 庆	Chongqing			
四 川	Sichuan	14	4	3
贵 州	Guizhou			
云 南	Yunnan	10	1	1
西 藏	Tibet			
陕 西	Shaanxi	31	12	17
甘 肃	Gansu			
青 海	Qinghai			
宁 夏	Ningxia			
新 疆	Xinjiang			

2-5-9 续表 4 continued

单位: 件 (piece)

地 区	Region	医疗设备及仪器仪表制造业 Manufacture of Medical Equipments and Measuring Instrument		
		专利申请数 Patent Applications	#发明专利 Invention Patents	拥有发明专利 Number of Patents In Force
全 国	**Total**	**11450**	**3423**	**4953**
东部地区	Eastern Region	9085	2663	3552
中部地区	Middle Region	1598	526	993
西部地区	Western Region	767	234	408
北 京	Beijing	699	320	479
天 津	Tianjin	322	51	133
河 北	Hebei	117	42	41
山 西	Shanxi	41	30	25
内蒙古	Inner Mongolia			
辽 宁	Liaoning	333	131	223
吉 林	Jilin	82	23	88
黑龙江	Heilongjiang	79	34	35
上 海	Shanghai	564	190	324
江 苏	Jiangsu	2130	675	685
浙 江	Zhejiang	2128	379	725
安 徽	Anhui	166	54	55
福 建	Fujian	436	91	74
江 西	Jiangxi	86	12	10
山 东	Shandong	608	150	203
河 南	Henan	457	134	201
湖 北	Hubei	373	145	369
湖 南	Hunan	314	94	210
广 东	Guangdong	1748	634	665
广 西	Guangxi	46	12	9
海 南	Hainan			
重 庆	Chongqing	224	57	144
四 川	Sichuan	198	96	68
贵 州	Guizhou	32	9	31
云 南	Yunnan	25	8	9
西 藏	Tibet			
陕 西	Shaanxi	185	32	115
甘 肃	Gansu	13	9	
青 海	Qinghai			
宁 夏	Ningxia	13	5	7
新 疆	Xinjiang	31	6	25

2-6-1 按行业分高技术产业技术获取和技术改造情况(2009年)

Technology Acquisition and Renovation in High-tech Industry by Region (2009)

单位：万元 (10000 yuan)

行业 Industry	技术引进经费支出 Expenditure for Acquisition of Foreign Technology	消化吸收经费支出 Expenditure for Assimilation of Technology	购买国内技术经费支出 Expenditure for Purchase of Domestic Technology	技术改造经费支出 Expenditure for Technical Renovation
合 计 Total	**684704**	**124230**	**192586**	**2510947**
医药制造业 Manufacture of Medicines	**56446**	**52051**	**99667**	**830973**
#化学药品制造 Manufacture of Chemical Medicine	48340	35942	67039	508852
中成药制造 Manufacture of Finished Traditional Chinese Herbal Medicine	2179	6637	19915	172357
生物、生化制品的制造 Manufacture of Biological and Biochemical Chemical Products	3607	5779	7418	56673
航空航天器制造业 Manufacture of Aircrafts and Spacecrafts	**27754**	**27592**	**14350**	**414398**
1.飞机制造及修理 Manufacture and Repairing of Airplanes	27714	27584	14270	401208
2.航天器制造 Manufacture of Spacecrafts				12630
电子及通信设备制造业 Manufacture of Electronic Equipment and Communication Equipment	**498436**	**27777**	**60032**	**837769**
1.通信设备制造 Manufacture of Communication Equipment	175584	6124	14274	83941
#通信传输设备制造 Manufacture of Communication Transmitting Equipment	4809	719	2829	37771
通信交换设备制造 Manufacture of Communication Exchanging Equipment	8457	.	265	2316
通信终端设备制造 Manufacture of Communication Terminal Equipment	15752	417	1759	8116
2.雷达及配套设备制造 Manufacture of Radar and Its Fittings	630	102	1562	42780
3.广播电视设备制造 Manufacture of Broadcasting and TV Equipment	714	211	1699	9518
4.电子器件制造 Manufacture of Electronic Appliances	162853	4766	15710	316509
#电子真空器件制造 Manufacture of Electronic Vacuum Appliances	26967	216	978	20693
半导体分立器件制造 Manufacture of Semiconductor Discreting Appliances	9281	976	1206	40817
集成电路制造 Manufacture of Integrate Circuit	16076	621	426	132067
5.电子元件制造 Manufacture of Electronic Components	53217	7322	19990	272343
6.家用视听设备制造 Manufacture of Domestic TV Set and Radio Receiver	98539	8932	5202	95702
7.其他电子设备制造 Manufacture of Other Electronic Equipment	6899	321	1595	16976
电子计算机及办公设备制造业 Manufacture of Computers and Office Equipments	**58265**	**4253**	**5817**	**129874**
1.电子计算机整机制造 Manufacture of Entired Computer	3779	3402	660	44917
2.电子计算机外部设备制造 Manufacture of Computer Peripheral Equipment	42527	534	4785	72624
3.办公设备制造 Manufacture of Office Equipment	11034	36	48	6454
医疗设备及仪器仪表制造业 Manufacture of Medical Equipments and Measuring Instrument	**43803**	**12557**	**12720**	**297933**
1.医疗设备及器械制造 Manufacture of Medical Equipment and Appliances	1005	1111	1174	45655
2.仪器仪表制造 Manufacture of Measuring Instrument	42798	11446	11546	252278

2-6-2 各地区高技术产业技术获取和技术改造情况(2009年)

Technology Acquisition and Renovation in High-tech Industry by Region (2009)

单位：万元 (10000 yuan)

地 区	Region	技术引进经费支出 Expenditure for Acquisition of Foreign Technology	消化吸收经费支出 Expenditure for Assimilation of Technology	购买国内技术经费支出 Expenditure for Purchase of Domestic Technology	技术改造经费支出 Expenditure for Technical Renovation
全 国	**Total**	**684704**	**124230**	**192586**	**2510947**
东部地区	Eastern Region	638085	74977	140421	1501738
中部地区	Middle Region	18837	38826	31237	483724
西部地区	Western Region	27782	10426	20929	525485
北 京	Beijing	25802	922	6416	7726
天 津	Tianjin	148829	735	9775	9573
河 北	Hebei	1655	1733	3901	24005
山 西	Shanxi	1850	721	1898	3094
内 蒙 古	Inner Mongolia			2	2499
辽 宁	Liaoning	47056	1635	1911	79878
吉 林	Jilin	664	971	2531	45318
黑 龙 江	Heilongjiang	3258	26033	12674	62447
上 海	Shanghai	47739	5870	9084	79714
江 苏	Jiangsu	103355	24284	35434	612214
浙 江	Zhejiang	17471	9808	19120	249117
安 徽	Anhui	89	2874	2303	33143
福 建	Fujian	89399	2755	26573	62076
江 西	Jiangxi	36	177	1909	49103
山 东	Shandong	10906	12558	13370	222438
河 南	Henan	1942	3977	3457	164326
湖 北	Hubei	1957	1470	1502	36733
湖 南	Hunan	9041	2603	4963	89561
广 东	Guangdong	144016	10814	13624	153471
广 西	Guangxi	44	1117	441	67560
海 南	Hainan	1858	3863	1213	1528
重 庆	Chongqing	4845	3888	7842	52278
四 川	Sichuan	20892	2565	7441	189782
贵 州	Guizhou	221	110	460	42107
云 南	Yunnan		75	1036	4346
西 藏	Tibet				
陕 西	Shaanxi	523	1200	3395	148052
甘 肃	Gansu	327	433	240	8219
青 海	Qinghai				263
宁 夏	Ningxia	930	1039	73	2255
新 疆	Xinjiang				8127

2-6-3 按行业和企业规模分高技术产业技术获取和技术改造情况(2009年)

Technology Acquisition and Renovation in High-tech Industry by Industrial Sector and Scale of Enterprises(2009)

单位：万元 (10000 yuan)

行 业 Industry	大型企业 Large-sized Enterprises 技术引进经费支出 Expenditure for Acquisition of Foreign Technology	消化吸收经费支出 Expenditure for Assimilation of Technology	购买国内技术经费支出 Expenditure for Purchase of Domestic Technology	技术改造经费支出 Expenditure for Technical Renovation
合 计 Total	**434314**	**62355**	**75046**	**1035269**
医药制造业 Manufacture of Medicines	**4335**	**17109**	**26551**	**211721**
#化学药品制造 Manufacture of Chemical Medicine	4168	14202	17304	156496
中成药制造 Manufacture of Finished Traditional Chinese Herbal Medicine	168	1787	8357	36623
生物、生化制品的制造 Manufacture of Biological and Biochemical Chemical Products		1120	890	1890
航空航天器制造业 Manufacture of Aircrafts and Spacecrafts	**26601**	**27188**	**13673**	**365868**
1.飞机制造及修理 Manufacture and Repairing of Airplanes	26601	27188	13673	364890
2.航天器制造 Manufacture of Spacecrafts				978
电子及通信设备制造业 Manufacture of Electronic Equipment and Communication Equipment	**337301**	**9070**	**31218**	**309649**
1.通信设备制造 Manufacture of Communication Equipment	145077	569	4380	17017
#通信传输设备制造 Manufacture of Communication Transmitting Equipment				4968
通信交换设备制造 Manufacture of Communication Exchanging Equipment	8457			
通信终端设备制造 Manufacture of Communication Terminal Equipment				40
2.雷达及配套设备制造 Manufacture of Radar and Its Fittings	172		1445	23134
3.广播电视设备制造 Manufacture of Broadcasting and TV Equipment				
4.电子器件制造 Manufacture of Electronic Appliances	109568	937	12839	157623
#电子真空器件制造 Manufacture of Electronic Vacuum Appliances	14495	189	180	4814
半导体分立器件制造 Manufacture of Semiconductor Discreting Appliances	1964	266	48	19860
集成电路制造 Manufacture of Integrate Circuit	11732	433	184	96939
5.电子元件制造 Manufacture of Electronic Components	19185	1585	8494	80349
6.家用视听设备制造 Manufacture of Domestic TV Set and Radio Receiver	63299	5979	3679	28509
7.其他电子设备制造 Manufacture of Other Electronic Equipment			380	3017
电子计算机及办公设备制造业 Manufacture of Computers and Office Equipments	**50323**	**3280**	**2555**	**67063**
1.电子计算机整机制造 Manufacture of Entired Computer	3150	3042	30	17863
2.电子计算机外部设备制造 Manufacture of Computer Peripheral Equipment	37728	1	2283	46936
3.办公设备制造 Manufacture of Office Equipment	9310			
医疗设备及仪器仪表制造业 Manufacture of Medical Equipments and Measuring Instrument	**15754**	**5707**	**1050**	**80967**
1.医疗设备及器械制造 Manufacture of Medical Equipment and Appliances		215		9270
2.仪器仪表制造 Manufacture of Measuring Instrument	15754	5492	1050	71697

2-6-3 续表 1 continued

单位：万元 (10000 yuan)

行业 Industry	中型企业 Medium-sized Enterprises 技术引进经费支出 Expenditure for Acquisition of Foreign Technology	消化吸收经费支出 Expenditure for Assimilation of Technology	购买国内技术经费支出 Expenditure for Purchase of Domestic Technology	技术改造经费支出 Expenditure for Technical Renovation
合　计 Total	**209926**	**43869**	**63980**	**982141**
医药制造业 Manufacture of Medicines	**37994**	**24985**	**39004**	**415712**
#化学药品制造 Manufacture of Chemical Medicine	34354	16738	27551	263099
中成药制造 Manufacture of Finished Traditional Chinese Herbal Medicine	494	3605	5751	89413
生物、生化制品的制造 Manufacture of Biological and Biochemical Chemical Products	2277	2692	3362	29876
航空航天器制造业 Manufacture of Aircrafts and Spacecrafts	**63**	**398**	**477**	**48018**
1.飞机制造及修理 Manufacture and Repairing of Airplanes	22	390	397	35806
2.航天器制造 Manufacture of Spacecrafts				11652
电子及通信设备制造业 Manufacture of Electronic Equipment and Communication Equipment	**143014**	**13413**	**13718**	**352004**
1.通信设备制造 Manufacture of Communication Equipment	28059	2683	5179	44670
#通信传输设备制造 Manufacture of Communication Transmitting Equipment	3826	580	2222	27544
通信交换设备制造 Manufacture of Communication Exchanging Equipment				1544
通信终端设备制造 Manufacture of Communication Terminal Equipment	15752	180	1117	6992
2.雷达及配套设备制造 Manufacture of Radar and Its Fittings	458	102	97	13191
3.广播电视设备制造 Manufacture of Broadcasting and TV Equipment	485	91	545	6833
4.电子器件制造 Manufacture of Electronic Appliances	50391	3106	1816	107652
#电子真空器件制造 Manufacture of Electronic Vacuum Appliances	12142	1	436	9094
半导体分立器件制造 Manufacture of Semiconductor Discreting Appliances	6788	400	950	12217
集成电路制造 Manufacture of Integrate Circuit	3560	36	55	24271
5.电子元件制造 Manufacture of Electronic Components	28246	4689	4315	115077
6.家用视听设备制造 Manufacture of Domestic TV Set and Radio Receiver	32996	2642	1475	58278
7.其他电子设备制造 Manufacture of Other Electronic Equipment	2379	101	291	6303
电子计算机及办公设备制造业 Manufacture of Computers and Office Equipments	**6099**	**555**	**2549**	**53304**
1.电子计算机整机制造 Manufacture of Entired Computer	629	40	260	26226
2.电子计算机外部设备制造 Manufacture of Computer Peripheral Equipment	3770	489	2289	19347
3.办公设备制造 Manufacture of Office Equipment	1619			4800
医疗设备及仪器仪表制造业 Manufacture of Medical Equipments and Measuring Instrument	**22757**	**4519**	**8232**	**113103**
1.医疗设备及器械制造 Manufacture of Medical Equipment and Appliances	432	494	300	12371
2.仪器仪表制造 Manufacture of Measuring Instrument	22325	4025	7932	100732

2-6-3 续表 2 continued

单位：万元 (10000 yuan)

行 业 Industry	小型企业 Small-sized Enterprises 技术引进经费支出 Expenditure for Acquisition of Foreign Technology	消化吸收经费支出 Expenditure for Assimilation of Technology	购买国内技术经费支出 Expenditure for Purchase of Domestic Technology	技术改造经费支出 Expenditure for Technical Renovation
合 计 Total	**40464**	**18006**	**53560**	**493537**
医药制造业 Manufacture of Medicines	**14117**	**9957**	**34112**	**203540**
#化学药品制造 Manufacture of Chemical Medicine	9818	5002	22184	89256
中成药制造 Manufacture of Finished Traditional Chinese Herbal Medicine	1518	1245	5808	46321
生物、生化制品的制造 Manufacture of Biological and Biochemical Chemical Products	1330	1967	3165	24908
航空航天器制造业 Manufacture of Aircrafts and Spacecrafts	**1091**	**6**	**200**	**512**
1.飞机制造及修理 Manufacture and Repairing of Airplanes	1091	6	200	512
2.航天器制造 Manufacture of Spacecrafts				
电子及通信设备制造业 Manufacture of Electronic Equipment and Communication Equipment	**18121**	**5294**	**15097**	**176117**
1.通信设备制造 Manufacture of Communication Equipment	2448	2871	4715	22254
#通信传输设备制造 Manufacture of Communication Transmitting Equipment	982	139	607	5259
通信交换设备制造 Manufacture of Communication Exchanging Equipment			265	772
通信终端设备制造 Manufacture of Communication Terminal Equipment		237	641	1084
2.雷达及配套设备制造 Manufacture of Radar and Its Fittings			20	6454
3.广播电视设备制造 Manufacture of Broadcasting and TV Equipment	229	120	1154	2686
4.电子器件制造 Manufacture of Electronic Appliances	2895	723	1055	51234
#电子真空器件制造 Manufacture of Electronic Vacuum Appliances	330	26	362	6785
半导体分立器件制造 Manufacture of Semiconductor Discreting Appliances	529	310	208	8740
集成电路制造 Manufacture of Integrate Circuit	785	152	187	10857
5.电子元件制造 Manufacture of Electronic Components	5787	1048	7181	76918
6.家用视听设备制造 Manufacture of Domestic TV Set and Radio Receiver	2243	311	49	8916
7.其他电子设备制造 Manufacture of Other Electronic Equipment	4519	221	924	7656
电子计算机及办公设备制造业 Manufacture of Computers and Office Equipments	**1843**	**418**	**713**	**9506**
1.电子计算机整机制造 Manufacture of Entired Computer		320	370	828
2.电子计算机外部设备制造 Manufacture of Computer Peripheral Equipment	1029	43	213	6341
3.办公设备制造 Manufacture of Office Equipment	105	36	48	1655
医疗设备及仪器仪表制造业 Manufacture of Medical Equipments and Measuring Instrument	**5293**	**2332**	**3438**	**103863**
1.医疗设备及器械制造 Manufacture of Medical Equipment and Appliances	573	403	874	24014
2.仪器仪表制造 Manufacture of Measuring Instrument	4720	1929	2564	79849

2-6-4 按行业分国有及国有控股企业高技术产业技术获取和技术改造情况(2009年)

Technology Acquisition and Renovation in High-tech Industry of State-owned and State-controlled Enterprises by Industrial Sector (2009)

单位：万元 (10000 yuan)

行 业 Industry	技术引进经费支出 Expenditure for Acquisition of Foreign Technology	消化吸收经费支出 Expenditure for Assimilation of Technology	购买国内技术经费支出 Expenditure for Purchase of Domestic Technology	技术改造经费支出 Expenditure for Technical Renovation
合 计 Total	**127542**	**49799**	**50285**	**859775**
医药制造业 Manufacture of Medicines	**7055**	**12078**	**22572**	**146987**
#化学药品制造 Manufacture of Chemical Medicine	5367	10183	18481	117679
中成药制造 Manufacture of Finished Traditional Chinese Herbal Medicine	207	606	3130	21039
生物、生化制品的制造 Manufacture of Biological and Biochemical Chemical Products	1481	1236	843	7502
航空航天器制造业 Manufacture of Aircrafts and Spacecrafts	**23853**	**27075**	**12315**	**412569**
1.飞机制造及修理 Manufacture and Repairing of Airplanes	23853	27075	12315	399939
2.航天器制造 Manufacture of Spacecrafts				12630
电子及通信设备制造业 Manufacture of Electronic Equipment and Communication Equipment	**80579**	**6308**	**7872**	**199302**
1.通信设备制造 Manufacture of Communication Equipment	9296	982	1735	41680
#通信传输设备制造 Manufacture of Communication Transmitting Equipment	537	439	902	31177
通信交换设备制造 Manufacture of Communication Exchanging Equipment	8457			761
通信终端设备制造 Manufacture of Communication Terminal Equipment		180		2564
2.雷达及配套设备制造 Manufacture of Radar and Its Fittings	172	100	1445	28808
3.广播电视设备制造 Manufacture of Broadcasting and TV Equipment	172		374	2045
4.电子器件制造 Manufacture of Electronic Appliances	17468	100	635	38862
#电子真空器件制造 Manufacture of Electronic Vacuum Appliances	11293		341	9536
半导体分立器件制造 Manufacture of Semiconductor Discreting Appliances	167		69	8011
集成电路制造 Manufacture of Integrate Circuit				724
5.电子元件制造 Manufacture of Electronic Components	3544	810	2225	61962
6.家用视听设备制造 Manufacture of Domestic TV Set and Radio Receiver	49610	4107	665	22248
7.其他电子设备制造 Manufacture of Other Electronic Equipment	317	210	792	3697
电子计算机及办公设备制造业 Manufacture of Computers and Office Equipments	**3839**	**3022**	**735**	**56354**
1.电子计算机整机制造 Manufacture of Entired Computer	3759	2922	260	39425
2.电子计算机外部设备制造 Manufacture of Computer Peripheral Equipment	80	100	475	16331
3.办公设备制造 Manufacture of Office Equipment				315
医疗设备及仪器仪表制造业 Manufacture of Medical Equipments and Measuring Instrument	**12217**	**1316**	**6791**	**44563**
1.医疗设备及器械制造 Manufacture of Medical Equipment and Appliances			34	7415
2.仪器仪表制造 Manufacture of Measuring Instrument	12217	1316	6757	37148

2-6-5 按行业和登记注册类型分高技术产业技术获取和技术改造情况(2009年)

Technology Acquisition and Renovation in High-tech Industry by Industrial Sector and Registration Status(2009)

单位：万元 (10000 yuan)

行 业 Industry	内资企业 Domestic Funded 技术引进经费支出 Expenditure for Acquisition of Foreign Technology	消化吸收经费支出 Expenditure for Assimilation of Technology	购买国内技术经费支出 Expenditure for Purchase of Domestic Technology	技术改造经费支出 Expenditure for Technical Renovation
合 计 Total	**155027**	**93714**	**128610**	**1947673**
医药制造业 Manufacture of Medicines	**19674**	**39288**	**79772**	**670395**
#化学药品制造 Manufacture of Chemical Medicine	13670	25314	51627	400424
中成药制造 Manufacture of Finished Traditional Chinese Herbal Medicine	799	5965	16802	148321
生物、生化制品的制造 Manufacture of Biological and Biochemical Chemical Products	2920	4436	6243	42889
航空航天器制造业 Manufacture of Aircrafts and Spacecrafts	**23893**	**27089**	**12396**	**414164**
1.飞机制造及修理 Manufacture and Repairing of Airplanes	23853	27081	12315	400973
2.航天器制造 Manufacture of Spacecrafts				12630
电子及通信设备制造业 Manufacture of Electronic Equipment and Communication Equipment	**85787**	**13553**	**23762**	**530323**
1.通信设备制造 Manufacture of Communication Equipment	2203	2742	5825	66708
#通信传输设备制造 Manufacture of Communication Transmitting Equipment	1082	519	1157	34382
通信交换设备制造 Manufacture of Communication Exchanging Equipment			235	2287
通信终端设备制造 Manufacture of Communication Terminal Equipment	77	297	641	6761
2.雷达及配套设备制造 Manufacture of Radar and Its Fittings	630	102	1542	42339
3.广播电视设备制造 Manufacture of Broadcasting and TV Equipment	212	97	1699	8444
4.电子器件制造 Manufacture of Electronic Appliances	17074	3200	2247	165576
#电子真空器件制造 Manufacture of Electronic Vacuum Appliances	10962	43		14223
半导体分立器件制造 Manufacture of Semiconductor Discreting Appliances	1264	94	1091	13151
集成电路制造 Manufacture of Integrate Circuit	749	443	357	71591
5.电子元件制造 Manufacture of Electronic Components	8079	2157	10024	177698
6.家用视听设备制造 Manufacture of Domestic TV Set and Radio Receiver	53485	4934	911	55608
7.其他电子设备制造 Manufacture of Other Electronic Equipment	4104	321	1514	13952
电子计算机及办公设备制造业 Manufacture of Computers and Office Equipments	**4071**	**3883**	**2689**	**74938**
1.电子计算机整机制造 Manufacture of Entired Computer	3779	3402	630	43670
2.电子计算机外部设备制造 Manufacture of Computer Peripheral Equipment	106	401	1930	22812
3.办公设备制造 Manufacture of Office Equipment	105	36	48	4841
医疗设备及仪器仪表制造业 Manufacture of Medical Equipments and Measuring Instrument	**21602**	**9901**	**9991**	**257852**
1.医疗设备及器械制造 Manufacture of Medical Equipment and Appliances	311	830	951	42020
2.仪器仪表制造 Manufacture of Measuring Instrument	21291	9071	9040	215833

2-6-5 续表 1 continued

单位：万元 (10000 yuan)

行 业 Industry	#国有企业 State-owned Enterprises 技术引进经费支出 Expenditure for Acquisition of Foreign Technology	消化吸收经费支出 Expenditure for Assimilation of Technology	购买国内技术经费支出 Expenditure for Purchase of Domestic Technology	技术改造经费支出 Expenditure for Technical Renovation
合 计 **Total**	**20552**	**7765**	**11491**	**142472**
医药制造业 **Manufacture of Medicines**	**3168**	**2040**	**5634**	**25925**
#化学药品制造 Manufacture of Chemical Medicine	1896	804	3443	15981
中成药制造 Manufacture of Finished Traditional Chinese Herbal Medicine	14		1508	5505
生物、生化制品的制造 Manufacture of Biological and Biochemical Chemical Products	1259	1236	680	4113
航空航天器制造业 **Manufacture of Aircrafts and Spacecrafts**	**13589**	**799**	**776**	**54296**
1.飞机制造及修理 Manufacture and Repairing of Airplanes	13589	799	776	42259
2.航天器制造 Manufacture of Spacecrafts				12037
电子及通信设备制造业 **Manufacture of Electronic Equipment and Communication Equipment**	**3402**	**4876**	**1507**	**38049**
1.通信设备制造 Manufacture of Communication Equipment		260	600	2597
#通信传输设备制造 Manufacture of Communication Transmitting Equipment				
通信交换设备制造 Manufacture of Communication Exchanging Equipment				
通信终端设备制造 Manufacture of Communication Terminal Equipment				
2.雷达及配套设备制造 Manufacture of Radar and Its Fittings				2742
3.广播电视设备制造 Manufacture of Broadcasting and TV Equipment				
4.电子器件制造 Manufacture of Electronic Appliances			25	1310
#电子真空器件制造 Manufacture of Electronic Vacuum Appliances				
半导体分立器件制造 Manufacture of Semiconductor Discreting Appliances			25	298
集成电路制造 Manufacture of Integrate Circuit				
5.电子元件制造 Manufacture of Electronic Components	90	693	352	7347
6.家用视听设备制造 Manufacture of Domestic TV Set and Radio Receiver	3312	3923	150	20436
7.其他电子设备制造 Manufacture of Other Electronic Equipment			380	3617
电子计算机及办公设备制造业 **Manufacture of Computers and Office Equipments**				
1.电子计算机整机制造 Manufacture of Entired Computer				
2.电子计算机外部设备制造 Manufacture of Computer Peripheral Equipment				
3.办公设备制造 Manufacture of Office Equipment				
医疗设备及仪器仪表制造业 **Manufacture of Medical Equipments and Measuring Instrument**	**394**	**50**	**3575**	**24202**
1.医疗设备及器械制造 Manufacture of Medical Equipment and Appliances			4	7206
2.仪器仪表制造 Manufacture of Measuring Instrument	394	50	3571	16996

2-6-5 续表 2 continued

单位：万元 (10000 yuan)

行 业 Industry	港澳台投资企业 Enterprises with Funds from Hong Kong, Macau and Taiwan 技术引进经费支出 Expenditure for Acquisition of Foreign Technology	消化吸收经费支出 Expenditure for Assimilation of Technology	购买国内技术经费支出 Expenditure for Purchase of Domestic Technology	技术改造经费支出 Expenditure for Technical Renovation
合 计 **Total**	**74695**	**12393**	**31368**	**213066**
医药制造业 **Manufacture of Medicines**	**1121**	**5323**	**9957**	**49575**
#化学药品制造 Manufacture of Chemical Medicine	811	3541	7035	27498
中成药制造 Manufacture of Finished Traditional Chinese Herbal Medicine	10	613	2178	13642
生物、生化制品的制造 Manufacture of Biological and Biochemical Chemical Products	300	1117	736	3164
航空航天器制造业 **Manufacture of Aircrafts and Spacecrafts**	**3861**	**503**	**1954**	
1.飞机制造及修理 Manufacture and Repairing of Airplanes	3861	503	1954	
2.航天器制造 Manufacture of Spacecrafts				
电子及通信设备制造业 **Manufacture of Electronic Equipment and Communication Equipment**	**40636**	**6101**	**16596**	**138626**
1.通信设备制造 Manufacture of Communication Equipment	4550	998	5733	7618
#通信传输设备制造 Manufacture of Communication Transmitting Equipment				3257
通信交换设备制造 Manufacture of Communication Exchanging Equipment				
通信终端设备制造 Manufacture of Communication Terminal Equipment		120	1117	404
2.雷达及配套设备制造 Manufacture of Radar and Its Fittings				
3.广播电视设备制造 Manufacture of Broadcasting and TV Equipment	17	23		
4.电子器件制造 Manufacture of Electronic Appliances	22409	659	333	52420
#电子真空器件制造 Manufacture of Electronic Vacuum Appliances	254		180	77
半导体分立器件制造 Manufacture of Semiconductor Discreting Appliances	2740	427	67	5360
集成电路制造 Manufacture of Integrate Circuit	11548	152	13	16220
5.电子元件制造 Manufacture of Electronic Components	9391	1926	7894	57712
6.家用视听设备制造 Manufacture of Domestic TV Set and Radio Receiver	4135	2494	2637	20753
7.其他电子设备制造 Manufacture of Other Electronic Equipment	135			123
电子计算机及办公设备制造业 **Manufacture of Computers and Office Equipments**	**26895**	**133**	**2855**	**18996**
1.电子计算机整机制造 Manufacture of Entired Computer				
2.电子计算机外部设备制造 Manufacture of Computer Peripheral Equipment	26895	133	2855	17269
3.办公设备制造 Manufacture of Office Equipment				
医疗设备及仪器仪表制造业 **Manufacture of Medical Equipments and Measuring Instrument**	**2183**	**334**	**6**	**5870**
1.医疗设备及器械制造 Manufacture of Medical Equipment and Appliances	150	3		867
2.仪器仪表制造 Manufacture of Measuring Instrument	2033	331	6	5003

2-6-5 续表 3 continued

单位：万元 (10000 yuan)

行 业 Industry	外商投资企业 Foreign Funded Enterprises 技术引进经费支出 Expenditure for Acquisition of Foreign Technology	消化吸收经费支出 Expenditure for Assimilation of Technology	购买国内技术经费支出 Expenditure for Purchase of Domestic Technology	技术改造经费支出 Expenditure for Technical Renovation
合 计 **Total**	**454983**	**18123**	**32607**	**350208**
医药制造业 **Manufacture of Medicines**	**35651**	**7440**	**9938**	**111003**
#化学药品制造 Manufacture of Chemical Medicine	33860	7088	8376	80930
中成药制造 Manufacture of Finished Traditional Chinese Herbal Medicine	1371	59	935	10395
生物、生化制品的制造 Manufacture of Biological and Biochemical Chemical Products	387	226	438	10620
航空航天器制造业 **Manufacture of Aircrafts and Spacecrafts**				**235**
1.飞机制造及修理 Manufacture and Repairing of Airplanes				235
2.航天器制造 Manufacture of Spacecrafts				
电子及通信设备制造业 **Manufacture of Electronic Equipment and Communication Equipment**	**372013**	**8123**	**19674**	**168821**
1.通信设备制造 Manufacture of Communication Equipment	168832	2383	2716	9615
#通信传输设备制造 Manufacture of Communication Transmitting Equipment	3726	200	1672	132
通信交换设备制造 Manufacture of Communication Exchanging Equipment	8457		30	29
通信终端设备制造 Manufacture of Communication Terminal Equipment	15676			951
2.雷达及配套设备制造 Manufacture of Radar and Its Fittings			20	441
3.广播电视设备制造 Manufacture of Broadcasting and TV Equipment	485	91		1074
4.电子器件制造 Manufacture of Electronic Appliances	123371	906	13130	98513
#电子真空器件制造 Manufacture of Electronic Vacuum Appliances	15750	216	755	6393
半导体分立器件制造 Manufacture of Semiconductor Discreting Appliances	5277	455	48	22305
集成电路制造 Manufacture of Integrate Circuit	3780	25	55	44256
5.电子元件制造 Manufacture of Electronic Components	35747	3239	2072	36934
6.家用视听设备制造 Manufacture of Domestic TV Set and Radio Receiver	40920	1503	1654	19342
7.其他电子设备制造 Manufacture of Other Electronic Equipment	2660	1	81	2902
电子计算机及办公设备制造业 **Manufacture of Computers and Office Equipments**	**27299**	**237**	**272**	**35940**
1.电子计算机整机制造 Manufacture of Entired Computer			30	1247
2.电子计算机外部设备制造 Manufacture of Computer Peripheral Equipment	15527			32542
3.办公设备制造 Manufacture of Office Equipment	10929			1614
医疗设备及仪器仪表制造业 **Manufacture of Medical Equipments and Measuring Instrument**	**20019**	**2323**	**2723**	**34211**
1.医疗设备及器械制造 Manufacture of Medical Equipment and Appliances	544	278	223	2769
2.仪器仪表制造 Manufacture of Measuring Instrument	19475	2044	2500	31442

2-6-6 按地区和企业规模分高技术产业技术获取和技术改造情况(2009年)

Technology Acquisition and Renovation in High-tech Industry by Region and Scale of Enterprises(2009)

单位: 万元 (10000 yuan)

地区	Region	大型企业 Large-sized Enterprises			
		技术引进经费支出 Expenditure for Acquisition of Foreign Technology	消化吸收经费支出 Expenditure for Assimilation of Technology	购买国内技术经费支出 Expenditure for Purchase of Domestic Technology	技术改造经费支出 Expenditure for Technical Renovation
全国	**Total**	**434314**	**62355**	**75046**	**1035269**
东部地区	Eastern Region	401685	30751	55039	587030
中部地区	Middle Region	12470	29099	15185	221828
西部地区	Western Region	20158	2505	4822	226411
北京	Beijing	3002	120	4345	175
天津	Tianjin	128201	10	3457	60
河北	Hebei	1335	918	1415	12569
山西	Shanxi	150	500	1242	
内蒙古	Inner Mongolia				
辽宁	Liaoning	45963	90	671	55506
吉林	Jilin			470	7891
黑龙江	Heilongjiang	3061	25811	11576	57911
上海	Shanghai	21677	2748	689	37417
江苏	Jiangsu	25622	12091	13592	241466
浙江	Zhejiang	7694	2719	7832	65449
安徽	Anhui		100	43	14308
福建	Fujian	65450	1590	19931	15894
江西	Jiangxi		50	60	34010
山东	Shandong	7812	8330	2018	95961
河南	Henan	1099	2638	1619	95531
湖北	Hubei			54	8651
湖南	Hunan	8160		122	3526
广东	Guangdong	94930	2135	1090	62532
广西	Guangxi				
海南	Hainan				
重庆	Chongqing	4	464	1175	2047
四川	Sichuan	19627	1055	2339	84641
贵州	Guizhou	200			14593
云南	Yunnan				
西藏	Tibet				
陕西	Shaanxi		543	1070	114912
甘肃	Gansu	327	433	174	539
青海	Qinghai				
宁夏	Ningxia		10	64	1578
新疆	Xinjiang				8102

2-6-6 续表 1 continued

单位：万元 (10000 yuan)

地区	Region	中型企业 Medium-sized Enterprises 技术引进经费支出 Expenditure for Acquisition of Foreign Technology	消化吸收经费支出 Expenditure for Assimilation of Technology	购买国内技术经费支出 Expenditure for Purchase of Domestic Technology	技术改造经费支出 Expenditure for Technical Renovation
全国	**Total**	**209926**	**43869**	**63980**	**982141**
东部地区	Eastern Region	200342	33444	48408	617854
中部地区	Middle Region	3093	6760	9638	171070
西部地区	Western Region	6491	3665	5934	193217
北京	Beijing	21952	713	870	4546
天津	Tianjin	20523	280	262	6892
河北	Hebei		575	476	10663
山西	Shanxi	500	110	260	1864
内蒙古	Inner Mongolia				259
辽宁	Liaoning	696	1050	156	2960
吉林	Jilin	500	759	1566	16314
黑龙江	Heilongjiang	26	29	27	3185
上海	Shanghai	23489	2691	7426	36426
江苏	Jiangsu	69410	10739	14296	230420
浙江	Zhejiang	4455	3260	5022	128378
安徽	Anhui	12	1403	900	12055
福建	Fujian	17944	803	1812	23524
江西	Jiangxi		73	1716	10963
山东	Shandong	2748	3366	9039	101956
河南	Henan	801	1094	1516	55669
湖北	Hubei	992	1070	596	19535
湖南	Hunan	264	2223	3058	51485
广东	Guangdong	37417	6224	7844	71715
广西	Guangxi		1014	327	17645
海南	Hainan	1708	3743	1207	376
重庆	Chongqing	4610	172	1243	41620
四川	Sichuan	910	942	2885	70373
贵州	Guizhou	21	110	50	25929
云南	Yunnan		75	296	2792
西藏	Tibet				
陕西	Shaanxi	20	325	1113	28112
甘肃	Gansu			11	6418
青海	Qinghai				
宁夏	Ningxia	930	1028	9	46
新疆	Xinjiang				25

2-6-6 续表 2 continued

单位：万元 (10000 yuan)

地 区	Region	小型企业 Small-sized Enterprises 技术引进经费支出 Expenditure for Acquisition of Foreign Technology	消化吸收经费支出 Expenditure for Assimilation of Technology	购买国内技术经费支出 Expenditure for Purchase of Domestic Technology	技术改造经费支出 Expenditure for Technical Renovation
全 国	**Total**	**40464**	**18006**	**53560**	**493537**
东部地区	Eastern Region	36058	10783	36973	296854
中部地区	Middle Region	3274	2967	6414	90826
西部地区	Western Region	1133	4256	10173	105858
北 京	Beijing	848	89	1201	3005
天 津	Tianjin	105	445	6056	2622
河 北	Hebei	320	240	2010	773
山 西	Shanxi	1200	111	396	1230
内蒙古	Inner Mongolia			2	2240
辽 宁	Liaoning	397	495	1084	21412
吉 林	Jilin	164	213	495	21113
黑龙江	Heilongjiang	172	194	1071	1351
上 海	Shanghai	2573	431	969	5871
江 苏	Jiangsu	8323	1454	7546	140328
浙 江	Zhejiang	5321	3830	6266	55290
安 徽	Anhui	77	1371	1361	6779
福 建	Fujian	6005	362	4831	22658
江 西	Jiangxi	36	54	133	4130
山 东	Shandong	346	863	2314	24520
河 南	Henan	42	245	323	13126
湖 北	Hubei	965	400	852	8547
湖 南	Hunan	617	380	1783	34550
广 东	Guangdong	11669	2455	4691	19224
广 西	Guangxi	44	103	113	49914
海 南	Hainan	150	120	6	1152
重 庆	Chongqing	231	3252	5424	8611
四 川	Sichuan	355	569	2217	34768
贵 州	Guizhou			410	1586
云 南	Yunnan			740	1554
西 藏	Tibet				
陕 西	Shaanxi	503	333	1211	5029
甘 肃	Gansu			55	1262
青 海	Qinghai				263
宁 夏	Ningxia				632
新 疆	Xinjiang				0

2-6-7 各地区国有及国有控股企业高技术产业技术获取和技术改造情况(2009年)

Technology Acquisition and Renovation in High-tech Industry of State-owned and State-controlled Enterprises by Region (2009)

单位：万元 (10000 yuan)

地区	Region	技术引进经费支出 Expenditure for Acquisition of Foreign Technology	消化吸收经费支出 Expenditure for Assimilation of Technology	购买国内技术经费支出 Expenditure for Purchase of Domestic Technology	技术改造经费支出 Expenditure for Technical Renovation
全国	**Total**	**127542**	**49799**	**50285**	**859775**
东部地区	Eastern Region	93713	20086	28228	311078
中部地区	Middle Region	12458	27177	16082	234497
西部地区	Western Region	21371	2536	5976	314200
北京	Beijing	13950	532	1279	4671
天津	Tianjin	1792	295	6016	3071
河北	Hebei	809	944	1613	16839
山西	Shanxi		110	260	1603
内蒙古	Inner Mongolia				148
辽宁	Liaoning	46050	545	981	55877
吉林	Jilin		165		8389
黑龙江	Heilongjiang	3061	25811	11485	42311
上海	Shanghai	14719	2591	6921	43466
江苏	Jiangsu	1155	19	1911	41639
浙江	Zhejiang	1425	1007	4274	42027
安徽	Anhui		466	571	15821
福建	Fujian	4154	50	794	4573
江西	Jiangxi		89	1654	34239
山东	Shandong	6522	9701	1971	66147
河南	Henan	1099	144	887	83142
湖北	Hubei				16162
湖南	Hunan	8298	392	1225	32683
广东	Guangdong	1280	921	1805	30908
广西	Guangxi			73	1002
海南	Hainan	1858	3481	591	858
重庆	Chongqing	713	514	1709	28301
四川	Sichuan	19940	1021	2663	106179
贵州	Guizhou	221	110	170	39823
云南	Yunnan				1608
西藏	Tibet				
陕西	Shaanxi	498	543	1423	135157
甘肃	Gansu			11	3108
青海	Qinghai				
宁夏	Ningxia		348		
新疆	Xinjiang				25

2-6-8 按地区和登记注册类型分高技术产业技术获取和技术改造情况(2009年)

Technology Acquisition and Renovation in High-tech Industry by Region and Registration Status(2009)

单位：万元 (10000 yuan)

地区 Region	内资企业 Domestic Funded			
	技术引进经费支出 Expenditure for Acquisition of Foreign Technology	消化吸收经费支出 Expenditure for Assimilation of Technology	购买国内技术经费支出 Expenditure for Purchase of Domestic Technology	技术改造经费支出 Expenditure for Technical Renovation
全国 Total	**155027**	**93714**	**128610**	**1947673**
东部地区 Eastern Region	111219	47456	82255	1015367
中部地区 Middle Region	17670	37096	29374	445543
西部地区 Western Region	26138	9162	16982	486764
北京 Beijing	10949	742	1570	7311
天津 Tianjin	1726	555	9775	5527
河北 Hebei	944	1357	1953	21038
山西 Shanxi	1700	111	1548	3094
内蒙古 Inner Mongolia			2	2290
辽宁 Liaoning	47056	1529	1756	79475
吉林 Jilin	620	971	2531	45268
黑龙江 Heilongjiang	3233	26005	12556	46298
上海 Shanghai	2962	2668	5071	40050
江苏 Jiangsu	14313	18341	20586	378996
浙江 Zhejiang	10234	7612	16765	193289
安徽 Anhui	59	2809	1906	31650
福建 Fujian	8344	1073	5815	28024
江西 Jiangxi	36	127	1789	46013
山东 Shandong	8912	12049	11475	186818
河南 Henan	1432	3397	3007	156978
湖北 Hubei	1565	1210	1395	36023
湖南 Hunan	9025	2466	4641	80219
广东 Guangdong	5630	1410	7398	73923
广西 Guangxi	44	1117	413	44679
海南 Hainan	150	120	91	917
重庆 Chongqing	4498	3377	7744	51427
四川 Sichuan	20093	2003	5313	182002
贵州 Guizhou	221	110	460	41936
云南 Yunnan		75	775	2915
西藏 Tibet				
陕西 Shaanxi	25	1009	1963	142666
甘肃 Gansu	327	433	240	8219
青海 Qinghai				263
宁夏 Ningxia	930	1039	73	2240
新疆 Xinjiang				8127

2-6-8 续表 1 continued

单位：万元 (10000 yuan)

地 区	Region	#国有企业 State-owned Enterprises			
		技术引进经费支出 Expenditure for Acquisition of Foreign Technology	消化吸收经费支出 Expenditure for Assimilation of Technology	购买国内技术经费支出 Expenditure for Purchase of Domestic Technology	技术改造经费支出 Expenditure for Technical Renovation
全 国	**Total**	**20552**	**7765**	**11491**	**142472**
东部地区	Eastern Region	6784	5608	7351	71273
中部地区	Middle Region		864	2592	29839
西部地区	Western Region	13768	1293	1549	41360
北 京	Beijing				242
天 津	Tianjin	1087			59
河 北	Hebei	809	444	1524	11683
山 西	Shanxi				
内蒙古	Inner Mongolia				
辽 宁	Liaoning				307
吉 林	Jilin				400
黑龙江	Heilongjiang				
上 海	Shanghai	1549		3515	16093
江 苏	Jiangsu	24	5	1066	7658
浙 江	Zhejiang	3		8	10
安 徽	Anhui		421	475	12837
福 建	Fujian				102
江 西	Jiangxi		39	1509	1084
山 东	Shandong	3312	5159	1210	32540
河 南	Henan		144		1860
湖 北	Hubei				12710
湖 南	Hunan		260	608	948
广 东	Guangdong			29	2581
广 西	Guangxi				982
海 南	Hainan				
重 庆	Chongqing	100	50	46	3587
四 川	Sichuan	13468	690	1078	14218
贵 州	Guizhou	200	10	20	4535
云 南	Yunnan				12
西 藏	Tibet				
陕 西	Shaanxi		543	405	16966
甘 肃	Gansu				1034
青 海	Qinghai				
宁 夏	Ningxia				
新 疆	Xinjiang				25

2-6-8 续表 2 continued

单位: 万元 (10000 yuan)

地区	Region	港澳台投资企业 Enterprises with Funds from Hong Kong, Macau and Taiwan: 技术引进经费支出 Expenditure for Acquisition of Foreign Technology	消化吸收经费支出 Expenditure for Assimilation of Technology	购买国内技术经费支出 Expenditure for Purchase of Domestic Technology	技术改造经费支出 Expenditure for Technical Renovation
全国	**Total**	**74695**	**12393**	**31368**	**213066**
东部地区	Eastern Region	74382	11236	30199	180843
中部地区	Middle Region	313	595	930	7944
西部地区	Western Region		562	240	24279
北京	Beijing			4345	21
天津	Tianjin	254	83		97
河北	Hebei	411	376	1048	1347
山西	Shanxi				
内蒙古	Inner Mongolia				44
辽宁	Liaoning				218
吉林	Jilin				
黑龙江	Heilongjiang				
上海	Shanghai	9648	33	149	8264
江苏	Jiangsu	17260	2519	11716	79550
浙江	Zhejiang	904	674	541	20568
安徽	Anhui		15	338	450
福建	Fujian	13809	876	6597	25671
江西	Jiangxi				158
山东	Shandong	304	265	773	9825
河南	Henan	300	580	450	5801
湖北	Hubei			8	495
湖南	Hunan	13		134	1040
广东	Guangdong	31792	6410	5031	34963
广西	Guangxi			28	19231
海南	Hainan				320
重庆	Chongqing				103
四川	Sichuan		562	91	3355
贵州	Guizhou				100
云南	Yunnan			121	1431
西藏	Tibet				
陕西	Shaanxi				
甘肃	Gansu				
青海	Qinghai				
宁夏	Ningxia				15
新疆	Xinjiang				

2-6-8 续表 3 continued

单位：万元 (10000 yuan)

地区	Region	外商投资企业 Foreign Funded Enterprises			
		技术引进经费支出 Expenditure for Acquisition of Foreign Technology	消化吸收经费支出 Expenditure for Assimilation of Technology	购买国内技术经费支出 Expenditure for Purchase of Domestic Technology	技术改造经费支出 Expenditure for Technical Renovation
全　国	**Total**	**454983**	**18123**	**32607**	**350208**
东部地区	Eastern Region	452484	16286	27967	305528
中部地区	Middle Region	855	1135	933	30237
西部地区	Western Region	1644	702	3707	14443
北　京	Beijing	14852	180	500	395
天　津	Tianjin	146849	97		3950
河　北	Hebei	300		900	1620
山　西	Shanxi	150	610	350	
内蒙古	Inner Mongolia				164
辽　宁	Liaoning		106	155	185
吉　林	Jilin	44			50
黑龙江	Heilongjiang	26	29	118	16149
上　海	Shanghai	35129	3169	3864	31400
江　苏	Jiangsu	71783	3424	3133	153669
浙　江	Zhejiang	6333	1523	1814	35260
安　徽	Anhui	30	50	59	1043
福　建	Fujian	67246	806	14161	8381
江　西	Jiangxi		50	120	2932
山　东	Shandong	1690	244	1123	25794
河　南	Henan	210			1547
湖　北	Hubei	392	260	99	215
湖　南	Hunan	4	137	188	8302
广　东	Guangdong	106595	2994	1195	44585
广　西	Guangxi				3650
海　南	Hainan	1708	3743	1122	291
重　庆	Chongqing	347	511	98	748
四　川	Sichuan	799		2036	4425
贵　州	Guizhou				71
云　南	Yunnan			140	
西　藏	Tibet				
陕　西	Shaanxi	498	191	1432	5386
甘　肃	Gansu				
青　海	Qinghai				
宁　夏	Ningxia				
新　疆	Xinjiang				

2-6-9 按地区和行业分高技术产业技术获取和技术改造情况(2009年)

Technology Acquisition and Renovation in High-tech Industry by Region and Industrial Sector(2009)

单位：万元 (10000 yuan)

地区	Region	医药制造业 Medical and Pharmaceutical Products Manufacturing			
		技术引进经费支出 Expenditure for Acquisition of Foreign Technology	消化吸收经费支出 Expenditure for Assimilation of Technology	购买国内技术经费支出 Expenditure for Purchase of Domestic Technology	技术改造经费支出 Expenditure for Technical Renovation
全国	**Total**	**56446**	**52051**	**99667**	**830973**
东部地区	Eastern Region	47501	34350	70879	510555
中部地区	Middle Region	4584	11306	15013	180821
西部地区	Western Region	4361	6395	13775	139598
北京	Beijing	1215	644	964	3595
天津	Tianjin	2032	276	9754	6466
河北	Hebei	1635	1713	3834	16333
山西	Shanxi	1350	501	1638	2425
内蒙古	Inner Mongolia			2	2499
辽宁	Liaoning	146	1002	1122	38094
吉林	Jilin	500	971	2396	27902
黑龙江	Heilongjiang	197	222	884	20051
上海	Shanghai	12735	3472	1345	19941
江苏	Jiangsu	9430	9710	22088	132355
浙江	Zhejiang	5826	4599	11518	132012
安徽	Anhui	32	2497	1980	15082
福建	Fujian	36	312	1825	11080
江西	Jiangxi	23	119	1838	11260
山东	Shandong	2028	5169	12060	122914
河南	Henan	633	3773	2278	46410
湖北	Hubei	1480	1250	1460	17492
湖南	Hunan	369	1973	2539	40198
广东	Guangdong	10561	3591	5156	26236
广西	Guangxi		1034	425	35338
海南	Hainan	1858	3863	1213	1528
重庆	Chongqing	3280	3149	7536	25417
四川	Sichuan	146	1020	2966	52113
贵州	Guizhou			170	2091
云南	Yunnan		75	1036	3090
西藏	Tibet				
陕西	Shaanxi	5	426	1547	11151
甘肃	Gansu			20	5371
青海	Qinghai				263
宁夏	Ningxia	930	691	73	2240
新疆	Xinjiang				25

2-6-9 续表 1 continued

单位：万元 (10000 yuan)

地区	Region	航空航天器制造业 Manufacture of Aircrafts and Spacecrafts 技术引进经费支出 Expenditure for Acquisition of Foreign Technology	消化吸收经费支出 Expenditure for Assimilation of Technology	购买国内技术经费支出 Expenditure for Purchase of Domestic Technology	技术改造经费支出 Expenditure for Technical Renovation
全　国	**Total**	**27754**	**27592**	**14350**	**414398**
东部地区	Eastern Region	4128	987	2222	43024
中部地区	Middle Region	4160	26055	11427	169301
西部地区	Western Region	19465	550	701	202074
北　京	Beijing				435
天　津	Tianjin				151
河　北	Hebei			33	3001
山　西	Shanxi				
内蒙古	Inner Mongolia				
辽　宁	Liaoning		465		18413
吉　林	Jilin				
黑龙江	Heilongjiang	3061	25811	11385	40222
上　海	Shanghai				18780
江　苏	Jiangsu	227	5	154	1623
浙　江	Zhejiang	40	8	81	560
安　徽	Anhui		100	43	12511
福　建	Fujian	3861	503	1954	
江　西	Jiangxi				29451
山　东	Shandong		6		60
河　南	Henan	1099	144		81200
湖　北	Hubei				5918
湖　南	Hunan				
广　东	Guangdong				
广　西	Guangxi				
海　南	Hainan				
重　庆	Chongqing				333
四　川	Sichuan	19265	497	621	75029
贵　州	Guizhou	200	10	20	27358
云　南	Yunnan				
西　藏	Tibet				
陕　西	Shaanxi		43	60	99354
甘　肃	Gansu				
青　海	Qinghai				
宁　夏	Ningxia				
新　疆	Xinjiang				

2-6-9 续表 2 continued

单位：万元 (10000 yuan)

地 区	Region	电子及通信设备制造业 Manufacture of Electronic Equipment and Communication Equipment			
		技术引进经费支出 Expenditure for Acquisition of Foreign Technology	消化吸收经费支出 Expenditure for Assimilation of Technology	购买国内技术经费支出 Expenditure for Purchase of Domestic Technology	技术改造经费支出 Expenditure for Technical Renovation
全 国	**Total**	**498436**	**27777**	**60032**	**837769**
东部地区	Eastern Region	494600	25139	51349	622328
中部地区	Middle Region	1360	809	2569	88704
西部地区	Western Region	2476	1829	6115	126737
北 京	Beijing	23938	158	4728	1072
天 津	Tianjin	146797	279	17	2089
河 北	Hebei				3193
山 西	Shanxi	500	110		95
内 蒙 古	Inner Mongolia				
辽 宁	Liaoning	46305	34	5	1766
吉 林	Jilin	120		135	301
黑 龙 江	Heilongjiang			405	19
上 海	Shanghai	28796	2136	2397	28846
江 苏	Jiangsu	58897	6442	9506	316467
浙 江	Zhejiang	9012	3436	6236	85576
安 徽	Anhui	27	42	275	3202
福 建	Fujian	80502	1588	19924	35109
江 西	Jiangxi	13	54	60	6213
山 东	Shandong	5120	3927	991	40605
河 南	Henan		2	208	30918
湖 北	Hubei	477	220	5	6520
湖 南	Hunan	223	382	1481	41438
广 东	Guangdong	95233	7140	7544	107604
广 西	Guangxi	44	24		20767
海 南	Hainan				
重 庆	Chongqing	129		162	294
四 川	Sichuan	1478	786	3853	53150
贵 州	Guizhou		85	128	10139
云 南	Yunnan				
西 藏	Tibet				
陕 西	Shaanxi	498	501	1787	31533
甘 肃	Gansu	327	433	185	2753
青 海	Qinghai				
宁 夏	Ningxia				
新 疆	Xinjiang				8102

2-6-9 续表 3 continued

单位：万元 (10000 yuan)

地 区	Region	电子计算机及办公设备制造业 Manufacture of Computer and Office Equipments 技术引进经费支出 Expenditure for Acquisition of Foreign Technology	消化吸收经费支出 Expenditure for Assimilation of Technology	购买国内技术经费支出 Expenditure for Purchase of Domestic Technology	技术改造经费支出 Expenditure for Technical Renovation
全 国	**Total**	**58265**	**4253**	**5817**	**129874**
东部地区	Eastern Region	57557	4113	5102	104370
中部地区	Middle Region	80	100	715	711
西部地区	Western Region	629	40		24793
北 京	Beijing		120		327
天 津	Tianjin				658
河 北	Hebei				
山 西	Shanxi			260	
内蒙古	Inner Mongolia				
辽 宁	Liaoning				
吉 林	Jilin				
黑龙江	Heilongjiang				
上 海	Shanghai	1132			507
江 苏	Jiangsu	11007	651	1433	48992
浙 江	Zhejiang	100	88	183	4477
安 徽	Anhui				
福 建	Fujian	5001	252	2865	15034
江 西	Jiangxi				125
山 东	Shandong	3480	2922		22127
河 南	Henan				6
湖 北	Hubei				18
湖 南	Hunan	80	100	455	561
广 东	Guangdong	36838	80	621	12247
广 西	Guangxi				3550
海 南	Hainan				
重 庆	Chongqing	609			21125
四 川	Sichuan				68
贵 州	Guizhou				
云 南	Yunnan				
西 藏	Tibet				
陕 西	Shaanxi	20	40		50
甘 肃	Gansu				
青 海	Qinghai				
宁 夏	Ningxia				
新 疆	Xinjiang				

2-6-9 续表 4 continued

单位：万元 (10000 yuan)

地区	Region	医疗设备及仪器仪表制造业 Manufacture of Medical Equipments and Measuring Instrument			
		技术引进经费支出 Expenditure for Acquisition of Foreign Technology	消化吸收经费支出 Expenditure for Assimilation of Technology	购买国内技术经费支出 Expenditure for Purchase of Domestic Technology	技术改造经费支出 Expenditure for Technical Renovation
全国	**Total**	**43803**	**12557**	**12720**	**297933**
东部地区	Eastern Region	34300	10389	10870	221462
中部地区	Middle Region	8652	556	1513	44188
西部地区	Western Region	851	1612	338	32283
北京	Beijing	649		724	2296
天津	Tianjin		180	4	209
河北	Hebei	20	20	34	1478
山西	Shanxi		110		574
内蒙古	Inner Mongolia				
辽宁	Liaoning	605	134	784	21604
吉林	Jilin	44			17116
黑龙江	Heilongjiang				2155
上海	Shanghai	5077	262	5342	11639
江苏	Jiangsu	23794	7477	2253	112777
浙江	Zhejiang	2492	1678	1102	26492
安徽	Anhui	30	235	5	2347
福建	Fujian		100	5	852
江西	Jiangxi		4	11	2055
山东	Shandong	278	534	319	36732
河南	Henan	210	58	971	5793
湖北	Hubei			37	6785
湖南	Hunan	8368	149	489	7363
广东	Guangdong	1385	3	303	7383
广西	Guangxi		59	16	7905
海南	Hainan				
重庆	Chongqing	827	739	144	5108
四川	Sichuan	3	262	1	9422
贵州	Guizhou	21	15	142	2520
云南	Yunnan				1255
西藏	Tibet				
陕西	Shaanxi		190		5963
甘肃	Gansu			35	95
青海	Qinghai				
宁夏	Ningxia		348		15
新疆	Xinjiang				

2-7-1 按行业分高技术产业企业办研发机构情况(2009年)

R&D Institutions in High-tech Industry by Industrial Sector (2009)

行 业 Industry	有研发机构的企业数(个) Number of Enterprises with R&D Institutions (unit)	机构数(个) R&D Institutions (unit)	机构人员(人) Personnel (person)	机构经费支出(万元) Expenditures on S&T Institutions (10000 yuan)	#仪器设备 Equipment
合 计 **Total**	**4768**	**5760**	**405063**	**7733327**	**5711057**
医药制造业 **Manufacture of Medicines**	**1549**	**1839**	**68211**	**1073194**	**1078964**
#化学药品制造 Manufacture of Chemical Medicine	677	818	35370	592144	590411
中成药制造 Manufacture of Finished Traditional Chinese Herbal Medicine	374	455	16446	236748	301508
生物、生化制品的制造 Manufacture of Biological and Biochemical Chemical Products	231	271	9986	163309	115155
航空航天器制造业 **Manufacture of Aircrafts and Spacecrafts**	**79**	**116**	**17977**	**262822**	**325887**
1.飞机制造及修理 Manufacture and Repairing of Airplanes	70	102	17132	253551	307662
2.航天器制造 Manufacture of Spacecrafts	7	11	792	8149	16745
电子及通信设备制造业 **Manufacture of Electronic Equipment and Communication Equipment**	**1861**	**2250**	**228336**	**4915472**	**3468962**
1.通信设备制造 Manufacture of Communication Equipment	328	426	97763	2697977	1500140
#通信传输设备制造 Manufacture of Communication Transmitting Equipment	91	136	8838	142858	88371
通信交换设备制造 Manufacture of Communication Exchanging Equipment	30	55	67871	2099014	1230614
通信终端设备制造 Manufacture of Communication Terminal Equipment	55	58	3020	41434	19980
2.雷达及配套设备制造 Manufacture of Radar and Its Fittings	22	33	4712	69360	52620
3.广播电视设备制造 Manufacture of Broadcasting and TV Equipment	69	82	4398	52313	26260
4.电子器件制造 Manufacture of Electronic Appliances	447	523	35238	651767	778659
#电子真空器件制造 Manufacture of Electronic Vacuum Appliances	36	44	3176	47318	79430
半导体分立器件制造 Manufacture of Semiconductor Discreting Appliances	81	87	4379	48450	73618
集成电路制造 Manufacture of Integrate Circuit	98	125	12296	307002	345764
5.电子元件制造 Manufacture of Electronic Components	694	816	55141	639450	701961
6.家用视听设备制造 Manufacture of Domestic TV Set and Radio Receiver	149	186	23245	705691	360934
7.其他电子设备制造 Manufacture of Other Electronic Equipment	152	184	7839	98913	48389
电子计算机及办公设备制造业 **Manufacture of Computers and Office Equipments**	**269**	**348**	**43025**	**790119**	**339628**
1.电子计算机整机制造 Manufacture of Entired Computer	34	60	20330	345934	58895
2.电子计算机外部设备制造 Manufacture of Computer Peripheral Equipment	162	201	15538	301201	180222
3.办公设备制造 Manufacture of Office Equipment	41	44	1920	20773	37512
医疗设备及仪器仪表制造业 **Manufacture of Medical Equipments and Measuring Instrument**	**1010**	**1207**	**47514**	**691720**	**497615**
1.医疗设备及器械制造 Manufacture of Medical Equipment and Appliances	205	241	9625	187117	69811
2.仪器仪表制造 Manufacture of Measuring Instrument	805	966	37889	504604	427803

2-7-2 各地区高技术产业企业办研发机构情况(2009年)
R&D Institutions in High-tech Industry by Region(2009)

地 区	Region	有研发机构的企业数(个) Number of Enterprises with R&D Institutions (unit)	机构数(个) R&D Institutions (unit)	机构人员(人) Personnel (person)	机构经费支出(万元) Expenditures on S&T Institutions (10000 yuan)	#仪器设备 Equipment
全 国	**Total**	**4768**	**5760**	**405063**	**7733327**	**5711057**
东部地区	Eastern Region	3633	4269	323536	6704897	4632481
中部地区	Middle Region	742	899	41125	450961	484863
西部地区	Western Region	393	592	40402	577469	593713
北 京	Beijing	198	245	12247	244588	116705
天 津	Tianjin	85	109	5910	145451	59306
河 北	Hebei	70	74	5464	47998	64312
山 西	Shanxi	28	33	1630	10171	44002
内蒙古	Inner Mongolia	15	17	283	10628	6843
辽 宁	Liaoning	94	121	5910	110035	79774
吉 林	Jilin	45	53	3050	32215	62761
黑龙江	Heilongjiang	39	53	2864	31566	36870
上 海	Shanghai	278	337	27728	771524	796799
江 苏	Jiangsu	853	1010	50874	972561	782546
浙 江	Zhejiang	792	863	35599	575892	473907
安 徽	Anhui	148	189	5573	68798	38396
福 建	Fujian	174	196	14009	294614	158234
江 西	Jiangxi	59	67	6034	55880	88361
山 东	Shandong	244	305	19859	607687	323669
河 南	Henan	174	233	10230	103901	96707
湖 北	Hubei	125	141	7441	90303	68968
湖 南	Hunan	109	130	4303	58128	48798
广 东	Guangdong	769	993	145458	2926323	1773217
广 西	Guangxi	60	68	1549	22519	14268
海 南	Hainan	16	16	478	8224	4014
重 庆	Chongqing	74	93	3669	46201	58397
四 川	Sichuan	135	147	17644	267993	170805
贵 州	Guizhou	42	46	3948	47845	104036
云 南	Yunnan	32	34	933	16030	17708
西 藏	Tibet	3	5	409	1334	3897
陕 西	Shaanxi	73	136	9650	137323	179412
甘 肃	Gansu	17	22	1281	13563	25296
青 海	Qinghai	3	3	40	361	239
宁 夏	Ningxia	7	13	837	6018	8382
新 疆	Xinjiang	7	8	159	7655	4430

2-7-3 按行业和企业规模分高技术产业企业办研发机构情况(2009年)
R&D Institutions in High-tech Industry by Industrial Sector and Scale of Enterprises(2009)

行业 Industry	大型企业 Large-sized Enterprises				
	有研发机构的企业数(个) Number of Enterprises with R&D Institutions (unit)	机构数(个) R&D Institutions (unit)	机构人员(人) Personnel (person)	机构经费支出(万元) Expenditures on S&T Institutions (10000 yuan)	#仪器设备 Equipment
合 计 Total	**319**	**622**	**196408**	**4575958**	**3182686**
医药制造业 Manufacture of Medicines	**66**	**140**	**15451**	**313419**	**404413**
#化学药品制造 Manufacture of Chemical Medicine	38	92	10707	211477	237927
中成药制造 Manufacture of Finished Traditional Chinese Herbal Medicine	26	46	4421	90196	161796
生物、生化制品的制造 Manufacture of Biological and Biochemical Chemical Products	1	1	102	4408	890
航空航天器制造业 Manufacture of Aircrafts and Spacecrafts	**31**	**55**	**13641**	**209789**	**256713**
1.飞机制造及修理 Manufacture and Repairing of Airplanes	30	52	13472	209117	253231
2.航天器制造 Manufacture of Spacecrafts	1	3	169	673	3482
电子及通信设备制造业 Manufacture of Electronic Equipment and Communication Equipment	**159**	**285**	**130278**	**3286607**	**2110277**
1.通信设备制造 Manufacture of Communication Equipment	28	80	73137	2219378	1277733
#通信传输设备制造 Manufacture of Communication Transmitting Equipment	4	18	1687	23637	10051
通信交换设备制造 Manufacture of Communication Exchanging Equipment	4	27	65487	2076988	1223559
通信终端设备制造 Manufacture of Communication Terminal Equipment	3	4	586	14448	3021
2.雷达及配套设备制造 Manufacture of Radar and Its Fittings	4	7	2808	48788	31689
3.广播电视设备制造 Manufacture of Broadcasting and TV Equipment	1	1	42	1200	70
4.电子器件制造 Manufacture of Electronic Appliances	44	64	14231	289755	375612
#电子真空器件制造 Manufacture of Electronic Vacuum Appliances	9	14	1562	34563	58058
半导体分立器件制造 Manufacture of Semiconductor Discreting Appliances	4	4	1162	11560	11417
集成电路制造 Manufacture of Integrate Circuit	11	20	6538	161984	192885
5.电子元件制造 Manufacture of Electronic Components	61	92	25470	261068	304745
6.家用视听设备制造 Manufacture of Domestic TV Set and Radio Receiver	20	36	13779	456127	114076
7.其他电子设备制造 Manufacture of Other Electronic Equipment	1	5	811	10291	6353
电子计算机及办公设备制造业 Manufacture of Computers and Office Equipments	**39**	**73**	**29139**	**617012**	**255578**
1.电子计算机整机制造 Manufacture of Entired Computer	13	35	18813	314236	39005
2.电子计算机外部设备制造 Manufacture of Computer Peripheral Equipment	20	28	5851	195664	131484
3.办公设备制造 Manufacture of Office Equipment	3	3	596	4280	29180
医疗设备及仪器仪表制造业 Manufacture of Medical Equipments and Measuring Instrument	**24**	**69**	**7899**	**149130**	**155705**
1.医疗设备及器械制造 Manufacture of Medical Equipment and Appliances	5	12	2248	52620	15062
2.仪器仪表制造 Manufacture of Measuring Instrument	19	57	5651	96510	140643

2-7-3 续表 1 continued

行业 Industry	中型企业 Medium-sized Enterprises 有研发机构的企业数(个) Number of Enterprises with R&D Institutions (unit)	机构数(个) R&D Institutions (unit)	机构人员(人) Personnel (person)	机构经费支出(万元) Expenditures on S&T Institutions (10000 yuan)	#仪器设备 Equipment
合 计 Total	**1772**	**2223**	**145031**	**2373135**	**1880836**
医药制造业 Manufacture of Medicines	**566**	**709**	**34023**	**517958**	**421127**
#化学药品制造 Manufacture of Chemical Medicine	312	385	18069	290596	240004
中成药制造 Manufacture of Finished Traditional Chinese Herbal Medicine	141	188	8152	99389	93023
生物、生化制品的制造 Manufacture of Biological and Biochemical Chemical Products	53	69	5244	91186	60345
航空航天器制造业 Manufacture of Aircrafts and Spacecrafts	**43**	**56**	**4156**	**48126**	**64548**
1.飞机制造及修理 Manufacture and Repairing of Airplanes	37	47	3545	40922	53415
2.航天器制造 Manufacture of Spacecrafts	5	7	588	6836	9909
电子及通信设备制造业 Manufacture of Electronic Equipment and Communication Equipment	**786**	**966**	**73504**	**1326649**	**1123511**
1.通信设备制造 Manufacture of Communication Equipment	133	159	18698	407386	181809
#通信传输设备制造 Manufacture of Communication Transmitting Equipment	32	49	5262	94197	62868
通信交换设备制造 Manufacture of Communication Exchanging Equipment	12	14	1833	14556	4431
通信终端设备制造 Manufacture of Communication Terminal Equipment	23	24	1481	18811	13006
2.雷达及配套设备制造 Manufacture of Radar and Its Fittings	14	22	1691	18983	18108
3.广播电视设备制造 Manufacture of Broadcasting and TV Equipment	22	28	3039	37067	13774
4.电子器件制造 Manufacture of Electronic Appliances	181	223	15244	282264	326659
#电子真空器件制造 Manufacture of Electronic Vacuum Appliances	17	20	1337	10629	20811
半导体分立器件制造 Manufacture of Semiconductor Discreting Appliances	28	32	2106	24634	48721
集成电路制造 Manufacture of Integrate Circuit	40	52	3855	106831	132527
5.电子元件制造 Manufacture of Electronic Components	320	388	23011	299284	330402
6.家用视听设备制造 Manufacture of Domestic TV Set and Radio Receiver	72	86	7895	231274	232801
7.其他电子设备制造 Manufacture of Other Electronic Equipment	44	60	3926	50392	19958
电子计算机及办公设备制造业 Manufacture of Computers and Office Equipments	**110**	**144**	**10892**	**143415**	**65829**
1.电子计算机整机制造 Manufacture of Entired Computer	16	20	1350	29436	15584
2.电子计算机外部设备制造 Manufacture of Computer Peripheral Equipment	71	96	8102	89255	39509
3.办公设备制造 Manufacture of Office Equipment	14	15	811	12207	5776
医疗设备及仪器仪表制造业 Manufacture of Medical Equipments and Measuring Instrument	**267**	**348**	**22456**	**336987**	**205821**
1.医疗设备及器械制造 Manufacture of Medical Equipment and Appliances	49	66	3850	82337	24638
2.仪器仪表制造 Manufacture of Measuring Instrument	218	282	18606	254650	181184

2-7-3 续表 2 continued

行 业 Industry	小型企业 Small-sized Enterprises 有研发机构的企业数（个） Number of Enterprises with R&D Institutions (unit)	机构数（个） R&D Institutions (unit)	机构人员（人） Personnel (person)	机构经费支出（万元） Expenditures on S&T Institutions (10000 yuan)	#仪器设备 Equipment
合 计 Total	**2677**	**2915**	**63624**	**784234**	**647535**
医药制造业 Manufacture of Medicines	**917**	**990**	**18737**	**241816**	**253424**
#化学药品制造 Manufacture of Chemical Medicine	327	341	6594	90071	112480
中成药制造 Manufacture of Finished Traditional Chinese Herbal Medicine	207	221	3873	47163	46689
生物、生化制品的制造 Manufacture of Biological and Biochemical Chemical Products	177	201	4640	67715	53920
航空航天器制造业 Manufacture of Aircrafts and Spaceccrafts	**5**	**5**	**180**	**4906**	**4626**
1.飞机制造及修理 Manufacture and Repairing of Airplanes	3	3	115	3512	1015
2.航天器制造 Manufacture of Spacecrafts	1	1	35	640	3354
电子及通信设备制造业 Manufacture of Electronic Equipment and Communication Equipment	**916**	**999**	**24554**	**302216**	**235175**
1.通信设备制造 Manufacture of Communication Equipment	167	187	5928	71214	40599
#通信传输设备制造 Manufacture of Communication Transmitting Equipment	55	69	1889	25024	15452
通信交换设备制造 Manufacture of Communication Exchanging Equipment	14	14	551	7470	2624
通信终端设备制造 Manufacture of Communication Terminal Equipment	29	30	953	8176	3953
2.雷达及配套设备制造 Manufacture of Radar and Its Fittings	4	4	213	1590	2823
3.广播电视设备制造 Manufacture of Broadcasting and TV Equipment	46	53	1317	14046	12416
4.电子器件制造 Manufacture of Electronic Appliances	222	236	5763	79748	76388
#电子真空器件制造 Manufacture of Electronic Vacuum Appliances	10	10	277	2126	560
半导体分立器件制造 Manufacture of Semiconductor Discreting Appliances	49	51	1111	12256	13480
集成电路制造 Manufacture of Integrate Circuit	47	53	1903	38187	20352
5.电子元件制造 Manufacture of Electronic Components	313	336	6660	79099	66813
6.家用视听设备制造 Manufacture of Domestic TV Set and Radio Receiver	57	64	1571	18290	14058
7.其他电子设备制造 Manufacture of Other Electronic Equipment	107	119	3102	38230	22078
电子计算机及办公设备制造业 Manufacture of Computers and Office Equipments	**120**	**131**	**2994**	**29693**	**18221**
1.电子计算机整机制造 Manufacture of Entired Computer	5	5	167	2262	4305
2.电子计算机外部设备制造 Manufacture of Computer Peripheral Equipment	71	77	1585	16283	9229
3.办公设备制造 Manufacture of Office Equipment	24	26	513	4286	2556
医疗设备及仪器仪表制造业 Manufacture of Medical Equipments and Measuring Instrument	**719**	**790**	**17159**	**205603**	**136089**
1.医疗设备及器械制造 Manufacture of Medical Equipment and Appliances	151	163	3527	52160	30112
2.仪器仪表制造 Manufacture of Measuring Instrument	568	627	13632	153444	105977

2-7-4 按行业分国有及国有控股企业高技术产业企业办研发机构情况(2009年)

R&D Institutions in High-tech Industry of State-owned and State-controlled Enterprises by Industrial Sector (2009)

行业	有研发机构的企业数(个) Number of Enterprises with R&D Institutions (unit)	机构数(个) R&D Institutions (unit)	机构人员(人) Personnel (person)	机构经费支出(万元) Expenditures on S&T Institutions (10000 yuan)	#仪器设备 Equipment
合计 Total	**632**	**890**	**106751**	**2091236**	**1574374**
医药制造业 Manufacture of Medicines	**206**	**274**	**13674**	**207095**	**263433**
#化学药品制造 Manufacture of Chemical Medicine	114	145	8354	127216	201894
中成药制造 Manufacture of Finished Traditional Chinese Herbal Medicine	55	81	3322	51562	35506
生物、生化制品的制造 Manufacture of Biological and Biochemical Chemical Products	21	30	1518	21679	23089
航空航天器制造业 Manufacture of Aircrafts and Spacecrafts	**73**	**109**	**17791**	**257318**	**322565**
1.飞机制造及修理 Manufacture and Repairing of Airplanes	66	98	16999	249169	305820
2.航天器制造 Manufacture of Spacecrafts	7	11	792	8149	16745
电子及通信设备制造业 Manufacture of Electronic Equipment and Communication Equipment	**227**	**318**	**60044**	**1394921**	**739659**
1.通信设备制造 Manufacture of Communication Equipment	61	88	29660	756108	279859
#通信传输设备制造 Manufacture of Communication Transmitting Equipment	23	41	4327	80751	57840
通信交换设备制造 Manufacture of Communication Exchanging Equipment	7	13	21810	624335	189466
通信终端设备制造 Manufacture of Communication Terminal Equipment	8	9	391	7643	2578
2.雷达及配套设备制造 Manufacture of Radar and Its Fittings	15	22	4179	63784	48016
3.广播电视设备制造 Manufacture of Broadcasting and TV Equipment	5	5	548	5903	4866
4.电子器件制造 Manufacture of Electronic Appliances	60	77	6868	116621	145124
#电子真空器件制造 Manufacture of Electronic Vacuum Appliances	14	20	1801	23061	47652
半导体分立器件制造 Manufacture of Semiconductor Discreting Appliances	5	6	409	5010	6100
集成电路制造 Manufacture of Integrate Circuit	10	12	720	16392	28303
5.电子元件制造 Manufacture of Electronic Components	62	87	7879	59801	157220
6.家用视听设备制造 Manufacture of Domestic TV Set and Radio Receiver	17	28	9862	379923	97238
7.其他电子设备制造 Manufacture of Other Electronic Equipment	7	11	1048	12781	7337
电子计算机及办公设备制造业 Manufacture of Computers and Office Equipments	**23**	**31**	**4539**	**104723**	**46898**
1.电子计算机整机制造 Manufacture of Entired Computer	6	8	2198	74809	28690
2.电子计算机外部设备制造 Manufacture of Computer Peripheral Equipment	13	19	2215	29462	18071
3.办公设备制造 Manufacture of Office Equipment	2	2	51	133	42
医疗设备及仪器仪表制造业 Manufacture of Medical Equipments and Measuring Instrument	**103**	**158**	**10703**	**127179**	**201818**
1.医疗设备及器械制造 Manufacture of Medical Equipment and Appliances	11	15	878	12690	8823
2.仪器仪表制造 Manufacture of Measuring Instrument	92	143	9825	114489.6	12100

2-7-5 按行业和登记注册类型分高技术产业企业办研发机构情况(2009年)

R&D Institutions in High-tech Industry by Industrial Sector and Registration Status(2009)

行业 Industry	内资企业 Domestic Funded 有研发机构的企业数(个) Number of Enterprises with R&D Institutions (unit)	机构数(个) R&D Institutions (unit)	机构人员(人) Personnel (person)	机构经费支出(万元) Expenditures on S&T Institutions (10000 yuan)	#仪器设备 Equipment
合 计 Total	**3284**	**3996**	**253783**	**4788889**	**3541421**
医药制造业 Manufacture of Medicines	**1211**	**1452**	**51640**	**740898**	**778364**
#化学药品制造 Manufacture of Chemical Medicine	512	622	25751	368733	446096
中成药制造 Manufacture of Finished Traditional Chinese Herbal Medicine	307	381	14048	202813	206344
生物、生化制品的制造 Manufacture of Biological and Biochemical Chemical Products	164	195	6446	108142	73593
航空航天器制造业 Manufacture of Aircrafts and Spacecrafts	**77**	**114**	**17567**	**256018**	**324885**
1.飞机制造及修理 Manufacture and Repairing of Airplanes	68	100	16722	246747	306660
2.航天器制造 Manufacture of Spacecrafts	7	11	792	8149	16745
电子及通信设备制造业 Manufacture of Electronic Equipment and Communication Equipment	**1065**	**1315**	**138421**	**3120702**	**1974962**
1.通信设备制造 Manufacture of Communication Equipment	210	275	77316	2106443	1244586
#通信传输设备制造 Manufacture of Communication Transmitting Equipment	66	98	6010	102914	72412
通信交换设备制造 Manufacture of Communication Exchanging Equipment	21	45	62486	1894478	1105461
通信终端设备制造 Manufacture of Communication Terminal Equipment	37	39	1958	20114	12427
2.雷达及配套设备制造 Manufacture of Radar and Its Fittings	22	33	4712	69360	52620
3.广播电视设备制造 Manufacture of Broadcasting and TV Equipment	49	62	2845	34629	22318
4.电子器件制造 Manufacture of Electronic Appliances	242	282	15201	205429	228187
#电子真空器件制造 Manufacture of Electronic Vacuum Appliances	25	32	2557	37428	56287
半导体分立器件制造 Manufacture of Semiconductor Discreting Appliances	40	44	2451	23785	19186
集成电路制造 Manufacture of Integrate Circuit	47	59	2938	47324	56668
5.电子元件制造 Manufacture of Electronic Components	361	429	19399	203516	277176
6.家用视听设备制造 Manufacture of Domestic TV Set and Radio Receiver	70	93	12841	426253	118222
7.其他电子设备制造 Manufacture of Other Electronic Equipment	111	141	6107	75072	31853
电子计算机及办公设备制造业 Manufacture of Computers and Office Equipments	**132**	**174**	**10151**	**187510**	**70922**
1.电子计算机整机制造 Manufacture of Entired Computer	16	25	3578	124037	38289
2.电子计算机外部设备制造 Manufacture of Computer Peripheral Equipment	70	95	4722	42279	24112
3.办公设备制造 Manufacture of Office Equipment	27	30	765	8127	4749
医疗设备及仪器仪表制造业 Manufacture of Medical Equipments and Measuring Instrument	**799**	**941**	**36004**	**483762**	**392289**
1.医疗设备及器械制造 Manufacture of Medical Equipment and Appliances	139	160	6076	105408	36366
2.仪器仪表制造 Manufacture of Measuring Instrument	660	781	29928	378353	355923

2-7-5 续表 1 continued

行 业 Industry	#国有企业 State-owned Enterprises 有研发机构的企业数（个） Number of Enterprises with R&D Institutions (unit)	机构数（个） R&D Institutions (unit)	机构人员（人） Personnel (person)	机构经费支出（万元） Expenditures on S&T Institutions (10000 yuan)	#仪器设备 Equipment
合 计 Total	**131**	**200**	**16985**	**395707**	**228430**
医药制造业 Manufacture of Medicines	**42**	**59**	**2735**	**41873**	**44510**
#化学药品制造 Manufacture of Chemical Medicine	19	22	1324	15921	22124
中成药制造 Manufacture of Finished Traditional Chinese Herbal Medicine	17	27	704	15472	6098
生物、生化制品的制造 Manufacture of Biological and Biochemical Chemical Products	4	8	685	9884	16208
航空航天器制造业 Manufacture of Aircrafts and Spacecrafts	**30**	**40**	**4773**	**90253**	**38755**
1.飞机制造及修理 Manufacture and Repairing of Airplanes	26	34	4404	86570	27153
2.航天器制造 Manufacture of Spacecrafts	4	6	369	3683	11602
电子及通信设备制造业 Manufacture of Electronic Equipment and Communication Equipment	**28**	**50**	**5549**	**228569**	**82745**
1.通信设备制造 Manufacture of Communication Equipment	6	6	673	10543	21909
#通信传输设备制造 Manufacture of Communication Transmitting Equipment	2	2	90	3875	19739
通信交换设备制造 Manufacture of Communication Exchanging Equipment	1	1	22	386	21
通信终端设备制造 Manufacture of Communication Terminal Equipment					
2.雷达及配套设备制造 Manufacture of Radar and Its Fittings	4	4	387	3852	8153
3.广播电视设备制造 Manufacture of Broadcasting and TV Equipment					
4.电子器件制造 Manufacture of Electronic Appliances	4	4	421	3954	3956
#电子真空器件制造 Manufacture of Electronic Vacuum Appliances	1	1	40	210	86
半导体分立器件制造 Manufacture of Semiconductor Discreting Appliances	1	1	45	140	1406
集成电路制造 Manufacture of Integrate Circuit					
5.电子元件制造 Manufacture of Electronic Components	9	26	1366	12449	8409
6.家用视听设备制造 Manufacture of Domestic TV Set and Radio Receiver	2	3	1830	186692	33726
7.其他电子设备制造 Manufacture of Other Electronic Equipment	3	7	872	11079	6591
电子计算机及办公设备制造业 Manufacture of Computers and Office Equipments					
1.电子计算机整机制造 Manufacture of Entired Computer					
2.电子计算机外部设备制造 Manufacture of Computer Peripheral Equipment					
3.办公设备制造 Manufacture of Office Equipment					
医疗设备及仪器仪表制造业 Manufacture of Medical Equipments and Measuring Instrument	**31**	**51**	**3928**	**35013**	**62420**
1.医疗设备及器械制造 Manufacture of Medical Equipment and Appliances	3	3	220	4817	3554
2.仪器仪表制造 Manufacture of Measuring Instrument	28	48	3708	30195	58866

2-7-5 续表 2 continued

行业 Industry	港澳台投资企业 Enterprises with Funds from Hong Kong, Macau and Taiwan				
	有研发机构的企业数（个） Number of Enterprises with R&D Institutions (unit)	机构数（个） R&D Institutions (unit)	机构人员（人） Personnel (person)	机构经费支出（万元） Expenditures on S&T Institutions (10000 yuan)	#仪器设备 Equipment
合　计 Total	**621**	**720**	**61906**	**1035405**	**791432**
医药制造业 Manufacture of Medicines	**143**	**156**	**8062**	**127168**	**92656**
#化学药品制造 Manufacture of Chemical Medicine	64	71	4259	71973	47725
中成药制造 Manufacture of Finished Traditional Chinese Herbal Medicine	39	42	1342	18725	16612
生物、生化制品的制造 Manufacture of Biological and Biochemical Chemical Products	24	27	2146	29249	25878
航空航天器制造业 Manufacture of Aircrafts and Spacecrafts					
1.飞机制造及修理 Manufacture and Repairing of Airplanes					
2.航天器制造 Manufacture of Spacecrafts					
电子及通信设备制造业 Manufacture of Electronic Equipment and Communication Equipment	**355**	**422**	**42630**	**621975**	**481053**
1.通信设备制造 Manufacture of Communication Equipment	36	54	4979	114278	59656
#通信传输设备制造 Manufacture of Communication Transmitting Equipment	6	15	1062	11925	1734
通信交换设备制造 Manufacture of Communication Exchanging Equipment	2	2	206	6172	706
通信终端设备制造 Manufacture of Communication Terminal Equipment	9	10	417	8674	4759
2.雷达及配套设备制造 Manufacture of Radar and Its Fittings					
3.广播电视设备制造 Manufacture of Broadcasting and TV Equipment	10	10	818	10124	1136
4.电子器件制造 Manufacture of Electronic Appliances	92	104	8716	141648	188593
#电子真空器件制造 Manufacture of Electronic Vacuum Appliances	2	2	52	1864	7360
半导体分立器件制造 Manufacture of Semiconductor Discreting Appliances	20	21	883	11275	9915
集成电路制造 Manufacture of Integrate Circuit	19	27	3936	64168	72391
5.电子元件制造 Manufacture of Electronic Components	165	193	21074	214592	192298
6.家用视听设备制造 Manufacture of Domestic TV Set and Radio Receiver	38	45	6220	135855	34867
7.其他电子设备制造 Manufacture of Other Electronic Equipment	14	16	823	5478	4501
电子计算机及办公设备制造业 Manufacture of Computers and Office Equipments	**57**	**64**	**7993**	**236226**	**200581**
1.电子计算机整机制造 Manufacture of Entired Computer	6	6	241	10934	5706
2.电子计算机外部设备制造 Manufacture of Computer Peripheral Equipment	41	44	4968	134563	120496
3.办公设备制造 Manufacture of Office Equipment	6	6	686	3699	29776
医疗设备及仪器仪表制造业 Manufacture of Medical Equipments and Measuring Instrument	**66**	**78**	**3221**	**50036**	**17142**
1.医疗设备及器械制造 Manufacture of Medical Equipment and Appliances	18	23	990	23813	2314
2.仪器仪表制造 Manufacture of Measuring Instrument	48	55	2231	26223	14828

2-7-5 续表 3 continued

行 业 Industry	外商投资企业 Foreign Funded Enterprises 有研发机构的企业数（个） Number of Enterprises with R&D Institutions (unit)	机构数（个） R&D Institutions (unit)	机构人员（人） Personnel (person)	机构经费支出（万元） Expenditures on S&T Institutions (10000 yuan)	#仪器设备 Equipment
合 计 Total	**863**	**1044**	**89374**	**1909032**	**1378204**
医药制造业 Manufacture of Medicines	**195**	**231**	**8509**	**205128**	**207945**
#化学药品制造 Manufacture of Chemical Medicine	101	125	5360	151438	96591
中成药制造 Manufacture of Finished Traditional Chinese Herbal Medicine	28	32	1056	15210	78552
生物、生化制品的制造 Manufacture of Biological and Biochemical Chemical Products	43	49	1394	25918	15685
航空航天器制造业 Manufacture of Aircrafts and Spacecrafts	**2**	**2**	**410**	**6803**	**1002**
1.飞机制造及修理 Manufacture and Repairing of Airplanes	2	2	410	6803	1002
2.航天器制造 Manufacture of Spacecrafts					
电子及通信设备制造业 Manufacture of Electronic Equipment and Communication Equipment	**441**	**513**	**47285**	**1172795**	**1012948**
1.通信设备制造 Manufacture of Communication Equipment	82	97	15468	477256	195898
#通信传输设备制造 Manufacture of Communication Transmitting Equipment	19	23	1766	28019	14226
通信交换设备制造 Manufacture of Communication Exchanging Equipment	7	8	5179	198364	124447
通信终端设备制造 Manufacture of Communication Terminal Equipment	9	9	645	12647	2794
2.雷达及配套设备制造 Manufacture of Radar and Its Fittings					
3.广播电视设备制造 Manufacture of Broadcasting and TV Equipment	10	10	735	7561	2806
4.电子器件制造 Manufacture of Electronic Appliances	113	137	11321	304690	361879
#电子真空器件制造 Manufacture of Electronic Vacuum Appliances	9	10	567	8027	15783
半导体分立器件制造 Manufacture of Semiconductor Discreting Appliances	21	22	1045	13390	44516
集成电路制造 Manufacture of Integrate Circuit	32	39	5422	195510	216705
5.电子元件制造 Manufacture of Electronic Components	168	194	14668	221342	232486
6.家用视听设备制造 Manufacture of Domestic TV Set and Radio Receiver	41	48	4184	143583	207845
7.其他电子设备制造 Manufacture of Other Electronic Equipment	27	27	909	18363	12035
电子计算机及办公设备制造业 Manufacture of Computers and Office Equipments	**80**	**110**	**24881**	**366383**	**68126**
1.电子计算机整机制造 Manufacture of Entired Computer	12	29	16511	210963	14899
2.电子计算机外部设备制造 Manufacture of Computer Peripheral Equipment	51	62	5848	124359	35613
3.办公设备制造 Manufacture of Office Equipment	8	8	469	8947	2987
医疗设备及仪器仪表制造业 Manufacture of Medical Equipments and Measuring Instrument	**145**	**188**	**8289**	**157923**	**88184**
1.医疗设备及器械制造 Manufacture of Medical Equipment and Appliances	48	58	2559	57895	31132
2.仪器仪表制造 Manufacture of Measuring Instrument	97	130	5730	100028	57052

2-7-6 按地区和企业规模分高技术产业企业办研发机构情况(2009年)

R&D Institutions in High-tech Industry by Region and Industrial Sector(2009)

地区	Region	大型企业 Large-sized Enterprises 有R&D机构的企业单位数(个) Number of Enterprises with R&D Institutions (unit)	机构数(个) R&D Institutions (unit)	机构人员(人) Personnel (person)	机构经费支出(万元) Expenditures on S&T Institutions (10000 yuan)	#仪器设备 Equipment
全国	**Total**	**319**	**622**	**196408**	**4575958**	**3182686**
东部地区	Eastern Region	228	428	161519	4061417	2623879
中部地区	Middle Region	49	92	13854	155742	221153
西部地区	Western Region	42	102	21035	358799	337654
北京	Beijing	7	16	1924	62076	20079
天津	Tianjin	5	11	915	37148	6220
河北	Hebei	5	5	2083	19096	40832
山西	Shanxi	3	3	464	2494	1151
内蒙古	Inner Mongolia					
辽宁	Liaoning	6	13	2286	60988	33631
吉林	Jilin	4	4	1511	14192	47432
黑龙江	Heilongjiang	6	14	1554	21048	25054
上海	Shanghai	21	36	12708	405467	301400
江苏	Jiangsu	61	111	20272	472539	333766
浙江	Zhejiang	19	39	6675	168560	124108
安徽	Anhui	4	9	1028	21502	8815
福建	Fujian	15	21	6098	189297	103278
江西	Jiangxi	8	11	3326	31013	78446
山东	Shandong	17	28	7411	326553	194876
河南	Henan	14	40	2873	26780	39643
湖北	Hubei	7	8	2240	29995	8983
湖南	Hunan	3	3	858	8718	11630
广东	Guangdong	72	148	101147	2319695	1465690
广西	Guangxi					
海南	Hainan					
重庆	Chongqing	3	13	686	10155	8377
四川	Sichuan	13	20	11908	212633	123266
贵州	Guizhou	7	8	1248	21964	33275
云南	Yunnan					
西藏	Tibet					
陕西	Shaanxi	16	57	6536	101663	159224
甘肃	Gansu	1	2	319	4106	5672
青海	Qinghai					
宁夏	Ningxia	1	1	243	1236	3848
新疆	Xinjiang	1	1	95	7042	3992

2-7-6 续表 1 continued

地区	Region	中型企业 Medium-sized Enterprises 有R&D机构的企业单位数（个）Number of Enterprises with R&D Institutions (unit)	机构数（个）R&D Institutions (unit)	机构人员（人）Personnel (person)	机构经费支出（万元）Expenditures on S&T Institutions (10000 yuan)	#仪器设备 Equipment
全　国	**Total**	**1772**	**2223**	**145031**	**2373135**	**1880836**
东部地区	Eastern Region	1332	1640	112249	1998860	1515620
中部地区	Middle Region	266	329	18182	202932	173787
西部地区	Western Region	174	254	14600	171343	191429
北　京	Beijing	56	78	6533	127241	86120
天　津	Tianjin	42	52	3528	85747	29788
河　北	Hebei	27	31	2556	20267	16272
山　西	Shanxi	15	19	982	6115	36921
内蒙古	Inner Mongolia	8	10	150	9612	3993
辽　宁	Liaoning	33	42	2265	33052	29398
吉　林	Jilin	13	20	677	8371	7229
黑龙江	Heilongjiang	10	14	664	3707	8234
上　海	Shanghai	102	131	11015	293690	437399
江　苏	Jiangsu	315	386	20633	373227	302039
浙　江	Zhejiang	224	263	17109	255064	239724
安　徽	Anhui	38	55	2587	28920	14359
福　建	Fujian	59	69	4922	64682	32658
江　西	Jiangxi	26	31	2126	20846	7145
山　东	Shandong	91	114	8933	233987	98901
河　南	Henan	63	79	4778	55676	26729
湖　北	Hubei	58	67	3919	48789	46041
湖　南	Hunan	35	44	2449	30509	27130
广　东	Guangdong	357	468	34588	506888	242732
广　西	Guangxi	20	28	962	15067	10815
海　南	Hainan	6	6	167	5015	590
重　庆	Chongqing	30	37	2183	27283	29656
四　川	Sichuan	49	49	3687	39267	31756
贵　州	Guizhou	25	28	2495	24686	65335
云　南	Yunnan	14	16	631	13302	11223
西　藏	Tibet	2	3	404	1296	3845
陕　西	Shaanxi	38	58	2804	27756	15505
甘　肃	Gansu	10	13	748	8908	15257
青　海	Qinghai	1	1	15	50	189
宁　夏	Ningxia	4	10	518	4108	3816
新　疆	Xinjiang	1	1	3	9	41

2-7-6 续表 2 continued

地 区	Region	小型企业 Small-sized Enterprises 有R&D机构的企业单位数(个) Number of Enterprises with R&D Institutions (unit)	机构数(个) R&D Institutions (unit)	机构人员(人) Personnel (person)	机构经费支出(万元) Expenditures on S&T Institutions (10000 yuan)	#仪器设备 Equipment
全 国	**Total**	**2677**	**2915**	**63624**	**784234**	**647535**
东部地区	Eastern Region	2073	2201	49768	644620	492981
中部地区	Middle Region	427	478	9089	92288	89924
西部地区	Western Region	177	236	4767	47327	64630
北 京	Beijing	135	151	3790	55271	10506
天 津	Tianjin	38	46	1467	22556	23298
河 北	Hebei	38	38	825	8636	7208
山 西	Shanxi	10	11	184	1562	5930
内蒙古	Inner Mongolia	7	7	133	1016	2850
辽 宁	Liaoning	55	66	1359	15996	16745
吉 林	Jilin	28	29	862	9652	8101
黑龙江	Heilongjiang	23	25	646	6812	3583
上 海	Shanghai	155	170	4005	72367	58001
江 苏	Jiangsu	477	513	9969	126796	146740
浙 江	Zhejiang	549	561	11815	152268	110075
安 徽	Anhui	106	125	1958	18376	15222
福 建	Fujian	100	106	2989	40635	22298
江 西	Jiangxi	25	25	582	4021	2770
山 东	Shandong	136	163	3515	47147	29892
河 南	Henan	97	114	2579	21445	30336
湖 北	Hubei	60	66	1282	11519	13944
湖 南	Hunan	71	83	996	18901	10038
广 东	Guangdong	340	377	9723	99740	64796
广 西	Guangxi	40	40	587	7451	3453
海 南	Hainan	10	10	311	3209	3424
重 庆	Chongqing	41	43	800	8763	20364
四 川	Sichuan	73	78	2049	16094	15783
贵 州	Guizhou	10	10	205	1196	5427
云 南	Yunnan	18	18	302	2728	6484
西 藏	Tibet	1	2	5	38	53
陕 西	Shaanxi	19	21	310	7904	4683
甘 肃	Gansu	6	7	214	549	4367
青 海	Qinghai	2	2	25	311	51
宁 夏	Ningxia	2	2	76	673	718
新 疆	Xinjiang	5	6	61	605	397

2-7-7 各地区国有及国有控股企业高技术产业企业办研发机构情况(2009年)

R&D Institutions in High-tech Industry of State-owned and State-controlled Enterprises by Region (2009)

地区 Region	有研发机构的企业数(个) Number of Enterprises with R&D Institutions (unit)	机构数(个) R&D Institutions (unit)	机构人员(人) Personnel (person)	机构经费支出(万元) Expenditures on S&T Institutions (10000 yuan)	#仪器设备 Equipment
全国 Total	**632**	**890**	**106751**	**2091236**	**1574374**
东部地区 Eastern Region	371	519	63666	1514541	920146
中部地区 Middle Region	124	161	15708	163241	231289
西部地区 Western Region	137	210	27377	413455	422939
北京 Beijing	51	70	3873	65540	32924
天津 Tianjin	42	55	2793	40660	35264
河北 Hebei	11	13	2063	16082	28329
山西 Shanxi	6	9	670	4597	25120
内蒙古 Inner Mongolia	2	2	43	220	213
辽宁 Liaoning	15	25	3220	74014	44511
吉林 Jilin	6	7	207	1447	1033
黑龙江 Heilongjiang	10	16	1699	14168	21510
上海 Shanghai	71	84	8471	215314	247703
江苏 Jiangsu	39	77	6240	84382	90804
浙江 Zhejiang	25	31	3155	58354	73559
安徽 Anhui	16	23	1372	24998	10605
福建 Fujian	13	13	1416	19307	9572
江西 Jiangxi	17	20	3453	23659	75133
山东 Shandong	23	32	7132	287961	103013
河南 Henan	23	34	2714	27645	31575
湖北 Hubei	28	30	3333	46290	38618
湖南 Hunan	16	20	2217	20217	27482
广东 Guangdong	65	103	24765	644781	249814
广西 Guangxi	4	4	138	1377	1305
海南 Hainan	12	12	400	6769	3349
重庆 Chongqing	26	39	2194	24965	21834
四川 Sichuan	31	37	12695	215204	123764
贵州 Guizhou	30	31	3385	42104	97067
云南 Yunnan	4	4	108	2054	607
西藏 Tibet	1	2	8	385	340
陕西 Shaanxi	37	89	8214	119820	168005
甘肃 Gansu	4	4	515	6503	10152
青海 Qinghai					
宁夏 Ningxia	1	1	235	2062	1020
新疆 Xinjiang	3	3	23	358	150

2-7-8 按地区和登记注册类型分高技术产业企业办研发机构情况(2009年)
R&D Institutions in High-tech Industry by Region and Registration Status(2009)

地 区	Region	内资企业 Domestic Funded				
		有研发机构的企业数(个) Number of Enterprises with R&D Institutions (unit)	机构数(个) R&D Institutions (unit)	机构人员(人) Personnel (person)	机构经费支出(万元) Expenditures on S&T Institutions (10000 yuan)	#仪器设备 Equipment
全 国	**Total**	**3284**	**3996**	**253783**	**4788889**	**3541421**
东部地区	Eastern Region	2276	2672	178957	3867447	2554376
中部地区	Middle Region	649	785	36807	380334	429277
西部地区	Western Region	359	539	38019	541108	557769
北 京	Beijing	138	172	7680	119593	41222
天 津	Tianjin	59	73	3774	70078	39060
河 北	Hebei	55	59	3829	33625	49861
山 西	Shanxi	23	27	1372	7704	37181
内蒙古	Inner Mongolia	13	15	244	10571	5900
辽 宁	Liaoning	73	97	4989	98122	71005
吉 林	Jilin	43	51	2985	32087	62740
黑龙江	Heilongjiang	33	41	2433	19409	29035
上 海	Shanghai	135	159	6297	118598	156052
江 苏	Jiangsu	478	585	21681	346588	310535
浙 江	Zhejiang	579	634	22179	297576	265934
安 徽	Anhui	129	163	5027	57993	34648
福 建	Fujian	99	112	4191	57199	33643
江 西	Jiangxi	49	57	5405	45685	86966
山 东	Shandong	194	239	16302	441970	213162
河 南	Henan	155	209	8903	83228	65010
湖 北	Hubei	106	120	6830	81908	65942
湖 南	Hunan	98	117	3852	52321	47755
广 东	Guangdong	404	534	87750	2280780	1372651
广 西	Guangxi	54	62	1464	18996	13345
海 南	Hainan	8	8	285	3318	1250
重 庆	Chongqing	66	76	3012	38732	43278
四 川	Sichuan	127	138	16756	253976	161988
贵 州	Guizhou	39	43	3913	47439	103931
云 南	Yunnan	22	24	712	11147	12073
西 藏	Tibet	3	5	409	1334	3897
陕 西	Shaanxi	69	131	9256	131877	175720
甘 肃	Gansu	17	22	1281	13563	25296
青 海	Qinghai	3	3	40	361	239
宁 夏	Ningxia	6	12	773	5458	7672
新 疆	Xinjiang	7	8	159	7655	4430

2-7-8 续表 1 continued

地区	Region	#国有企业 State-owned Enterprises 有研发机构的企业数（个）Number of Enterprises with R&D Institutions (unit)	机构数（个）R&D Institutions (unit)	机构人员（人）Personnel (person)	机构经费支出（万元）Expenditures on S&T Institutions (10000 yuan)	#仪器设备 Equipment
全国	**Total**	**131**	**200**	**16985**	**395707**	**228430**
东部地区	Eastern Region	63	93	8257	264806	117815
中部地区	Middle Region	22	25	2291	29003	50190
西部地区	Western Region	46	82	6437	101898	60426
北京	Beijing	7	7	139	1191	279
天津	Tianjin	3	3	112	778	1356
河北	Hebei	6	8	1614	13649	14324
山西	Shanxi	1	1	6	299	19738
内蒙古	Inner Mongolia					
辽宁	Liaoning	1	2	85	21542	1755
吉林	Jilin					
黑龙江	Heilongjiang					
上海	Shanghai	10	11	776	8641	17474
江苏	Jiangsu	11	32	1701	19189	22871
浙江	Zhejiang	5	6	180	1556	1782
安徽	Anhui	2	2	130	7522	334
福建	Fujian	1	1	45	520	408
江西	Jiangxi	3	5	616	2696	1896
山东	Shandong	7	14	3247	187724	50553
河南	Henan	5	5	417	3903	1256
湖北	Hubei	7	7	1024	13865	26506
湖南	Hunan	4	5	98	719	460
广东	Guangdong	8	8	347	9916	6559
广西	Guangxi	3	3	123	1232	1282
海南	Hainan	1	1	11	101	453
重庆	Chongqing	7	9	388	6615	3196
四川	Sichuan	9	9	1363	44222	12336
贵州	Guizhou	11	11	1284	18594	13495
云南	Yunnan	1	1	6	14	47
西藏	Tibet	1	2	8	385	340
陕西	Shaanxi	15	45	3006	27529	21862
甘肃	Gansu	1	1	256	3300	7826
青海	Qinghai					
宁夏	Ningxia					
新疆	Xinjiang	1	1	3	9	41

2-7-8 续表 2 continued

地区	Region	港澳台投资企业 Enterprises with Funds from Hong Kong, Macau and Taiwan				
		有研发机构的企业数(个) Number of Enterprises with R&D Institutions (unit)	机构数(个) R&D Institutions (unit)	机构人员(人) Personnel (person)	机构经费支出(万元) Expenditures on S&T Institutions (10000 yuan)	#仪器设备 Equipment
全　国	**Total**	**621**	**720**	**61906**	**1035406**	**791432**
东部地区	Eastern Region	567	659	60084	1007955	768936
中部地区	Middle Region	40	43	1450	19950	17784
西部地区	Western Region	14	18	372	7500	4711
北　京	Beijing	15	17	1307	23049	16298
天　津	Tianjin	6	11	382	4355	6349
河　北	Hebei	4	4	1151	10264	8710
山　西	Shanxi					
内蒙古	Inner Mongolia					
辽　宁	Liaoning	8	11	571	7896	3989
吉　林	Jilin	1	1	20	67	2
黑龙江	Heilongjiang	2	2	33	204	296
上　海	Shanghai	45	55	4971	106040	65279
江　苏	Jiangsu	140	152	12658	182262	180775
浙　江	Zhejiang	91	96	7141	189108	125290
安　徽	Anhui	5	5	86	1865	1130
福　建	Fujian	36	38	4872	148569	87938
江　西	Jiangxi	8	8	190	2137	1170
山　东	Shandong	8	14	766	16374	14262
河　南	Henan	10	11	622	8474	13077
湖　北	Hubei	9	11	405	5808	1437
湖　南	Hunan	5	5	94	1395	673
广　东	Guangdong	207	257	26129	319112	258996
广　西	Guangxi	3	3	52	2500	652
海　南	Hainan	4	4	136	927	1051
重　庆	Chongqing	2	2	25	199	64
四　川	Sichuan	1	2	49	213	347
贵　州	Guizhou	3	3	35	407	105
云　南	Yunnan	7	7	147	3621	2833
西　藏	Tibet					
陕　西	Shaanxi					
甘　肃	Gansu					
青　海	Qinghai					
宁　夏	Ningxia	1	1	64	560	710
新　疆	Xinjiang					

2-7-8 续表 3 continued

地区 Region	外商投资企业 Foreign Funded Enterprises				
	有研发机构的企业数（个）Number of Enterprises with R&D Institutions (unit)	机构数（个）R&D Institutions (unit)	机构人员（人）Personnel (person)	机构经费支出（万元）Expenditures on S&T Institutions (10000 yuan)	#仪器设备 Equipment
全　国 Total	**863**	**1044**	**89374**	**1909032**	**1378204**
东部地区 Eastern Region	790	938	84495	1829495	1309169
中部地区 Middle Region	53	71	2868	50677	37802
西部地区 Western Region	20	35	2011	28861	31233
北　京 Beijing	45	56	3260	101946	59185
天　津 Tianjin	20	25	1754	71018	13897
河　北 Hebei	11	11	484	4109	5740
山　西 Shanxi	5	6	258	2467	6821
内蒙古 Inner Mongolia	2	2	39	57	943
辽　宁 Liaoning	13	13	350	4017	4780
吉　林 Jilin	1	1	45	61	20
黑龙江 Heilongjiang	4	10	398	11954	7539
上　海 Shanghai	98	123	16460	546886	575468
江　苏 Jiangsu	235	273	16535	443711	291235
浙　江 Zhejiang	122	133	6279	89208	82682
安　徽 Anhui	14	21	460	8940	2618
福　建 Fujian	39	46	4946	88846	36653
江　西 Jiangxi	2	2	439	8058	225
山　东 Shandong	42	52	2791	149343	96245
河　南 Henan	9	13	705	12199	18620
湖　北 Hubei	10	10	206	2587	1590
湖　南 Hunan	6	8	357	4411	370
广　东 Guangdong	158	202	31579	326431	141571
广　西 Guangxi	3	3	33	1023	271
海　南 Hainan	4	4	57	3979	1714
重　庆 Chongqing	6	15	632	7270	15055
四　川 Sichuan	7	7	839	13804	8470
贵　州 Guizhou					
云　南 Yunnan	3	3	74	1261	2802
西　藏 Tibet					
陕　西 Shaanxi	4	5	394	5446	3693
甘　肃 Gansu					
青　海 Qinghai					
宁　夏 Ningxia					
新　疆 Xinjiang					

2-7-9 按地区和行业分高技术产业企业办研发机构情况(2009年)

R&D Institutions in High-tech Industry by Region and Industrial Sector (2009)

地区	Region	医药制造业 Medical and Pharmaceutical Products Manufacturing				
		有研发机构的企业数(个) Number of Enterprises with R&D Institutions (unit)	机构数(个) R&D Institutions (unit)	机构人员(人) Personnel (person)	机构经费支出(万元) Expenditures on S&T Institutions (10000 yuan)	#仪器设备 Equipment
全国	**Total**	**1549**	**1839**	**68211**	**1073194**	**1078964**
东部地区	Eastern Region	959	1069	43965	769254	763195
中部地区	Middle Region	404	482	15551	184417	185793
西部地区	Western Region	186	288	8695	119523	129976
北京	Beijing	58	64	2189	49226	16686
天津	Tianjin	38	51	2883	56903	25150
河北	Hebei	33	35	3101	29011	39161
山西	Shanxi	17	17	867	4579	11706
内蒙古	Inner Mongolia	13	15	249	10505	6694
辽宁	Liaoning	39	48	1484	17168	24036
吉林	Jilin	37	45	2062	22152	57030
黑龙江	Heilongjiang	22	31	948	15389	15533
上海	Shanghai	81	89	3473	65874	68953
江苏	Jiangsu	164	205	7179	158340	126408
浙江	Zhejiang	210	240	8421	143591	132734
安徽	Anhui	65	78	2182	27119	21403
福建	Fujian	39	40	1236	17705	21641
江西	Jiangxi	37	44	2388	25943	13167
山东	Shandong	123	143	8434	145076	172011
河南	Henan	88	117	3812	39730	34660
湖北	Hubei	64	71	1966	24097	17822
湖南	Hunan	61	79	1326	25409	14472
广东	Guangdong	114	138	5087	78138	132401
广西	Guangxi	44	52	1128	17407	11150
海南	Hainan	16	16	478	8224	4014
重庆	Chongqing	38	44	1537	23740	31914
四川	Sichuan	58	61	1843	22328	19054
贵州	Guizhou	11	14	537	5633	6657
云南	Yunnan	30	32	868	15167	17598
西藏	Tibet	3	5	409	1334	3897
陕西	Shaanxi	22	30	960	13386	9810
甘肃	Gansu	11	15	534	5843	15894
青海	Qinghai	3	3	40	361	239
宁夏	Ningxia	5	11	538	3396	6652
新疆	Xinjiang	5	6	52	424	418

2-7-9 续表 1 continued

地区	Region	航空航天器制造业 Manufacture of Aircrafts and Spacecrafts				
		有研发机构的企业数（个）Number of Enterprises with R&D Institutions (unit)	机构数（个）R&D Institutions (unit)	机构人员（人）Personnel (person)	机构经费支出（万元）Expenditures on S&T Institutions (10000 yuan)	#仪器设备 Equipment
全国	**Total**	**79**	**116**	**17977**	**262822**	**325887**
东部地区	Eastern Region	22	28	3597	51216	47074
中部地区	Middle Region	13	22	5286	50498	106195
西部地区	Western Region	44	66	9094	161107	172618
北京	Beijing	2	2	304	2865	166
天津	Tianjin	1	1	87	2058	311
河北	Hebei	3	3	359	1111	1619
山西	Shanxi					
内蒙古	Inner Mongolia					
辽宁	Liaoning	3	5	1555	22777	24598
吉林	Jilin					
黑龙江	Heilongjiang	3	5	1149	10231	18014
上海	Shanghai	4	5	287	9198	12796
江苏	Jiangsu	6	8	594	8111	6104
浙江	Zhejiang	1	2	23	368	1224
安徽	Anhui	2	3	146	7409	
福建	Fujian					
江西	Jiangxi	2	2	1973	13161	69166
山东	Shandong					
河南	Henan	3	9	1150	8639	8715
湖北	Hubei	2	2	462	8831	11
湖南	Hunan	1	1	406	2227	10290
广东	Guangdong	2	2	388	4728	257
广西	Guangxi					
海南	Hainan					
重庆	Chongqing					
四川	Sichuan	8	8	2259	50493	48401
贵州	Guizhou	17	18	2144	29503	66576
云南	Yunnan					
西藏	Tibet					
陕西	Shaanxi	19	40	4691	81112	57642
甘肃	Gansu					
青海	Qinghai					
宁夏	Ningxia					
新疆	Xinjiang					

2-7-9 续表 2 continued

地 区	Region	电子及通信设备制造业 Manufacture of Electronic Equipment and Communication Equipment				
		有研发机构的企业数（个） Number of Enterprises with R&D Institutions (unit)	机构数（个） R&D Institutions (unit)	机构人员（人） Personnel (person)	机构经费支出（万元） Expenditures on S&T Institutions (10000 yuan)	#仪器设备 Equipment
全 国	**Total**	**1861**	**2250**	**228336**	**4915472**	**3468962**
东部地区	Eastern Region	1590	1905	198565	4538223	3176831
中部地区	Middle Region	174	204	10654	126599	121707
西部地区	Western Region	97	141	19117	250650	170424
北 京	Beijing	65	89	5738	111637	78347
天 津	Tianjin	29	33	1969	64830	26211
河 北	Hebei	14	14	835	7689	19099
山 西	Shanxi	3	3	243	1682	30790
内 蒙 古	Inner Mongolia	2	2	34	123	150
辽 宁	Liaoning	29	41	1927	53182	13865
吉 林	Jilin	6	6	926	9548	5586
黑 龙 江	Heilongjiang	4	6	229	2490	444
上 海	Shanghai	114	140	16138	520798	683905
江 苏	Jiangsu	397	461	28274	509144	435379
浙 江	Zhejiang	314	332	15071	229113	211634
安 徽	Anhui	52	65	1911	17681	10369
福 建	Fujian	94	105	6932	118542	49749
江 西	Jiangxi	6	6	394	4139	2720
山 东	Shandong	58	75	6127	329769	94268
河 南	Henan	39	50	2454	30469	25521
湖 北	Hubei	39	44	3618	42936	25513
湖 南	Hunan	23	24	879	17656	20765
广 东	Guangdong	469	615	115554	2593519	1564374
广 西	Guangxi	7	7	254	2767	1941
海 南	Hainan					
重 庆	Chongqing	9	10	734	6351	5395
四 川	Sichuan	52	59	12949	182892	89384
贵 州	Guizhou	12	12	1187	12039	30600
云 南	Yunnan					
西 藏	Tibet					
陕 西	Shaanxi	19	45	3255	31909	29896
甘 肃	Gansu	4	5	609	7528	9067
青 海	Qinghai					
宁 夏	Ningxia					
新 疆	Xinjiang	1	1	95	7042	3992

2-7-9 续表 3 continued

地 区 Region	电子计算机及办公设备制造业 Manufacture of Computer and Office Equipments				
	有研发机构的企业数（个）Number of Enterprises with R&D Institutions (unit)	机构数（个）R&D Institutions (unit)	机构人员（人）Personnel (person)	机构经费支出（万元）Expenditures on S&T Institutions (10000 yuan)	#仪器设备 Equipment
全 国 Total	**269**	**348**	**43025**	**790119**	**339628**
东部地区 Eastern Region	248	313	40964	773973	329217
中部地区 Middle Region	17	31	1825	13670	8106
西部地区 Western Region	4	4	236	2476	2305
北 京 Beijing	16	22	971	27850	2200
天 津 Tianjin	3	3	374	10573	240
河 北 Hebei	2	2	106	774	565
山 西 Shanxi	1	3	236	503	250
内蒙古 Inner Mongolia					
辽 宁 Liaoning	1	1	32	10	20
吉 林 Jilin					
黑龙江 Heilongjiang					
上 海 Shanghai	16	31	4469	113119	6473
江 苏 Jiangsu	54	59	5580	120027	86380
浙 江 Zhejiang	37	39	3457	108674	55629
安 徽 Anhui	3	11	495	5615	1026
福 建 Fujian	24	34	5022	147458	83543
江 西 Jiangxi	3	3	65	332	340
山 东 Shandong	7	12	2564	88196	31994
河 南 Henan	1	1	2	65	30
湖 北 Hubei	4	6	198	3424	5090
湖 南 Hunan	5	7	829	3731	1370
广 东 Guangdong	88	110	18389	157293	62174
广 西 Guangxi					
海 南 Hainan					
重 庆 Chongqing	1	1	163	1761	2186
四 川 Sichuan	2	2	64	576	109
贵 州 Guizhou					
云 南 Yunnan	1	1	9	139	10
西 藏 Tibet					
陕 西 Shaanxi					
甘 肃 Gansu					
青 海 Qinghai					
宁 夏 Ningxia					
新 疆 Xinjiang					

2-7-9 续表 4 continued

地区	Region	医疗设备及仪器仪表制造业 Manufacture of Medical Equipments and Measuring Instrument				
		有研发机构的企业数(个) Number of Enterprises with R&D Institutions (unit)	机构数(个) R&D Institutions (unit)	机构人员(人) Personnel (person)	机构经费支出(万元) Expenditures on S&T Institutions (10000 yuan)	#仪器设备 Equipment
全 国	**Total**	**1010**	**1207**	**47514**	**691720**	**497615**
东部地区	Eastern Region	814	954	36445	572230	316163
中部地区	Middle Region	134	160	7809	75778	63063
西部地区	Western Region	62	93	3260	43712	118389
北 京	Beijing	57	68	3045	53011	19307
天 津	Tianjin	14	21	597	11086	7394
河 北	Hebei	18	20	1063	9413	3868
山 西	Shanxi	7	10	284	3409	1256
内 蒙 古	Inner Mongolia					
辽 宁	Liaoning	22	26	912	16898	17254
吉 林	Jilin	2	2	62	515	145
黑 龙 江	Heilongjiang	10	11	538	3457	2880
上 海	Shanghai	63	72	3361	62535	24673
江 苏	Jiangsu	232	277	9247	176940	128275
浙 江	Zhejiang	230	250	8627	94146	72685
安 徽	Anhui	26	32	839	10975	5598
福 建	Fujian	17	17	819	10909	3300
江 西	Jiangxi	11	12	1214	12305	2967
山 东	Shandong	56	75	2734	44647	25396
河 南	Henan	43	56	2812	24999	27782
湖 北	Hubei	16	18	1197	11015	20534
湖 南	Hunan	19	19	863	9105	1902
广 东	Guangdong	96	128	6040	92645	14011
广 西	Guangxi	9	9	167	2345	1177
海 南	Hainan					
重 庆	Chongqing	26	38	1235	14350	18902
四 川	Sichuan	15	17	529	11704	13857
贵 州	Guizhou	2	2	80	671	203
云 南	Yunnan	1	1	56	724	100
西 藏	Tibet					
陕 西	Shaanxi	13	21	744	10917	82065
甘 肃	Gansu	2	2	138	192	335
青 海	Qinghai					
宁 夏	Ningxia	2	2	299	2622	1730
新 疆	Xinjiang	1	1	12	189	20

3

固定资产投资情况

Statistics on Investment in Fixed Assets

3-1-1 高技术产业固定资产投资基本情况

Statistics on Investment in Fixed Assets in High-tech Industry

指 标 Indicator	1996	2000	2005	2006	2007	2008	2009
施工项目个数（个） Number of Projects under Construction (unit)	2507	2734	7095	7507	7789	8534	9780
#新开工项目个数 Number of Projects Started This Year	1182	1640	4460	4435	4541	4872	6220
全部建成或投产项目个数（个） Number of Projects Completed and Put into Use (unit)	1186	1282	3158	3227	3399	4290	5412
项目建成投产率（%） Rate of Projects Completed and Put into Use (%)	47.31	46.89	44.51	42.99	43.64	50.27	55.34
投资额（亿元） Investment (100 million yuan)	306.60	562.95	2144.00	2761.02	3388.35	4169.23	4882.24
新增固定资产（亿元） Newly Increased Fixed Assets (100 million yuan)	238.89	421.02	1463.88	1898.28	2071.33	2574.17	3160.45
固定资产交付使用率（%） Rate of Fixed Assets Put into Use (%)	77.92	74.79	68.28	68.75	61.13	61.74	64.73

注：1996年固定资产投资的统计起点为5万元，其他年份为50万元，下同。

3-1-2 制造业固定资产投资基本情况

Statistics on Investment in Fixed Assets in Manufacturing Industry

指 标 Indicator	1996	2000	2005	2006	2007	2008	2009
施工项目个数（个） Number of Projects under Construction (unit)	33975	28463	90627	106930	126112	137959	159150
#新开工项目个数 Number of Projects Started This Year	19639	19566	67686	77750	89590	95669	117443
全部建成或投产项目个数（个） Number of Projects Completed and Put into Use (unit)	19674	16803	49335	58914	69040	84324	103329
项目建成投产率（%） Rate of Projects Completed and Put into Use (%)	57.91	59.03	54.44	55.10	54.74	61.10	64.93
投资额（亿元） Investment (100 million yuan)	3524.23	3279.26	20406.58	26336.05	35476.72	46368.30	58706.07
新增固定资产（亿元） Newly Increased Fixed Assets (100 million yuan)	2874.70	2689.27	13276.49	17627.98	21654.59	28335.21	40317.01
固定资产交付使用率（%） Rate of Fixed Assets Put into Use (%)	81.57	82.01	65.06	66.93	61.04	61.10	68.68

3-1-3 分行业固定资产投资情况

Statistics on Investment in Fixed Assets in High-tech Industry by Industrial Sector

行 业 Industry	施工项目(个) Number of Projects under Construction (unit)						
	1996	2000	2005	2006	2007	2008	2009
合 计 Total	**2507**	**2734**	**7095**	**7507**	**7789**	**8534**	**9780**
医药制造业 Manufacture of Medicines	**1041**	**1261**	**3201**	**3291**	**3183**	**3286**	**3922**
#化学药品制造 Manufacture of Chemical Medicine	646	727	1185	1222	1106	1114	1297
中成药制造 Manufacture of Finished Traditional Chinese Herbal Medicine	300	374	718	662	659	697	855
生物、生化制品的制造 Manufacture of Biological and Biochemical Chemical Products	67	120	405	503	509	548	596
航空航天器制造业 Manufacture of Aircrafts and Spacecrafts	**370**	**331**	**181**	**231**	**247**	**235**	**250**
1.飞机制造及修理 Manufacture and Repairing of Airplanes	251	274	159	196	218	201	207
2.航天器制造 Manufacture of Spacecrafts	119	57	22	35	29	34	33
电子及通信设备制造业 Manufacture of Electronic Equipment and Communication Equipment	**688**	**826**	**2524**	**2715**	**2890**	**3370**	**3687**
1.通信设备制造 Manufacture of Communication Equipment	122	159	394	398	367	436	501
#通信传输设备制造 Manufacture of Communication Transmitting Equipment	35	60	96	91	74	98	110
通信交换设备制造 Manufacture of Communication Exchanging Equipment	33	31	46	45	39	40	47
通信终端设备制造 Manufacture of Communication Terminal Equipment	22	36	49	43	54	58	53
2.雷达及配套设备制造 Manufacture of Radar and Its Fittings	35	32	28	27	29	21	32
3.广播电视设备制造 Manufacture of Broadcasting and TV Equipment	15	19	57	52	68	82	88
4.电子器件制造 Manufacture of Electronic Appliances	133	153	474	547	612	743	882
#电子真空器件制造 Manufacture of Electronic Vacuum Appliances	64	49	63	72	80	82	85
半导体分立器件制造 Manufacture of Semiconductor Discreting Appliances	44	57	54	90	96	100	120
集成电路制造 Manufacture of Integrate Circuit	25	47	139	147	166	168	176
5.电子元件制造 Manufacture of Electronic Components	246	291	1059	1155	1244	1453	1496
6.家用视听设备制造 Manufacture of Domestic TV Set and Radio Receiver	96	92	174	164	159	171	178
7.其他电子设备制造 Manufacture of Other Electronic Equipment	41	80	338	372	411	464	510
电子计算机及办公设备制造业 Manufacture of Computers and Office Equipments	**68**	**72**	**298**	**298**	**324**	**363**	**360**
1.电子计算机整机制造 Manufacture of Entired Computer	24	35	66	59	65	64	58
2.电子计算机外部设备制造 Manufacture of Computer Peripheral Equipment	33	32	184	189	218	259	201
3.办公设备制造 Manufacture of Office Equipment	11	5	48	50	41	40	40
医疗设备及仪器仪表制造业 Manufacture of Medical Equipments and Measuring Instrument	**340**	**244**	**891**	**972**	**1145**	**1280**	**1561**
1.医疗设备及器械制造 Manufacture of Medical Equipment and Appliances	68	72	238	287	328	354	412
2.仪器仪表制造 Manufacture of Measuring Instrument	272	172	653	685	817	926	1149

3-1-3 续表 1 continued

行 业 Industry	新开工项目(个) Number of Projects Started This Year (unit)						
	1996	2000	2005	2006	2007	2008	2009
合 计 Total	**1182**	**1640**	**4460**	**4435**	**4541**	**4872**	**6220**
医药制造业 Manufacture of Medicines	**559**	**774**	**1983**	**1926**	**1904**	**1922**	**2635**
#化学药品制造 Manufacture of Chemical Medicine	363	450	720	652	640	600	834
中成药制造 Manufacture of Finished Traditional Chinese Herbal Medicine	152	237	446	406	398	435	578
生物、生化制品的制造 Manufacture of Biological and Biochemical Chemical Products	25	65	245	275	292	297	358
航空航天器制造业 Manufacture of Aircrafts and Spacecrafts	**144**	**196**	**68**	**102**	**111**	**87**	**131**
1.飞机制造及修理 Manufacture and Repairing of Airplanes	91	160	61	91	98	76	111
2.航天器制造 Manufacture of Spacecrafts	53	36	7	11	13	11	14
电子及通信设备制造业 Manufacture of Electronic Equipment and Communication Equipment	**287**	**481**	**1632**	**1595**	**1667**	**1903**	**2240**
1.通信设备制造 Manufacture of Communication Equipment	39	90	251	220	189	240	292
#通信传输设备制造 Manufacture of Communication Transmitting Equipment	10	33	51	48	33	66	68
通信交换设备制造 Manufacture of Communication Exchanging Equipment	8	15	31	23	19	16	26
通信终端设备制造 Manufacture of Communication Terminal Equipment	11	21	35	27	31	24	24
2.雷达及配套设备制造 Manufacture of Radar and Its Fittings	14	18	12	14	11	7	21
3.广播电视设备制造 Manufacture of Broadcasting and TV Equipment	8	13	40	30	47	49	55
4.电子器件制造 Manufacture of Electronic Appliances	47	73	284	314	312	396	514
#电子真空器件制造 Manufacture of Electronic Vacuum Appliances	22	27	36	47	52	51	52
半导体分立器件制造 Manufacture of Semiconductor Discreting Appliances	14	23	28	55	45	48	70
集成电路制造 Manufacture of Integrate Circuit	11	23	69	61	69	64	83
5.电子元件制造 Manufacture of Electronic Components	116	185	722	707	775	852	931
6.家用视听设备制造 Manufacture of Domestic TV Set and Radio Receiver	45	54	104	78	91	86	104
7.其他电子设备制造 Manufacture of Other Electronic Equipment	18	48	219	232	242	273	323
电子计算机及办公设备制造业 Manufacture of Computers and Office Equipments	**32**	**34**	**164**	**173**	**173**	**180**	**182**
1.电子计算机整机制造 Manufacture of Entired Computer	8	16	34	29	33	28	35
2.电子计算机外部设备制造 Manufacture of Computer Peripheral Equipment	20	15	97	116	118	131	102
3.办公设备制造 Manufacture of Office Equipment	4	3	33	28	22	21	18
医疗设备及仪器仪表制造业 Manufacture of Medical Equipments and Measuring Instrument	**160**	**155**	**613**	**639**	**686**	**780**	**1032**
1.医疗设备及器械制造 Manufacture of Medical Equipment and Appliances	31	42	165	182	190	202	267
2.仪器仪表制造 Manufacture of Measuring Instrument	129	113	448	457	496	578	765

3-1-3 续表 2 continued

行业 Industry	建成或投产项目(个) Number of Projects Completed and Put into Use (unit)						
	1996	2000	2005	2006	2007	2008	2009
合计 Total	**1186**	**1282**	**3158**	**3227**	**3399**	**4290**	**5412**
医药制造业 Manufacture of Medicines	**535**	**602**	**1457**	**1460**	**1454**	**1664**	**2195**
#化学药品制造 Manufacture of Chemical Medicine	348	369	546	495	464	492	689
中成药制造 Manufacture of Finished Traditional Chinese Herbal Medicine	145	173	356	307	323	368	456
生物、生化制品的制造 Manufacture of Biological and Biochemical Chemical Products	24	38	132	212	219	261	307
航空航天器制造业 Manufacture of Aircrafts and Spacecrafts	**109**	**168**	**73**	**82**	**94**	**92**	**93**
1.飞机制造及修理 Manufacture and Repairing of Airplanes	61	155	64	64	87	87	74
2.航天器制造 Manufacture of Spacecrafts	48	13	9	18	7	5	16
电子及通信设备制造业 Manufacture of Electronic Equipment and Communication Equipment	**327**	**374**	**1111**	**1134**	**1188**	**1674**	**2001**
1.通信设备制造 Manufacture of Communication Equipment	51	64	166	162	145	206	255
#通信传输设备制造 Manufacture of Communication Transmitting Equipment	14	20	37	40	41	48	57
通信交换设备制造 Manufacture of Communication Exchanging Equipment	13	13	16	16	16	21	30
通信终端设备制造 Manufacture of Communication Terminal Equipment	8	19	26	18	11	24	27
2.雷达及配套设备制造 Manufacture of Radar and Its Fittings	16	15	8	8	8	7	21
3.广播电视设备制造 Manufacture of Broadcasting and TV Equipment	8	11	21	22	33	42	45
4.电子器件制造 Manufacture of Electronic Appliances	67	65	195	216	221	350	441
#电子真空器件制造 Manufacture of Electronic Vacuum Appliances	34	23	24	34	36	48	48
半导体分立器件制造 Manufacture of Semiconductor Discreting Appliances	21	27	25	43	36	42	63
集成电路制造 Manufacture of Integrate Circuit	12	15	47	47	59	72	83
5.电子元件制造 Manufacture of Electronic Components	125	139	502	529	562	761	883
6.家用视听设备制造 Manufacture of Domestic TV Set and Radio Receiver	43	45	64	61	57	75	80
7.其他电子设备制造 Manufacture of Other Electronic Equipment	17	35	155	136	162	233	276
电子计算机及办公设备制造业 Manufacture of Computers and Office Equipments	**42**	**32**	**118**	**125**	**121**	**184**	**178**
1.电子计算机整机制造 Manufacture of Entired Computer	15	12	25	25	30	33	26
2.电子计算机外部设备制造 Manufacture of Computer Peripheral Equipment	23	18	68	76	72	129	104
3.办公设备制造 Manufacture of Office Equipment	4	2	25	24	19	22	20
医疗设备及仪器仪表制造业 Manufacture of Medical Equipments and Measuring Instrument	**173**	**106**	**399**	**426**	**542**	**676**	**945**
1.医疗设备及器械制造 Manufacture of Medical Equipment and Appliances	30	27	109	122	158	190	232
2.仪器仪表制造 Manufacture of Measuring Instrument	143	79	290	304	384	486	713

3-1-3 续表 3 continued

行 业 Industry	项目建成投产率(%) Rate of Projects Completed and Put into Use (%)						
	1996	2000	2005	2006	2007	2008	2009
合 计 Total	**47.31**	**46.89**	**44.51**	**42.99**	**43.64**	**50.27**	**55.34**
医药制造业 Manufacture of Medicines	**51.39**	**47.74**	**45.52**	**44.36**	**45.68**	**50.64**	**55.97**
#化学药品制造 Manufacture of Chemical Medicine	53.87	50.76	46.08	40.51	41.95	44.17	53.12
中成药制造 Manufacture of Finished Traditional Chinese Herbal Medicine	48.33	46.26	49.58	46.37	49.01	52.80	53.33
生物、生化制品的制造 Manufacture of Biological and Biochemical Chemical Products	35.82	31.67	32.59	42.15	43.03	47.63	51.51
航空航天器制造业 Manufacture of Aircrafts and Spacecrafts	**29.46**	**50.76**	**40.33**	**35.50**	**38.06**	**39.15**	**37.20**
1.飞机制造及修理 Manufacture and Repairing of Airplanes	24.30	56.57	40.25	32.65	39.91	43.28	35.75
2.航天器制造 Manufacture of Spacecrafts	40.34	22.81	40.91	51.43	24.14	14.71	48.48
电子及通信设备制造业 Manufacture of Electronic Equipment and Communication Equipment	**47.53**	**45.28**	**44.02**	**41.77**	**41.11**	**49.67**	**54.27**
1.通信设备制造 Manufacture of Communication Equipment	41.80	40.25	42.13	40.70	39.51	47.25	50.90
#通信传输设备制造 Manufacture of Communication Transmitting Equipment	40.00	33.33	38.54	43.96	55.41	48.98	51.82
通信交换设备制造 Manufacture of Communication Exchanging Equipment	39.39	41.94	34.78	35.56	41.03	52.50	63.83
通信终端设备制造 Manufacture of Communication Terminal Equipment	36.36	52.78	53.06	41.86	20.37	41.38	50.94
2.雷达及配套设备制造 Manufacture of Radar and Its Fittings	45.71	46.88	28.57	29.63	27.59	33.33	65.63
3.广播电视设备制造 Manufacture of Broadcasting and TV Equipment	53.33	57.89	36.84	42.31	48.53	51.22	51.14
4.电子器件制造 Manufacture of Electronic Appliances	50.38	42.48	41.14	39.49	36.11	47.11	50.00
#电子真空器件制造 Manufacture of Electronic Vacuum Appliances	53.13	46.94	38.10	47.22	45.00	58.54	56.47
半导体分立器件制造 Manufacture of Semiconductor Discreting Appliances	47.73	47.37	46.30	47.78	37.50	42.00	52.50
集成电路制造 Manufacture of Integrate Circuit	48.00	31.91	33.81	31.97	35.54	42.86	47.16
5.电子元件制造 Manufacture of Electronic Components	50.81	47.77	47.40	45.80	45.18	52.37	59.02
6.家用视听设备制造 Manufacture of Domestic TV Set and Radio Receiver	44.79	48.91	36.78	37.20	35.85	43.86	44.94
7.其他电子设备制造 Manufacture of Other Electronic Equipment	41.46	43.75	45.86	36.56	39.42	50.22	54.12
电子计算机及办公设备制造业 Manufacture of Computers and Office Equipments	**61.76**	**44.44**	**39.60**	**41.95**	**37.35**	**50.69**	**49.44**
1.电子计算机整机制造 Manufacture of Entired Computer	62.50	34.29	37.88	42.37	46.15	51.56	44.83
2.电子计算机外部设备制造 Manufacture of Computer Peripheral Equipment	69.70	56.25	36.96	40.21	33.03	49.81	51.74
3.办公设备制造 Manufacture of Office Equipment	36.36	40.00	52.08	48.00	46.34	55.00	50.00
医疗设备及仪器仪表制造业 Manufacture of Medical Equipments and Measuring Instrument	**50.88**	**43.44**	**44.78**	**43.83**	**47.34**	**52.81**	**60.54**
1.医疗设备及器械制造 Manufacture of Medical Equipment and Appliances	44.12	37.50	45.80	42.51	48.17	53.67	56.31
2.仪器仪表制造 Manufacture of Measuring Instrument	52.57	45.93	44.41	44.38	47.00	52.48	62.05

3-1-3 续表 4 continued

行 业 Industry	投资额(亿元) Investment (100 million yuan)						
	1996	2000	2005	2006	2007	2008	2009
合 计 **Total**	**306.60**	**562.95**	**2144.09**	**2761.02**	**3388.35**	**4169.23**	**4882.24**
医药制造业 **Manufacture of Medicines**	**74.05**	**133.62**	**696.05**	**759.92**	**843.49**	**1073.18**	**1454.29**
#化学药品制造 Manufacture of Chemical Medicine	51.47	81.50	289.30	291.01	326.57	410.80	543.61
中成药制造 Manufacture of Finished Traditional Chinese Herbal Medicine	13.86	27.40	140.52	139.31	160.89	198.28	292.04
生物、生化制品的制造 Manufacture of Biological and Biochemical Chemical Products	7.89	20.74	116.50	170.59	153.25	209.82	262.19
航空航天器制造业 **Manufacture of Aircrafts and Spacecrafts**	**35.92**	**43.23**	**69.99**	**80.39**	**126.56**	**159.31**	**186.15**
1.飞机制造及修理 Manufacture and Repairing of Airplanes	25.05	31.70	64.20	70.37	112.47	137.73	157.85
2.航天器制造 Manufacture of Spacecrafts	10.87	11.52	5.78	10.02	14.09	21.58	22.80
电子及通信设备制造业 **Manufacture of Electronic Equipment and Communication Equipment**	**172.24**	**335.98**	**1062.99**	**1522.37**	**1880.51**	**2198.28**	**2344.33**
1.通信设备制造 Manufacture of Communication Equipment	39.52	55.36	139.89	200.50	238.50	275.46	345.26
#通信传输设备制造 Manufacture of Communication Transmitting Equipment	8.50	24.74	19.13	33.34	29.40	44.29	80.83
通信交换设备制造 Manufacture of Communication Exchanging Equipment	4.65	10.30	13.83	30.99	22.09	14.99	20.77
通信终端设备制造 Manufacture of Communication Terminal Equipment	2.69	8.37	16.02	19.06	30.47	32.24	20.00
2.雷达及配套设备制造 Manufacture of Radar and Its Fittings	2.29	3.04	8.86	7.82	11.12	17.06	13.58
3.广播电视设备制造 Manufacture of Broadcasting and TV Equipment	0.31	2.06	9.96	11.28	17.70	32.83	37.99
4.电子器件制造 Manufacture of Electronic Appliances	70.92	159.65	399.08	615.41	871.62	949.11	969.05
#电子真空器件制造 Manufacture of Electronic Vacuum Appliances	41.49	67.89	17.48	17.82	22.21	34.98	50.65
半导体分立器件制造 Manufacture of Semiconductor Discreting Appliances	3.45	10.11	56.18	68.73	76.10	87.01	82.60
集成电路制造 Manufacture of Integrate Circuit	25.98	81.65	195.44	348.29	474.75	458.12	359.25
5.电子元件制造 Manufacture of Electronic Components	34.71	70.93	345.87	493.48	526.01	638.25	611.53
6.家用视听设备制造 Manufacture of Domestic TV Set and Radio Receiver	18.82	32.25	70.19	78.72	78.39	115.75	117.03
7.其他电子设备制造 Manufacture of Other Electronic Equipment	5.67	12.69	89.14	115.16	137.16	169.82	249.90
电子计算机及办公设备制造业 **Manufacture of Computers and Office Equipments**	**8.44**	**26.17**	**168.14**	**188.02**	**236.45**	**285.24**	**311.17**
1.电子计算机整机制造 Manufacture of Entired Computer	3.84	12.41	49.66	41.77	76.66	76.25	61.36
2.电子计算机外部设备制造 Manufacture of Computer Peripheral Equipment	3.35	13.51	102.91	121.43	136.68	187.08	176.36
3.办公设备制造 Manufacture of Office Equipment	1.26	0.25	15.57	24.82	23.11	21.91	31.88
医疗设备及仪器仪表制造业 **Manufacture of Medical Equipments and Measuring Instrument**	**15.96**	**23.95**	**146.92**	**210.32**	**301.34**	**453.22**	**586.30**
1.医疗设备及器械制造 Manufacture of Medical Equipment and Appliances	4.08	8.90	38.83	62.72	93.97	108.73	147.54
2.仪器仪表制造 Manufacture of Measuring Instrument	11.88	15.05	108.09	147.61	207.37	344.49	438.76

3-1-3 续表 5 continued

行业 Industry	新增固定资产(亿元) Newly Increased Fixed Assets (100 million yuan)						
	1996	2000	2005	2006	2007	2008	2009
合 计 Total	**238.89**	**421.02**	**1463.88**	**1898.28**	**2071.33**	**2574.17**	**3160.45**
医药制造业 Manufacture of Medicines	**55.95**	**105.05**	**442.20**	**489.93**	**528.88**	**646.11**	**950.84**
#化学药品制造 Manufacture of Chemical Medicine	40.40	65.94	188.69	185.26	208.13	229.00	342.09
中成药制造 Manufacture of Finished Traditional Chinese Herbal Medicine	11.47	19.32	96.50	98.94	113.23	126.92	184.13
生物、生化制品的制造 Manufacture of Biological and Biochemical Chemical Products	3.19	16.21	55.68	103.42	81.55	115.87	166.32
航空航天器制造业 Manufacture of Aircrafts and Spacecrafts	**31.85**	**34.44**	**43.73**	**38.62**	**54.93**	**43.59**	**58.72**
1.飞机制造及修理 Manufacture and Repairing of Airplanes	24.91	29.01	40.09	32.90	51.04	38.27	51.77
2.航天器制造 Manufacture of Spacecrafts	6.94	5.43	3.64	5.72	3.89	5.32	4.64
电子及通信设备制造业 Manufacture of Electronic Equipment and Communication Equipment	**132.21**	**239.78**	**742.71**	**1123.32**	**1179.07**	**1404.21**	**1541.03**
1.通信设备制造 Manufacture of Communication Equipment	19.99	45.83	73.54	120.93	127.92	150.46	171.26
#通信传输设备制造 Manufacture of Communication Transmitting Equipment	7.42	18.25	7.86	25.31	23.59	24.69	36.98
通信交换设备制造 Manufacture of Communication Exchanging Equipment	4.21	9.25	6.70	8.14	3.72	12.96	18.93
通信终端设备制造 Manufacture of Communication Terminal Equipment	0.96	7.94	10.92	11.74	7.08	22.84	12.87
2.雷达及配套设备制造 Manufacture of Radar and Its Fittings	2.36	2.17	1.35	2.38	1.75	4.36	10.19
3.广播电视设备制造 Manufacture of Broadcasting and TV Equipment	0.64	2.06	10.06	6.93	12.96	22.75	19.41
4.电子器件制造 Manufacture of Electronic Appliances	64.25	99.07	304.49	498.37	603.68	656.95	656.16
#电子真空器件制造 Manufacture of Electronic Vacuum Appliances	43.67	45.46	12.09	14.76	15.32	25.21	29.26
半导体分立器件制造 Manufacture of Semiconductor Discreting Appliances	4.92	9.40	19.59	85.43	74.35	53.50	49.53
集成电路制造 Manufacture of Integrate Circuit	15.66	44.21	129.03	297.80	332.14	334.07	290.99
5.电子元件制造 Manufacture of Electronic Components	28.48	52.12	240.71	363.83	291.44	417.42	508.33
6.家用视听设备制造 Manufacture of Domestic TV Set and Radio Receiver	11.68	28.42	40.98	57.43	48.55	60.37	59.16
7.其他电子设备制造 Manufacture of Other Electronic Equipment	4.82	10.12	71.59	73.44	92.77	91.90	116.51
电子计算机及办公设备制造业 Manufacture of Computers and Office Equipments	**5.03**	**22.81**	**140.51**	**127.85**	**119.19**	**202.90**	**214.61**
1.电子计算机整机制造 Manufacture of Entired Computer	1.68	9.43	33.44	29.71	30.20	29.94	25.09
2.电子计算机外部设备制造 Manufacture of Computer Peripheral Equipment	2.45	13.25	92.44	77.66	72.51	156.23	126.71
3.办公设备制造 Manufacture of Office Equipment	0.90	0.13	14.62	20.48	16.47	16.73	15.69
医疗设备及仪器仪表制造业 Manufacture of Medical Equipments and Measuring Instrument	**13.86**	**18.94**	**94.73**	**118.56**	**189.27**	**277.36**	**395.25**
1.医疗设备及器械制造 Manufacture of Medical Equipment and Appliances	3.76	8.54	25.39	37.93	69.70	75.51	100.79
2.仪器仪表制造 Manufacture of Measuring Instrument	10.10	10.40	69.34	80.63	119.57	201.85	294.46

3-1-3 续表 6 continued

行 业 Industry	固定资产交付使用率(%) Rate of Fixed Assets Put into Use (%)						
	1996	2000	2005	2006	2007	2008	2009
合 计 Total	**77.92**	**74.79**	**68.28**	**68.75**	**61.13**	**61.74**	**64.73**
医药制造业 Manufacture of Medicines	**75.56**	**78.62**	**63.53**	**64.47**	**62.70**	**60.21**	**65.38**
#化学药品制造 Manufacture of Chemical Medicine	78.49	80.90	65.22	63.66	63.73	55.74	62.93
中成药制造 Manufacture of Finished Traditional Chinese Herbal Medicine	82.75	70.50	68.67	71.02	70.38	64.01	63.05
生物、生化制品的制造 Manufacture of Biological and Biochemical Chemical Products	40.45	78.14	47.79	60.62	53.21	55.22	63.44
航空航天器制造业 Manufacture of Aircrafts and Spacecrafts	**88.66**	**79.67**	**62.48**	**48.04**	**43.40**	**27.36**	**31.54**
1.飞机制造及修理 Manufacture and Repairing of Airplanes	99.44	91.51	62.45	46.75	45.38	27.79	32.80
2.航天器制造 Manufacture of Spacecrafts	63.82	47.10	62.98	57.09	27.61	24.65	20.34
电子及通信设备制造业 Manufacture of Electronic Equipment and Communication Equipment	**76.76**	**71.37**	**69.87**	**73.79**	**62.70**	**63.88**	**65.73**
1.通信设备制造 Manufacture of Communication Equipment	50.59	82.78	52.57	60.31	53.64	54.62	49.60
#通信传输设备制造 Manufacture of Communication Transmitting Equipment	87.31	73.78	41.09	75.91	80.24	55.75	45.75
通信交换设备制造 Manufacture of Communication Exchanging Equipment	90.60	89.86	48.45	26.27	16.84	86.46	91.10
通信终端设备制造 Manufacture of Communication Terminal Equipment	35.54	94.90	68.16	61.59	23.24	70.84	64.32
2.雷达及配套设备制造 Manufacture of Radar and Its Fittings	102.88	71.22	15.24	30.43	15.74	25.56	75.02
3.广播电视设备制造 Manufacture of Broadcasting and TV Equipment	208.23	100.00	101.00	61.44	73.22	69.30	51.11
4.电子器件制造 Manufacture of Electronic Appliances	90.59	62.06	76.30	80.98	69.26	69.22	67.71
#电子真空器件制造 Manufacture of Electronic Vacuum Appliances	105.25	66.96	69.16	82.83	68.98	72.07	57.78
半导体分立器件制造 Manufacture of Semiconductor Discreting Appliances	142.70	93.00	34.87	124.30	97.70	61.49	59.97
集成电路制造 Manufacture of Integrate Circuit	60.28	54.15	66.02	85.50	69.96	72.92	81.00
5.电子元件制造 Manufacture of Electronic Components	82.04	73.47	69.60	73.73	55.41	65.40	83.12
6.家用视听设备制造 Manufacture of Domestic TV Set and Radio Receiver	62.06	88.12	58.38	72.95	61.93	52.16	50.56
7.其他电子设备制造 Manufacture of Other Electronic Equipment	84.99	79.76	80.31	63.77	67.64	54.12	46.62
电子计算机及办公设备制造业 Manufacture of Computers and Office Equipments	**59.54**	**87.14**	**83.57**	**68.00**	**50.41**	**71.13**	**68.97**
1.电子计算机整机制造 Manufacture of Entired Computer	43.66	75.99	67.34	71.13	39.39	39.27	40.89
2.电子计算机外部设备制造 Manufacture of Computer Peripheral Equipment	73.07	98.08	89.83	63.95	53.05	83.51	71.85
3.办公设备制造 Manufacture of Office Equipment	72.07	49.78	93.90	82.51	71.27	76.36	49.23
医疗设备及仪器仪表制造业 Manufacture of Medical Equipments and Measuring Instrument	**86.86**	**79.08**	**64.48**	**56.37**	**62.81**	**61.20**	**67.41**
1.医疗设备及器械制造 Manufacture of Medical Equipment and Appliances	92.20	95.94	65.39	60.48	74.17	69.45	68.31
2.仪器仪表制造 Manufacture of Measuring Instrument	85.03	69.11	64.15	54.62	57.66	58.59	67.11

3-1-4 国有及国有控股企业固定资产投资情况
Statistics on Investment in Fixed Assets in State-owned and State-controlled Enterprises

行　业 Industry	施工项目(个) Number of Projects under Construction (unit)						
	1996	2000	2005	2006	2007	2008	2009
合　计 Total	**1878**	**1321**	**1285**	**1587**	**1421**	**1073**	**1158**
医药制造业 Manufacture of Medicines	**774**	**478**	**553**	**607**	**533**	**308**	**331**
#化学药品制造 Manufacture of Chemical Medicine	501	310	269	279	231	134	139
中成药制造 Manufacture of Finished Traditional Chinese Herbal Medicine	207	131	115	118	114	64	77
生物、生化制品的制造 Manufacture of Biological and Biochemical Chemical Products	40	29	65	94	74	48	50
航空航天器制造业 Manufacture of Aircrafts and Spacecrafts	**366**	**328**	**169**	**214**	**217**	**195**	**203**
1.飞机制造及修理 Manufacture and Repairing of Airplanes	248	273	148	180	195	169	173
2.航天器制造 Manufacture of Spacecrafts	118	55	21	34	22	26	26
电子及通信设备制造业 Manufacture of Electronic Equipment and Communication Equipment	**435**	**363**	**369**	**525**	**443**	**413**	**448**
1.通信设备制造 Manufacture of Communication Equipment	84	74	103	121	98	89	123
#通信传输设备制造 Manufacture of Communication Transmitting Equipment	25	33	43	35	28	23	26
通信交换设备制造 Manufacture of Communication Exchanging Equipment	27	17	12	14	12	16	17
通信终端设备制造 Manufacture of Communication Terminal Equipment	17	11	10	14	16	14	25
2.雷达及配套设备制造 Manufacture of Radar and Its Fittings	32	27	22	23	18	14	15
3.广播电视设备制造 Manufacture of Broadcasting and TV Equipment	12	13	18	14	14	15	12
4.电子器件制造 Manufacture of Electronic Appliances	71	67	84	105	98	104	121
#电子真空器件制造 Manufacture of Electronic Vacuum Appliances	25	19	21	20	12	18	12
半导体分立器件制造 Manufacture of Semiconductor Discreting Appliances	31	35	13	27	27	13	24
集成电路制造 Manufacture of Integrate Circuit	15	13	19	19	17	15	29
5.电子元件制造 Manufacture of Electronic Components	155	111	91	169	116	122	107
6.家用视听设备制造 Manufacture of Domestic TV Set and Radio Receiver	59	39	31	35	34	30	27
7.其他电子设备制造 Manufacture of Other Electronic Equipment	22	32	20	58	65	39	43
电子计算机及办公设备制造业 Manufacture of Computers and Office Equipments	**34**	**19**	**41**	**60**	**49**	**52**	**59**
1.电子计算机整机制造 Manufacture of Entired Computer	15	16	11	15	15	13	16
2.电子计算机外部设备制造 Manufacture of Computer Peripheral Equipment	13		26	32	26	34	23
3.办公设备制造 Manufacture of Office Equipment	6	3	4	13	8	5	5
医疗设备及仪器仪表制造业 Manufacture of Medical Equipments and Measuring Instrument	**269**	**133**	**153**	**181**	**179**	**105**	**117**
1.医疗设备及器械制造 Manufacture of Medical Equipment and Appliances	40	27	16	42	31	14	21
2.仪器仪表制造 Manufacture of Measuring Instrument	229	106	137	139	148	91	96

3-1-4 续表 1 continued

行 业 Industry	新开工项目(个) Number of Projects Started This Year (unit)						
	1996	2000	2005	2006	2007	2008	2009
合 计 **Total**	**884**	**803**	**636**	**787**	**692**	**533**	**636**
医药制造业 **Manufacture of Medicines**	**429**	**311**	**303**	**315**	**278**	**152**	**199**
#化学药品制造 Manufacture of Chemical Medicine	295	200	152	147	115	70	82
中成药制造 Manufacture of Finished Traditional Chinese Herbal Medicine	105	92	60	63	70	33	49
生物、生化制品的制造 Manufacture of Biological and Biochemical Chemical Products	12	13	39	41	30	21	27
航空航天器制造业 **Manufacture of Aircrafts and Spacecrafts**	**143**	**194**	**60**	**89**	**91**	**66**	**103**
1.飞机制造及修理 Manufacture and Repairing of Airplanes	91	160	54	79	85	59	94
2.航天器制造 Manufacture of Spacecrafts	52	34	6	10	6	7	8
电子及通信设备制造业 **Manufacture of Electronic Equipment and Communication Equipment**	**170**	**212**	**181**	**261**	**213**	**230**	**251**
1.通信设备制造 Manufacture of Communication Equipment	25	41	52	58	43	49	78
#通信传输设备制造 Manufacture of Communication Transmitting Equipment	8	18	15	11	10	16	15
通信交换设备制造 Manufacture of Communication Exchanging Equipment	6	9	6	8	3	5	12
通信终端设备制造 Manufacture of Communication Terminal Equipment	7	5	9	9	10	5	16
2.雷达及配套设备制造 Manufacture of Radar and Its Fittings	12	14	7	11	5	5	9
3.广播电视设备制造 Manufacture of Broadcasting and TV Equipment	5	8	14	5	11	11	8
4.电子器件制造 Manufacture of Electronic Appliances	24	34	36	50	42	55	62
#电子真空器件制造 Manufacture of Electronic Vacuum Appliances	10	11	6	8	5	11	3
半导体分立器件制造 Manufacture of Semiconductor Discreting Appliances	8	14	6	15	11	6	12
集成电路制造 Manufacture of Integrate Circuit	6	9	8	7	4	6	14
5.电子元件制造 Manufacture of Electronic Components	66	73	52	93	48	76	62
6.家用视听设备制造 Manufacture of Domestic TV Set and Radio Receiver	30	23	12	13	22	10	15
7.其他电子设备制造 Manufacture of Other Electronic Equipment	8	19	8	31	42	24	17
电子计算机及办公设备制造业 **Manufacture of Computers and Office Equipments**	**13**	**7**	**12**	**21**	**22**	**27**	**25**
1.电子计算机整机制造 Manufacture of Entired Computer	4	6	4	6	7	4	11
2.电子计算机外部设备制造 Manufacture of Computer Peripheral Equipment	6		7	11	10	22	10
3.办公设备制造 Manufacture of Office Equipment	3	1	1	4	5	1	1
医疗设备及仪器仪表制造业 **Manufacture of Medical Equipments and Measuring Instrument**	**129**	**79**	**80**	**101**	**88**	**58**	**58**
1.医疗设备及器械制造 Manufacture of Medical Equipment and Appliances	19	12	10	23	15	7	10
2.仪器仪表制造 Manufacture of Measuring Instrument	110	67	70	78	73	51	48

3-1-4 续表 2 continued

行 业 Industry	建成或投产项目(个) Number of Projects Completed and Put into Use (unit)						
	1996	2000	2005	2006	2007	2008	2009
合 计 Total	**878**	**627**	**503**	**654**	**575**	**486**	**526**
医药制造业 Manufacture of Medicines	**410**	**233**	**260**	**264**	**226**	**136**	**171**
#化学药品制造 Manufacture of Chemical Medicine	283	148	128	115	90	57	68
中成药制造 Manufacture of Finished Traditional Chinese Herbal Medicine	95	70	60	61	60	34	39
生物、生化制品的制造 Manufacture of Biological and Biochemical Chemical Products	14	9	23	43	29	20	20
航空航天器制造业 Manufacture of Aircrafts and Spacecrafts	**108**	**167**	**68**	**77**	**85**	**78**	**74**
1.飞机制造及修理 Manufacture and Repairing of Airplanes	60	155	60	60	81	76	63
2.航天器制造 Manufacture of Spacecrafts	48	12	8	17	4	2	11
电子及通信设备制造业 Manufacture of Electronic Equipment and Communication Equipment	**202**	**159**	**128**	**203**	**165**	**205**	**205**
1.通信设备制造 Manufacture of Communication Equipment	36	29	43	47	42	44	65
#通信传输设备制造 Manufacture of Communication Transmitting Equipment	10	11	19	15	15	14	10
通信交换设备制造 Manufacture of Communication Exchanging Equipment	11	5	5	2	4	11	13
通信终端设备制造 Manufacture of Communication Terminal Equipment	7	7	4	6	6	6	15
2.雷达及配套设备制造 Manufacture of Radar and Its Fittings	16	11	6	7	4	5	6
3.广播电视设备制造 Manufacture of Broadcasting and TV Equipment	5	9	8	6	7	8	6
4.电子器件制造 Manufacture of Electronic Appliances	32	27	24	40	28	46	48
#电子真空器件制造 Manufacture of Electronic Vacuum Appliances	12	7	4	9	3	8	4
半导体分立器件制造 Manufacture of Semiconductor Discreting Appliances	14	17	2	10	11	2	13
集成电路制造 Manufacture of Integrate Circuit	6	3	5	4	3	7	10
5.电子元件制造 Manufacture of Electronic Components	83	52	34	69	55	73	49
6.家用视听设备制造 Manufacture of Domestic TV Set and Radio Receiver	21	18	8	12	11	13	13
7.其他电子设备制造 Manufacture of Other Electronic Equipment	9	13	5	22	18	16	18
电子计算机及办公设备制造业 Manufacture of Computers and Office Equipments	**18**	**9**	**5**	**30**	**16**	**21**	**30**
1.电子计算机整机制造 Manufacture of Entired Computer	10	7	2	3	4	9	4
2.电子计算机外部设备制造 Manufacture of Computer Peripheral Equipment	7		1	17	7	12	15
3.办公设备制造 Manufacture of Office Equipment	1	2	2	10	5		1
医疗设备及仪器仪表制造业 Manufacture of Medical Equipments and Measuring Instrument	**140**	**59**	**42**	**80**	**83**	**46**	**46**
1.医疗设备及器械制造 Manufacture of Medical Equipment and Appliances	18	10	7	17	15	4	4
2.仪器仪表制造 Manufacture of Measuring Instrument	122	49	35	63	68	42	42

3-1-4 续表 3 continued

行 业 Industry	项目建成投产率(%) Rate of Projects Completed and Put into Use (%)						
	1996	2000	2005	2006	2007	2008	2009
合 计 **Total**	**46.75**	**47.46**	**39.14**	**41.21**	**40.46**	**45.29**	**45.42**
医药制造业 **Manufacture of Medicines**	**52.97**	**48.74**	**47.02**	**43.49**	**42.40**	**44.16**	**51.66**
#化学药品制造 Manufacture of Chemical Medicine	56.49	47.74	47.58	41.22	38.96	42.54	48.92
中成药制造 Manufacture of Finished Traditional Chinese Herbal Medicine	45.89	53.44	52.17	51.69	52.63	53.13	50.65
生物、生化制品的制造 Manufacture of Biological and Biochemical Chemical Products	35.00	31.03	35.38	45.74	39.19	41.67	40.00
航空航天器制造业 **Manufacture of Aircrafts and Spacecrafts**	**29.51**	**50.91**	**40.24**	**35.98**	**39.17**	**40.00**	**36.45**
1.飞机制造及修理 Manufacture and Repairing of Airplanes	24.19	56.78	40.54	33.33	41.54	44.97	36.42
2.航天器制造 Manufacture of Spacecrafts	40.68	21.82	38.10	50.00	18.18	7.69	42.31
电子及通信设备制造业 **Manufacture of Electronic Equipment and Communication Equipment**	**46.44**	**43.80**	**34.69**	**38.67**	**37.25**	**49.64**	**45.76**
1.通信设备制造 Manufacture of Communication Equipment	42.86	39.19	41.75	38.84	42.86	49.44	52.85
#通信传输设备制造 Manufacture of Communication Transmitting Equipment	40.00	33.33	44.19	42.86	53.57	60.87	38.46
通信交换设备制造 Manufacture of Communication Exchanging Equipment	40.74	29.41	41.67	14.29	33.33	68.75	76.47
通信终端设备制造 Manufacture of Communication Terminal Equipment	41.18	63.64	40.00	42.86	37.50	42.86	60.00
2.雷达及配套设备制造 Manufacture of Radar and Its Fittings	50.00	40.74	27.27	30.43	22.22	35.71	40.00
3.广播电视设备制造 Manufacture of Broadcasting and TV Equipment	41.67	69.23	44.44	42.86	50.00	53.33	50.00
4.电子器件制造 Manufacture of Electronic Appliances	45.07	40.30	28.57	38.10	28.57	44.23	39.67
#电子真空器件制造 Manufacture of Electronic Vacuum Appliances	48.00	36.84	19.05	45.00	25.00	44.44	33.33
半导体分立器件制造 Manufacture of Semiconductor Discreting Appliances	45.16	48.57	15.38	37.04	40.74	15.38	54.17
集成电路制造 Manufacture of Integrate Circuit	40.00	23.08	26.32	21.05	17.65	46.67	34.48
5.电子元件制造 Manufacture of Electronic Components	53.55	46.85	37.36	40.83	47.41	59.84	45.79
6.家用视听设备制造 Manufacture of Domestic TV Set and Radio Receiver	35.59	46.15	25.81	34.29	32.35	43.33	48.15
7.其他电子设备制造 Manufacture of Other Electronic Equipment	40.91	40.63	25.00	37.93	27.69	41.03	41.86
电子计算机及办公设备制造业 **Manufacture of Computers and Office Equipments**	**52.94**	**47.37**	**12.20**	**50.00**	**32.65**	**40.38**	**50.85**
1.电子计算机整机制造 Manufacture of Entired Computer	66.67	43.75	18.18	20.00	26.67	69.23	25.00
2.电子计算机外部设备制造 Manufacture of Computer Peripheral Equipment	53.85		3.85	53.13	26.92	35.29	65.22
3.办公设备制造 Manufacture of Office Equipment	16.67	66.67	50.00	76.92	62.50		20.00
医疗设备及仪器仪表制造业 **Manufacture of Medical Equipments and Measuring Instrument**	**52.04**	**44.36**	**27.45**	**44.20**	**46.37**	**43.81**	**39.32**
1.医疗设备及器械制造 Manufacture of Medical Equipment and Appliances	45.00	37.04	43.75	40.48	48.39	28.57	19.05
2.仪器仪表制造 Manufacture of Measuring Instrument	53.28	46.23	25.55	45.32	45.95	46.15	43.75

3-1-4 续表 4 continued

行 业 Industry	投资额(亿元) Investment (100 million yuan)						
	1996	2000	2005	2006	2007	2008	2009
合 计 Total	**129.99**	**168.44**	**380.71**	**585.82**	**645.61**	**624.09**	**770.91**
医药制造业 Manufacture of Medicines	**37.45**	**39.66**	**137.69**	**162.08**	**144.48**	**126.24**	**121.92**
#化学药品制造 Manufacture of Chemical Medicine	25.84	28.85	61.14	66.73	56.34	59.63	47.56
中成药制造 Manufacture of Finished Traditional Chinese Herbal Medicine	7.38	7.12	20.29	25.58	25.86	16.04	26.12
生物、生化制品的制造 Manufacture of Biological and Biochemical Chemical Products	3.53	3.25	30.03	44.12	30.77	27.70	25.27
航空航天器制造业 Manufacture of Aircrafts and Spacecrafts	**32.78**	**41.21**	**67.20**	**67.31**	**90.72**	**101.80**	**139.88**
1.飞机制造及修理 Manufacture and Repairing of Airplanes	22.03	30.33	61.46	57.41	79.17	84.00	115.81
2.航天器制造 Manufacture of Spacecrafts	10.75	10.89	5.74	9.89	11.55	17.79	19.99
电子及通信设备制造业 Manufacture of Electronic Equipment and Communication Equipment	**45.97**	**71.98**	**150.31**	**288.60**	**322.39**	**298.75**	**383.76**
1.通信设备制造 Manufacture of Communication Equipment	7.72	17.20	42.09	49.68	43.00	28.22	94.50
#通信传输设备制造 Manufacture of Communication Transmitting Equipment	3.35	9.13	11.36	18.08	16.39	6.83	18.39
通信交换设备制造 Manufacture of Communication Exchanging Equipment	2.10	1.88	5.93	9.33	1.82	4.09	3.39
通信终端设备制造 Manufacture of Communication Terminal Equipment	1.62	3.14	4.04	3.95	4.60	4.18	5.15
2.雷达及配套设备制造 Manufacture of Radar and Its Fittings	2.17	2.60	8.32	7.42	8.78	10.24	9.42
3.广播电视设备制造 Manufacture of Broadcasting and TV Equipment	0.27	1.17	3.21	3.52	4.09	2.79	3.06
4.电子器件制造 Manufacture of Electronic Appliances	14.59	19.34	49.24	106.08	154.74	132.80	133.08
#电子真空器件制造 Manufacture of Electronic Vacuum Appliances	5.54	16.47	9.81	3.80	3.71	10.37	7.73
半导体分立器件制造 Manufacture of Semiconductor Discreting Appliances	1.54	1.34	5.73	10.21	13.84	10.18	6.82
集成电路制造 Manufacture of Integrate Circuit	7.51	1.53	10.85	22.98	51.33	38.90	92.56
5.电子元件制造 Manufacture of Electronic Components	11.17	15.51	27.95	82.59	61.20	59.02	61.53
6.家用视听设备制造 Manufacture of Domestic TV Set and Radio Receiver	8.67	12.93	7.67	13.63	26.86	46.71	39.22
7.其他电子设备制造 Manufacture of Other Electronic Equipment	1.38	3.24	11.82	25.67	23.71	18.97	42.94
电子计算机及办公设备制造业 Manufacture of Computers and Office Equipments	**2.10**	**4.84**	**8.11**	**25.42**	**24.94**	**47.67**	**67.61**
1.电子计算机整机制造 Manufacture of Entired Computer	0.71	4.67	2.05	2.80	2.14	4.30	12.25
2.电子计算机外部设备制造 Manufacture of Computer Peripheral Equipment	1.08	0.14	5.79	20.21	14.96	38.59	38.27
3.办公设备制造 Manufacture of Office Equipment	0.31	0.03	0.27	2.41	7.84	4.77	3.97
医疗设备及仪器仪表制造业 Manufacture of Medical Equipments and Measuring Instrument	**11.69**	**10.75**	**17.40**	**42.41**	**63.09**	**49.64**	**57.75**
1.医疗设备及器械制造 Manufacture of Medical Equipment and Appliances	1.97	2.53	2.18	10.33	16.10	5.43	8.26
2.仪器仪表制造 Manufacture of Measuring Instrument	9.72	8.22	15.22	32.09	46.99	44.21	49.49

3-1-4 续表 5 continued

行业 Industry	新增固定资产(亿元) Newly Increased Fixed Assets (100 million yuan)						
	1996	2000	2005	2006	2007	2008	2009
合计 Total	**97.72**	**130.94**	**213.70**	**372.20**	**332.20**	**336.92**	**488.96**
医药制造业 Manufacture of Medicines	**26.64**	**32.52**	**93.08**	**113.88**	**89.95**	**64.42**	**77.88**
#化学药品制造 Manufacture of Chemical Medicine	19.37	23.10	40.76	39.01	41.68	31.16	26.85
中成药制造 Manufacture of Finished Traditional Chinese Herbal Medicine	5.24	5.27	19.02	22.21	18.46	10.55	14.41
生物、生化制品的制造 Manufacture of Biological and Biochemical Chemical Products	1.15	2.94	18.48	35.97	15.42	14.14	11.75
航空航天器制造业 Manufacture of Aircrafts and Spacecrafts	**23.38**	**34.32**	**41.88**	**35.00**	**49.08**	**35.33**	**43.45**
1.飞机制造及修理 Manufacture and Repairing of Airplanes	16.45	29.00	38.28	29.40	45.70	33.35	40.99
2.航天器制造 Manufacture of Spacecrafts	6.94	5.32	3.60	5.60	3.37	1.97	2.31
电子及通信设备制造业 Manufacture of Electronic Equipment and Communication Equipment	**35.68**	**53.38**	**66.12**	**173.73**	**147.31**	**198.41**	**237.77**
1.通信设备制造 Manufacture of Communication Equipment	6.16	15.23	21.72	29.28	24.99	18.30	42.22
#通信传输设备制造 Manufacture of Communication Transmitting Equipment	3.50	8.19	4.17	13.51	13.63	4.21	11.06
通信交换设备制造 Manufacture of Communication Exchanging Equipment	1.64	1.10	3.10	2.80	0.69	4.59	2.69
通信终端设备制造 Manufacture of Communication Terminal Equipment	0.67	3.44	1.73	1.81	2.47	3.33	3.61
2.雷达及配套设备制造 Manufacture of Radar and Its Fittings	2.29	1.47	0.98	2.12	0.90	2.26	1.42
3.广播电视设备制造 Manufacture of Broadcasting and TV Equipment	0.61	1.23	1.98	1.11	2.77	2.24	2.60
4.电子器件制造 Manufacture of Electronic Appliances	9.76	8.51	20.59	81.87	63.51	123.10	108.65
#电子真空器件制造 Manufacture of Electronic Vacuum Appliances	5.79	6.16	4.35	4.36	1.06	8.41	7.49
半导体分立器件制造 Manufacture of Semiconductor Discreting Appliances	1.90	1.07	2.37	25.61	6.95	5.30	5.72
集成电路制造 Manufacture of Integrate Circuit	2.07	1.28	8.52	3.41	29.70	27.78	85.87
5.电子元件制造 Manufacture of Electronic Components	10.53	12.65	15.96	40.60	30.90	25.06	59.58
6.家用视听设备制造 Manufacture of Domestic TV Set and Radio Receiver	5.16	11.77	2.49	5.47	13.63	16.15	11.91
7.其他电子设备制造 Manufacture of Other Electronic Equipment	1.18	2.52	2.40	13.28	10.63	11.31	11.39
电子计算机及办公设备制造业 Manufacture of Computers and Office Equipments	**1.92**	**3.37**	**1.90**	**21.70**	**10.95**	**16.14**	**77.68**
1.电子计算机整机制造 Manufacture of Entired Computer	1.12	3.30	0.53	1.84	1.17	4.02	1.78
2.电子计算机外部设备制造 Manufacture of Computer Peripheral Equipment	0.51	0.04	0.29	17.92	4.94	10.20	39.43
3.办公设备制造 Manufacture of Office Equipment	0.29	0.04	1.09	1.93	4.84	1.91	1.33
医疗设备及仪器仪表制造业 Manufacture of Medical Equipments and Measuring Instrument	**10.10**	**7.35**	**10.72**	**27.89**	**34.91**	**22.62**	**52.17**
1.医疗设备及器械制造 Manufacture of Medical Equipment and Appliances	1.75	2.32	1.53	7.07	11.82	1.73	3.36
2.仪器仪表制造 Manufacture of Measuring Instrument	8.35	5.04	9.19	20.83	23.09	20.90	48.80

3-1-4 续表 6 continued

行 业 Industry	固定资产交付使用率(%) Rate of Fixed Assets Put into Use (%)						
	1996	2000	2005	2006	2007	2008	2009
合 计 **Total**	**75.17**	**77.74**	**56.13**	**63.53**	**51.46**	**53.99**	**63.43**
医药制造业 **Manufacture of Medicines**	**71.13**	**81.99**	**67.60**	**70.26**	**62.26**	**51.03**	**63.88**
#化学药品制造 Manufacture of Chemical Medicine	74.94	80.08	66.67	58.46	73.98	52.26	56.46
中成药制造 Manufacture of Finished Traditional Chinese Herbal Medicine	71.03	74.01	93.74	86.83	71.38	65.77	55.16
生物、生化制品的制造 Manufacture of Biological and Biochemical Chemical Products	32.54	90.51	61.54	81.53	50.11	51.05	46.49
航空航天器制造业 **Manufacture of Aircrafts and Spacecrafts**	**71.33**	**83.28**	**62.32**	**52.00**	**54.10**	**34.71**	**31.06**
1.飞机制造及修理 Manufacture and Repairing of Airplanes	74.67	95.63	62.28	51.21	57.72	39.70	35.39
2.航天器制造 Manufacture of Spacecrafts	64.50	48.88	62.72	56.62	29.18	11.07	11.56
电子及通信设备制造业 **Manufacture of Electronic Equipment and Communication Equipment**	**77.62**	**74.16**	**43.99**	**60.20**	**45.69**	**66.41**	**61.96**
1.通信设备制造 Manufacture of Communication Equipment	79.87	88.56	51.60	58.94	58.12	64.85	44.68
#通信传输设备制造 Manufacture of Communication Transmitting Equipment	104.46	89.64	36.71	74.72	83.16	61.64	60.14
通信交换设备制造 Manufacture of Communication Exchanging Equipment	78.13	58.47	52.28	30.01	37.91	112.22	79.45
通信终端设备制造 Manufacture of Communication Terminal Equipment	41.51	109.43	42.82	45.82	53.70	79.67	70.10
2.雷达及配套设备制造 Manufacture of Radar and Its Fittings	105.37	56.52	11.78	28.57	10.25	22.07	15.08
3.广播电视设备制造 Manufacture of Broadcasting and TV Equipment	222.77	105.66	61.68	31.53	67.73	80.29	84.93
4.电子器件制造 Manufacture of Electronic Appliances	66.87	44.00	41.82	77.18	41.04	92.70	81.65
#电子真空器件制造 Manufacture of Electronic Vacuum Appliances	104.47	37.40	44.34	114.74	28.57	81.10	96.87
半导体分立器件制造 Manufacture of Semiconductor Discreting Appliances	123.03	79.72	41.36	250.83	50.22	52.06	83.82
集成电路制造 Manufacture of Integrate Circuit	27.56	83.86	78.53	14.84	57.86	71.41	92.77
5.电子元件制造 Manufacture of Electronic Components	94.32	81.60	57.10	49.16	50.49	42.46	96.83
6.家用视听设备制造 Manufacture of Domestic TV Set and Radio Receiver	59.46	91.01	32.46	40.13	50.74	34.58	30.37
7.其他电子设备制造 Manufacture of Other Electronic Equipment	85.25	77.76	20.30	51.73	44.83	59.62	26.52
电子计算机及办公设备制造业 **Manufacture of Computers and Office Equipments**	**91.24**	**69.66**	**23.43**	**85.37**	**43.91**	**33.86**	**114.89**
1.电子计算机整机制造 Manufacture of Entired Computer	157.47	70.70	25.85	65.71	54.67	93.49	14.53
2.电子计算机外部设备制造 Manufacture of Computer Peripheral Equipment	46.82	25.45	5.01	88.67	33.02	26.43	103.04
3.办公设备制造 Manufacture of Office Equipment	93.54	105.39	403.70	80.08	61.73	40.04	33.49
医疗设备及仪器仪表制造业 **Manufacture of Medical Equipments and Measuring Instrument**	**86.39**	**68.39**	**61.61**	**65.76**	**55.33**	**45.57**	**90.33**
1.医疗设备及器械制造 Manufacture of Medical Equipment and Appliances	88.80	91.51	70.18	68.44	73.42	31.86	40.70
2.仪器仪表制造 Manufacture of Measuring Instrument	85.90	61.26	60.38	64.91	49.14	47.27	98.62

3-1-5　三资企业固定资产投资情况

Statistics on Investment in Fixed Assets in Joint Ventures Enterprises

行　业 Industry	施工项目(个) Number of Projects under Construction (unit)						
	1996	2000	2005	2006	2007	2008	2009
合　计 **Total**	**342**	**464**	**1671**	**1504**	**1589**	**1761**	**1654**
医药制造业 **Manufacture of Medicines**	**106**	**147**	**343**	**306**	**301**	**290**	**353**
#化学药品制造 Manufacture of Chemical Medicine	69	85	157	129	113	125	160
中成药制造 Manufacture of Finished Traditional Chinese Herbal Medicine	24	36	65	59	54	51	61
生物、生化制品的制造 Manufacture of Biological and Biochemical Chemical Products	12	22	55	57	73	59	68
航空航天器制造业 **Manufacture of Aircrafts and Spacecrafts**	**4**	**2**	**6**	**11**	**14**	**17**	**19**
1.飞机制造及修理 Manufacture and Repairing of Airplanes	3	1	6	11	12	17	19
2.航天器制造 Manufacture of Spacecrafts	1	1			2		
电子及通信设备制造业 **Manufacture of Electronic Equipment and Communication Equipment**	**173**	**241**	**1029**	**931**	**963**	**1120**	**980**
1.通信设备制造 Manufacture of Communication Equipment	27	25	110	109	90	105	103
#通信传输设备制造 Manufacture of Communication Transmitting Equipment	5	5	11	18	9	13	20
通信交换设备制造 Manufacture of Communication Exchanging Equipment	5	5	12	12	6	3	4
通信终端设备制造 Manufacture of Communication Terminal Equipment	4	9	19	10	9	13	8
2.雷达及配套设备制造 Manufacture of Radar and Its Fittings				1	1		
3.广播电视设备制造 Manufacture of Broadcasting and TV Equipment	1	3	14	8	20	22	16
4.电子器件制造 Manufacture of Electronic Appliances	41	52	226	224	241	308	291
#电子真空器件制造 Manufacture of Electronic Vacuum Appliances	21	16	17	9	19	18	14
半导体分立器件制造 Manufacture of Semiconductor Discreting Appliances	10	8	23	27	29	51	35
集成电路制造 Manufacture of Integrate Circuit	10	28	92	86	85	82	80
5.电子元件制造 Manufacture of Electronic Components	63	105	459	414	455	527	411
6.家用视听设备制造 Manufacture of Domestic TV Set and Radio Receiver	29	34	82	66	60	65	59
7.其他电子设备制造 Manufacture of Other Electronic Equipment	12	22	138	109	96	93	99
电子计算机及办公设备制造业 **Manufacture of Computers and Office Equipments**	**27**	**36**	**156**	**123**	**150**	**148**	**135**
1.电子计算机整机制造 Manufacture of Entired Computer	7	11	27	22	28	26	20
2.电子计算机外部设备制造 Manufacture of Computer Peripheral Equipment	15	24	102	86	110	111	97
3.办公设备制造 Manufacture of Office Equipment	5	1	27	15	12	11	9
医疗设备及仪器仪表制造业 **Manufacture of Medical Equipments and Measuring Instrument**	**32**	**38**	**137**	**133**	**161**	**186**	**167**
1.医疗设备及器械制造 Manufacture of Medical Equipment and Appliances	14	14	42	45	59	61	58
2.仪器仪表制造 Manufacture of Measuring Instrument	18	24	95	88	102	125	109

3-1-5 续表 1 continued

行 业 Industry	新开工项目(个) Number of Projects Started This Year (unit)						
	1996	2000	2005	2006	2007	2008	2009
合 计 **Total**	**167**	**268**	**1038**	**821**	**826**	**851**	**835**
医药制造业 **Manufacture of Medicines**	**53**	**83**	**193**	**148**	**143**	**132**	**195**
#化学药品制造 Manufacture of Chemical Medicine	36	51	87	68	47	66	86
中成药制造 Manufacture of Finished Traditional Chinese Herbal Medicine	8	18	35	26	28	21	44
生物、生化制品的制造 Manufacture of Biological and Biochemical Chemical Products	8	14	37	25	46	25	27
航空航天器制造业 **Manufacture of Aircrafts and Spacecrafts**	**1**	**1**	**2**	**5**	**5**	**7**	**10**
1.飞机制造及修理 Manufacture and Repairing of Airplanes			2	5	3	7	10
2.航天器制造 Manufacture of Spacecrafts	1	1			2		
电子及通信设备制造业 **Manufacture of Electronic Equipment and Communication Equipment**	**83**	**141**	**653**	**510**	**526**	**554**	**493**
1.通信设备制造 Manufacture of Communication Equipment	9	18	75	55	41	51	47
#通信传输设备制造 Manufacture of Communication Transmitting Equipment	1	4	9	7	5	7	16
通信交换设备制造 Manufacture of Communication Exchanging Equipment	2	3	10	6	2	1	1
通信终端设备制造 Manufacture of Communication Terminal Equipment	3	7	12	5	6	7	
2.雷达及配套设备制造 Manufacture of Radar and Its Fittings				1	1		
3.广播电视设备制造 Manufacture of Broadcasting and TV Equipment	1	2	10	2	12	10	7
4.电子器件制造 Manufacture of Electronic Appliances	16	23	127	114	108	153	137
#电子真空器件制造 Manufacture of Electronic Vacuum Appliances	7	8	11	4	15	7	7
半导体分立器件制造 Manufacture of Semiconductor Discreting Appliances	4	3	12	13	15	26	13
集成电路制造 Manufacture of Integrate Circuit	5	12	39	34	25	29	34
5.电子元件制造 Manufacture of Electronic Components	35	66	308	249	281	269	222
6.家用视听设备制造 Manufacture of Domestic TV Set and Radio Receiver	14	19	48	30	32	30	29
7.其他电子设备制造 Manufacture of Other Electronic Equipment	8	13	85	59	51	41	50
电子计算机及办公设备制造业 **Manufacture of Computers and Office Equipments**	**17**	**19**	**96**	**76**	**81**	**64**	**57**
1.电子计算机整机制造 Manufacture of Entired Computer	3	5	13	13	13	11	9
2.电子计算机外部设备制造 Manufacture of Computer Peripheral Equipment	13	13	62	54	63	48	38
3.办公设备制造 Manufacture of Office Equipment	1	1	21	9	5	5	3
医疗设备及仪器仪表制造业 **Manufacture of Medical Equipments and Measuring Instrument**	**13**	**24**	**94**	**82**	**71**	**94**	**80**
1.医疗设备及器械制造 Manufacture of Medical Equipment and Appliances	6	9	23	29	26	25	26
2.仪器仪表制造 Manufacture of Measuring Instrument	7	15	71	53	45	69	54

3-1-5 续表 2 continued

行 业 Industry	建成或投产项目(个) Number of Projects Completed and Put into Use (unit)						
	1996	2000	2005	2006	2007	2008	2009
合 计 Total	**173**	**225**	**764**	**566**	**592**	**793**	**849**
医药制造业 Manufacture of Medicines	**38**	**81**	**152**	**106**	**114**	**110**	**161**
#化学药品制造 Manufacture of Chemical Medicine	27	48	75	42	51	48	76
中成药制造 Manufacture of Finished Traditional Chinese Herbal Medicine	9	20	30	23	23	22	22
生物、生化制品的制造 Manufacture of Biological and Biochemical Chemical Products	2	10	15	23	25	18	31
航空航天器制造业 Manufacture of Aircrafts and Spacecrafts	**1**		**3**	**1**	**4**	**6**	**4**
1.飞机制造及修理 Manufacture and Repairing of Airplanes	1		3	1	3	6	4
2.航天器制造 Manufacture of Spacecrafts					1		
电子及通信设备制造业 Manufacture of Electronic Equipment and Communication Equipment	**95**	**109**	**468**	**365**	**355**	**516**	**535**
1.通信设备制造 Manufacture of Communication Equipment	12	11	38	44	26	47	45
#通信传输设备制造 Manufacture of Communication Transmitting Equipment	3	1	1	11	4	8	11
通信交换设备制造 Manufacture of Communication Exchanging Equipment	2	2	3	8	1	2	2
通信终端设备制造 Manufacture of Communication Terminal Equipment	1	5	11	3	2	5	3
2.雷达及配套设备制造 Manufacture of Radar and Its Fittings				1			
3.广播电视设备制造 Manufacture of Broadcasting and TV Equipment	1	2	3		7	11	6
4.电子器件制造 Manufacture of Electronic Appliances	24	22	100	86	75	142	145
#电子真空器件制造 Manufacture of Electronic Vacuum Appliances	12	9	9	6	4	8	7
半导体分立器件制造 Manufacture of Semiconductor Discreting Appliances	6	2	12	13	5	25	13
集成电路制造 Manufacture of Integrate Circuit	6	11	34	26	33	36	37
5.电子元件制造 Manufacture of Electronic Components	34	49	232	169	199	246	264
6.家用视听设备制造 Manufacture of Domestic TV Set and Radio Receiver	19	19	31	24	15	27	26
7.其他电子设备制造 Manufacture of Other Electronic Equipment	5	6	64	41	33	43	48
电子计算机及办公设备制造业 Manufacture of Computers and Office Equipments	**22**	**18**	**72**	**47**	**58**	**75**	**65**
1.电子计算机整机制造 Manufacture of Entired Computer	5	2	14	11	17	12	12
2.电子计算机外部设备制造 Manufacture of Computer Peripheral Equipment	14	16	48	30	39	59	44
3.办公设备制造 Manufacture of Office Equipment	3		10	6	2	4	5
医疗设备及仪器仪表制造业 Manufacture of Medical Equipments and Measuring Instrument	**17**	**17**	**69**	**47**	**61**	**86**	**84**
1.医疗设备及器械制造 Manufacture of Medical Equipment and Appliances	6	5	24	13	20	27	31
2.仪器仪表制造 Manufacture of Measuring Instrument	11	12	45	34	41	59	53

3-1-5 续表 3 continued

行 业 Industry	项目建成投产率(%) Rate of Projects Completed and Put into Use (%)						
	1996	2000	2005	2006	2007	2008	2009
合 计 Total	**50.58**	**48.49**	**45.72**	**37.63**	**37.26**	**45.03**	**51.33**
医药制造业 Manufacture of Medicines	**35.85**	**55.10**	**44.31**	**34.64**	**37.87**	**37.93**	**45.61**
#化学药品制造 Manufacture of Chemical Medicine	39.13	56.47	47.77	32.56	45.13	38.40	47.50
中成药制造 Manufacture of Finished Traditional Chinese Herbal Medicine	37.50	55.56	46.15	38.98	42.59	43.14	36.07
生物、生化制品的制造 Manufacture of Biological and Biochemical Chemical Products	16.67	45.45	27.27	40.35	34.25	30.51	45.59
航空航天器制造业 Manufacture of Aircrafts and Spacecrafts	**25.00**		**50.00**	**9.09**	**28.57**	**35.29**	**21.05**
1.飞机制造及修理 Manufacture and Repairing of Airplanes	33.33		50.00	9.09	25.00	35.29	21.05
2.航天器制造 Manufacture of Spacecrafts					50.00		
电子及通信设备制造业 Manufacture of Electronic Equipment and Communication Equipment	**54.91**	**45.23**	**45.48**	**39.21**	**36.86**	**46.07**	**54.59**
1.通信设备制造 Manufacture of Communication Equipment	44.44	44.00	34.55	40.37	28.89	44.76	43.69
#通信传输设备制造 Manufacture of Communication Transmitting Equipment	60.00	20.00	9.09	61.11	44.44	61.54	55.00
通信交换设备制造 Manufacture of Communication Exchanging Equipment	40.00	40.00	25.00	66.67	16.67	66.67	50.00
通信终端设备制造 Manufacture of Communication Terminal Equipment	25.00	55.56	57.89	30.00	22.22	38.46	37.50
2.雷达及配套设备制造 Manufacture of Radar and Its Fittings				100.00			
3.广播电视设备制造 Manufacture of Broadcasting and TV Equipment	100.00	66.67	21.43		35.00	50.00	37.50
4.电子器件制造 Manufacture of Electronic Appliances	58.54	42.31	44.25	38.39	31.12	46.10	49.83
#电子真空器件制造 Manufacture of Electronic Vacuum Appliances	57.14	56.25	52.94	66.67	21.05	44.44	50.00
半导体分立器件制造 Manufacture of Semiconductor Discreting Appliances	60.00	25.00	52.17	48.15	17.24	49.02	37.14
集成电路制造 Manufacture of Integrate Circuit	60.00	39.29	36.96	30.23	38.82	43.90	46.25
5.电子元件制造 Manufacture of Electronic Components	53.97	46.67	50.54	40.82	43.74	46.68	64.23
6.家用视听设备制造 Manufacture of Domestic TV Set and Radio Receiver	65.52	55.88	37.80	36.36	25.00	41.54	44.07
7.其他电子设备制造 Manufacture of Other Electronic Equipment	41.67	27.27	46.38	37.61	34.38	46.24	48.48
电子计算机及办公设备制造业 Manufacture of Computers and Office Equipments	**81.48**	**50.00**	**46.15**	**38.21**	**38.67**	**50.68**	**48.15**
1.电子计算机整机制造 Manufacture of Entired Computer	71.43	18.18	51.85	50.00	60.71	46.15	60.00
2.电子计算机外部设备制造 Manufacture of Computer Peripheral Equipment	93.33	66.67	47.06	34.88	35.45	53.15	45.36
3.办公设备制造 Manufacture of Office Equipment	60.00		37.04	40.00	16.67	36.36	55.56
医疗设备及仪器仪表制造业 Manufacture of Medical Equipments and Measuring Instrument	**53.13**	**44.74**	**50.36**	**35.34**	**37.89**	**46.24**	**50.30**
1.医疗设备及器械制造 Manufacture of Medical Equipment and Appliances	42.86	35.71	57.14	28.89	33.90	44.26	53.45
2.仪器仪表制造 Manufacture of Measuring Instrument	61.11	50.00	47.37	38.64	40.20	47.20	48.62

3-1-5 续表 4 continued

行 业 Industry	投资额(亿元) Investment (100 million yuan)						
	1996	2000	2005	2006	2007	2008	2009
合 计 Total	**138.70**	**262.46**	**993.61**	**1275.79**	**1544.37**	**1720.40**	**1499.94**
医药制造业 Manufacture of Medicines	**21.20**	**25.96**	**105.09**	**100.53**	**116.51**	**135.94**	**178.57**
#化学药品制造 Manufacture of Chemical Medicine	16.85	18.09	56.89	45.72	52.76	64.39	97.91
中成药制造 Manufacture of Finished Traditional Chinese Herbal Medicine	1.40	2.51	13.83	12.42	17.59	13.86	23.49
生物、生化制品的制造 Manufacture of Biological and Biochemical Chemical Products	2.84	3.92	19.62	25.16	21.37	32.77	31.93
航空航天器制造业 Manufacture of Aircrafts and Spacecrafts	**3.14**	**1.91**	**3.71**	**6.62**	**8.76**	**14.87**	**21.67**
1.飞机制造及修理 Manufacture and Repairing of Airplanes	3.02	1.37	3.71	6.54	8.05	14.87	21.67
2.航天器制造 Manufacture of Spacecrafts	0.12	0.54		0.08	0.72		
电子及通信设备制造业 Manufacture of Electronic Equipment and Communication Equipment	**107.05**	**212.77**	**719.38**	**994.09**	**1190.93**	**1303.61**	**1075.01**
1.通信设备制造 Manufacture of Communication Equipment	30.83	13.50	62.65	105.66	135.63	144.77	111.91
#通信传输设备制造 Manufacture of Communication Transmitting Equipment	4.72	5.00	1.89	6.03	3.73	5.35	15.28
通信交换设备制造 Manufacture of Communication Exchanging Equipment	2.45	3.59	2.82	11.42	10.50	5.55	9.96
通信终端设备制造 Manufacture of Communication Terminal Equipment	0.77	1.53	7.66	9.74	15.92	15.55	5.41
2.雷达及配套设备制造 Manufacture of Radar and Its Fittings				0.05	0.12		
3.广播电视设备制造 Manufacture of Broadcasting and TV Equipment	0.01	0.58	2.18	3.70	5.36	16.76	9.41
4.电子器件制造 Manufacture of Electronic Appliances	46.45	130.11	316.35	480.81	634.10	651.67	582.92
#电子真空器件制造 Manufacture of Electronic Vacuum Appliances	26.53	45.44	5.11	4.85	8.41	11.28	12.42
半导体分立器件制造 Manufacture of Semiconductor Discreting Appliances	1.50	6.36	46.92	53.20	53.99	52.26	42.46
集成电路制造 Manufacture of Integrate Circuit	18.43	78.31	178.95	310.12	393.93	360.27	254.74
5.电子元件制造 Manufacture of Electronic Components	18.72	45.71	240.33	309.30	325.58	368.83	254.05
6.家用视听设备制造 Manufacture of Domestic TV Set and Radio Receiver	8.30	16.12	45.06	42.82	40.34	65.96	56.61
7.其他电子设备制造 Manufacture of Other Electronic Equipment	2.73	6.74	52.79	51.75	49.80	55.63	59.3
电子计算机及办公设备制造业 Manufacture of Computers and Office Equipments	**4.39**	**13.85**	**134.70**	**132.15**	**168.56**	**183.49**	**144.67**
1.电子计算机整机制造 Manufacture of Entired Computer	3.07	5.27	38.84	32.63	60.71	63.49	42.45
2.电子计算机外部设备制造 Manufacture of Computer Peripheral Equipment	0.38	8.48	82.90	81.62	100.43	108.58	84.56
3.办公设备制造 Manufacture of Office Equipment	0.95	0.10	12.97	17.90	7.42	11.42	7.73
医疗设备及仪器仪表制造业 Manufacture of Medical Equipments and Measuring Instrument	**2.91**	**7.97**	**30.74**	**42.40**	**59.61**	**82.49**	**80.02**
1.医疗设备及器械制造 Manufacture of Medical Equipment and Appliances	1.80	2.64	7.36	14.75	24.29	25.87	26.62
2.仪器仪表制造 Manufacture of Measuring Instrument	1.11	5.33	23.38	27.65	35.32	56.61	53.39

3-1-5 续表 5 continued

行业 Industry	新增固定资产(亿元) Newly Increased Fixed Assets (100 million yuan)						
	1996	2000	2005	2006	2007	2008	2009
合计 **Total**	**114.53**	**186.95**	**764.77**	**976.31**	**1013.06**	**1169.57**	**1058.00**
医药制造业 **Manufacture of Medicines**	**15.45**	**26.71**	**63.23**	**55.43**	**60.46**	**73.74**	**119.06**
#化学药品制造 Manufacture of Chemical Medicine	13.83	18.47	37.32	26.82	27.55	39.26	68.82
中成药制造 Manufacture of Finished Traditional Chinese Herbal Medicine	1.29	2.02	10.45	9.60	11.90	8.78	10.14
生物、生化制品的制造 Manufacture of Biological and Biochemical Chemical Products	0.33	5.07	8.11	9.43	9.88	7.33	23.07
航空航天器制造业 **Manufacture of Aircrafts and Spacecrafts**	**8.46**	**0.01**	**1.17**	**1.92**	**4.98**	**4.57**	**3.27**
1.飞机制造及修理 Manufacture and Repairing of Airplanes	8.46		1.17	1.84	4.37	4.57	3.27
2.航天器制造 Manufacture of Spacecrafts		0.01		0.08	0.61		
电子及通信设备制造业 **Manufacture of Electronic Equipment and Communication Equipment**	**86.37**	**139.78**	**552.05**	**813.16**	**825.93**	**875.94**	**791.09**
1.通信设备制造 Manufacture of Communication Equipment	13.78	6.78	34.05	69.49	71.89	71.64	62.27
#通信传输设备制造 Manufacture of Communication Transmitting Equipment	3.90	0.33	0.38	6.63	2.88	5.63	9.68
通信交换设备制造 Manufacture of Communication Exchanging Equipment	2.57	1.75	0.92	2.25	0.65	5.64	8.41
通信终端设备制造 Manufacture of Communication Terminal Equipment	0.28	1.48	5.86	7.44	1.65	10.87	4.12
2.雷达及配套设备制造 Manufacture of Radar and Its Fittings				0.05			
3.广播电视设备制造 Manufacture of Broadcasting and TV Equipment	0.01	0.58	1.22	0.21	4.16	13.52	7.16
4.电子器件制造 Manufacture of Electronic Appliances	50.71	80.57	263.78	398.53	501.49	477.95	421.94
#电子真空器件制造 Manufacture of Electronic Vacuum Appliances	34.34	32.99	5.54	4.68	5.03	8.39	3.13
半导体分立器件制造 Manufacture of Semiconductor Discreting Appliances	2.83	6.26	14.69	57.29	60.59	37.59	26.27
集成电路制造 Manufacture of Integrate Circuit	13.54	41.32	124.40	270.45	297.96	293.41	206.33
5.电子元件制造 Manufacture of Electronic Components	14.92	31.54	173.07	254.74	183.40	259.22	241.15
6.家用视听设备制造 Manufacture of Domestic TV Set and Radio Receiver	4.53	14.93	30.69	44.17	20.19	26.81	25.39
7.其他电子设备制造 Manufacture of Other Electronic Equipment	2.43	5.39	49.24	45.97	44.79	26.81	32.40
电子计算机及办公设备制造业 **Manufacture of Computers and Office Equipments**	**1.32**	**12.64**	**125.02**	**83.72**	**83.23**	**154.33**	**91.29**
1.电子计算机整机制造 Manufacture of Entired Computer	0.49	4.22	28.53	19.40	22.20	22.68	20.20
2.电子计算机外部设备制造 Manufacture of Computer Peripheral Equipment	0.21	8.32	85.38	49.51	56.34	121.54	63.54
3.办公设备制造 Manufacture of Office Equipment	0.61	0.09	11.11	14.82	4.69	10.12	4.33
医疗设备及仪器仪表制造业 **Manufacture of Medical Equipments and Measuring Instrument**	**2.92**	**7.80**	**23.30**	**22.09**	**38.47**	**61.00**	**53.29**
1.医疗设备及器械制造 Manufacture of Medical Equipment and Appliances	1.72	3.34	8.12	5.87	20.16	24.71	17.75
2.仪器仪表制造 Manufacture of Measuring Instrument	1.20	4.46	15.18	16.22	18.31	36.29	35.54

3-1-5 续表 6 continued

行 业 Industry	固定资产交付使用率(%) Rate of Fixed Assets Put into Use (%)						
	1996	2000	2005	2006	2007	2008	2009
合 计 **Total**	**82.57**	**71.23**	**76.97**	**76.53**	**65.60**	**67.98**	**70.54**
医药制造业 **Manufacture of Medicines**	**72.88**	**102.88**	**60.17**	**55.14**	**51.89**	**54.24**	**66.67**
#化学药品制造 Manufacture of Chemical Medicine	82.08	102.09	65.60	58.66	52.22	60.97	70.29
中成药制造 Manufacture of Finished Traditional Chinese Herbal Medicine	91.76	80.52	75.56	77.29	67.65	63.35	43.17
生物、生化制品的制造 Manufacture of Biological and Biochemical Chemical Products	11.59	129.38	41.34	37.48	46.23	22.37	72.25
航空航天器制造业 **Manufacture of Aircrafts and Spacecrafts**	**269.58**	**0.77**	**31.54**	**29.00**	**56.85**	**30.73**	**15.09**
1.飞机制造及修理 Manufacture and Repairing of Airplanes	279.85		31.54	28.13	54.29	30.73	15.09
2.航天器制造 Manufacture of Spacecrafts		2.72		100.00	84.72		
电子及通信设备制造业 **Manufacture of Electronic Equipment and Communication Equipment**	**80.68**	**65.69**	**76.74**	**81.80**	**69.35**	**67.19**	**73.59**
1.通信设备制造 Manufacture of Communication Equipment	44.71	50.20	54.35	65.77	53.00	49.49	55.64
#通信传输设备制造 Manufacture of Communication Transmitting Equipment	82.63	6.61	20.11	109.95	77.21	105.23	63.35
通信交换设备制造 Manufacture of Communication Exchanging Equipment	104.95	48.67	32.62	19.70	6.19	101.62	84.44
通信终端设备制造 Manufacture of Communication Terminal Equipment	36.80	97.11	76.50	76.39	10.36	69.90	76.16
2.雷达及配套设备制造 Manufacture of Radar and Its Fittings				100.00			
3.广播电视设备制造 Manufacture of Broadcasting and TV Equipment	65.07	99.06	55.96	5.68	77.61	80.67	76.09
4.电子器件制造 Manufacture of Electronic Appliances	109.16	61.92	83.38	82.89	79.09	73.34	72.38
#电子真空器件制造 Manufacture of Electronic Vacuum Appliances	129.45	72.60	108.41	96.49	59.81	74.38	25.20
半导体分立器件制造 Manufacture of Semiconductor Discreting Appliances	188.57	98.33	31.31	107.69	112.22	71.93	61.87
集成电路制造 Manufacture of Integrate Circuit	73.50	52.76	69.52	87.21	75.64	81.44	81.00
5.电子元件制造 Manufacture of Electronic Components	79.67	68.99	72.01	82.36	56.33	70.28	94.92
6.家用视听设备制造 Manufacture of Domestic TV Set and Radio Receiver	54.54	92.63	68.11	103.15	50.05	40.65	44.85
7.其他电子设备制造 Manufacture of Other Electronic Equipment	88.78	79.91	93.28	88.83	89.94	48.19	54.64
电子计算机及办公设备制造业 **Manufacture of Computers and Office Equipments**	**30.14**	**91.26**	**92.81**	**63.35**	**49.38**	**84.11**	**63.10**
1.电子计算机整机制造 Manufacture of Entired Computer	16.12	80.14	73.46	59.45	36.57	35.72	47.59
2.电子计算机外部设备制造 Manufacture of Computer Peripheral Equipment	56.47	98.16	102.99	60.66	56.10	111.94	75.14
3.办公设备制造 Manufacture of Office Equipment	65.04	92.74	85.66	82.79	63.21	88.62	56.02
医疗设备及仪器仪表制造业 **Manufacture of Medical Equipments and Measuring Instrument**	**100.13**	**97.89**	**75.80**	**52.10**	**64.54**	**73.95**	**66.60**
1.医疗设备及器械制造 Manufacture of Medical Equipment and Appliances	95.60	126.42	110.33	39.80	83.00	95.52	66.68
2.仪器仪表制造 Manufacture of Measuring Instrument	107.46	83.76	64.93	58.66	51.84	64.11	66.57

3-2-1　按行业分高技术产业投资基本情况(2009年)
Basic Statistics on Investment in Fixed Assets in High-tech Industry by Industrial Sector (2009)

行　业 Industry	施工项目数 (个) Number of Projects under Construction (unit)	#新开工 Number of Projects Started This Year	全部建成或投产项目数 (个) Number of Projects Completed and Put into Use (unit)
合　计 Total	**9780**	**6220**	**5412**
医药制造业 Manufacture of Medicines	**3922**	**2635**	**2195**
#化学药品制造 Manufacture of Chemical Medicine	1297	834	689
中成药制造 Manufacture of Finished Traditional Chinese Herbal Medicine	855	578	456
生物、生化制品的制造 Manufacture of Biological and Biochemical Chemical Products	596	358	307
航空航天器制造业 Manufacture of Aircrafts and Spacecrafts	**250**	**131**	**93**
1.飞机制造及修理 Manufacture and Repairing of Airplanes	207	111	74
2.航天器制造 Manufacture of Spacecrafts	33	14	16
电子及通信设备制造业 Manufacture of Electronic Equipment and Communication Equipment	**3687**	**2240**	**2001**
1.通信设备制造 Manufacture of Communication Equipment	501	292	255
#通信传输设备制造 Manufacture of Communication Transmitting Equipment	110	68	57
通信交换设备制造 Manufacture of Communication Exchanging Equipment	47	26	30
通信终端设备制造 Manufacture of Communication Terminal Equipment	53	24	27
2.雷达及配套设备制造 Manufacture of Radar and Its Fittings	32	21	21
3.广播电视设备制造 Manufacture of Broadcasting and TV Equipment	88	55	45
4.电子器件制造 Manufacture of Electronic Appliances	882	514	441
#电子真空器件制造 Manufacture of Electronic Vacuum Appliances	85	52	48
半导体分立器件制造 Manufacture of Semiconductor Discreting Appliances	120	70	63
集成电路制造 Manufacture of Integrate Circuit	176	83	83
5.电子元件制造 Manufacture of Electronic Components	1496	931	883
6.家用视听设备制造 Manufacture of Domestic TV Set and Radio Receiver	178	104	80
7.其他电子设备制造 Manufacture of Other Electronic Equipment	510	323	276
电子计算机及办公设备制造业 Manufacture of Computers and Office Equipments	**360**	**182**	**178**
1.电子计算机整机制造 Manufacture of Entired Computer	58	35	26
2.电子计算机外部设备制造 Manufacture of Computer Peripheral Equipment	201	102	104
3.办公设备制造 Manufacture of Office Equipment	40	18	20
医疗设备及仪器仪表制造业 Manufacture of Medical Equipments and Measuring Instrument	**1561**	**1032**	**945**
1.医疗设备及器械制造 Manufacture of Medical Equipment and Appliances	412	267	232
2.仪器仪表制造 Manufacture of Measuring Instrument	1149	765	713

3-2-1 续表 continued

行 业 Industry	项目建成投产率 (%) Rate of Projects Completed and Put into Use (%)	投资额 (亿元) Investment (100 million yuan)	新增固定资产 (亿元) Newly Increased Fixed Assets (100 million yuan)	固定资产交付使用率 (%) Rate of Fixed Assets Put into Use (%)
合 计 **Total**	**55.34**	**4882.24**	**3160.45**	**64.73**
医药制造业 **Manufacture of Medicines**	**55.97**	**1454.29**	**950.84**	**65.38**
#化学药品制造 Manufacture of Chemical Medicine	53.12	543.61	342.09	62.93
中成药制造 Manufacture of Finished Traditional Chinese Herbal Medicine	53.33	292.04	184.13	63.05
生物、生化制品的制造 Manufacture of Biological and Biochemical Chemical Products	51.51	262.19	166.32	63.44
航空航天器制造业 **Manufacture of Aircrafts and Spacecrafts**	**37.20**	**186.15**	**58.72**	**31.54**
1.飞机制造及修理 Manufacture and Repairing of Airplanes	35.75	157.85	51.77	32.80
2.航天器制造 Manufacture of Spacecrafts	48.48	22.80	4.64	20.34
电子及通信设备制造业 **Manufacture of Electronic Equipment and Communication Equipment**	**54.27**	**2344.33**	**1541.03**	**65.73**
1.通信设备制造 Manufacture of Communication Equipment	50.90	345.26	171.26	49.60
#通信传输设备制造 Manufacture of Communication Transmitting Equipment	51.82	80.83	36.98	45.75
通信交换设备制造 Manufacture of Communication Exchanging Equipment	63.83	20.77	18.93	91.10
通信终端设备制造 Manufacture of Communication Terminal Equipment	50.94	20.00	12.87	64.32
2.雷达及配套设备制造 Manufacture of Radar and Its Fittings	65.63	13.58	10.19	75.02
3.广播电视设备制造 Manufacture of Broadcasting and TV Equipment	51.14	37.99	19.41	51.11
4.电子器件制造 Manufacture of Electronic Appliances	50.00	969.05	656.16	67.71
#电子真空器件制造 Manufacture of Electronic Vacuum Appliances	56.47	50.65	29.26	57.78
半导体分立器件制造 Manufacture of Semiconductor Discreting Appliances	52.50	82.60	49.53	59.97
集成电路制造 Manufacture of Integrate Circuit	47.16	359.25	290.99	81.00
5.电子元件制造 Manufacture of Electronic Components	59.02	611.53	508.33	83.12
6.家用视听设备制造 Manufacture of Domestic TV Set and Radio Receiver	44.94	117.03	59.16	50.56
7.其他电子设备制造 Manufacture of Other Electronic Equipment	54.12	249.90	116.51	46.62
电子计算机及办公设备制造业 **Manufacture of Computers and Office Equipments**	**49.44**	**311.17**	**214.61**	**68.97**
1.电子计算机整机制造 Manufacture of Entired Computer	44.83	61.36	25.09	40.89
2.电子计算机外部设备制造 Manufacture of Computer Peripheral Equipment	51.74	176.36	126.71	71.85
3.办公设备制造 Manufacture of Office Equipment	50.00	31.88	15.69	49.23
医疗设备及仪器仪表制造业 **Manufacture of Medical Equipments and Measuring Instrument**	**60.54**	**586.30**	**395.25**	**67.41**
1.医疗设备及器械制造 Manufacture of Medical Equipment and Appliances	56.31	147.54	100.79	68.31
2.仪器仪表制造 Manufacture of Measuring Instrument	62.05	438.76	294.46	67.11

3-2-2 各地区高技术产业投资基本情况(2009年)

Basic Statistics on Investment in Fixed Assets in High-tech Industry by Region (2009)

地区	Region	施工项目数 (个) Number of Projects under Construction (unit)	#新开工 Number of Projects Started This Year	全部建成或投产项目数 (个) Number of Projects Completed and Put into Use (unit)
全国	**Total**	**9780**	**6220**	**5412**
东部地区	Eastern Region	4956	2952	2695
中部地区	Middle Region	3327	2369	1928
西部地区	Western Region	1497	899	789
北京	Beijing	90	35	32
天津	Tianjin	206	139	115
河北	Hebei	383	286	264
山西	Shanxi	81	46	26
内蒙古	Inner Mongolia	74	61	53
辽宁	Liaoning	495	401	322
吉林	Jilin	438	349	304
黑龙江	Heilongjiang	143	103	92
上海	Shanghai	155	81	37
江苏	Jiangsu	1312	802	882
浙江	Zhejiang	574	282	235
安徽	Anhui	574	348	302
福建	Fujian	282	139	84
江西	Jiangxi	586	392	352
山东	Shandong	715	404	342
河南	Henan	634	522	444
湖北	Hubei	415	287	233
湖南	Hunan	456	322	175
广东	Guangdong	730	371	378
广西	Guangxi	262	150	144
海南	Hainan	14	12	4
重庆	Chongqing	143	82	80
四川	Sichuan	463	258	280
贵州	Guizhou	114	85	43
云南	Yunnan	76	61	21
西藏	Tibet	16	5	1
陕西	Shaanxi	250	132	129
甘肃	Gansu	55	32	21
青海	Qinghai	16	12	6
宁夏	Ningxia	15	11	6
新疆	Xinjiang	13	10	5

3-2-2 续表 continued

地 区	Region	项目建成投产率 (%) Rate of Projects Completed and Put into Use (%)	投资额 (亿元) Investment (100 million yuan)	新增固定资产 (亿元) Newly Increased Fixed Assets (100 million yuan)	固定资产交付使用率 (%) Rate of Fixed Assets Put into Use (%)
全 国	**Total**	**55.34**	**4882.24**	**3160.45**	**64.73**
东部地区	Eastern Region	54.38	2742.22	1782.40	65.00
中部地区	Middle Region	57.95	1397.39	889.76	63.67
西部地区	Western Region	52.71	742.62	488.29	65.75
北 京	Beijing	35.56	35.91	17.69	49.27
天 津	Tianjin	55.83	141.28	55.95	39.60
河 北	Hebei	68.93	166.78	115.38	69.18
山 西	Shanxi	32.10	52.34	19.79	37.80
内蒙古	Inner Mongolia	71.62	64.19	27.92	43.50
辽 宁	Liaoning	65.05	356.55	188.12	52.76
吉 林	Jilin	69.41	214.99	148.75	69.19
黑龙江	Heilongjiang	64.34	64.41	44.82	69.58
上 海	Shanghai	23.87	92.09	35.17	38.19
江 苏	Jiangsu	67.23	907.70	780.54	85.99
浙 江	Zhejiang	40.94	139.55	84.49	60.55
安 徽	Anhui	52.61	189.14	92.71	49.02
福 建	Fujian	29.79	92.86	58.71	63.23
江 西	Jiangxi	60.07	311.07	215.18	69.18
山 东	Shandong	47.83	476.76	214.76	45.05
河 南	Henan	70.03	219.28	173.42	79.09
湖 北	Hubei	56.14	196.11	113.49	57.87
湖 南	Hunan	38.38	150.05	81.60	54.38
广 东	Guangdong	51.78	327.74	230.69	70.39
广 西	Guangxi	54.96	66.46	32.19	48.44
海 南	Hainan	28.57	5.00	0.90	18.02
重 庆	Chongqing	55.94	75.71	32.16	42.47
四 川	Sichuan	60.48	324.95	291.23	89.62
贵 州	Guizhou	37.72	21.77	10.79	49.55
云 南	Yunnan	27.63	26.84	6.38	23.78
西 藏	Tibet	6.25	2.95	0.07	2.44
陕 西	Shaanxi	51.60	139.38	78.20	56.11
甘 肃	Gansu	38.18	10.51	5.80	55.16
青 海	Qinghai	37.50	4.55	1.33	29.23
宁 夏	Ningxia	40.00	4.10	1.60	38.92
新 疆	Xinjiang	38.46	1.21	0.62	51.23

3-2-3 按行业分国有及国有控股企业高技术产业投资基本情况(2009年)

Basic Statistics on Investment in Fixed Assets in High-tech Industry of State-owned and State-controlled Enterprises by Industrial Sector (2009)

行　业 Industry	施工项目数 (个) Number of Projects under Construction (unit)	#新开工 Number of Projects Started This Year	全部建成或投产项目数 (个) Number of Projects Completed and Put into Use (unit)
合　计 **Total**	**1158**	**636**	**526**
医药制造业 **Manufacture of Medicines**	**331**	**199**	**171**
#化学药品制造 Manufacture of Chemical Medicine	139	82	68
中成药制造 Manufacture of Finished Traditional Chinese Herbal Medicine	77	49	39
生物、生化制品的制造 Manufacture of Biological and Biochemical Chemical Products	50	27	20
航空航天器制造业 **Manufacture of Aircrafts and Spacecrafts**	**203**	**103**	**74**
1.飞机制造及修理 Manufacture and Repairing of Airplanes	173	94	63
2.航天器制造 Manufacture of Spacecrafts	26	8	11
电子及通信设备制造业 **Manufacture of Electronic Equipment and Communication Equipment**	**448**	**251**	**205**
1.通信设备制造 Manufacture of Communication Equipment	123	78	65
#通信传输设备制造 Manufacture of Communication Transmitting Equipment	26	15	10
通信交换设备制造 Manufacture of Communication Exchanging Equipment	17	12	13
通信终端设备制造 Manufacture of Communication Terminal Equipment	25	16	15
2.雷达及配套设备制造 Manufacture of Radar and Its Fittings	15	9	6
3.广播电视设备制造 Manufacture of Broadcasting and TV Equipment	12	8	6
4.电子器件制造 Manufacture of Electronic Appliances	121	62	48
#电子真空器件制造 Manufacture of Electronic Vacuum Appliances	12	3	4
半导体分立器件制造 Manufacture of Semiconductor Discreting Appliances	24	12	13
集成电路制造 Manufacture of Integrate Circuit	29	14	10
5.电子元件制造 Manufacture of Electronic Components	107	62	49
6.家用视听设备制造 Manufacture of Domestic TV Set and Radio Receiver	27	15	13
7.其他电子设备制造 Manufacture of Other Electronic Equipment	43	17	18
电子计算机及办公设备制造业 **Manufacture of Computers and Office Equipments**	**59**	**25**	**30**
1.电子计算机整机制造 Manufacture of Entired Computer	16	11	4
2.电子计算机外部设备制造 Manufacture of Computer Peripheral Equipment	23	10	15
3.办公设备制造 Manufacture of Office Equipment	5	1	1
医疗设备及仪器仪表制造业 **Manufacture of Medical Equipments and Measuring Instrument**	**117**	**58**	**46**
1.医疗设备及器械制造 Manufacture of Medical Equipment and Appliances	21	10	4
2.仪器仪表制造 Manufacture of Measuring Instrument	96	48	42

3-2-3 续表 continued

行 业 Industry	项目建成投产率 (%) Rate of Projects Completed and Put into Use (%)	投资额 (亿元) Investment (100 million yuan)	新增固定资产 (亿元) Newly Increased Fixed Assets (100 million yuan)	固定资产交付使用率 (%) Rate of Fixed Assets Put into Use (%)
合 计 Total	**45.42**	**770.91**	**488.96**	**63.43**
医药制造业 Manufacture of Medicines	**51.66**	**121.92**	**77.88**	**63.88**
#化学药品制造 Manufacture of Chemical Medicine	48.92	47.56	26.85	56.46
中成药制造 Manufacture of Finished Traditional Chinese Herbal Medicine	50.65	26.12	14.41	55.16
生物、生化制品的制造 Manufacture of Biological and Biochemical Chemical Products	40.00	25.27	11.75	46.49
航空航天器制造业 Manufacture of Aircrafts and Spacecrafts	**36.45**	**139.88**	**43.45**	**31.06**
1.飞机制造及修理 Manufacture and Repairing of Airplanes	36.42	115.81	40.99	35.39
2.航天器制造 Manufacture of Spacecrafts	42.31	19.99	2.31	11.56
电子及通信设备制造业 Manufacture of Electronic Equipment and Communication Equipment	**45.76**	**383.76**	**237.77**	**61.96**
1.通信设备制造 Manufacture of Communication Equipment	52.85	94.50	42.22	44.68
#通信传输设备制造 Manufacture of Communication Transmitting Equipment	38.46	18.39	11.06	60.14
通信交换设备制造 Manufacture of Communication Exchanging Equipment	76.47	3.39	2.69	79.45
通信终端设备制造 Manufacture of Communication Terminal Equipment	60.00	5.15	3.61	70.10
2.雷达及配套设备制造 Manufacture of Radar and Its Fittings	40.00	9.42	1.42	15.08
3.广播电视设备制造 Manufacture of Broadcasting and TV Equipment	50.00	3.06	2.60	84.93
4.电子器件制造 Manufacture of Electronic Appliances	39.67	133.08	108.65	81.65
#电子真空器件制造 Manufacture of Electronic Vacuum Appliances	33.33	7.73	7.49	96.87
半导体分立器件制造 Manufacture of Semiconductor Discreting Appliances	54.17	6.82	5.72	83.82
集成电路制造 Manufacture of Integrate Circuit	34.48	92.56	85.87	92.77
5.电子元件制造 Manufacture of Electronic Components	45.79	61.53	59.58	96.83
6.家用视听设备制造 Manufacture of Domestic TV Set and Radio Receiver	48.15	39.22	11.91	30.37
7.其他电子设备制造 Manufacture of Other Electronic Equipment	41.86	42.94	11.39	26.52
电子计算机及办公设备制造业 Manufacture of Computers and Office Equipments	**50.85**	**67.61**	**77.68**	**114.89**
1.电子计算机整机制造 Manufacture of Entired Computer	25.00	12.25	1.78	14.53
2.电子计算机外部设备制造 Manufacture of Computer Peripheral Equipment	65.22	38.27	39.43	103.04
3.办公设备制造 Manufacture of Office Equipment	20.00	3.97	1.33	33.49
医疗设备及仪器仪表制造业 Manufacture of Medical Equipments and Measuring Instrument	**39.32**	**57.75**	**52.17**	**90.33**
1.医疗设备及器械制造 Manufacture of Medical Equipment and Appliances	19.05	8.26	3.36	40.70
2.仪器仪表制造 Manufacture of Measuring Instrument	43.75	49.49	48.80	98.62

3-2-4 按行业和登记注册类型分高技术产业投资基本情况(2009年)

Basic Statistics on Investment in Fixed Assets in High-tech Industry in High-tech Industry by Industrial Sector and Registration Status (2009)

行业 Industry	内资企业 Domestic Funded		
	施工项目数 (个) Number of Projects under Construction (unit)	#新开工 Number of Projects Started This Year	全部建成或投产项目数 (个) Number of Projects Completed and Put into Use (unit)
合 计 **Total**	**8097**	**5357**	**4539**
医药制造业 **Manufacture of Medicines**	**3562**	**2433**	**2029**
#化学药品制造 Manufacture of Chemical Medicine	1135	746	611
中成药制造 Manufacture of Finished Traditional Chinese Herbal Medicine	792	532	433
生物、生化制品的制造 Manufacture of Biological and Biochemical Chemical Products	527	330	275
航空航天器制造业 **Manufacture of Aircrafts and Spacecrafts**	**231**	**121**	**89**
1.飞机制造及修理 Manufacture and Repairing of Airplanes	188	101	70
2.航天器制造 Manufacture of Spacecrafts	33	14	16
电子及通信设备制造业 **Manufacture of Electronic Equipment and Communication Equipment**	**2697**	**1738**	**1459**
1.通信设备制造 Manufacture of Communication Equipment	397	245	210
#通信传输设备制造 Manufacture of Communication Transmitting Equipment	90	52	46
通信交换设备制造 Manufacture of Communication Exchanging Equipment	43	25	28
通信终端设备制造 Manufacture of Communication Terminal Equipment	45	24	24
2.雷达及配套设备制造 Manufacture of Radar and Its Fittings	31	20	20
3.广播电视设备制造 Manufacture of Broadcasting and TV Equipment	72	48	39
4.电子器件制造 Manufacture of Electronic Appliances	588	374	293
#电子真空器件制造 Manufacture of Electronic Vacuum Appliances	70	44	40
半导体分立器件制造 Manufacture of Semiconductor Discreting Appliances	85	57	50
集成电路制造 Manufacture of Integrate Circuit	96	49	46
5.电子元件制造 Manufacture of Electronic Components	1082	706	616
6.家用视听设备制造 Manufacture of Domestic TV Set and Radio Receiver	119	75	54
7.其他电子设备制造 Manufacture of Other Electronic Equipment	408	270	227
电子计算机及办公设备制造业 **Manufacture of Computers and Office Equipments**	**222**	**122**	**110**
1.电子计算机整机制造 Manufacture of Entired Computer	38	26	14
2.电子计算机外部设备制造 Manufacture of Computer Peripheral Equipment	104	64	60
3.办公设备制造 Manufacture of Office Equipment	30	14	14
医疗设备及仪器仪表制造业 **Manufacture of Medical Equipments and Measuring Instrument**	**1385**	**943**	**852**
1.医疗设备及器械制造 Manufacture of Medical Equipment and Appliances	353	240	200
2.仪器仪表制造 Manufacture of Measuring Instrument	1032	703	652

3-2-4 续表 1 continued

行 业 Industry	内资企业 Domestic Funded			
	项目建成投产率 (%) Rate of Projects Completed and Put into Use (%)	投资额 (亿元) Investment (100 million yuan)	新增固定资产 (亿元) Newly Increased Fixed Assets (100 million yuan)	固定资产交付使用率 (%) Rate of Fixed Assets Put into Use (%)
合 计 **Total**	**56.06**	**3378.92**	**2100.11**	**62.15**
医药制造业 **Manufacture of Medicines**	**56.96**	**1275.07**	**831.34**	**65.20**
#化学药品制造 Manufacture of Chemical Medicine	53.83	445.49	273.05	61.29
中成药制造 Manufacture of Finished Traditional Chinese Herbal Medicine	54.67	268.36	173.93	64.81
生物、生化制品的制造 Manufacture of Biological and Biochemical Chemical Products	52.18	230.18	143.18	62.21
航空航天器制造业 **Manufacture of Aircrafts and Spacecrafts**	**38.53**	**164.47**	**55.45**	**33.71**
1.飞机制造及修理 Manufacture and Repairing of Airplanes	37.23	136.18	48.51	35.62
2.航天器制造 Manufacture of Spacecrafts	48.48	22.80	4.64	20.34
电子及通信设备制造业 **Manufacture of Electronic Equipment and Communication Equipment**	**54.10**	**1267.85**	**749.30**	**59.10**
1.通信设备制造 Manufacture of Communication Equipment	52.90	232.59	108.99	46.86
#通信传输设备制造 Manufacture of Communication Transmitting Equipment	51.11	65.55	27.30	41.64
通信交换设备制造 Manufacture of Communication Exchanging Equipment	65.12	10.81	10.51	97.22
通信终端设备制造 Manufacture of Communication Terminal Equipment	53.33	14.60	8.75	59.91
2.雷达及配套设备制造 Manufacture of Radar and Its Fittings	64.52	12.79	9.40	73.48
3.广播电视设备制造 Manufacture of Broadcasting and TV Equipment	54.17	28.57	12.26	42.89
4.电子器件制造 Manufacture of Electronic Appliances	49.83	385.57	233.68	60.61
#电子真空器件制造 Manufacture of Electronic Vacuum Appliances	57.14	37.94	25.85	68.13
半导体分立器件制造 Manufacture of Semiconductor Discreting Appliances	58.82	40.14	23.27	57.96
集成电路制造 Manufacture of Integrate Circuit	47.92	104.52	84.65	80.99
5.电子元件制造 Manufacture of Electronic Components	56.93	357.41	267.12	74.74
6.家用视听设备制造 Manufacture of Domestic TV Set and Radio Receiver	45.38	60.41	33.77	55.90
7.其他电子设备制造 Manufacture of Other Electronic Equipment	55.64	190.51	84.09	44.14
电子计算机及办公设备制造业 **Manufacture of Computers and Office Equipments**	**49.55**	**166.31**	**123.14**	**74.04**
1.电子计算机整机制造 Manufacture of Entired Computer	36.84	18.90	4.88	25.81
2.电子计算机外部设备制造 Manufacture of Computer Peripheral Equipment	57.69	91.81	63.18	68.81
3.办公设备制造 Manufacture of Office Equipment	46.67	24.10	11.32	46.96
医疗设备及仪器仪表制造业 **Manufacture of Medical Equipments and Measuring Instrument**	**61.52**	**505.21**	**340.89**	**67.47**
1.医疗设备及器械制造 Manufacture of Medical Equipment and Appliances	56.66	120.71	82.83	68.62
2.仪器仪表制造 Manufacture of Measuring Instrument	63.18	384.51	258.06	67.11

3-2-4 续表 2 continued

行 业
Industry
	#国有企业 State-owned Enterprises
	施工项目数(个)
	Number of Projects under Construction (unit)
		#新开工
		Number of Projects Started This Year
			全部建成或投产项目数(个)
			Number of Projects Completed and Put into Use (unit)

合 计 **Total**	**529**	**318**	**246**
医药制造业 **Manufacture of Medicines**	**150**	**100**	**89**
#化学药品制造 Manufacture of Chemical Medicine	50	40	28
中成药制造 Manufacture of Finished Traditional Chinese Herbal Medicine	32	17	19
生物、生化制品的制造 Manufacture of Biological and Biochemical Chemical Products	23	13	9
航空航天器制造业 **Manufacture of Aircrafts and Spacecrafts**	**120**	**56**	**39**
1.飞机制造及修理 Manufacture and Repairing of Airplanes	92	48	29
2.航天器制造 Manufacture of Spacecrafts	25	7	10
电子及通信设备制造业 **Manufacture of Electronic Equipment and Communication Equipment**	**186**	**121**	**87**
1.通信设备制造 Manufacture of Communication Equipment	56	39	25
#通信传输设备制造 Manufacture of Communication Transmitting Equipment	11	6	3
通信交换设备制造 Manufacture of Communication Exchanging Equipment	4	3	3
通信终端设备制造 Manufacture of Communication Terminal Equipment	10	4	5
2.雷达及配套设备制造 Manufacture of Radar and Its Fittings	10	7	4
3.广播电视设备制造 Manufacture of Broadcasting and TV Equipment	7	4	3
4.电子器件制造 Manufacture of Electronic Appliances	44	25	17
#电子真空器件制造 Manufacture of Electronic Vacuum Appliances	4	2	
半导体分立器件制造 Manufacture of Semiconductor Discreting Appliances	12	6	7
集成电路制造 Manufacture of Integrate Circuit	12	5	4
5.电子元件制造 Manufacture of Electronic Components	43	33	28
6.家用视听设备制造 Manufacture of Domestic TV Set and Radio Receiver	7	4	3
7.其他电子设备制造 Manufacture of Other Electronic Equipment	19	9	7
电子计算机及办公设备制造业 **Manufacture of Computers and Office Equipments**	**18**	**9**	**9**
1.电子计算机整机制造 Manufacture of Entired Computer	5	4	
2.电子计算机外部设备制造 Manufacture of Computer Peripheral Equipment	4	2	2
3.办公设备制造 Manufacture of Office Equipment	3	1	1
医疗设备及仪器仪表制造业 **Manufacture of Medical Equipments and Measuring Instrument**	**55**	**32**	**22**
1.医疗设备及器械制造 Manufacture of Medical Equipment and Appliances	15	9	4
2.仪器仪表制造 Manufacture of Measuring Instrument	40	23	18

3-2-4 续表 3 continued

行 业 Industry	#国有企业 State-owned Enterprises 项目建成投产率 (%) Rate of Projects Completed and Put into Use (%)	投资额 (亿元) Investment (100 million yuan)	新增固定资产 (亿元) Newly Increased Fixed Assets (100 million yuan)	固定资产交付使用率 (%) Rate of Fixed Assets Put into Use (%)
合 计 Total	**46.50**	**384.33**	**210.19**	**54.69**
医药制造业 Manufacture of Medicines	**59.33**	**59.50**	**37.47**	**62.98**
#化学药品制造 Manufacture of Chemical Medicine	56.00	14.07	7.50	53.34
中成药制造 Manufacture of Finished Traditional Chinese Herbal Medicine	59.38	11.23	7.59	67.61
生物、生化制品的制造 Manufacture of Biological and Biochemical Chemical Products	39.13	16.73	6.94	41.51
航空航天器制造业 Manufacture of Aircrafts and Spacecrafts	**32.50**	**88.06**	**22.29**	**25.32**
1.飞机制造及修理 Manufacture and Repairing of Airplanes	31.52	64.39	19.93	30.95
2.航天器制造 Manufacture of Spacecrafts	40.00	19.89	2.22	11.14
电子及通信设备制造业 Manufacture of Electronic Equipment and Communication Equipment	**46.77**	**187.49**	**92.25**	**49.20**
1.通信设备制造 Manufacture of Communication Equipment	44.64	60.29	24.72	41.01
#通信传输设备制造 Manufacture of Communication Transmitting Equipment	27.27	5.84	2.64	45.27
通信交换设备制造 Manufacture of Communication Exchanging Equipment	75.00	0.63	0.39	62.02
通信终端设备制造 Manufacture of Communication Terminal Equipment	50.00	3.20	2.99	93.23
2.雷达及配套设备制造 Manufacture of Radar and Its Fittings	40.00	4.59	1.28	27.91
3.广播电视设备制造 Manufacture of Broadcasting and TV Equipment	42.86	0.72	0.44	61.15
4.电子器件制造 Manufacture of Electronic Appliances	38.64	57.15	16.39	28.69
#电子真空器件制造 Manufacture of Electronic Vacuum Appliances		0.94	0.26	27.62
半导体分立器件制造 Manufacture of Semiconductor Discreting Appliances	58.33	4.65	4.39	94.45
集成电路制造 Manufacture of Integrate Circuit	33.33	39.42	7.78	19.74
5.电子元件制造 Manufacture of Electronic Components	65.12	33.39	42.40	127.00
6.家用视听设备制造 Manufacture of Domestic TV Set and Radio Receiver	42.86	4.56	3.15	69.14
7.其他电子设备制造 Manufacture of Other Electronic Equipment	36.84	26.80	3.86	14.40
电子计算机及办公设备制造业 Manufacture of Computers and Office Equipments	**50.00**	**16.46**	**34.07**	**206.99**
1.电子计算机整机制造 Manufacture of Entired Computer		0.78	0.01	0.64
2.电子计算机外部设备制造 Manufacture of Computer Peripheral Equipment	50.00	3.55	1.76	49.66
3.办公设备制造 Manufacture of Office Equipment	33.33	2.96	0.54	18.42
医疗设备及仪器仪表制造业 Manufacture of Medical Equipments and Measuring Instrument	**40.00**	**32.83**	**24.11**	**73.43**
1.医疗设备及器械制造 Manufacture of Medical Equipment and Appliances	26.67	6.84	2.99	43.67
2.仪器仪表制造 Manufacture of Measuring Instrument	45.00	25.99	21.12	81.26

3-2-4 续表 4 continued

行业 Industry	港澳台投资企业 Enterprises with Funds from Hong Kong, Macau and Taiwan 施工项目数（个）Number of Projects under Construction (unit)	#新开工 Number of Projects Started This Year	全部建成或投产项目数（个）Number of Projects Completed and Put into Use (unit)
合计 Total	**666**	**335**	**337**
医药制造业 Manufacture of Medicines	**154**	**90**	**82**
#化学药品制造 Manufacture of Chemical Medicine	66	40	37
中成药制造 Manufacture of Finished Traditional Chinese Herbal Medicine	26	18	10
生物、生化制品的制造 Manufacture of Biological and Biochemical Chemical Products	30	14	18
航空航天器制造业 Manufacture of Aircrafts and Spacecrafts	**5**	**2**	**1**
1.飞机制造及修理 Manufacture and Repairing of Airplanes	5	2	1
2.航天器制造 Manufacture of Spacecrafts			
电子及通信设备制造业 Manufacture of Electronic Equipment and Communication Equipment	**393**	**194**	**205**
1.通信设备制造 Manufacture of Communication Equipment	43	16	16
#通信传输设备制造 Manufacture of Communication Transmitting Equipment	5	5	1
通信交换设备制造 Manufacture of Communication Exchanging Equipment	3	1	2
通信终端设备制造 Manufacture of Communication Terminal Equipment	4		2
2.雷达及配套设备制造 Manufacture of Radar and Its Fittings	1	1	1
3.广播电视设备制造 Manufacture of Broadcasting and TV Equipment	4	3	3
4.电子器件制造 Manufacture of Electronic Appliances	105	42	46
#电子真空器件制造 Manufacture of Electronic Vacuum Appliances	4	2	3
半导体分立器件制造 Manufacture of Semiconductor Discreting Appliances	16	6	4
集成电路制造 Manufacture of Integrate Circuit	31	9	9
5.电子元件制造 Manufacture of Electronic Components	168	96	109
6.家用视听设备制造 Manufacture of Domestic TV Set and Radio Receiver	31	17	13
7.其他电子设备制造 Manufacture of Other Electronic Equipment	41	19	17
电子计算机及办公设备制造业 Manufacture of Computers and Office Equipments	**54**	**19**	**24**
1.电子计算机整机制造 Manufacture of Entired Computer	7	3	2
2.电子计算机外部设备制造 Manufacture of Computer Peripheral Equipment	42	14	20
3.办公设备制造 Manufacture of Office Equipment	1		1
医疗设备及仪器仪表制造业 Manufacture of Medical Equipments and Measuring Instrument	**60**	**30**	**25**
1.医疗设备及器械制造 Manufacture of Medical Equipment and Appliances	18	11	7
2.仪器仪表制造 Manufacture of Measuring Instrument	42	19	18

3-2-4 续表 5 continued

行 业 Industry	港澳台投资企业 Enterprises with Funds from Hong Kong, Macau and Taiwan			
	项目建成投产率 (%) Rate of Projects Completed and Put into Use (%)	投资额 (亿元) Investment (100 million yuan)	新增固定资产 (亿元) Newly Increased Fixed Assets (100 million yuan)	固定资产交付使用率 (%) Rate of Fixed Assets Put into Use (%)
合 计 **Total**	**50.60**	**541.20**	**355.88**	**65.76**
医药制造业 **Manufacture of Medicines**	**53.25**	**72.03**	**60.12**	**83.46**
#化学药品制造 Manufacture of Chemical Medicine	56.06	40.00	34.23	85.59
中成药制造 Manufacture of Finished Traditional Chinese Herbal Medicine	38.46	10.48	4.75	45.30
生物、生化制品的制造 Manufacture of Biological and Biochemical Chemical Products	60.00	11.95	12.00	100.39
航空航天器制造业 **Manufacture of Aircrafts and Spacecrafts**	**20.00**	**3.45**	**0.06**	**1.62**
1.飞机制造及修理 Manufacture and Repairing of Airplanes	20.00	3.45	0.06	1.62
2.航天器制造 Manufacture of Spacecrafts				
电子及通信设备制造业 **Manufacture of Electronic Equipment and Communication Equipment**	**52.16**	**386.02**	**249.88**	**64.73**
1.通信设备制造 Manufacture of Communication Equipment	37.21	55.74	15.77	28.29
#通信传输设备制造 Manufacture of Communication Transmitting Equipment	20.00	4.48	0.47	10.49
通信交换设备制造 Manufacture of Communication Exchanging Equipment	66.67	0.34	5.20	1533.02
通信终端设备制造 Manufacture of Communication Terminal Equipment	50.00	2.96	2.68	90.58
2.雷达及配套设备制造 Manufacture of Radar and Its Fittings	100.00	0.79	0.79	100.00
3.广播电视设备制造 Manufacture of Broadcasting and TV Equipment	75.00	4.79	5.18	108.20
4.电子器件制造 Manufacture of Electronic Appliances	43.81	183.52	108.65	59.20
#电子真空器件制造 Manufacture of Electronic Vacuum Appliances	75.00	6.09	1.53	25.14
半导体分立器件制造 Manufacture of Semiconductor Discreting Appliances	25.00	13.88	5.15	37.08
集成电路制造 Manufacture of Integrate Circuit	29.03	37.38	15.83	42.36
5.电子元件制造 Manufacture of Electronic Components	64.88	97.63	97.86	100.23
6.家用视听设备制造 Manufacture of Domestic TV Set and Radio Receiver	41.94	21.11	11.20	53.07
7.其他电子设备制造 Manufacture of Other Electronic Equipment	41.46	22.43	10.43	46.50
电子计算机及办公设备制造业 **Manufacture of Computers and Office Equipments**	**44.44**	**60.52**	**33.58**	**55.48**
1.电子计算机整机制造 Manufacture of Entired Computer	28.57	22.02	2.26	10.27
2.电子计算机外部设备制造 Manufacture of Computer Peripheral Equipment	47.62	30.85	28.93	93.78
3.办公设备制造 Manufacture of Office Equipment	100.00	0.04	0.50	1250.00
医疗设备及仪器仪表制造业 **Manufacture of Medical Equipments and Measuring Instrument**	**41.67**	**19.18**	**12.25**	**63.91**
1.医疗设备及器械制造 Manufacture of Medical Equipment and Appliances	38.89	6.81	3.17	46.58
2.仪器仪表制造 Manufacture of Measuring Instrument	42.86	12.36	9.08	73.45

3-2-4 续表 6 continued

行 业 Industry	外商投资企业 Foreign Funded Enterprises 施工项目数（个） Number of Projects under Construction (unit)	#新开工 Number of Projects Started This Year	全部建成或投产项目数（个） Number of Projects Completed and Put into Use (unit)
合 计 Total	**988**	**500**	**512**
医药制造业 Manufacture of Medicines	**199**	**105**	**79**
#化学药品制造 Manufacture of Chemical Medicine	94	46	39
中成药制造 Manufacture of Finished Traditional Chinese Herbal Medicine	35	26	12
生物、生化制品的制造 Manufacture of Biological and Biochemical Chemical Products	38	13	13
航空航天器制造业 Manufacture of Aircrafts and Spacecrafts	**14**	**8**	**3**
1.飞机制造及修理 Manufacture and Repairing of Airplanes	14	8	3
2.航天器制造 Manufacture of Spacecrafts			
电子及通信设备制造业 Manufacture of Electronic Equipment and Communication Equipment	**587**	**299**	**330**
1.通信设备制造 Manufacture of Communication Equipment	60	31	29
#通信传输设备制造 Manufacture of Communication Transmitting Equipment	15	11	10
通信交换设备制造 Manufacture of Communication Exchanging Equipment	1		
通信终端设备制造 Manufacture of Communication Terminal Equipment	4		1
2.雷达及配套设备制造 Manufacture of Radar and Its Fittings			
3.广播电视设备制造 Manufacture of Broadcasting and TV Equipment	12	4	3
4.电子器件制造 Manufacture of Electronic Appliances	186	95	99
#电子真空器件制造 Manufacture of Electronic Vacuum Appliances	10	5	4
半导体分立器件制造 Manufacture of Semiconductor Discreting Appliances	19	7	9
集成电路制造 Manufacture of Integrate Circuit	49	25	28
5.电子元件制造 Manufacture of Electronic Components	243	126	155
6.家用视听设备制造 Manufacture of Domestic TV Set and Radio Receiver	28	12	13
7.其他电子设备制造 Manufacture of Other Electronic Equipment	58	31	31
电子计算机及办公设备制造业 Manufacture of Computers and Office Equipments	**81**	**38**	**41**
1.电子计算机整机制造 Manufacture of Entired Computer	13	6	10
2.电子计算机外部设备制造 Manufacture of Computer Peripheral Equipment	55	24	24
3.办公设备制造 Manufacture of Office Equipment	8	3	4
医疗设备及仪器仪表制造业 Manufacture of Medical Equipments and Measuring Instrument	**107**	**50**	**59**
1.医疗设备及器械制造 Manufacture of Medical Equipment and Appliances	40	15	24
2.仪器仪表制造 Manufacture of Measuring Instrument	67	35	35

3-2-4 续表 7 continued

行 业 Industry	外商投资企业 Foreign Funded Enterprises			
	项目建成投产率(%) Rate of Projects Completed and Put into Use (%)	投资额(亿元) Investment (100 million yuan)	新增固定资产(亿元) Newly Increased Fixed Assets (100 million yuan)	固定资产交付使用率(%) Rate of Fixed Assets Put into Use (%)
合 计 **Total**	**51.82**	**958.74**	**702.12**	**73.23**
医药制造业 **Manufacture of Medicines**	**39.70**	**106.54**	**58.94**	**55.33**
#化学药品制造 Manufacture of Chemical Medicine	41.49	57.91	34.59	59.74
中成药制造 Manufacture of Finished Traditional Chinese Herbal Medicine	34.29	13.01	5.39	41.40
生物、生化制品的制造 Manufacture of Biological and Biochemical Chemical Products	34.21	19.98	11.07	55.39
航空航天器制造业 **Manufacture of Aircrafts and Spacecrafts**	**21.43**	**18.22**	**3.21**	**17.63**
1.飞机制造及修理 Manufacture and Repairing of Airplanes	21.43	18.22	3.21	17.63
2.航天器制造 Manufacture of Spacecrafts				
电子及通信设备制造业 **Manufacture of Electronic Equipment and Communication Equipment**	**56.22**	**688.99**	**541.21**	**78.55**
1.通信设备制造 Manufacture of Communication Equipment	48.33	56.17	46.50	82.80
#通信传输设备制造 Manufacture of Communication Transmitting Equipment	66.67	10.80	9.21	85.27
通信交换设备制造 Manufacture of Communication Exchanging Equipment		9.62	3.21	33.38
通信终端设备制造 Manufacture of Communication Terminal Equipment	25.00	2.45	1.44	58.91
2.雷达及配套设备制造 Manufacture of Radar and Its Fittings				
3.广播电视设备制造 Manufacture of Broadcasting and TV Equipment	25.00	4.62	1.98	42.76
4.电子器件制造 Manufacture of Electronic Appliances	53.23	399.40	313.29	78.44
#电子真空器件制造 Manufacture of Electronic Vacuum Appliances	40.00	6.33	1.60	25.30
半导体分立器件制造 Manufacture of Semiconductor Discreting Appliances	47.37	28.58	21.12	73.90
集成电路制造 Manufacture of Integrate Circuit	57.14	217.36	190.50	87.64
5.电子元件制造 Manufacture of Electronic Components	63.79	156.42	143.29	91.61
6.家用视听设备制造 Manufacture of Domestic TV Set and Radio Receiver	46.43	35.50	14.19	39.97
7.其他电子设备制造 Manufacture of Other Electronic Equipment	53.45	36.87	21.97	59.58
电子计算机及办公设备制造业 **Manufacture of Computers and Office Equipments**	**50.62**	**84.15**	**57.71**	**68.58**
1.电子计算机整机制造 Manufacture of Entired Computer	76.92	20.43	17.94	87.84
2.电子计算机外部设备制造 Manufacture of Computer Peripheral Equipment	43.64	53.71	34.61	64.44
3.办公设备制造 Manufacture of Office Equipment	50.00	7.69	3.83	49.80
医疗设备及仪器仪表制造业 **Manufacture of Medical Equipments and Measuring Instrument**	**55.14**	**60.84**	**41.04**	**67.45**
1.医疗设备及器械制造 Manufacture of Medical Equipment and Appliances	60.00	19.81	14.58	73.58
2.仪器仪表制造 Manufacture of Measuring Instrument	52.24	41.03	26.46	64.49

3-2-5 各地区国有及国有控股企业高技术产业投资基本情况(2009年)

Basic Statistics on Investment in Fixed Assets in High-tech Industry of State-owned and State-controlled Enterprises by Region (2009)

地区	Region	施工项目数 (个) Number of Projects under Construction (unit)	#新开工 Number of Projects Started This Year	全部建成或投产项目数 (个) Number of Projects Completed and Put into Use (unit)	项目建成投产率 (%) Rate of Projects Completed and Put into Use (%)	投资额 (亿元) Investment (100 million yuan)	新增固定资产 (亿元) Newly Increased Fixed Assets (100 million yuan)	固定资产交付使用率 (%) Rate of Fixed Assets Put into Use (%)
全国	**Total**	**1158**	**636**	**526**	**45.42**	**770.91**	**488.96**	**63.43**
东部地区	Eastern Region	531	283	238	44.82	334.04	187.38	56.10
中部地区	Middle Region	293	172	148	50.51	166.33	98.49	59.21
西部地区	Western Region	334	181	140	41.92	270.54	203.09	75.07
北京	Beijing	35	19	19	54.29	9.49	3.23	34.02
天津	Tianjin	44	23	23	52.27	43.30	9.20	21.25
河北	Hebei	22	19	13	59.09	17.20	6.84	39.76
山西	Shanxi	9	2	2	22.22	4.83	3.51	72.70
内蒙古	Inner Mongolia	4	3	4	100.00	0.30	1.29	433.67
辽宁	Liaoning	56	45	32	57.14	48.40	53.51	110.55
吉林	Jilin	38	25	21	55.26	16.38	10.74	65.58
黑龙江	Heilongjiang	48	27	35	72.92	30.12	18.99	63.03
上海	Shanghai	71	39	19	26.76	35.15	8.98	25.55
江苏	Jiangsu	57	35	29	50.88	63.42	47.90	75.53
浙江	Zhejiang	27	6	8	29.63	9.83	3.90	39.72
安徽	Anhui	33	16	19	57.58	24.37	9.28	38.08
福建	Fujian	13	2	2	15.38	11.11	7.83	70.42
江西	Jiangxi	35	21	18	51.43	17.54	7.68	43.77
山东	Shandong	35	19	11	31.43	32.24	12.21	37.87
河南	Henan	19	14	9	47.37	8.71	15.61	179.30
湖北	Hubei	61	36	33	54.10	35.00	24.76	70.76
湖南	Hunan	50	31	11	22.00	29.38	7.92	26.97
广东	Guangdong	168	73	80	47.62	60.32	33.38	55.33
广西	Guangxi	22	16	12	54.55	7.71	3.69	47.89
海南	Hainan	3	3	2	66.67	3.58	0.40	11.07
重庆	Chongqing	33	19	13	39.39	42.85	8.43	19.68
四川	Sichuan	62	24	27	43.55	132.23	136.22	103.02
贵州	Guizhou	61	46	19	31.15	11.66	5.22	44.80
云南	Yunnan	9	7	1	11.11	6.06	3.32	54.77
西藏	Tibet	3	1	1	33.33	0.68	0.07	10.56
陕西	Shaanxi	115	49	52	45.22	64.59	41.32	63.97
甘肃	Gansu	15	8	5	33.33	2.97	2.93	98.75
青海	Qinghai	5	3	2	40.00	1.05	0.24	23.22
宁夏	Ningxia	2	2	2	100.00	0.18	0.18	100.00
新疆	Xinjiang	3	3	2	66.67	0.26	0.18	67.20

3-2-6 按地区和登记注册类型分高技术产业投资基本情况(2009年)

Basic Statistics on Investment in Fixed Assets in High-tech Industry by Region and Registration Status (2009)

地区	Region	内资企业 Domestic Funded						
		施工项目数 (个) Number of Projects under Construction (unit)	#新开工 Number of Projects Started This Year	全部建成或投产项目数 (个) Number of Projects Completed and Put into Use (unit)	项目建成投产率 (%) Rate of Projects Completed and Put into Use (%)	投资额 (亿元) Investment (100 million yuan)	新增固定资产 (亿元) Newly Increased Fixed Assets (100 million yuan)	固定资产交付使用率 (%) Rate of Fixed Assets Put into Use (%)
全国	**Total**	**8097**	**5357**	**4539**	**56.06**	**3378.92**	**2100.11**	**62.15**
东部地区	Eastern Region	3649	2302	2003	54.89	1543.79	900.17	58.31
中部地区	Middle Region	3090	2221	1824	59.03	1196.69	787.75	65.83
西部地区	Western Region	1358	834	712	52.43	638.44	412.22	64.57
北京	Beijing	58	18	16	27.59	16.30	6.21	38.09
天津	Tianjin	144	95	83	57.64	88.88	27.12	30.51
河北	Hebei	356	274	247	69.38	140.61	99.20	70.55
山西	Shanxi	74	42	23	31.08	30.39	18.37	60.45
内蒙古	Inner Mongolia	66	55	48	72.73	49.70	20.09	40.41
辽宁	Liaoning	449	368	294	65.48	224.06	157.12	70.12
吉林	Jilin	419	333	295	70.41	203.23	143.52	70.62
黑龙江	Heilongjiang	127	91	84	66.14	59.01	40.23	68.16
上海	Shanghai	100	57	22	22.00	44.07	12.40	28.14
江苏	Jiangsu	846	559	558	65.96	407.77	268.45	65.83
浙江	Zhejiang	419	220	170	40.57	86.08	43.23	50.22
安徽	Anhui	530	325	274	51.70	167.05	77.28	46.26
福建	Fujian	202	107	71	35.15	52.93	33.93	64.11
江西	Jiangxi	526	358	327	62.17	239.70	171.13	71.40
山东	Shandong	617	359	307	49.76	347.32	162.55	46.80
河南	Henan	615	509	436	70.89	208.72	168.22	80.59
湖北	Hubei	377	263	217	57.56	159.00	98.97	62.25
湖南	Hunan	422	300	168	39.81	129.59	70.03	54.04
广东	Guangdong	447	234	231	51.68	131.18	89.06	67.90
广西	Guangxi	211	125	109	51.66	45.78	21.89	47.82
海南	Hainan	11	11	4	36.36	4.59	0.90	19.61
重庆	Chongqing	130	77	71	54.62	69.62	25.14	36.11
四川	Sichuan	438	250	266	60.73	276.98	246.72	89.07
贵州	Guizhou	105	79	39	37.14	19.13	8.97	46.89
云南	Yunnan	68	53	20	29.41	25.10	6.29	25.05
西藏	Tibet	16	5	1	6.25	2.95	0.07	2.44
陕西	Shaanxi	232	128	122	52.59	130.23	74.01	56.83
甘肃	Gansu	51	30	20	39.22	9.53	5.72	59.97
青海	Qinghai	15	11	6	40.00	4.38	1.33	30.37
宁夏	Ningxia	14	11	5	35.71	3.87	1.37	35.28
新疆	Xinjiang	12	10	5	41.67	1.17	0.62	53.07

3-2-6 续表 1 continued

地 区	Region	#国有企业 State-owned Enterprises 施工项目数(个) Number of Projects under Construction (unit)	#新开工 Number of Projects Started This Year	全部建成或投产项目数(个) Number of Projects Completed and Put into Use (unit)	项目建成投产率(%) Rate of Projects Completed and Put into Use (%)	投资额(亿元) Investment (100 million yuan)	新增固定资产(亿元) Newly Increased Fixed Assets (100 million yuan)	固定资产交付使用率(%) Rate of Fixed Assets Put into Use (%)
全 国	**Total**	**529**	**318**	**246**	**46.50**	**384.33**	**210.19**	**54.69**
东部地区	Eastern Region	186	118	82	44.09	149.80	86.73	57.90
中部地区	Middle Region	156	103	86	55.13	90.68	44.86	49.47
西部地区	Western Region	187	97	78	41.71	143.89	78.63	54.65
北 京	Beijing	7	3	2	28.57	1.74	0.13	7.22
天 津	Tianjin	20	9	11	55.00	29.07	5.11	17.57
河 北	Hebei	17	15	9	52.94	12.58	5.77	45.88
山 西	Shanxi	4				0.90		
内 蒙 古	Inner Mongolia	1	1	1	100.00	0.12	0.12	100.00
辽 宁	Liaoning	42	35	24	57.14	37.30	47.67	127.79
吉 林	Jilin	13	12	8	61.54	8.22	5.07	61.72
黑 龙 江	Heilongjiang	30	18	23	76.67	19.02	14.69	77.27
上 海	Shanghai	34	19	6	17.65	20.96	1.54	7.35
江 苏	Jiangsu	28	19	15	53.57	22.90	12.66	55.27
浙 江	Zhejiang	8	3	3	37.50	5.06	2.48	49.01
安 徽	Anhui	15	8	8	53.33	10.57	4.24	40.11
福 建	Fujian	5		1	20.00	8.06	6.61	82.03
江 西	Jiangxi	21	16	13	61.90	9.11	4.12	45.19
山 东	Shandong	7	5	4	57.14	4.13	1.71	41.33
河 南	Henan	13	9	7	53.85	3.74	1.95	52.09
湖 北	Hubei	39	27	23	58.97	18.70	11.98	64.06
湖 南	Hunan	21	13	4	19.05	20.42	2.81	13.75
广 东	Guangdong	16	8	5	31.25	7.60	2.65	34.84
广 西	Guangxi	19	15	12	63.16	7.35	3.69	50.22
海 南	Hainan	2	2	2	100.00	0.40	0.40	100.00
重 庆	Chongqing	21	15	6	28.57	39.53	2.64	6.68
四 川	Sichuan	35	13	15	42.86	41.84	37.96	90.70
贵 州	Guizhou	20	13	5	25.00	3.87	2.16	55.76
云 南	Yunnan	1	1			0.40	0.14	36.71
西 藏	Tibet	3	1	1	33.33	0.68	0.07	10.56
陕 西	Shaanxi	72	31	33	45.83	46.94	29.05	61.89
甘 肃	Gansu	11	5	3	27.27	2.48	2.76	111.24
青 海	Qinghai	3	1	1	33.33	0.65	0.01	0.78
宁 夏	Ningxia							
新 疆	Xinjiang	1	1	1	100.00	0.03	0.03	100.00

3-2-6 续表 2 continued

地 区	Region	港澳台投资企业 Enterprises with Funds from Hong Kong, Macau and Taiwan						
		施工项目数 (个) Number of Projects under Construction (unit)	#新开工 Number of Projects Started This Year	全部建成或投产项目数 (个) Number of Projects Completed and Put into Use (unit)	项目建成投产率 (%) Rate of Projects Completed and Put into Use (%)	投资额 (亿元) Investment (100 million yuan)	新增固定资产 (亿元) Newly Increased Fixed Assets (100 million yuan)	固定资产交付使用率 (%) Rate of Fixed Assets Put into Use (%)
全 国	**Total**	**666**	**335**	**337**	**50.60**	**541.20**	**355.88**	**65.76**
东部地区	Eastern Region	489	233	248	50.72	411.32	288.29	70.09
中部地区	Middle Region	115	67	55	47.83	108.49	51.20	47.19
西部地区	Western Region	62	35	34	54.84	21.38	16.38	76.61
北 京	Beijing	5	3	1	20.00	2.19	0.92	42.23
天 津	Tianjin	7	6	4	57.14	7.12	1.34	18.84
河 北	Hebei	6	1	4	66.67	13.65	9.66	70.76
山 西	Shanxi	4	2	2	50.00	21.19	0.83	3.91
内蒙古	Inner Mongolia	5	4	4	80.00	4.92	7.77	157.80
辽 宁	Liaoning	14	10	7	50.00	15.68	2.73	17.44
吉 林	Jilin	10	9	5	50.00	8.37	3.72	44.44
黑龙江	Heilongjiang	6	4	4	66.67	1.28	4.04	315.42
上 海	Shanghai	17	7	3	17.65	6.44	5.57	86.40
江 苏	Jiangsu	129	58	86	66.67	152.26	119.65	78.58
浙 江	Zhejiang	67	31	32	47.76	27.41	26.28	95.89
安 徽	Anhui	19	9	13	68.42	9.53	8.24	86.40
福 建	Fujian	42	14	7	16.67	20.43	14.86	72.74
江 西	Jiangxi	36	20	17	47.22	25.12	18.20	72.47
山 东	Shandong	30	14	12	40.00	51.05	23.89	46.80
河 南	Henan	11	7	4	36.36	5.47	1.69	30.95
湖 北	Hubei	15	7	7	46.67	26.51	8.84	33.35
湖 南	Hunan	14	9	3	21.43	11.02	5.64	51.17
广 东	Guangdong	172	89	92	53.49	115.09	83.39	72.46
广 西	Guangxi	20	9	12	60.00	3.96	2.44	61.57
海 南	Hainan							
重 庆	Chongqing	7	4	5	71.43	4.51	1.81	40.25
四 川	Sichuan	11	6	5	45.45	2.93	1.74	59.44
贵 州	Guizhou	2	2	1	50.00	0.06	0.04	66.56
云 南	Yunnan	6	6	1	16.67	1.39	0.08	5.76
西 藏	Tibet							
陕 西	Shaanxi	8	3	4	50.00	3.19	2.19	68.69
甘 肃	Gansu	1		1	100.00	0.02	0.08	326.53
青 海	Qinghai	1	1			0.17		
宁 夏	Ningxia	1		1	100.00	0.23	0.23	100.00
新 疆	Xinjiang							

3-2-6 续表 3 continued

地区	Region	外商投资企业 Foreign Funded Enterprises						
		施工项目数 (个) Number of Projects under Construction (unit)	#新开工 Number of Projects Started This Year	全部建成或投产项目数 (个) Number of Projects Completed and Put into Use (unit)	项目建成投产率 (%) Rate of Projects Completed and Put into Use (%)	投资额 (亿元) Investment (100 million yuan)	新增固定资产 (亿元) Newly Increased Fixed Assets (100 million yuan)	固定资产交付使用率 (%) Rate of Fixed Assets Put into Use (%)
全国	**Total**	**988**	**500**	**512**	**51.82**	**958.74**	**702.12**	**73.23**
东部地区	Eastern Region	807	406	435	53.90	786.49	593.41	75.45
中部地区	Middle Region	111	70	40	36.04	90.41	49.22	54.44
西部地区	Western Region	70	24	37	52.86	81.83	59.50	72.71
北京	Beijing	27	14	15	55.56	17.43	10.56	60.59
天津	Tianjin	54	37	27	50.00	45.26	27.48	60.70
河北	Hebei	21	11	13	61.90	12.52	6.53	52.14
山西	Shanxi	3	2	1	33.33	0.77	0.59	76.88
内蒙古	Inner Mongolia	2	1			9.50		
辽宁	Liaoning	27	18	16	59.26	116.33	27.80	23.89
吉林	Jilin	9	7	4	44.44	3.39	1.51	44.54
黑龙江	Heilongjiang	10	8	4	40.00	4.08	0.55	13.53
上海	Shanghai	38	17	12	31.58	41.58	17.21	41.38
江苏	Jiangsu	337	185	238	70.62	347.68	392.44	112.88
浙江	Zhejiang	87	30	32	36.78	26.04	14.96	57.45
安徽	Anhui	23	12	13	56.52	12.01	6.65	55.36
福建	Fujian	38	18	6	15.79	19.50	9.92	50.86
江西	Jiangxi	24	14	8	33.33	46.25	25.85	55.89
山东	Shandong	67	30	22	32.84	78.36	28.30	36.12
河南	Henan	5	3	2	40.00	4.62	3.16	68.44
湖北	Hubei	19	13	6	31.58	10.34	5.47	52.88
湖南	Hunan	18	11	2	11.11	8.95	5.44	60.78
广东	Guangdong	108	45	54	50.00	81.38	58.21	71.54
广西	Guangxi	27	12	19	70.37	16.59	7.73	46.60
海南	Hainan	3	1			0.41		
重庆	Chongqing	6	1	4	66.67	1.58	5.20	328.45
四川	Sichuan	13	2	9	69.23	44.29	42.78	96.60
贵州	Guizhou	7	4	3	42.86	2.58	1.78	68.81
云南	Yunnan	2	2			0.35	0.02	5.08
西藏	Tibet							
陕西	Shaanxi	9		2	22.22	5.95	1.99	33.45
甘肃	Gansu	3	2			0.95		
青海	Qinghai							
宁夏	Ningxia							
新疆	Xinjiang	1				0.04		

3-2-7 按地区和行业分高技术产业投资基本情况(2009年)

Basic Statistics on Investment in Fixed Assets in High-tech Industry by Region and Industrial Sector (2009)

地区	Region	医药制造业 Medical and Pharmaceutical Products Manufacturing						
		施工项目数 (个) Number of Projects under Construction (unit)	#新开工 Number of Projects Started This Year	全部建成或投产项目数 (个) Number of Projects Completed and Put into Use (unit)	项目建成投产率 (%) Rate of Projects Completed and Put into Use (%)	投资额 (亿元) Investment (100 million yuan)	新增固定资产 (亿元) Newly Increased Fixed Assets (100 million yuan)	固定资产交付使用率 (%) Rate of Fixed Assets Put into Use (%)
全　国	**Total**	**3922**	**2635**	**2195**	**55.97**	**1454.29**	**950.84**	**65.38**
东部地区	Eastern Region	1451	877	760	52.38	609.00	372.96	61.24
中部地区	Middle Region	1723	1277	1020	59.20	625.04	446.86	71.49
西部地区	Western Region	748	481	415	55.48	220.26	131.03	59.49
北　京	Beijing	34	9	13	38.24	7.84	5.70	72.75
天　津	Tianjin	75	57	38	50.67	36.26	12.60	34.74
河　北	Hebei	189	135	124	65.61	80.34	53.38	66.44
山　西	Shanxi	55	34	18	32.73	21.32	12.85	60.26
内蒙古	Inner Mongolia	48	39	38	79.17	34.71	23.76	68.45
辽　宁	Liaoning	159	126	88	55.35	74.95	40.91	54.58
吉　林	Jilin	291	235	200	68.73	152.64	102.44	67.11
黑龙江	Heilongjiang	99	79	64	64.65	34.46	28.55	82.85
上　海	Shanghai	55	31	21	38.18	13.38	11.34	84.76
江　苏	Jiangsu	223	122	150	67.26	113.84	86.60	76.07
浙　江	Zhejiang	174	73	63	36.21	41.41	20.06	48.43
安　徽	Anhui	228	137	99	43.42	55.59	32.28	58.07
福　建	Fujian	72	40	27	37.50	18.29	12.48	68.24
江　西	Jiangxi	221	157	147	66.52	97.48	67.18	68.92
山　东	Shandong	350	222	184	52.57	186.04	112.12	60.26
河　南	Henan	384	329	284	73.96	129.65	101.43	78.23
湖　北	Hubei	233	176	144	61.80	76.69	61.07	79.63
湖　南	Hunan	212	130	64	30.19	57.21	41.06	71.78
广　东	Guangdong	107	51	48	44.86	34.83	16.87	48.42
广　西	Guangxi	114	68	57	50.00	19.56	9.91	50.67
海　南	Hainan	13	11	4	30.77	1.82	0.90	49.63
重　庆	Chongqing	67	29	40	59.70	19.51	12.08	61.92
四　川	Sichuan	245	156	160	65.31	78.07	52.83	67.67
贵　州	Guizhou	47	36	25	53.19	9.21	5.58	60.62
云　南	Yunnan	62	50	20	32.26	18.62	2.95	15.83
西　藏	Tibet	15	4	1	6.67	2.75	0.07	2.62
陕　西	Shaanxi	84	54	49	58.33	22.43	17.31	77.19
甘　肃	Gansu	38	23	15	39.47	8.18	4.76	58.21
青　海	Qinghai	9	7	4	44.44	3.01	0.98	32.49
宁　夏	Ningxia	8	7	2	25.00	3.16	0.26	8.22
新　疆	Xinjiang	11	8	4	36.36	1.05	0.54	51.27

3-2-7 续表 1 continued

地区 Region	航空航天器制造业 Manufacture of Aircrafts and Spacecrafts						
	施工项目数 (个) Number of Projects under Construction (unit)	#新开工 Number of Projects Started This Year	全部建成或投产项目数 (个) Number of Projects Completed and Put into Use (unit)	项目建成投产率 (%) Rate of Projects Completed and Put into Use (%)	投资额 (亿元) Investment (100 million yuan)	新增固定资产 (亿元) Newly Increased Fixed Assets (100 million yuan)	固定资产交付使用率 (%) Rate of Fixed Assets Put into Use (%)
全　国 Total	**250**	**131**	**93**	**37.20**	**186.15**	**58.72**	**31.54**
东部地区 Eastern Region	53	32	16	30.19	74.41	16.15	21.70
中部地区 Middle Region	71	42	31	43.66	56.02	23.02	41.09
西部地区 Western Region	126	57	46	36.51	55.71	19.54	35.07
北　京 Beijing	5				3.02	0.30	10.06
天　津 Tianjin	9	2	1	11.11	34.85	3.17	9.10
河　北 Hebei	3	3	1	33.33	2.58	0.28	10.85
山　西 Shanxi							
内蒙古 Inner Mongolia	1	1			9.30		
辽　宁 Liaoning	13	10	6	46.15	11.25	6.99	62.14
吉　林 Jilin	10	10	10	100.00	3.19	3.19	100.00
黑龙江 Heilongjiang	18	6	8	44.44	20.12	6.88	34.22
上　海 Shanghai	3	3	2	66.67	11.81	1.81	15.32
江　苏 Jiangsu	6	4	4	66.67	3.09	3.19	103.42
浙　江 Zhejiang	1	1			0.13	0.03	23.81
安　徽 Anhui	1	1			0.23	0.15	65.87
福　建 Fujian	4	2			2.26	0.03	1.44
江　西 Jiangxi	15	10	7	46.67	8.18	6.86	83.81
山　东 Shandong	5	3	2	40.00	2.69	0.35	12.88
河　南 Henan	6	3	2	33.33	2.02	2.73	134.91
湖　北 Hubei	10	5	4	40.00	6.46	2.81	43.43
湖　南 Hunan	11	7			15.82	0.40	2.53
广　东 Guangdong	4	4			2.73		
广　西 Guangxi					0.40	0.40	100.00
海　南 Hainan							
重　庆 Chongqing	2	2	2	100.00	0.63	0.63	100.00
四　川 Sichuan	13	3	5	38.46	19.19	2.13	11.07
贵　州 Guizhou	40	25	11	27.50	6.40	3.22	50.37
云　南 Yunnan							
西　藏 Tibet							
陕　西 Shaanxi	69	25	28	40.58	18.99	13.16	69.30
甘　肃 Gansu	1	1			0.80		
青　海 Qinghai							
宁　夏 Ningxia							
新　疆 Xinjiang							

3-2-7 续表 2 continued

地 区	Region	电子及通信设备制造业 Manufacture of Electronic Equipment and Communication Equipment						
		施工项目数 (个) Number of Projects under Construction (unit)	#新开工 Number of Projects Started This Year	全部建成或投产项目数 (个) Number of Projects Completed and Put into Use (unit)	项目建成投产率 (%) Rate of Projects Completed and Put into Use (%)	投资额 (亿元) Investment (100 million yuan)	新增固定资产 (亿元) Newly Increased Fixed Assets (100 million yuan)	固定资产交付使用率 (%) Rate of Fixed Assets Put into Use (%)
全 国	**Total**	**3687**	**2240**	**2001**	**54.27**	**2344.33**	**1541.03**	**65.73**
东部地区	Eastern Region	2325	1358	1274	54.80	1511.74	1048.37	69.35
中部地区	Middle Region	950	635	511	53.79	495.41	270.57	54.62
西部地区	Western Region	412	247	216	52.43	337.20	222.06	65.85
北 京	Beijing	35	18	14	40.00	21.35	10.91	51.12
天 津	Tianjin	97	68	63	64.95	64.97	36.66	56.43
河 北	Hebei	121	98	85	70.25	65.57	43.58	66.46
山 西	Shanxi	15	7	2	13.33	23.87	0.87	3.66
内蒙古	Inner Mongolia	12	10	6	50.00	16.27	1.78	10.95
辽 宁	Liaoning	153	118	96	62.75	205.90	89.72	43.58
吉 林	Jilin	45	41	31	68.89	19.84	14.26	71.89
黑龙江	Heilongjiang	11	6	7	63.64	3.27	3.83	116.94
上 海	Shanghai	70	31	11	15.71	50.33	15.46	30.73
江 苏	Jiangsu	694	433	477	68.73	539.46	539.35	99.98
浙 江	Zhejiang	265	143	115	43.40	63.34	38.42	60.66
安 徽	Anhui	227	133	131	57.71	100.26	43.03	42.92
福 建	Fujian	161	75	49	30.43	54.57	34.70	63.59
江 西	Jiangxi	251	154	136	54.18	161.41	108.63	67.30
山 东	Shandong	231	115	97	41.99	199.54	65.91	33.03
河 南	Henan	129	98	82	63.57	53.77	34.43	64.03
湖 北	Hubei	117	74	52	44.44	85.93	39.15	45.57
湖 南	Hunan	155	122	70	45.16	47.06	26.37	56.05
广 东	Guangdong	497	258	267	53.72	243.53	173.66	71.31
广 西	Guangxi	113	68	73	64.60	34.86	18.51	53.10
海 南	Hainan	1	1			3.18		
重 庆	Chongqing	40	28	18	45.00	47.82	10.60	22.18
四 川	Sichuan	140	74	75	53.57	147.77	153.05	103.57
贵 州	Guizhou	23	21	7	30.43	5.17	1.61	31.15
云 南	Yunnan	5	4			3.79	1.85	48.84
西 藏	Tibet							
陕 西	Shaanxi	64	35	32	50.00	79.36	34.11	42.98
甘 肃	Gansu	8	3	2	25.00	0.63	0.13	20.19
青 海	Qinghai	3	2			1.07		
宁 夏	Ningxia	3	1	2	66.67	0.38	0.34	90.25
新 疆	Xinjiang	1	1	1	100.00	0.08	0.08	100.00

3-2-7 续表 3 continued

地　区	Region	电子计算机及办公设备制造业 Manufacture of Computer and Office Equipments						
		施工项目数 (个) Number of Projects under Construction (unit)	#新开工 Number of Projects Started This Year	全部建成或投产项目数 (个) Number of Projects Completed and Put into Use (unit)	项目建成投产率 (%) Rate of Projects Completed and Put into Use (%)	投资额 (亿元) Investment (100 million yuan)	新增固定资产 (亿元) Newly Increased Fixed Assets (100 million yuan)	固定资产交付使用率 (%) Rate of Fixed Assets Put into Use (%)
全　国	**Total**	**320**	**164**	**158**	**49.38**	**279.30**	**198.92**	**100.00**
东部地区	Eastern Region	216	112	113	52.31	149.80	102.48	68.41
中部地区	Middle Region	76	45	32	42.11	57.31	26.70	46.59
西部地区	Western Region	28	7	13	46.43	72.16	69.73	96.63
北　京	Beijing	1				0.26		
天　津	Tianjin	3		1	33.33	0.55	0.06	100.00
河　北	Hebei	3	2	1	33.33	1.17	0.58	100.00
山　西	Shanxi	3	1	2	66.67	5.08	4.92	100.00
内蒙古	Inner Mongolia	1	1	1	100.00	0.06	0.06	100.00
辽　宁	Liaoning	15	12	9	60.00	16.11	9.61	100.00
吉　林	Jilin	5	5	4	80.00	3.27	2.84	100.00
黑龙江	Heilongjiang	2	1	1	50.00	0.26	0.08	100.00
上　海	Shanghai	4	2	2	50.00	3.69	4.28	100.00
江　苏	Jiangsu	74	44	47	63.51	60.29	42.69	100.00
浙　江	Zhejiang	24	8	11	45.83	14.98	11.92	100.00
安　徽	Anhui	11	5	2	18.18	5.95	1.76	100.00
福　建	Fujian	14	6			4.54	0.97	100.00
江　西	Jiangxi	30	18	15	50.00	19.76	14.17	100.00
山　东	Shandong	13	8	5	38.46	15.35	2.58	100.00
河　南	Henan	6	5	2	33.33	1.42	0.72	100.00
湖　北	Hubei	10	5	3	30.00	13.64	0.97	100.00
湖　南	Hunan	9	5	3	33.33	7.93	1.24	100.00
广　东	Guangdong	65	30	37	56.92	32.86	29.79	100.00
广　西	Guangxi	8	1	2	25.00	7.33	1.30	100.00
海　南	Hainan							
重　庆	Chongqing	3	2			0.11		
四　川	Sichuan	13	3	8	61.54	62.30	67.32	100.00
贵　州	Guizhou							
云　南	Yunnan	1				0.66	0.36	100.00
西　藏	Tibet							
陕　西	Shaanxi	2		2	100.00	1.70	0.69	100.00
甘　肃	Gansu							
青　海	Qinghai							
宁　夏	Ningxia							
新　疆	Xinjiang							

3-2-7 续表 4 continued

地区	Region	医疗设备及仪器仪表制造业 Manufacture of Medical Equipments and Measuring Instrument						
		施工项目数 (个) Number of Projects under Construction (unit)	#新开工 Number of Projects Started This Year	全部建成或投产项目数 (个) Number of Projects Completed and Put into Use (unit)	项目建成投产率 (%) Rate of Projects Completed and Put into Use (%)	投资额 (亿元) Investment (100 million yuan)	新增固定资产 (亿元) Newly Increased Fixed Assets (100 million yuan)	固定资产交付使用率 (%) Rate of Fixed Assets Put into Use (%)
全　国	**Total**	**1429**	**954**	**870**	**60.88**	**539.60**	**352.07**	**65.25**
东部地区	Eastern Region	814	517	474	58.23	344.90	210.02	60.89
中部地区	Middle Region	453	345	312	68.87	143.37	101.51	70.80
西部地区	Western Region	162	92	84	51.85	51.32	40.54	78.99
北　京	Beijing	14	7	5	35.71	3.18	0.77	24.26
天　津	Tianjin	21	12	12	57.14	4.36	3.27	75.10
河　北	Hebei	64	46	50	78.13	16.27	16.50	101.43
山　西	Shanxi	7	4	4	57.14	1.99	1.09	54.41
内蒙古	Inner Mongolia	12	10	8	66.67	3.85	2.32	60.28
辽　宁	Liaoning	149	129	118	79.19	46.04	38.78	84.24
吉　林	Jilin	66	50	52	78.79	30.26	22.44	74.17
黑龙江	Heilongjiang	13	11	12	92.31	6.30	5.48	86.90
上　海	Shanghai	23	14	1	4.35	12.84	2.23	17.35
江　苏	Jiangsu	280	176	178	63.57	171.28	97.15	56.72
浙　江	Zhejiang	94	45	37	39.36	16.71	11.79	70.54
安　徽	Anhui	101	68	67	66.34	23.91	14.99	62.71
福　建	Fujian	25	12	5	20.00	11.63	9.73	83.66
江　西	Jiangxi	65	51	46	70.77	21.33	17.59	82.48
山　东	Shandong	100	50	46	46.00	54.06	23.94	44.28
河　南	Henan	95	81	67	70.53	26.79	18.77	70.06
湖　北	Hubei	39	23	27	69.23	10.83	8.70	80.36
湖　南	Hunan	67	57	37	55.22	21.96	12.45	56.69
广　东	Guangdong	44	26	22	50.00	8.53	5.86	68.66
广　西	Guangxi	21	8	8	38.10	3.97	1.77	44.50
海　南	Hainan							
重　庆	Chongqing	23	14	13	56.52	5.20	6.60	126.79
四　川	Sichuan	50	21	30	60.00	17.31	15.61	90.15
贵　州	Guizhou	4	3			0.88	0.25	28.45
云　南	Yunnan	5	5	1	20.00	2.51	0.27	10.74
西　藏	Tibet	1	1			0.21		
陕　西	Shaanxi	30	18	17	56.67	15.52	11.74	75.62
甘　肃	Gansu	8	5	4	50.00	0.91	0.91	100.35
青　海	Qinghai	3	3	1	33.33	0.32	0.08	26.12
宁　夏	Ningxia	4	3	2	50.00	0.56	0.99	176.73
新　疆	Xinjiang	1	1			0.08		

4

国际比较情况
International Comparison

4-1 部分国家高技术产业R&D经费占工业总产值比例

The Ratio of R&D Expenditure to Gross Industrial Output Value of High Technology Industry in Selected Countries

(%)

		高技术产业 High Technology Industry	飞机和航天器制造业 Aircraft and Spacecraft	医药制造业 Pharmacruticals	办公、会计和计算机制造业 Office,accounting and computing Machinery	广播、电视及通信设备制造业 Radio,Television and communication Equipment	医疗、精密仪器和光学器具制造业 Medical,Precision and Optical Instruments
中　国	China (2008)*	1.40	4.60	1.70	0.50	1.70	2.30
美　国	USA (2006)	16.41	11.51	21.63	11.07	15.62	18.67
日　本	Japan(2006)	10.64	4.20	15.04	26.06	5.43	14.59
德　国	Germany(2006)	8.34	10.37	10.42	4.09	8.87	6.63
英　国	UK(2006)	11.04	11.65	23.02	0.38	7.33	3.60
法　国	France(2006)	7.78	5.14	9.09	7.15	11.75	7.35
意大利	Italy (2007)	3.60	11.80	2.00	0.90	5.10	2.00
加拿大	Canada(2004)		6.39	11.73	11.03	12.57	
西班牙	Spain (2005)	4.87	9.96	5.75	1.94	2.87	2.62
韩　国	Korea(2006)	5.98	9.66	2.48	3.41	6.80	2.53
瑞　典	Sweden(2005)	12.23	11.78	11.58	11.07	14.44	8.46
丹　麦	Denmark (2006)			19.63	4.22	11.00	8.19
挪　威	Norway(2006)	5.67	1.06	5.79	3.27	8.13	5.28
芬　兰	Finland(2007)	11.48	4.69	27.92	1.84	11.79	4.84

4-2 部分国家高技术产业R&D经费占工业增加值比例

The Ratio of R&D Expenditure to Value Added of Industry of High Technology Industry in Selected Countries

(%)

		高技术产业 High Technology Industry	飞机和航天器制造业 Aircraft and Spacecraft	医药制造业 Pharmacruticals	办公、会计和计算机制造业 Office,accounting and computing Machinery	广播、电视及通信设备制造业 Radio,Television and communication Equipment	医疗、精密仪器和光学器具制造业 Medical,Precision and Optical Instruments
中　国	China (2007)*	6.01	15.39	4.66	3.87	6.78	6.28
美　国	USA (2006)	39.84	24.10	46.24	34.75	43.26	48.26
日　本	Japan(2006)	28.90	11.51	37.08		13.38	31.93
德　国	Germany(2006)	21.50	32.89	23.94	14.93	28.83	13.62
英　国	UK(2006)	26.64	31.15	42.26	1.37	23.95	7.76
法　国	France(2006)	31.95	31.08	33.41	27.67	50.89	19.03
意大利	Italy (2006)	11.09	45.24	4.99	8.44	11.63	6.75
加拿大	Canada(2004)		16.74	30.48	58.75	38.60	
西班牙	Spain (2005)	16.18	31.92	17.76	6.48	13.89	7.25
韩　国	Korea(2006)	21.30	26.09	6.29	14.24	25.09	10.27
瑞　典	Sweden(2005)	30.55	30.00	21.14	31.14	49.68	19.85
丹　麦	Denmark (2006)			45.52	11.77	28.42	15.92
挪　威	Norway(2006)	14.47	2.87	11.48	16.64	24.74	13.99
芬　兰	Finland(2007)	31.51	13.21	47.57	8.39	33.57	11.68

*按大中型工业企业计算。Calculated by largesize and mediumsized enterprises data.

数据来源：国外数据来自经济合作与发展组织《结构分析数据库2009》、《企业研发分析数据库2009》。

Foreign Countries' data sourced from OECD, DSTI (STAN Industrial database) 2009 and ANBERD Database 2009.

4-3 部分国家高技术产业增加值占制造业增加值的比重（2001-2007年）

The Ratio of Value Added of High Technology Industry to Value Added of Manufacturing in Selected Countries (2001-2007)

(%)

		2001	2002	2003	2004	2005	2006	2007
中　国	China *	9.5	9.9	10.5	10.9	11.5	11.5	12.7
美　国	USA	17.6	16.8	16.7	16.5	16.7	17.2	17.7
日　本	Japan	15.9	15.3	16.5	16.9	15.7	16.1	
德　国	Germany	10.5	10.8	11.4	11.8	12.4	12.2	12.8
英　国	UK	17.4	16.5	16.0	16.1	16.8	17.2	17.1
法　国	France	15.1	14.9	14.7	13.5	14.2	15.1	14.0
意大利	Italy	9.8	9.7	9.3	9.3	9.1	9.4	9.0
加拿大	Canada	8.7	8.1	8.5	8.2			
西班牙	Spain	6.9	6.2	6.2	5.8	5.9		6.2
韩　国	Korea	22.2	22.9	23.5	25.3	24.6	25.3	25.3
瑞　典	Sweden	13.1	15.6	17.5	20.8	21.0		18.7
丹　麦	Denmark	16.5	14.6	16.3	15.8	17.5	16.6	16.9
挪　威	Norway	7.5	7.8	7.6	7.7	7.8	8.4	8.1
芬　兰	Finland	20.2	23.3	23.7	21.6	21.9	22.1	23.5

*按全部工业企业计算。 Caculated by all industry enterprises' data.

数据来源：国外数据来自经济合作与发展组织《结构分析数据库2009》。

Foreign Countries' data sourced from OECD, DSTI (STAN Industrial database) 2009.

4-4 部分国家高技术产业出口占制造业出口的比重（2001-2008年）

The Ratio of Exports of High Technology Industry to Exports of Manufacturing in Selected Countries (2001-2008)

(%)

		2001	2002	2003	2004	2005	2006	2007	2008
中　国	China	20.6	23.3	27.1	29.8	30.6	30.3	29.7	28.7
美　国	USA	32.3	31.5	30.8	30.3	29.9	30.1	28.5	27.1
日　本	Japan	26.2	24.4	24.1	23.7	22.5	21.6	19.0	17.9
德　国	Germany	17.8	16.9	16.4	17.3	17.0	16.7	14.2	13.5
英　国	UK	33.7	31.3	25.9	24.2	28.0	33.6	19.5	19.3
法　国	France	23.2	21.2	19.5	19.5	20.0	21.2	18.9	20.2
意大利	Italy	9.4	9.0	7.8	7.8	7.8	7.1	6.6	6.7
加拿大	Canada	16.6	14.3	14.0	12.4	13.2	13.5	14.3	14.5
西班牙	Spain	7.5	6.9	7.3	7.0	7.1	6.2	5.2	
韩　国	Korea	29.5	31.3	32.1	32.8	32.3	32.0	33.4	
瑞　典	Sweden	17.1	17.9	16.0	17.2	16.7	15.9	15.7	15.8
丹　麦	Denmark	20.0	21.7	19.6	19.7	22.0	19.1	16.6	15.6
挪　威	Norway	18.8	21.7	18.6	18.3	17.3	18.6	18.0	19.9
芬　兰	Finland	24.3	24.2	23.7	20.9	26.4	22.5	21.5	21.2

数据来源：世界银行《世界发展指标2009》。World Bank, World Development Indicators 2009.

附　录
Appendix

附录1 高技术产业统计分类目录

Statistics Catalogue of High-technology Industry Classifications

行业代码	行业名称	行业代码	行业名称
2530	核燃料加工	405	电子器件制造
2665	信息化学品制造	4051	电子真空器件制造
27	医药制造业	4052	半导体分立器件制造
2710	化学药品原药制造	4053	集成电路制造
2720	化学药品制剂制造业	4059	光电子器件及其他电子器件制造
2730	中药饮片加工	406	电子元件制造
2740	中成药制造	4061	电子元件及组件制造
2750	兽用药品制造	4062	印制电路板制造
2760	生物、生化制品的制造	407	家用视听设备制造
2770	卫生材料及医药用品制造	4071	家用影视设备制造
368	医疗仪器设备及器械制造	4072	家用音响设备制造
3681	医疗诊断、监护及治疗设备制造	409	其他电子设备制造
3682	口腔科用设备及器具制造	411	通用仪器仪表制造
3683	实验室及医用消毒设备和器具制造	4111	工业自动控制系统装置制造
3684	医疗、外科及兽医用器械制造	4112	电工仪器仪表制造
3685	机械治疗及病房护理设备制造	4113	绘图、计算及测量仪器制造
3686	假肢、人工器官及植(介)入器械制造	4114	实验分析仪器制造
3689	其他医疗设备及器械制造	4115	试验机制造
376	航空航天器制造	4119	供应用仪表及其他通用仪器制造
3761	飞机制造及修理	412	专用仪器仪表制造
3762	航天器制造	4121	环境监测专用仪器仪表制造
3769	其他飞行器制造	4122	汽车及其他用计数仪表制造
40	通信设备、计算机及其他电子设备制造业	4123	导航、气象及海洋专用仪器制造
401	通信设备制造	4124	农林牧渔专用仪器仪表制造
4011	通信传输设备制造	4125	地质勘探和地震专用仪器制造
4012	通信交换设备制造	4126	教学专用仪器制造
4013	通信终端设备制造	4127	核子及核辐射测量仪器制造
4014	移动通信及终端设备制造	4128	电子测量仪器制造
4019	其他通信设备制造	4129	其他专用仪器制造
402	雷达及配套设备制造	4141	光学仪器制造
403	广播电视设备制造	4154	复印和胶印设备制造
4031	广播电视节目制作及发射设备制造	4155	计算器及货币专用设备制造
4032	广播电视接受设备及器材制造	4190	其他仪器仪表的制造及修理
4039	应用电视设备及其他广播电视设备制造	621	软件业
404	电子计算机制造	6211	基础软件服务
4041	电子计算机整机制造	6212	应用软件服务
4042	计算机网络设备制造		
4043	电子计算机外部设备制造		

注：此目录摘自国家统计局国统字(2002)033号文件。

附录2 高技术产业统计资料整理公布格式

Published Format for Sorting-out the Statistical Data of High-technology Industry

行　　　业	对应代码
一、核燃料加工	253
二、信息化学品制造	2665
三、医药制造业	27
其中：化学药品制造	271+272
中成药制造	274
生物、生化制品的制造	276
四、航空航天器制造	376
1. 飞机制造及修理	3761
2. 航天器制造	3762
3. 其他飞行器制造	3769
五、电子及通信设备制造业	40-404
1. 通信设备制造	401
其中：通信传输设备制造	4011
通信交换设备制造	4012
通信终端设备制造	4013
移动通信及终端设备制造	4014
2. 雷达及配套设备制造	402
3. 广播电视设备制造	403
4. 电子器件制造	405
电子真空器件制造	4051
半导体分立器件制造	4052
集成电路制造	4053
光电子器件及其他电子器件制造	4059
5. 电子元件制造	406
6. 家用视听设备制造	407
7. 其他电子设备制造	409
六、电子计算机及办公设备制造业	404+4154+4155
1. 电子计算机整机制造	4041
2. 计算机网络设备制造	4042
3. 电子计算机外部设备制造	4043
4. 办公设备制造	4154+4155
七、医疗设备及仪器仪表制造业	368+411+412+4141+419
1. 医疗设备及器械制造	368
2. 仪器仪表制造	411+412+4141+419
八、公共软件服务	6211+6212

注：受统计资料来源的限制，本年鉴只包括三、四、五、六、七类行业。

附录 3　指标解释

Explanatory Notes of Indicators

工业总产值　指工业企业在一定时期内生产的工业最终产品或提供工业性劳务活动的总价值量，由本期生产成品价值、对外加工费收入、在制品半成品期末期初差额价值三部分。它反映一定时间内工业生产的总规模和总水平。

资产总计　指企业拥有或控制的能以货币计量的经济资源，包括各种财产、债权和其他权利。资产按流动性分为流动资产、长期投资、固定资产、无形资产、递延资产和其他资产。该指标根据企业会计“资产负债表”中“资产总计”项目的期末数增列。

主营业务收入　指会计“利润表”中对应指标的本年累计数。未执行 2001 年《企业会计制度》的企业，用“产品销售收入”的本期累计数代替。

利润总额　指企业生产经营活动的最终成果，是企业在一定时期内实现的盈亏相抵后的利润总额(亏损以“-”号表示)，它等于营业利润加上补贴收入加上投资收益加上营业外净收入再加上以前年度损益调整。

R&D　即研究与试验发展的简称，指在科学技术领域，为增加知识总量、以及运用这些知识去创造新的应用而进行的系统的、创造性的活动，包括基础研究、应用研究、试验发展三类活动。

R&D 人员全时当量　是国际上通用的、用于比较科技人力投入的指标。指 R&D 全时人员（全年从事 R&D 活动累积工作时间占全部工作时间的 90%及以上人员）工作量与非全时人员按实际工作时间折算的工作量之和。例如：有 2 个 R&D 全时人员(工作时间分别为 0.9 年和 1 年)和 3 个 R&D 非全时人员(工作时间分别为 0.2 年、0.3 年和 0.7 年)，则 R&D 人员全时当量＝1+1+0.2+0.3+0.7=3.2(人年)。

R&D 经费内部支出　指调查单位在报告年度用于内部开展 R&D 活动的实际支出。包括用于 R&D 项目（课题）活动的直接支出，以及间接用于 R&D 活动的管理费、服务费、与 R&D 有关的基本建设支出以及外协加工费等。不包括生产性活动支出、归还贷款支出以及与外单位合作或委托外单位进行 R&D 活动而转拨给对方的经费支出。

政府资金　指调查单位R&D经费内部支出中来自各级政府部门的各类资金。

企业资金　指调查单位R&D经费内部支出中来自本企业的自有资金和接受其他企业委托而获得的经费。

新产品　指采用新技术原理、新设计构思研制、生产的全新产品，或在结构、材质、工艺等某一方面比原有产品有明显改进，从而显著提高了产品性能或扩大了使用功能的产品。

企业办研发机构数　指企业自办（或与外单位合办），管理上同生产系统相对独立（或者单独核算）的专门研发机构，如企业办的技术中心、研究院所、开发中心、开发部、实验室、中试车间、试验基地等。企业办科技活动机构经过资源整合，被国家或省级有关部门认定为国家级或省级技术中心的，应按一个机构填报。与外单位合办的科技活动机构若主要由本企业出资兴办，则由本企业统计，否则应由合办方统计。企业科技管理职能处（科）室（如科研处、技术科等）一般不统计在内；若科研处、技术科等同时挂有科技活动机构的牌子，视其报告年度内主要工作任务而定，主要任务是从事科技活动的可以统计，否则不予统计。本指标不含企业在中国境外设立的科技活动机构数。

机构人员 指报告期末企业办研发活动机构中从业人员合计。

机构经费支出 指报告期企业办研发机构用于内部开展研发活动实际支出的总费用。包括机构人员劳务费（含工资）支出、机构业务费支出、管理费支出、固定资产购建支出以及其他维持机构正常工作的日常费用等的支出总和。

引进技术经费支出 指企业在报告期用于购买境外技术的费用支出，包括产品设计、工艺流程、图纸、配方、专利等技术资料的费用支出，以及购买关键设备、仪器、样机和样件等的费用支出。

消化吸收经费支出 引进技术的消化吸收指对引进技术的掌握、应用、复制而开展的工作，以及在此基础上的创新。引进技术的消化吸收经费支出包括：人员培训费、测绘费、参加消化吸收人员的工资、工装、工艺开发费、必备的配套设备费、翻版费等。消化吸收经费支出中属于科技活动的经费支出，除包含在本项外，还要计入企业科技活动经费支出中。

购买国内技术经费支出 指企业在报告期购买境内其他单位科技成果的经费支出。包括购买产品设计、工艺流程、图纸、配方、专利、技术诀窍及关键设备的费用支出。

技术改造经费支出 指企业在报告期进行技术改造而发生的费用支出。技术改造指企业在坚持科技进步的前提下，将科技成果应用于生产的各个领域（产品、设备、工艺等），用先进工艺、设备代替落后工艺、设备，实现以内涵为主的扩大再生产，从而提高产品质量、促进产品更新换代、节约能源、降低消耗，全面提高综合经济效益。

施工项目 指报告期内进行过建筑或安装施工活动的项目。凡是报告期内施过工的建设项目，不论施工时间长短，均作为施工项目统计。施工项目个数可以反映一定时期固定资产投资的实际规模，与同期全部建成投产项目个数相比，可以从建设速度的角度反映固定资产投资的效果。根据建设项目施工活动的不同性质，施工项目又分为：本年正式施工项目、本年收尾项目和以前年度全部停缓建项目。

全部建成投产项目 工业项目指设计文件规定形成生产能力的主体工程及其相应配套的辅助设施全部建成，经负荷试运转，证明具备生产设计规定合格产品的条件，并经过验收鉴定合格或达到竣工验收标准，与生产性工程配套的生活福利设施可以满足近期正常生产的需要，正式移交生产的建设项目。非工业项目指设计文件规定的主体工程和相应的配套工程全部建成，能够发挥设计规定的全部效益，经验收鉴定合格或达到竣工验收标准，正式移交使用的建设项目。

项目建成投产率 指一定时期内全部建成投产项目个数与同期施工项目个数的比率。该指标是从建设单位建设速度的角度反映投资效果的指标。

新增固定资产 指报告期内已经完成建造和购置过程，并已交付生产或使用单位的固定资产价值。该指标是表示固定资产投资成果的价值指标，也是反映建设进度，计算固定资产投资效果的重要指标。

固定资产交付使用率 指一定时期新增固定资产与同期完成投资额的比率。该指标是反映固定资产动用速度，衡量建设过程中宏观投资效果的综合指标。由于新增固定资产是较长时期内形成的结果，而投资额则是当年完成的，因此，该指标一般适宜于反映较长时期内固定资产的动用情况。